SÉ RESTAURADO

"Bob Schuchts es alguien crucial en nuestro matrimonio, ministerio y camino espiritual personal. De manera especial, el contenido de este libro, *Sé restaurado* nos permitió transitar el duelo ante la pérdida de nuestros hijos no natos y nos regaló las herramientas necesarias para hacerlo en paz, hallando propósito en la lucha con la infertilidad. Encontramos sanación profunda a las heridas de nuestras relaciones anteriores, trayendo así una mayor intimidad y unidad a nuestro matrimonio. Este libro nos permitió acercarnos al amor del Padre Dios en formas que ambos no habíamos experimentado antes. Damos fe del poder que Dios ha dispuesto sobre Bob y en especial con este libro para traer restauración a la sexualidad herida".

Steven y Sayli Samol
Escuela de Encounter Ministries, campus virtual en español

"Leer este libro tomó más tiempo de lo esperado, porque yo no estaba simplemente leyendo un libro; estaba encontrando al Señor de nuevo en mi corazón".

Del epílogo del **Reverendísimo Mark Toups**
Vicario general de la Diócesis de Houma–Thibodaux

"Creo que nunca me he encontrado con un libro sobre la sanación de heridas sexuales que sea tan directo como este, y es precisamente por eso que tiene un impacto tan poderoso. Como víctima de abuso sexual infantil, encontré particularmente útiles los capítulos dedicados a comprender y sanar ese trauma".

Padre John Riccardo
Fundador de Acts XXIX

"Numerosos autores escriben sobre el quebrantamiento sexual, pero ninguno aborda el tema con una comprensión completa de las causas que Bob Schuchts tiene en este libro. Hablamos de nuestra experiencia personal cuando decimos que el mensaje de este libro puede salvar tu alma y tu matrimonio".

Bruce y Jeannie Hannemann
Directores de RECLAIM Sexual Health

"La realidad de la cultura sobresexualizada puede ser desalentadora. Cuando experimentamos sus efectos a través de las heridas y el pecado, a menudo nos quedamos devastados y sin esperanza. Aunque el camino no es fácil, hay un camino hacia la restauración. A través de historias vulnerables, herramientas prácticas y décadas de experiencia, Bob Schuchts invita a los lectores a ser honestos sobre su historia sexual para que la luz de Cristo pueda brillar y sanar".

Jake Khym
Director ejecutivo de Life Restoration Ministries

"Con historias personales y verdades bíblicas, Bob Schuchts se adentra valientemente en la oscuridad de las heridas y los traumas para llevarlos a la luz sanadora del amor de Cristo. Su magistral articulación de cómo la sexualidad de una persona se ve afectada por las heridas en su historia permite al lector ingresar a nuevos niveles de autoconciencia y comprensión de sus luchas pasadas y presentes. *Sé restaurado* es una lectura obligada para cualquier persona que desee libertad, esperanza y sanación en su sexualidad".

Heather Khym
Copresentadora del pódcast *Abiding Together*

"Bob Schuchts, amable y valientemente, camina con el lector hacia las profundidades dolorosas del quebrantamiento sexual y ofrece un hermoso camino de la oscuridad a la luz en Cristo Jesús. Perspicaz, penetrante y práctico, *este libro* bendecirá a todos los que lo lean".

Padre John Burns
Autor de *Lift Up Your Heart*

"Nuestro mundo, nuestra Iglesia y nuestras familias están experimentando una cantidad de quebrantamiento sin precedentes. Con demasiada frecuencia, las personas que tienen profundas heridas sexuales ingresan a sus vocaciones o ministerios buscando ofrecer a los demás la plenitud que aún no han recibido en sus propias vidas. Por esta razón, el trabajo de Bob Schuchts y el Centro de Sanación Juan Pablo II que ayuda a otros a encontrar la sanación y la paz es fundamental para la nueva evangelización".

Jason Evert
Fundador de Chastity Project

"Este libro te desafiará, te consolará, te convencerá y te llamará a un amor más profundo de lo que nunca pensaste que era posible pero que siempre anhelabas experimentar".

Del prólogo de la **Hermana Miriam James Heidland, SOLT**
Autora de *Loved As I Am*

"Bob Schuchts nos muestra que la misericordia no es una solución rápida. La misericordia es poder. Nos deja más fuertes por nuestras heridas que han sido sanadas. ¡El mundo necesita este libro ahora más que nunca!"

Scott Hahn
Teólogo y autor católico

"Es difícil imaginar a alguien en nuestra cultura actual que no necesite leer este libro. Llega a la fuente de muchas de nuestras luchas y ayuda a eliminar los obstáculos a nuestra fe, nuestra identidad y nuestros esfuerzos por vivir una vida plena y abundante en Cristo. ¡Una lectura obligada!"

Carrie Gress
Autora de *The Anti-Mary Exposed*

"Un sanador y escritor dotado, Bob Schuchts se sumerge en áreas de profunda vergüenza y quebrantamiento y saca a la superficie la verdad de que Jesús puede restaurarnos. Su sólida comprensión de la antropología, la psicología y la espiritualidad católicas, extraída de más de cuarenta años de experiencia clínica y pastoral, hace que este libro sea una lectura obligada para todos los que buscan restaurar y ser restaurados".

Andrew Comiskey
Director fundador de Desert Stream Ministries

"Cuando invité a Bob Schuchts a enseñar un curso para el Instituto de Teología del Cuerpo sobre la sanación y la redención sexual en 2009, no sabía el impacto que tendría en mi propia vida. Heridas que ni siquiera sabía que tenía salieron a la luz y así comenzó un viaje de sanación mucho más profundo. Las ideas de Schuchts en este libro, obtenidas a lo largo de décadas de experiencia como terapeuta, maestro y líder de retiros, pero aún más al tomar en serio su propio viaje de sanación, sirven como una invitación suave y luminosa al lado abierto de Cristo, la fuente de toda nuestra sanación".

Christopher West
Presidente del Instituto de Teología del Cuerpo

"Creo que todos necesitan leer este libro. Escucho muchas historias de las heridas sexuales y cómo han afectado negativamente la vida de las personas. En *Sé restaurado*, Bob Schuchts nos da pasos prácticos sobre cómo sanar estas heridas y cómo encontrar la libertad. ¡Recomiendo altamente este libro!"

Padre Burke Masters
Pastor de la Iglesia St. Isaac Jogues en Hinsdale, Ilinois

SÉ RESTAURADO

Sanar nuestras heridas sexuales a través del amor misericordioso de Jesús

BOB SCHUCHTS

Ave Maria Press AVE Notre Dame, Indiana

Nihil Obstat: Héctor R. G. Pérez, S.T.D., C.S.L.J.
Censor Librorum

Imprimatur: +William A. Wack, C.S.C.
Obispo de Pensacola–Tallahassee
Dado en Pensacola, Florida, el 25 de mayo de 2021

El *Nihil Obstat* y el *Imprimátur* son declaraciones oficiales de que un libro o folleto está libre de errores doctrinales o morales. No se da a entender que aquellos que han otorgado el *Nihil Obstat* o el *Imprimátur* estén de acuerdo con su contenido, opiniones o declaraciones expresadas.

Traducido por Kris Fankhouser

La editorial Ave Maria Press, fundada en 1865, es un ministerio de la Provincia de los Estados Unidos de la Congregación de Santa Cruz.

www.avemariapress.com

Libro de bolsillo: 978-1-64680-267-8

Libro electrónico: 978-1-64680-268-5

Imagen de portada © EXTREME-PHOTOGRAPHER/GettyImages.com.

El diseño de portada por Ave Maria Press. El diseño de texto por Andy Wagoner.

Impreso y encuadernado en los Estados Unidos de América.

El Espíritu del Señor omnipotente está sobre mí,
por cuanto me ha ungido
para anunciar buenas nuevas a los pobres.
Me ha enviado a sanar los corazones heridos,
a proclamar liberación a los cautivos
y libertad a los prisioneros,
a pregonar el año del favor del Señor
y el día de la venganza de nuestro Dios,
a consolar a todos los que están de duelo,
y a confortar a los dolientes de Sión.
Me ha enviado a darles una corona
en vez de cenizas,
aceite de alegría
en vez de luto,
traje de fiesta
en vez de espíritu de desaliento.
Serán llamados robles de justicia,
plantío del Señor, para mostrar su gloria.

—Isaías 61:1–3

ÍNDICE

PRÓLOGO

De vez en cuando aparece un libro profundamente consagrado que es un signo particular y una respuesta a la angustia de nuestro tiempo. El libro que estás a punto de leer es ese precioso tesoro.

Dentro de nuestros corazones y dentro de nuestra sociedad y mundo, vemos un profundo dolor y quebrantamiento en nuestra masculinidad y feminidad, en cómo vivimos como hombres y mujeres, como hijos e hijas de Dios. Vemos el quebrantamiento de nuestra falta de amor y cómo todos hemos sido traspasados hasta el centro de nuestro ser por la ruptura del pecado y la entrada del sufrimiento. Todos tenemos momentos en nuestras vidas de los que no deseamos hablar y recuerdos que preferimos olvidar. Para muchos de nosotros, estos dolorosos misterios permanecen ocultos, sumergidos en los rincones más oscuros de nuestros corazones y mentes, exiliados en un mar profundo de miseria, vergüenza y confusión. Para otros, tratamos de "superarlo", a menudo nos decimos a nosotros mismos y a los demás que seamos más santos y nos preguntamos por qué todavía tenemos áreas de dureza en el corazón, por qué el dolor y la autocondena aún regresan, y por qué sentimos que tenemos que esforzarnos tanto por ser buenos, aceptados y amados tal como somos.

Estos son misterios profundos, y son partes sagradas de nuestras historias que deben ser tratadas con ternura y compasión. La restauración de la obra maestra que eres tú es una obra de toda la vida, y Jesús es el artista exquisito que hace nuevas todas las cosas. No hay nada que te haya sucedido o que hayas hecho que esté más allá del poder de Dios para sanar. Y él quiere hacerlo. Jesús no vino a condenarnos. Él vino a salvarnos. Él vino a salvarte en cada lugar en el que te hayas encontrado. Vino a salvarte en tu momento más glorioso y en tu secreto más vergonzoso. Y él viene a ti de nuevo ahora mismo. Él te conduce y te guía suavemente.

La gente a menudo me pregunta si vale la pena el viaje continuo de recuperación, la revelación de las heridas y la restauración del corazón. Te puedo decir con rotunda claridad: *¡Sí!* En los últimos quince años de transitar por mi historia que contiene adicciones, traumas sexuales y otros tipos de traumas, no hay nada más agónicamente hermoso que el continuo misterio pascual de cada momento de mi vida unida a Jesús en su padecimiento, muerte y resurrección. Estoy convencida de que el único camino es a través de este misterio. Y amén. Porque incluso ahora comenzamos a gustar y experimentar la gloriosa libertad de los hijos de Dios.

Este libro te desafiará, te consolará, te convencerá y te llamará a un amor más profundo de lo que nunca pensaste que era posible pero que siempre anhelabas experimentar. Ya sea que tú mismo hayas sufrido un trauma sexual, se lo hayas infligido a otros o recién ahora estés comenzando a ver los efectos de las heridas en tu vida, hay esperanza. Estás hecho para la gloria. Estás siendo restaurado. Estás en un camino glorioso hacia el Señor mismo, y todos estamos juntos en esto. Así que anímate. Eres amado tierna y eternamente.

Hermana Miriam James Heidland, S.O.L.T.

INTRODUCCIÓN

BUENAS NOTICIAS PARA LOS AFLIGIDOS

¡El Espíritu del Señor Yavé está sobre mí! . . .
Me ha enviado con un buen mensaje
para los humildes.
—Isaías 61:1

La sala de conferencias, con vista a la ondulada campiña amish en el sureste de Pensilvania, se llenó rápidamente. La energía nerviosa y la anticipación en la sala eran palpables cuando los estudiantes se acomodaron en sus asientos. Me sentí honrado de haber sido invitado a impartir este curso sobre "La sanación sexual y la redención" para el Instituto de Teología del Cuerpo y agradecido de estar acompañado por mi buen amigo el padre Mark Toups, quien sería nuestro capellán durante la semana.

Después de casi tres años de preparar el material para este curso, sentí una mezcla de emoción y nerviosismo. Mis propios sentimientos se vieron agravados por la creciente ansiedad entre los estudiantes que impregnaba la atmósfera del centro de retiro. La mayoría había tomado otros cursos en el instituto, pero de alguna manera intuyeron que este curso implicaría una inmersión más profunda en su quebrantamiento sexual, antes de experimentar la sanación y la redención que prometía el título del curso.

Sintiendo el nerviosismo entre los estudiantes, el padre Mark abrió sabiamente con una oración dando la bienvenida a la presencia del Espíritu Santo. Luego, ofreció unas pocas palabras de exhortación que trajeron paz inmediata a los participantes y a mí mientras me preparaba para dar una visión general del material. He aquí una paráfrasis de las palabras iniciales del padre Mark:

> Es normal sentirse ansioso al comenzar este curso, mientras abordamos nuestro quebrantamiento sexual. Todos tenemos heridas sexuales, y para algunos de nosotros pueden ser muy profundas. Pero no necesitas reunir más valentía en este momento. La valentía no es lo opuesto del miedo. Lo opuesto al miedo es la comunión. La única respuesta a su miedo y ansiedad es el conocimiento de que Jesús está aquí, íntimamente presente con nosotros. Él personalmente caminará con cada uno de ustedes durante estos cinco días.

Después de que el padre Mark terminó su breve exhortación, me presentó y le dijo a la clase que había estado trabajando con sus seminaristas durante los últimos años. Para animarlos, habló de la sanación y restauración que él y sus seminaristas habían recibido. Mientras me ponía de pie y saludaba a la clase, comencé un poco vacilante, sintiéndome inusualmente nervioso. Pero a los pocos minutos experimenté una oleada de confianza, al sentir la inspiración del Espíritu mientras hablaba.

Aprovechando los comentarios del padre Mark, compartí que toda la misión de Jesús era de redención y restauración. Después de recitar uno de mis pasajes favoritos de las Escrituras, Isaías 61, enfaticé que Jesús proclamó estos versículos como su misión mesiánica (en Lucas 4). Le aseguré a la clase que la misión de restauración de Jesús es tan real hoy como lo fue hace dos mil años.

Aplicando las frases de Isaías 61, continué:

> Si has sido violado o abusado sexualmente de alguna manera, tu confianza ha sido traicionada y tu corazón ha sido herido. Jesús desea sanar tu corazón roto y darte alegría en lugar de luto. Si estás luchando con pecados o compulsiones sexuales habituales, estás en cautiverio. Él desea llevarte a su gloriosa libertad. En lugar de tu vergüenza, él piensa darte doble honor y ofrecerte belleza

> en lugar de cenizas. Él desea restaurar las generaciones de tu familia y hacer de ti un roble de justicia, plantío del Señor para su gloria (ver Isaías 61:1–7).

Mirando los rostros atentos alrededor de la sala, me di cuenta de que estas verdades estaban penetrando profundamente en muchos de sus corazones. También estaban tocando mi propio corazón. Me detuve brevemente y me permití sentir el impacto de estas verdades. En esos pocos segundos, reflexioné sobre lo que Jesús había estado haciendo en mi propia vida y en mi familia a lo largo de los años, sanando mi corazón roto, liberándome del pecado, sanando a las generaciones de nuestra familia y reemplazando mi vergüenza con su gloria. Mi presencia en la enseñanza de este curso fue evidencia de todo lo que él había estado haciendo en mi vida y en nuestra familia. Pensé en todas las formas en que me llevó a enfrentar mis pecados y heridas sexuales a lo largo de los años y la restauración que trajo a las generaciones de mi familia (compartiré elementos de esto a lo largo del libro).

En ese momento, sentí el impulso de hacer algo que no había anticipado y que nunca antes había hecho en público. Liberado de los grilletes de la vergüenza, comencé a compartir de manera vulnerable con los asistentes sobre esas áreas de pecado sexual y heridas en mi propia vida y en nuestra familia, y cómo el Señor continúa trayendo restauración. Después de mi compartir personal, enfaticé nuevamente: "Este es el deseo de Jesús para cada uno de ustedes. Él promete revelar su gloria en los lugares de tu vergüenza". Continué: "Eso significa que él no está satisfecho simplemente eliminando tu pecado y sanando tus heridas. El área de la que estás más avergonzado en este momento es el área en la que más desea revelar su gloria en tu vida". Mientras decía estas palabras, una quietud descendió sobre la habitación. Una sensación colectiva de asombro se apoderó de todos nosotros, mientras reflexionábamos sobre esa realidad. En la quietud, alenté a todos a reflexionar sobre el área más profunda de vergüenza sexual en sus vidas, pasadas o presentes, y a pensar en lo que significaría no solo que se disipara esa vergüenza, sino también que se convirtiera en el área de su gloria que brilla a través de sus vidas.

Restaurar la gloria

Te estarás preguntando por qué estoy compartiendo todo esto contigo, sobre un evento que tuvo lugar hace más de una década. La razón es sencilla. Estas promesas de Isaías 61 son para *ti.* La enseñanza de esa primera clase en el Instituto de Teología del Cuerpo es la base del libro que tienes en tus manos. La hermana Miriam, quien escribió el prólogo, enseña una versión de este material conmigo en el Centro de Sanación Juan Pablo II. La conferencia ahora se llama *Restaurar la gloria* (las charlas y el libro de trabajo están disponibles en inglés en nuestro sitio web en jpiihealingcenter.org).

Como puede atestiguar la hermana Miriam, cada vez que enseñamos este material, vemos a Jesús hacer cosas asombrosas en la vida de los asistentes. Obviamente, ninguno de nosotros está completamente restaurado en una semana porque la restauración es un proceso de toda la vida. Pero como verás más adelante en el libro, Jesús visitó esa clase en el Instituto de Teología del Cuerpo, de una manera que va más allá de lo que cualquiera de nosotros podría haber imaginado. Él continúa asombrándonos cada vez que compartimos esta enseñanza.

Confío en que Jesús desea traer restauración en cada área de tu quebrantamiento sexual, pasado o presente. Mi experiencia continua como terapeuta, maestro y líder de conferencias aplicando estas verdades me asegura que él te restaurará a la integridad sexual en la medida en que te involucres en este proceso y busques activamente su ayuda. Si has experimentado algún tipo de ruptura sexual en tu vida, y todos lo hemos hecho, te darás cuenta de que estas heridas pueden ser una fuente de vergüenza constante y angustia intensa, mucho después de los hechos mismos.

Ya sea por apegos rotos, distorsiones de identidad, compulsiones sexuales, pecados sexuales o abuso sexual, nuestras heridas sin sanar nos han robado la realización que deseamos. Nos quedamos sumidos en la vergüenza, en lugar de irradiar la gloria de Dios. Estas heridas nos han dejado a cada uno de nosotros con la creencia persistente de que "algo está intrínsecamente mal en mí". Podemos creer cualquiera de las siguientes mentiras de identidad: "Soy inadecuado", "Soy malo", "Soy sucio", "Soy pervertido", "Estoy manchado", "Soy feo", " Soy débil", "No soy digno de ser amado", y así sucesivamente. Es dentro de estas mismas áreas de vergüenza en cada uno de nuestros corazones que Jesús pronuncia sus asombrosas palabras de esperanza y restauración: "Recibirán . . . el doble de todo y nunca se terminará su felicidad" (Is 61:7).

Esta es la razón por la que Jesús vino a la tierra: para restaurar la gloria de nuestra naturaleza humana quebrantada. Él es la encarnación de la bondad y la verdad (Jn 1,14). Como le gusta decir a la hermana Miriam: "Solo el amor auténtico puede restaurar el amor roto y distorsionado". Su amor misericordioso es el antídoto para nuestra vergüenza. Pero esta batalla entre el amor y la vergüenza continúa. El psiquiatra cristiano Dr. Curt Thompson observa: "Todo lo que hacemos . . . se hace en respuesta al amor y la vergüenza que compiten por nuestra atención"[1].

La vergüenza es la conciencia interna de nuestro pecado y nuestro quebrantamiento. Si no se aborda, se convierte en un escudo que bloquea nuestra capacidad de dar y recibir el amor. La vergüenza tóxica nos mantiene escondidos. Nos aísla, nos fragmenta internamente, frustra nuestra creatividad y nos deja con el temor constante de ser condenados. El amor genuino, por otro lado, es la única fuerza en la tierra que puede atravesar nuestra vergüenza y restaurarnos a la plenitud. El amor de Dios revela la verdad de nuestra identidad en un mundo de identidades confusas. El amor nos integra interiormente, al tiempo que restaura nuestra comunión con Dios y con los demás[2].

Después de cuarenta años de acompañar a personas de todos los orígenes y edades en su viaje de sanación, estoy convencido de que las observaciones de Thompson son aplicables a todas las personas. Todos conocemos esta feroz batalla, entre las fuerzas en competencia del amor y la vergüenza, en lo más profundo de nuestro ser. Esta batalla espiritual se libra más ferozmente en el área de nuestra sexualidad. ¿Alguna vez te has preguntado por qué la vergüenza sexual parece más poderosa? La sexualidad es uno de los dones más hermosos de Dios y revela los aspectos más íntimos de nuestra persona, física, emocional y espiritualmente. Cuando se viola de alguna manera, nuestra sexualidad se convierte en el blanco de la más profunda vergüenza.

Escribo con la esperanza de que tú y yo reconozcamos la intensa batalla en nuestros corazones entre la vergüenza y el amor, especialmente en el área de nuestra sexualidad, y luchemos valientemente hasta que experimentemos "la libertad y la gloria de los hijos de Dios" (Rom 8: 21).

Resumen

Este libro es la culminación de años de experiencia y estudio sobre el proceso de sanación y restauración. En muchos casos, he incluido historias de mi propia vida, así como de familiares y hombres y mujeres que he acompañado en el proceso de restauración. Para proteger la privacidad de las personas, he utilizado seudónimos siempre que ha sido necesario.

La Parte I comienza con una exploración de las muchas fuentes de nuestra vergüenza y quebrantamiento sexual y cómo nos afectan a nosotros y a nuestras relaciones. Los capítulos individuales examinan áreas de nuestras heridas sexuales, privaciones psicosexuales, distorsiones de identidad, compulsiones sexuales, pecados sexuales y trauma sexual, a la luz del diseño de Dios para la integridad sexual.

La Parte II es una guía para restaurar la integridad sexual. Al traer nuestras heridas y nuestra vergüenza a Jesús, descubrimos formas de experimentar la libertad, la sanación y la integración. Esto implica renunciar a las barreras que nos mantienen atados en la vergüenza y el dolor, liberar el trauma de nuestras heridas sexuales y perdonar a quienes nos han lastimado. Los apéndices al final del libro proporcionan oraciones y actividades que son esenciales para la restauración.

Mi oración es que encuentres que este libro es más que un recurso revelador. Creo que también puede llevarte a encuentros con el amor misericordioso de Jesús que cambiarán tu vida y a algunas de las sanaciones más profundas que jamás hayas experimentado. Cada capítulo incluye la sabiduría eterna de las Escrituras y las enseñanzas de la Iglesia, así como ideas de mi experiencia personal y profesional. También me baso en el conocimiento y la experiencia de aquellos que han recorrido este camino personalmente, así como de aquellos que han acompañado a otros en el proceso de restauración. Al final de cada capítulo, encontrarás preguntas de reflexión de "Tómate un momento" y una "Actividad personal". Te puedo asegurar que si las tomas en serio, experimentarás una libertad y una sanación sustanciales.

A medida que avanzas en este libro, te animo a ser amable y misericordioso contigo mismo y con aquellos a quienes acompañas, mientras te mantienes paciente y esperanzado a medida que se desarrolla el proceso de restauración (ver 1 Corintios 13:4).

La paciencia y la amabilidad

Debido a que este proceso es profundamente personal y, a veces, puede evocar emociones fuertes, incluida la vergüenza, ofrezco una nota de precaución mientras reflexionas y trabajas en las actividades. Sé paciente y amable contigo mismo y con el desarrollo de tu propia historia. La sanación de los efectos de las heridas sexuales y la vergüenza no es una solución rápida. Más bien, es una obra de restauración profunda y continua a través de la gracia y la misericordia de Dios. Aunque glorioso en muchos sentidos, no siempre está exento de desafíos y obstáculos.

Si has sido herido sexualmente, eres miembro de la familia o amigo de alguien que ha sido o ha participado en el daño sexual de otra persona, es posible que experimentes mayores sentimientos de vergüenza, ansiedad, depresión, tristeza o enojo a medida que lees las historias de quebrantamiento, o aprendes sobre el proceso de sanación y recuperación. Si este es el caso, te animo a que hagas una pausa y permitas un tiempo de reflexión y oración para que puedas restaurar tu paz. Como dijo el padre Mark a la clase en el Instituto de Teología del Cuerpo, *no estás solo*. Descansa seguro sabiendo que Jesús está contigo durante todo el proceso. Recuerda su bondad y compasión reveladas en Isaías 61 e internaliza estas verdades por ti mismo. Estate atento a tus reacciones. Observa qué historias o ideas desencadenan estos sentimientos y por qué. También pon atención a los temas que deseas omitir o resistir. Estos probablemente revelen áreas específicas de tu vergüenza y quebrantamiento. La totalidad del libro te ayudará a explorar dónde están arraigadas esas reacciones en tu historia personal. Los apéndices 1–4 te ayudarán a trabajar a través de sus raíces más profundas.

También puedes beneficiarte de uno o más de los recursos enumerados en el apéndice 5, incluidas las conferencias, libros o libros de trabajo sobre la sanación que están disponibles a través del Centro de Sanación Juan Pablo II o mi pódcast *Restore the Glory* con el terapeuta católico Jake Khym.

Al comenzar, oro para que encuentres el amor misericordioso de Jesús en cada área de tus pecados, heridas y vergüenzas sexuales. Le pido a Jesús que te dé una confianza permanente en su presencia y en el poder del Espíritu Santo para convertir tu lamento en alegría y transformar tu vergüenza en su gloria. Que seas su roble de justicia, plantío del Señor para su gloria (ver Is 61:1–4).

PARTE I

REVELAR NUESTRO QUEBRANTAMIENTO SEXUAL

Es posible que hayas notado el subtítulo de este libro que enfatiza el amor misericordioso de Jesús y nuestras heridas sexuales. Estamos en esto juntos. Todos tenemos heridas sexuales. No es difícil ver que el quebrantamiento sexual es endémico de nuestra cultura y está presente en nuestra Iglesia. Pero si miramos lo suficientemente cerca, también podemos reconocer cómo los pecados y las heridas sexuales han afectado a nuestras familias y a cada uno de nosotros personalmente. Me atrevo a decir que las heridas sexuales y la vergüenza que engendran se han incrustado en el tejido de nuestras almas, en muchas de nuestras relaciones y en nuestras normas culturales. En este mundo roto, creo que todos estamos heridos en nuestra sexualidad de una forma u otra. Todos necesitamos encuentros continuos con el amor misericordioso de Jesús. La Parte I de este libro expone las áreas de nuestras heridas sexuales.

- El capítulo 1, "Una luz que brilla en la oscuridad", identifica las diversas formas en que hemos sido heridos sexualmente y cómo nos impactan a nosotros y a nuestras relaciones. Comparto algunas de mis experiencias personales y familiares, así como mi despertar cuando comencé mi carrera como terapeuta familiar de que estas realidades de ruptura sexual son endémicas en todas las familias. Al final del capítulo, tendrás la oportunidad de identificar las diversas fuentes de tus heridas sexuales, dentro de dos categorías generales: violaciones sexuales y privaciones psicosexuales.
- El capítulo 2, "Vivir la verdad en el amor", se enfoca en nuestro desarrollo humano integral y cómo podemos ser heridos en nuestra identidad psicosexual. Muchos de nosotros tenemos heridas ocultas de experiencias de privación o distorsiones en el amor, que obstaculizan nuestra madurez y conducen a la desintegración. Al final del capítulo, tendrás la oportunidad de comprender cómo las privaciones de amor han afectado tu desarrollo psicosexual personal.
- El capítulo 3, "Reflejar la imagen de Dios", se enfoca en nuestra identidad dada por Dios como hombre y mujer y los factores que influyen en nuestra aceptación o rechazo de nuestro género. Cuando nuestra identidad no es afirmada por nuestra familia y cultura, o ha sido interrumpida por heridas sexuales, desarrollamos distorsiones

en nuestra identidad. Por el contrario, cuando nuestro género es afirmado y aceptado, nos volvemos cada vez más seguros de quiénes somos. El capítulo finaliza con preguntas de reflexión y aplicación, que te permiten evaluar tu propia conciencia y aceptación de género

- El capítulo 4, "Atraídos por los deseos", explora cómo las heridas en nuestro desarrollo psicosexual e identidad de género son a menudo la fuerza impulsora detrás de nuestros deseos desordenados y compulsiones sexuales. Enfrentar estas heridas subyacentes y necesidades insatisfechas nos permite experimentar la libertad y la integración en nuestros deseos sexuales. Tendrás la oportunidad al final del capítulo de explorar y reflexionar sobre cómo tus deseos sexuales expresan necesidades no satisfechas y heridas no cicatrizadas.
- El capítulo 5, "Aplastados por las iniquidades", reconoce la aplastante realidad del pecado sexual y cómo este inevitablemente hiere el corazón de Dios, nuestra propia integridad y nuestras relaciones íntimas. Por el contrario, cuando honramos los límites sagrados de Dios para la expresión sexual, reverenciamos a cada persona como un templo del Espíritu Santo. La actividad personal al final del capítulo te ofrece la oportunidad de repasar tu historial sexual y recibir la misericordia de Jesús para cualquier área en la que no hayas vivido de acuerdo con el diseño de Dios para tu sexualidad.
- El capítulo 6, "El luto por los corazones rotos", examina el trauma desgarrador que resulta de las violaciones sexuales. En este capítulo, examinamos cuidadosamente las "siete heridas mortales" y las correspondientes "distorsiones de identidad" que permanecen mucho después de que hayan ocurrido las experiencias de violación sexual, ofreciendo la esperanza de restauración cuando se descubren y se libera el trauma. La actividad al final del capítulo brinda la oportunidad de descubrir estas heridas y mentiras de identidad en tu propia vida.

Considerados en conjunto, estos capítulos muestran cómo las heridas en nuestro desarrollo psicosexual distorsionan nuestra identidad de género, alimentan nuestras compulsiones sexuales y conducen a pecados sexuales, que inevitablemente causan trauma sexual. Todos apuntan a nuestra necesidad de un Salvador.

Estimado lector, soy consciente de dónde te encuentras al comenzar este libro. Estamos abordando algunos temas muy delicados relacionados con la sexualidad. He tratado de equilibrar la honestidad con la modestia en mis descripciones de la sexualidad, en mi propia historia y en todas las demás. *El uso de tales historias y ejemplos ayuda a ilustrar el impacto profundo y duradero que tiene el trauma en el corazón y la vida de quien lo sufre. Al mismo tiempo, estas historias ayudan a concretar lo que de otro modo podría quedar solo en teoría.* Dicho esto, me doy cuenta de que mencionar ciertas palabras y experiencias puede desencadenar reacciones emocionales. Por favor, sé que mi intención es brindarte sanación y no detonar algo en ti. Pero si sucede, siéntete libre de hacer una pausa o alterar esas secciones. Si las historias o las descripciones de este capítulo o de todo el libro te provocan de alguna manera, puede que te resulte útil volver a los apéndices de inmediato para usar las oraciones y los ejercicios que allí se encuentran para ayudarte a regresar a la paz.

1

UNA LUZ QUE BRILLA EN LA OSCURIDAD: IDENTIFICAR NUESTRAS HERIDAS SEXUALES

Pórtense como hijos de la luz, con bondad, con justicia y según la verdad.

—Efesios 5:8–9

Cuando comencé mi carrera como terapeuta marital y familiar a principios de la década de 1980, no tenía capacitación formal sobre cómo ayudar a las personas a sanar sus heridas sexuales. Tampoco había enfrentado áreas de mis propios pecados y heridas sexuales, o mis juicios farisaicos hacia miembros de la familia y otras personas en las áreas de su quebrantamiento sexual. Como resultado, no me di cuenta de cuánta vergüenza sexual afectaba a casi todas las personas y familias, incluida la mía. Mi educación de posgrado se centró principalmente en la dinámica de las relaciones y los patrones generacionales de interacción familiar. En ese momento, tenía poca comprensión de cómo estas dinámicas relacionales y patrones generacionales podrían estar entrelazados con las heridas y la vergüenza sexuales. Cuando me jubilé, treinta y cinco años después, me di cuenta de que cierto grado de herida y vergüenza sexual era endémico en casi todas las personas y familias con las que consulté como terapeuta.

Mi ingenuidad de la escuela de posgrado no duró mucho. Las primeras tres personas a las que aconsejé después de abrir mi práctica de terapia habían experimentado heridas profundas por muy diversos tipos de violaciones sexuales. Pronto me di cuenta de que estas experiencias de su pasado continuaban teniendo un impacto significativo en sus relaciones actuales, incluida la forma en que se veían a sí mismos (identidad), cómo se relacionaban con Dios (adoración) y cómo interactuaban con sus seres queridos (intimidad).

La primera persona a la que aconsejé fue Susan, una estudiante de posgrado de poco más de veinte años.[1] En la entrevista inicial me dijo que no tenía religión y que no creía en Dios. A la mitad de nuestra primera sesión de terapia, ella reveló que su padre la había abusado sexualmente durante su niñez. Agregó, sin mucha emoción, que también había tenido relaciones sexuales con sus tres terapeutas anteriores. Después de esa reunión inicial, ella nunca volvió a hablar sobre estas experiencias, y me resistí a preguntar. En lugar de eso, pasó sesión tras sesión de terapia compartiendo detalles íntimos de su relación sexual con su novio. Deseando ser de apoyo, me senté en silencio y escuché. Pero debajo de mi apariencia profesional, me sentí extremadamente incómodo con el detalle de su participación. Me sentí bombardeado por su incesante aluvión de palabras e imágenes sexuales, pero nunca consideré la posibilidad de que pudiera redirigir nuestra conversación.

En ese momento, no me di cuenta de que su forma de compartir estaba removiendo problemas no resueltos en mi propia historia sexual. Tampoco me di cuenta hasta después de que terminamos la terapia de que ella, sin darse cuenta, me estaba probando para ver si yo sería el próximo terapeuta en violarla sexualmente. Gracias a Dios nunca fui tentado. Mirando hacia atrás, no estoy seguro de haber hecho mucho para ayudarla a sanar durante estas sesiones de terapia, excepto lo más importante, que era tratarla con la dignidad y el respeto que se merecía pero que no había recibido de otros hombres.

Después de graduarse y mudarse, Susan me escribió una carta para agradecerme por mostrarle que era posible que un hombre la honrara y no la usara sexualmente. Compartió que fue un gran avance para ella y que, como resultado, posteriormente terminó con su novio porque también se sentía utilizada en esa relación. También se dio cuenta en retrospectiva de que lo había estado usando. Después de la terapia se dio cuenta de que inconscientemente había recreado su abuso sexual anterior con su padre con su novio, así como con sus tres terapeutas anteriores. Expresó alegría, esperando que este patrón de abuso y compulsión sexual de por vida hubiera llegado a su fin.

La segunda persona a la que acompañé en la terapia era un hombre de mediana edad al que llamaré Jimmy. Llegó a la terapia con el deseo de abordar su depresión suicida. En unas pocas sesiones se hizo evidente que cargaba con mucho dolor y vergüenza sin resolver de su niñez. Cuando era un niño de doce años, los niños mayores se burlaron de él en el vestuario sobre su anatomía física (mientras estaba desnudo saliendo de la ducha). Cargó con la vergüenza de esa experiencia humillante durante toda su vida, que afectó no solamente su imagen personal sino también su trabajo actual y sus relaciones familiares. Me dijo que se sentía débil e ineficaz como hombre y que su esposa "llevaba los pantalones" en su familia.

Durante una sesión, que quedará grabada para siempre en mi memoria, contó dolorosamente los detalles del incidente cuando los chicos mayores lo ridiculizaron en el vestuario. Mientras me describía estos eventos, de repente se levantó y se bajó los pantalones, como una forma de revivir su experiencia traumática en el vestuario. Decir que me sorprendió sería quedarse corto. Sentado allí, me sentí atrapado e intensamente ansioso, imaginando con miedo a alguien entrando en mi oficina para presenciar esta escena. Mi respuesta de lucha o huida inmediatamente se puso en marcha. Mi primer impulso fue salir corriendo al pasillo de mi edificio profesional. Pero luego, imaginándolo persiguiéndome por el pasillo con los pantalones alrededor de los tobillos y la gente mirándonos boquiabierta, me di cuenta de que probablemente no era una buena idea. En una milésima de segundo, cambié de huir a luchar. Poniéndome de pie de un salto, le ordené con severidad que se pusiera los pantalones de nuevo. Aunque no fue la respuesta más compasiva, estoy agradecido de que lo haya hecho porque después de eso me quedé sin ideas creativas.

Poco después de que volviera a estar completamente vestido, ambos recuperamos la compostura (más o menos) y comenzamos a hablar sobre la situación “terapéuticamente”. Lo invité a hablar sobre lo que estaba sintiendo y por qué había actuado como lo hizo. Mientras hablaba, mi desconcierto se convirtió lentamente en compasión, al darme cuenta de que mi fuerte reacción lo traumatizó aún más. Después de que ambos nos disculpamos, habló sobre su motivación inicial, que era superar sus sentimientos de insuficiencia y recibir afirmación por su masculinidad. Cuanto más hablábamos, más se daba cuenta de que su vergüenza por su masculinidad era mucho más profunda que este incidente en el vestuario o su anatomía física. Se originó en la desconexión emocional y la falta de afirmación de su padre, desde la niñez temprana. El incidente de la ducha con los niños mayores solo confirmó su inseguridad y su sensación de impotencia como hombre.

La tercera persona que conocí en los primeros meses de mi práctica de terapia fue una mujer casada, Joyce. Ella vino para sanarse de una herida sexual más inmediata, causada por la infidelidad de su marido. Sufriendo lo que ahora entiendo como un trauma de la traición, se desesperó por no poder redescubrir lo sagrado de su matrimonio o restaurar la confianza rota con su esposo. Se preguntó si su esposo alguna vez realmente quiso decir los votos sagrados que le pronunció el día de su boda. La traición de su esposo la dejó sintiéndose en estado de autodefensa e insegura en su imagen. Mucho después de que su esposo terminara la aventura, ella luchó con su imagen corporal y se sintió incapaz de entregarse a él. Cuando intentaron tener intimidad sexual, ella informó sentirse paralizantemente cohibida y al mismo tiempo disgustada con su esposo.

Mientras escuchaba a Joyce compartir su dolor, sentí compasión por ella. Pero sin ningún entrenamiento en esta área, tenía poco que ofrecerle con respecto a cómo podría sanarse de esta herida de traición que le destrozaba el alma. En los meses siguientes, hicimos un progreso mínimo en la terapia, incluso después de invitar a su esposo a recibir asesoramiento marital. Varios años después, me entristeció saber que se habían divorciado. En ese momento no hice la conexión de que la situación de esta mujer reflejaba mi propia familia mientras crecía. Cuando era adolescente, me había sentido impotente al responder al dolor de mi madre después de la infidelidad de mi padre, así como a la angustia de nuestra familia con su posterior divorcio.

Desde ese comienzo desfavorable como terapeuta, me he dado cuenta de que no puedo ayudar a otros a sanar sus heridas sexuales a menos que primero enfrente las mías y encuentre sanación con la ayuda de Dios. También descubrí que todos nosotros tenemos mucho más en común en nuestro quebrantamiento sexual de lo que podría haber imaginado en ese entonces. Ahora veo que todos estamos heridos sexualmente de una forma u otra. Como ilustran las tres historias anteriores, estas violaciones pueden ocurrir de maneras muy diferentes y en cualquier edad o etapa de nuestro desarrollo.

Considera las diferentes fuentes de heridas sexuales en las tres situaciones. La joven, Susan, fue violada sexualmente por su padre durante la niñez, repitiéndose la herida en la adolescencia y la edad adulta en sus terapeutas anteriores y su novio conviviente. El hombre de mediana edad, Jimmy, había sido agredido verbalmente por niños mayores en una etapa crucial de su desarrollo psicosexual y había experimentado heridas más profundas en su identidad masculina desde los primeros años en su familia. Estas heridas continuaron impactándolo en la edad adulta y especialmente en su matrimonio. La mujer casada, Joyce, fue herida por el adulterio de su marido, destrozando su confianza y simultáneamente profanando su matrimonio. Esta herida traumática aprovechó las áreas de vergüenza y su identidad no afirmada como esposa (y como hija desde sus primeros días con su madre y su padre).

He llegado a creer que muchos de nosotros somos heridos sexualmente en una o más de estas formas: violaciones de los límites sexuales, falta de afirmación de nuestro género y/o traición de nuestros seres queridos. Estas heridas pueden afectarnos a lo largo de los años cruciales de nuestro desarrollo e incluso en la edad adulta. Muchas de estas heridas son causadas por otros. Pero algunos vienen a través de nuestras propias acciones y reacciones. Si no se atienden, estas experiencias sexualmente hirientes inevitablemente se convertirán en fuentes debilitantes de vergüenza y desintegración, lo que nos llevará a un ciclo de pecado compulsivo y entorpecerá nuestra capacidad de intimidad y amor auténtico.

Las experiencias sexualmente hirientes

Nuestra sexualidad es uno de los mayores dones que hemos recibido de Dios. "Sin embargo", como observa la doctora Juli Slattery, autora y terapeuta cristiana, "rara vez lo vemos como un don, porque ha sido tan distorsionado y contaminado en nuestras experiencias personales y en nuestra cultura. Quizás no haya ningún aspecto de la humanidad que represente más dolor y vergüenza que la sexualidad"[2]. Slattery continúa: "Si bien algunos de nosotros no hemos experimentado nada tan horrible como la violación o el abuso sexual, todos hemos sido destrozados por el vandalismo constante de la sexualidad en el mundo"[3]. Los terapeutas católicos Christopher y Rachel McCluskey elaboran: "Nos hemos convertido en la proverbial metáfora de la rana en la olla, tan acostumbrados a las representaciones diarias de la sexualidad que no somos capaces de apreciar lo insensibles que nos hemos vuelto"[4].

Considera todas las formas en que nuestras mentes y corazones han sido y continúan siendo mancillados a través de imágenes sexuales. Estas atractivas imágenes visuales y verbales nos bombardean desde Internet, revistas, periódicos, libros de texto, novelas románticas, música, moda, televisión, películas y nuestras interacciones diarias con las personas que nos rodean. Pocos de nosotros escapamos a los efectos de este aluvión de imágenes sexuales.

Además de estas imágenes pornográficas, hemos sido alimentados a la fuerza con ideologías y agendas sexuales destructivas durante décadas desde la llamada revolución sexual de la década de 1960 y más allá. Estas influencias distorsionan nuestra comprensión de la sexualidad y violan el sano diseño de Dios para el amor y la procreación. Inmersos en esta cultura sexualmente obsesionada, ninguno de nosotros puede permanecer completamente intacto. Todas estas fuentes de violación sexual, aunque a menudo inconscientes, dejan una huella de vergüenza en nuestros cuerpos y almas. Cualquiera que sea la generación a la que pertenezcamos, muchos de nosotros tenemos imágenes vergonzosas grabadas en nuestra memoria. Algunos de nosotros perdimos nuestra inocencia sexual "desde las edades más tiernas". Y solo ha empeorado con el tiempo. "Todos los nacidos en las décadas de 1970 y 1980 han crecido en un clima cultural pan-sexualizado e hipererotizado . . . Imágenes nunca vistas en épocas anteriores . . . quedan impresas en nuestra memoria, fantasía e incluso en el subconsciente de las personas desde las edades más tiernas”[5].

La pérdida de la inocencia

¿Puedes recordar cómo y cuándo perdiste tu inocencia sexual? Aparte del pecado original y las influencias generacionales, todos comenzamos la vida con cierta inocencia. Personalmente, no recuerdo ninguna vergüenza por la sexualidad hasta que escuché palabras obscenas en segundo grado de mis amigos en la escuela. Esto se agravó al ver imágenes de mujeres desnudas en tercer grado cuando un amigo descubrió revistas *Playboy* en la habitación de su hermano y en secreto las compartió conmigo. Durante muchos años, no consideré que estas experiencias fueran sexualmente hirientes. Nadie me obligó a hacer nada en contra de mi voluntad. Pero ahora, mirando hacia atrás, veo cómo estas seductoras imágenes de mujeres desnudas se implantaron en mi imaginación y luego me dejaron sintiéndome sucio y avergonzado. En ese tiempo no tenía palabras para describir mi experiencia. Escondí estas experiencias vergonzosas de mis padres y otras autoridades. Continuaron, aunque sutilmente, coloreando mi percepción de la sexualidad en los años venideros.

¿Puedes recordar cómo y cuándo estuviste expuesto a experiencias sexuales de maneras que afectaron negativamente tu comprensión de la sexualidad? ¿Puedes ver cómo esos incidentes te hirieron sexualmente y te llevaron a internalizar la vergüenza? Además de las imágenes y las palabras, muchos de nosotros hemos sido tocados y tocado a otros en formas que violaron los límites sexuales apropiados y despertaron el deseo sexual antes de su tiempo y lugar adecuados.

Recuerdo vívidamente mi torpeza inicial y luego los emocionantes toques sexuales en octavo y noveno grado con mis dos primeras novias. Estas experiencias despertaron mis deseos sexuales y los de mis novias. Aunque justifiqué mis acciones como “normales para mi edad”, sabía incluso entonces que no estaban de acuerdo con los límites protectores de Dios para la expresión sexual. Ahora creo que estas experiencias fueron "violaciones" de mi sexualidad y de la de mis novias, a pesar de que estábamos en mutuo acuerdo.

Este tipo de experiencias generalmente no se consideran sexualmente hirientes por muchos en nuestra sociedad. Muchos las consideran experiencias de desarrollo normales. Dado que nadie obligó a nadie a hacer algo en contra de su voluntad, pensamos ingenuamente que no hay efectos duraderos. Pero después de un examen de conciencia saludable, bajo la guía del Espíritu Santo, he llegado a creer de manera diferente. Cada vez que violamos la intención de Dios para la sexualidad, nos hacemos daño a nosotros mismos y a los demás en el proceso. Cualquier acto sexual fuera de la voluntad de Dios constituye una profanación de nuestro cuerpo como templo del Espíritu Santo (ver 1 Corintios 6:19). Seamos conscientes de ello o no, la vergüenza y la desintegración acompañan inevitablemente a estas violaciones contra la pureza.

Durante mis primeros años de adolescencia, tuve otras experiencias de violación sexual que podrían definirse más clásicamente como abuso sexual. El primero ocurrió cuando un maestro y entrenador de la escuela primaria intentó abusar de mí en un viaje de campamento mientras dormía. Aunque me desperté y me escapé, la experiencia me inquietó. El hecho de que no se lo dijera a nadie es una clara indicación de que me sentía abrumado y avergonzado. Durante mucho tiempo no percibí que estaba herido por su intento de violarme, porque me escapé después de que me tocó por primera vez. Pero años más tarde, cuando escuché que estaba en la cárcel por abusar sexualmente de otros estudiantes, me di cuenta de que yo también había sido preparado para ser una de sus víctimas. Empecé a culparme a mí mismo por ser tan ingenuo y no decírselo a nadie. Nunca pensé que mi narración podría proteger a otros.

Alrededor de este mismo tiempo, tuve otras experiencias sexuales indirectas que ahora me doy cuenta de que me robaron aún más la inocencia y distorsionaron mi visión de la sexualidad. Después de ser invitado a la tienda de campaña de un vecino, vi a otro vecino, que tenía la edad de mi hermano, practicarle sexo oral a mi hermano. Juré guardar el secreto. Sentí curiosidad y repulsión por lo que vi, pero permanecí en silencio y no se lo dije a nadie.

De manera similar, recuerdo estar en un boliche a unas pocas millas de mi casa cuando un hombre de mediana edad se me acercó y me ofreció dinero a cambio de sexo oral. Sentí repulsión por su pedido y me fui de inmediato. Ahora me doy cuenta de que esto también fue una forma de abuso sexual, aunque en ese momento me dije a mí mismo que no me molestaba. En realidad, me sentí violado por su proposición, incluso si no salió nada más de ella. En conjunto, estas violaciones de mis límites sexuales me afectaron incluso si no me di cuenta en ese momento. El hecho de que los mantuve ocultos muestra que dejaron una impresión continua de vergüenza. También exacerbaron la vergüenza y el dolor ocultos resultantes de mis heridas psicosexuales.

Las heridas psicosexuales

La mayoría de los incidentes anteriores fueron eventos únicos y me impactaron menos que la herida psicológica más sutil de mi sexualidad que fue parte de vivir con mi familia durante la edad escolar y la adolescencia. En ese momento, nunca pensé en estas como interacciones sexualmente dañinas, pero ahora las veo bajo una luz diferente, es decir, la luz de Dios que produce la "bondad . . . [y] la verdad" (Ef 5:9).

En la oscuridad de la noche, cuando dormía en la casa de mis abuelos, me despertaba sobresaltado cuando mi abuelo se enfurecía con mi abuela por negarle relaciones sexuales. Mi mente y mi corazón jóvenes se aceleraron con ansiedad al escuchar sus diatribas. Aunque por lo demás era un buen hombre en muchos aspectos, estos arrebatos afectaron mi visión de mi abuelo y contaminaron mi percepción de la masculinidad y la intimidad sexual. Juré que no sería un hombre sexualmente agresivo como él. Como suele suceder con tales votos, esto me llevó a reprimir mi sexualidad de maneras sutiles que no eran saludables.

Otra situación profundamente dañina fue el adulterio de mi padre. Su infidelidad a mi mamá y la violación de su alianza marital devastó a toda nuestra familia y a muchos en nuestra red social. Destrozó mi confianza en mi padre y la visión positiva que tenía sobre lo sagrado del matrimonio. Además, rompió nuestra intacta familia cuando yo era un adolescente. Como resultado, perdí el respeto por mi padre, quien había sido mi principal modelo a seguir y protector. Amaba a mi papá y siempre quise ser como él, pero cuando me enteré de su adulterio, temí perder el control sexual, como él. Para protegerme, resolví que nunca sería como él. En una reacción exagerada, reprimí mis deseos sexuales y sentí vergüenza por ellos cuando salieron a la superficie. En muchos sentidos, esto obstaculizó mi desarrollo psicosexual normal como adolescente, casi tanto como no tener a mi padre cerca para guiarme, protegerme y guiarme en la virtud.

Cuando mis padres se divorciaron, todos estábamos profundamente dolidos. Me sentí responsable de atender las necesidades emocionales de mi madre, asumiendo un rol inadecuado para mi etapa de desarrollo. Esto también, he llegado a descubrir, era un tipo de herida psicosexual, a menudo referida en la literatura como incesto emocional[6]. Según el doctor Dan Allender, implica "utilizar a un niño como cónyuge sustituto (confidente, protector o consejero)"[7]. Sentirme responsable de satisfacer las necesidades de mi mamá no era saludable ni para mí ni para ella. Esta violación de los límites emocionales me ha impactado más de lo que podría haber imaginado. Esta herida, escondida en mi conciencia durante tanto tiempo, ha sido difícil de reconocer y, por lo tanto, de superar. Me ha llevado a sentirme demasiado responsable por otros que están en dolor emocional.

Estoy compartiendo todo esto para ayudarte a identificar tus propias experiencias sexuales dolorosas y para hacerte saber que es bueno y liberador traerlo todo a la luz redentora de Dios. ¿Estás consciente de alguna circunstancia similar en tu vida que no consideraste una herida sexual en el momento en que ocurrió el incidente, pero ahora te das cuenta de que manchó tu inocencia, violó tus límites sexuales, te dejó sintiéndote avergonzado u obstaculizó tu desarrollo psicosexual de alguna manera?

¿Tienes recuerdos claros o incluso vagos de otros tipos de violaciones sexuales (ya sea verbal, visual o física)? Te animo a explorar estas áreas, con la guía del Espíritu Santo y personas de confianza en tu vida, y luego hacerte algunas preguntas honestas. Al contrario de lo que puedas sentir, no estás deshonrando a tus familiares, entrenadores, maestros o clérigos al decir la verdad sobre lo que sucedió. Ser honesto es honorable y es un paso necesario para erradicar la vergüenza[8].

Al ver con mayor claridad la verdad de nuestra sexualidad, podemos darnos cuenta de que cualquier cosa que profane la intención de Dios para nuestra sexualidad es una violación de nuestra dignidad como persona. Cualquier interacción sexual, ya sea física, mental o espiritual, que no respete nuestro cuerpo y nuestra alma como templo del Espíritu Santo es fuente de heridas sexuales.

Los tipos de heridas sexuales

Como puedes ver en los ejemplos anteriores, las heridas sexuales se producen de diversas formas y pueden ocurrir durante cualquier etapa de la vida. Para nuestro propósito de comprensión, estas heridas se pueden clasificar en dos categorías generales: violaciones sexuales y privaciones psicosexuales.

Las *violaciones sexuales* son experiencias directas de heridas sexuales. Pueden incluir cualquiera de los siguientes:

- El *abuso sexual forzado*. La ruptura de los límites sexuales cuando una o más personas dominan la voluntad de otra (por ejemplo, violación, tráfico sexual, abuso ritual, acoso sexual, caricias no deseadas, violaciones del consentimiento).
- El *abuso sexual seductor*. La violación de los límites sexuales a través del abuso, la seducción o los apegos nocivos (por ejemplo, incesto, pedofilia, incesto emocional, insinuaciones sexuales sugestivas).
- El *pecado sexual*. Cualquier transgresión de los límites protectores de Dios para la intimidad sexual con intención consciente (por ejemplo, miradas lujuriosas, voyerismo, exhibicionismo, adulterio, fornicación, prostitución, pornografía, masturbación, actividad homosexual, bestialidad, orgías).
- Los *juegos sexuales*. Cualquier transgresión de los límites protectores de Dios para la intimidad sexual, sin tener plena conciencia de que está mal (por ejemplo, jugar al médico, explorar el placer, interacciones sexuales en la niñez temprana).

Las *privaciones psicosexuales* son fuentes indirectas de heridas sexuales. Estas también pueden afectar nuestro desarrollo psicológico y causar distorsiones en nuestra identidad de género, al mismo tiempo que son una fuente de vergüenza y compulsión sexual. Pueden incluir cualquiera de las siguientes:

- Las *heridas del apego*. La falta de un apego saludable a la madre o al padre, o a ambos.
- La *confusión de género*. La falta de afirmación y confianza en la propia identidad de género.
- El *mal modelado*. La falta de identificación con el padre del mismo sexo.
- El *aislamiento*. La falta de pertenencia y afirmación por parte de hermanos y compañeros.
- El *rechazo de compañeros*. La falta de aceptación por parte de miembros del mismo sexo o del sexo opuesto.
- El *auto-rechazo*. Un rechazo a nuestro cuerpo, género o identidad sexual.
- La *supresión de los deseos*. Una supresión de nuestros deseos o atracciones sexuales.
- Los *deseos desordenados*. Cualquier deseo sexual que no esté de acuerdo con el diseño de Dios.

Cada una de las heridas sexuales enumeradas anteriormente es una fuente de vergüenza generalizada en nuestra vida hasta que sale a la luz y finalmente sana. A lo largo del resto de la Parte I, veremos el diseño de Dios para nuestra integridad sexual y cómo estas diversas fuentes de heridas sexuales impactan nuestro desarrollo psicosexual, identidad de género, comportamiento y deseos sexuales. En la Parte II, exploraremos cómo se pueden sanar estas heridas, permitiendo que el amor y la verdad de Jesús disipen nuestra vergüenza y restablezcan nuestra integridad sexual.

Antes de pasar al siguiente capítulo, en el que exploraremos el desarrollo psicosexual, te animo a que primero dediques un tiempo concentrado a reflexionar sobre el contenido de este capítulo. Pídele a Dios que haga brillar su luz en los oscuros rincones de tu mente y de tu corazón mientras identificas las diferentes manifestaciones de heridas y vergüenza sexual. A medida que realizas esta actividad, puedes experimentar recuerdos intensos o sentirte completamente insensible. De cualquier manera, sé paciente contigo mismo. Acéptate a ti mismo.

Confía en que a medida que avancemos con el resto del libro, se desarrollará el proceso de sanación. Por ahora, respeta el ritmo de tu corazón y no intentes acelerar el proceso.

Ruego que la siguiente reflexión, actividad personal y oración de "Tómate un momento" te ayuden a sacar a la luz cualquier cosa que estés experimentando. Descansa en el corazón de la misericordia del Padre, sabiendo que te ama y te acepta en este momento, y en cada momento de tu vida.

Tómate un momento

1. ¿Con cuál de las historias de este capítulo te identificaste más? ¿Por qué?
2. ¿Cuál es tu opinión sobre esta afirmación: "Todos hemos sido heridos sexualmente"?
3. ¿Cómo afectan las imágenes sexuales y las distorsiones culturales nuestra sexualidad?
4. ¿Qué leíste en este capítulo que despertó sentimientos de ansiedad o vergüenza?

Actividad personal

1. Pídele al Espíritu Santo que te guíe en esta actividad de identificar tus experiencias sexuales.
2. Repasa los diversos tipos de heridas sexuales al final del capítulo (violaciones sexuales y privaciones psicosexuales) para ver cuáles de ellas has experimentado.
3. Menciona las diversas experiencias dolorosas y escríbelas.
4. Describe la vergüenza que experimentaste y lo que creías de ti mismo.
5. ¿Estás consciente de alguna compulsión sexual o pecado sexual con el que luchas en relación con estas heridas?
6. Escribe cómo te sientes después de completar este ejercicio.
7. Al terminar la actividad, reza la siguiente oración (o escribe una tú mismo y reza a través de ella):

> Padre, te traigo toda mi historia de experiencias sexuales, todo lo que he identificado y todo lo que queda oculto en la oscuridad. Te pido que hagas brillar la luz de tu verdad en esta oscuridad. Por favor, revela tu amor misericordioso y tu compasión en estas áreas de mi herida y vergüenza. Ayúdame a recordar que Jesús no me condena y que nunca me ha abandonado. Aunque es posible que ahora no entienda completamente, oro para llegar a conocer su amor y su presencia a tiempo, especialmente en estas áreas de mi herida y vergüenza sexual. También te pido que sanes y perdones a cualquier persona que haya sido parte de mi historia sexual. Todo esto te lo pido en el nombre del Padre, del Hijo y del Espíritu Santo. Amén.

2

VIVIR LA VERDAD EN EL AMOR: COMPRENDER NUESTRO DESARROLLO PSICOSEXUAL

Estaremos en la verdad y el amor, e iremos creciendo cada vez más para alcanzar a aquel que es la cabeza, Cristo.

—Efesios 4:15

Incluso si tu familia te parecía saludable mientras crecías, nadie (aparte de Jesús) tenía una familia perfectamente amorosa. Ninguno de nosotros recibió la abundancia de amor y cuidado que necesitábamos para desarrollar nuestra capacidad total. Esta es la realidad que todos vivimos por el pecado original (*CIC*, 402). Ninguno de nosotros está perfectamente integrado en nuestra sexualidad. Todos tenemos heridas psicosexuales. Para algunos de nosotros, estas heridas, causadas por la falta de amor, son más debilitantes de lo que nos damos cuenta. Pueden pasarse por alto fácilmente porque nuestras experiencias de la niñez nos parecían normales.

Algunos de nosotros somos conscientes de estas heridas, pero dudamos en enfrentarlas porque se sienten demasiado dolorosas o amenazantes. Es por eso que necesitamos la asistencia de personas solidarias que nos ayuden a reconocer y superar estas áreas de privaciones en nuestro desarrollo. También necesitamos entender cómo es el desarrollo saludable, para que podamos darnos cuenta de lo que nos falta y dónde nuestro desarrollo se ha visto obstaculizado de alguna manera.

El psicólogo cristiano Jim Wilder y sus asociados propusieron el "modelo de vida" para ayudarnos a comprender nuestras necesidades de amor en el desarrollo y los traumas que experimentamos cuando estas necesidades no se satisfacen adecuadamente[1]. Después de exponer el proceso de desarrollo saludable, identifican dos categorías principales de trauma, a los que se refieren como traumas "Tipo A" y "Tipo B"[2]. En su mayoría, somos conscientes de los traumas del Tipo B, ya que estos son eventos notablemente malos que interrumpen nuestro desarrollo y, a veces, sacuden nuestro mundo. Pero pocos de nosotros prestamos la atención adecuada a lo que ellos denominan traumas del Tipo A. El Tipo A se refiere a la ausencia de las cosas buenas que necesitábamos para nuestra sana maduración.

Los traumas del Tipo A pueden incluir cosas como una falta crónica de afecto, necesidades insatisfechas de afirmación, malos modelos a seguir o falta de orientación y disciplina de los padres. Estas privaciones de uno o ambos padres resultan en heridas psicosexuales. Las heridas de privación también pueden provenir de una escasez de crianza de otras personas importantes en nuestra vida. Estos traumas pueden comenzar en los primeros días de la niñez, incluso en el útero, y sus efectos pueden transmitirse de una generación a la siguiente. Puede que te sorprendas al descubrir que algunas de tus fuentes más profundas y generalizadas de vergüenza y dolor tienen su origen en estos traumas del Tipo A.

El impacto de los traumas del Tipo A

En las historias del comienzo del último capítulo, observe que las tres personas tenían algunos traumas significativos del Tipo B. Estos *malos* eventos traumáticos (el abuso sexual, la humillación pública y la traición conyugal) sacudieron su mundo, dejándolos con un intenso dolor, vergüenza y confusión. Pero además de estos traumas que destrozan el alma, los tres también experimentaron traumas del Tipo A. Aunque parecían menos impactantes, es posible que hayan causado un daño aún mayor en su bienestar emocional general y en sus capacidades relacionales.

Con Susan, la joven estudiante de posgrado, el trauma obvio en su vida fue el abuso sexual de su padre. Pero su relación con su madre también jugó un papel importante en su vida. Ahora me pregunto si experimentó una falta de vínculo con su madre (un trauma del Tipo A) que la dejó más susceptible de ser abusada sexualmente por su padre e incapaz de decírselo a su madre. ¿Se sentía protegida por su madre? ¿Se sentía emocionalmente segura con ella? ¿O se sentía abandonada y desprotegida por ella? ¿Se alejó de su madre por vergüenza, culpa o miedo de que su madre se enterara? Esas son preguntas que no hice en ese momento. Pero más adelante en mi carrera, mientras trabajaba con personas que habían sido abusadas sexualmente, me di cuenta de que descubrir estas privaciones de desarrollo anteriores era esencial para sanar las heridas del abuso sexual y restaurar la capacidad de confianza del sobreviviente nuevamente.

Jimmy, quien fue humillado por niños mayores en el vestuario, también experimentó traumas del Tipo A en sus primeros años de desarrollo. Al percibirse a sí mismo como un hombre débil e incapaz, es claro que estuvo profundamente herido en su identidad masculina desde las edades más tempranas. El evento en el vestuario cuando era un joven adolescente fue una fuente obvia de vergüenza intensa para él. Menos obvio, pero aún más insidiosamente vergonzoso, fue su falta de vínculo y afirmación por parte de su padre (un trauma del Tipo A). Debido a que no formó un apego fuerte con su padre ni recibió la necesaria afirmación de él, Jimmy carecía de confianza en su identidad masculina. De adulto esta falta de confianza en sí mismo se manifestó en su carrera marital y laboral. La sanación de su matrimonio y el ridículo de los niños mayores no pudieron resolverse adecuadamente hasta que estos problemas más profundos de vergüenza de los traumas del Tipo A también salieron a la luz.

Joyce, quien fue traicionada por su esposo, también tenía heridas psicosexuales subyacentes. Su relación con sus padres, así como sus primeras relaciones de noviazgo, contribuyeron a sus heridas de rechazo. Estas heridas subyacentes necesitaban ser sanadas antes de que ella pudiera sanar su relación con su esposo. En ese momento, no tenía la experiencia o la conciencia para explorar estas heridas anteriores, o para llevarlas a Jesús para que las sanara.

Lo que he aprendido a lo largo de los años me ha ayudado a comprender que las heridas sexuales son parte de una comprensión más integral de la persona humana. La intención de Dios desde el principio de la creación y para todas las generaciones ha sido que crezcamos como personas íntegras, integradas en cuerpo y alma. No basta con atender las heridas traumáticas. También debemos encontrar formas de restaurar la integridad sexual de cada persona.

La integridad sexual

La integridad sexual implica vivir "en la verdad y el amor" (Ef 4:15). Cuando somos heridos por los estragos del pecado y el trauma en nuestro desarrollo psicosexual, experimentamos una pérdida de integración. Esto a su vez hace que nos escondamos por vergüenza. La vergüenza es la conciencia de que no somos lo que estamos destinados a ser. La vergüenza saludable se basa en la verdad. Cuando reconocemos honestamente nuestra vergüenza sexual, a la luz de la verdad de Dios, crecemos en integridad. La vergüenza malsana, por otro lado, se basa en mentiras de identidad que distorsionan la verdad de quiénes somos. Estas mentiras de identidad bloquean nuestra capacidad de dar y recibir el amor, lo que inevitablemente conduce a una mayor desintegración.

Solo a la luz de la misericordia y la verdad de Cristo podemos ser completamente restaurados en nuestra integridad sexual, a lo que Dios quiso para nosotros en la creación. A san Juan Pablo II le gustaba citar el Concilio Vaticano II a este respecto: "Cristo . . . manifiesta plenamente el hombre al propio hombre y le descubre la sublimidad de su vocación"[3]. Así como Jesús se integró plenamente en su sexualidad, todos estamos llamados a vivir la verdad en el amor. En Cristo, descubrimos nuestra verdadera identidad y nos integramos sexualmente. Jesús es nuestro prototipo para el desarrollo integral. Al crecer, experimentó plenamente lo que san Juan Pablo II llamó "el amor hermoso", el amor que Dios quiso para cada ser humano desde el principio[4]. Su naturaleza humana se formó a través del amor puro y fiel de la Sagrada Familia. Su "amor hermoso" es el modelo para todas las familias. Al igual que nosotros, fue concebido en el vientre de su madre y pasó por una vida de maduración desde la infancia hasta la edad adulta. Pero a diferencia de nosotros, el vientre y el corazón inmaculados de su madre lo nutrieron y protegieron sin privaciones. Su padre, José, lo amaba pura y fielmente.

Vivir la verdad en el amor a lo largo de cada etapa de su desarrollo, la integridad sexual de Jesús (es decir, su capacidad de amar puramente) permaneció sin mancha. Él estaba sin pecado. También estaba libre de sus efectos debilitantes. Su alma inocente no se fragmentó por deseos desordenados. A diferencia del resto de nosotros, él no vivía en la sombra oscura y siniestra de la vergüenza. No tenía ningún indicio de duplicidad o falsedad en su naturaleza. Deseaba amor e intimidad, pero no permitió que sus deseos fueran secuestrados por compulsiones rebeldes. En cambio, permaneció lleno de gracia y de verdad a lo largo de sus años de desarrollo (ver Jn 1:14). Él "crecía y se desarrollaba lleno de sabiduría, y la gracia de Dios permanecía con él" (Lc 2:40). Amado con seguridad, maduró con gracia y manifestó la mayor pureza posible[5].

Aunque Jesús es nuestro modelo de integridad sexual, ninguno de nosotros ha sido perfectamente amado y nutrido en nuestras familias de la forma en que Jesús lo fue en su familia. Tampoco ninguno de nosotros se ha desarrollado con total integridad como lo hizo Jesús. A diferencia de él, estamos infectados por los efectos debilitantes del pecado dentro de nosotros mismos y en las generaciones de nuestra familia. Es por eso que puedo afirmar con confianza que tú y yo carecemos de integridad sexual completa. Cada uno de nosotros hemos experimentado al menos algunas privaciones o distorsiones del amor en diferentes puntos de nuestro desarrollo.

Los efectos acumulativos de los traumas del Tipo A y del Tipo B en nuestro desarrollo, junto con nuestras respuestas inmaduras a ellos (incluidos nuestros pecados), nos dejan con corazones divididos y mentes oscurecidas (ver Efesios 4:18–19). Como resultado, cada uno de nosotros ha experimentado una cierta cantidad de desintegración en nuestras almas. Cada uno de nosotros exhibimos cierto grado de inseguridad, inmadurez e impureza en nuestro desarrollo general. Este déficit de "vivir la verdad en el amor" ha afectado profundamente nuestra integración sexual. Como resultado, muchos de nosotros caminamos con corazones endurecidos, actitudes inmaduras, deseos desordenados y áreas donde nos falta libertad y pureza en nuestra sexualidad. Pero no somos meras víctimas de nuestras naturalezas caídas y déficits de desarrollo. Siempre tenemos una opción. Podemos mantener estas áreas de nuestra vida escondidas en la oscuridad y la vergüenza, o podemos llevarlas valientemente a Jesús para que reciban su amor sanador y su verdad.

Para vivir plenamente la verdad en el amor, primero debemos comprender y luego restaurar cada una de las etapas de nuestro desarrollo psicosexual.

Las etapas del desarrollo psicosexual

Jesús creció y se desarrolló desde la concepción hasta la edad adulta madura a través de las mismas etapas de desarrollo humano por las que pasamos nosotros. Durante este proceso de maduración aprendemos a confiar e imitar (el apego), descubrir quiénes somos (la identidad) y aprendemos a amar y ser amados con una pureza creciente (la integridad). Pasamos de ser bebés totalmente dependientes a adultos capaces que están llamados a atender las necesidades de los demás mientras mantienen la capacidad de cuidar de nosotros mismos y recibir el amor de los demás.

La siguiente tabla destaca las etapas del desarrollo psicosexual que se desarrollan naturalmente en un entorno de amor[6]. Ten en cuenta que cada etapa va acompañada de una tarea de desarrollo correspondiente apropiada para ese rango de edad. Mientras lees la tabla, piensa en cómo Jesús, en su humanidad, maduró a través de cada una de las etapas en plenitud y cómo cada uno de nosotros avanza a través de esas etapas con cierta medida tanto de satisfacción como de privación. Para integrarnos sexualmente, cada uno de nosotros necesita desarrollar vínculos seguros con nuestros padres, ser bendecidos y afirmados en nuestra identidad de género, experimentar aceptación y pertenencia con nuestros hermanos y compañeros, desarrollar autodominio, y crecer en nuestra capacidad de amor y generatividad comprometidos.

Tabla 2.1. Las etapas del desarrollo psicosexual

ETAPAS DEL DESARROLLO PSICOSEXUAL	EDADES	TAREAS PRIMARIAS DE DESARROLLO
APEGO	0–2	Desarrollar lazos de amor seguros con los padres
IDENTIFICACIÓN DE GÉNERO	3–5	Desarrollo y bendición de la identidad de género
PERTENENCIA AL GRUPO DE COMPAÑEROS	6–12	Aceptación y pertenencia con el grupo de compañeros
EXPLORACIÓN SEXUAL	13–22	Autodominio e integración de los deseos sexuales
AMOR A SÍ MISMO	Adulto	Fidelidad sexual, intimidad y generatividad

El apego

Desde que somos concebidos en el vientre de nuestra madre y durante los primeros años de nuestra vida, nuestra necesidad más importante es formar un apego seguro con nuestros padres, primero con nuestra madre y luego con nuestro padre. El apego saludable nos permite sentirnos queridos y recibir el cuidado que es vital para nuestro sentido de seguridad. Todos necesitamos saber desde la más tierna edad que somos un regalo preciado y una fuente de deleite para nuestra madre y nuestro padre. Según los autores de *The Life Model* [El modelo de vida], "En los primeros dos años del niño, *el deseo de experimentar alegría en las relaciones amorosas es la fuerza más poderosa en la vida*" (cursivas añadidas)[7].

Durante los primeros dos años de vida, todos tenemos la necesidad básica de desarrollar un vínculo de amor seguro, ante todo con *nuestra madre*. El vínculo materno es crucial para cultivar un sentido de ser en los niños, a medida que aprenden a confiar en el tierno amor y cuidado de su madre. Esto se desarrolla a través de las respuestas constantes y afectuosas de una madre, toques cálidos y afectuosos, un tono de voz relajante y una mirada atenta que le comunica a su hijo pequeño a diario. Es a través de estas actividades y muchas más que se forma un vínculo de amor seguro entre madre e hijo. Cuando estas interacciones son constantes a lo largo del tiempo, los niños se sienten a sí mismos como hijos amados.

Estas expresiones de ternura y crianza también son de vital importancia en la relación padre-hijo, aunque el papá suele ser una influencia secundaria durante los primeros meses de la vida de su hijo. Su papel se vuelve más prominente en las etapas posteriores de desarrollo. A medida que el niño crece, el vínculo paterno se vuelve cada vez más importante para brindarle un sentido de identidad, seguridad y protección. La buena paternidad ayuda al niño a separarse de su madre y unirse a su padre. Esto se desarrolla naturalmente cuando el padre afirma la bondad y el género del niño y entra en el mundo de maravillas y juegos del niño, estableciendo límites saludables de autoexpresión, al tiempo que brinda oportunidades para expandir el mundo de aventuras del niño. Todos estos son esenciales para el desarrollo psicosexual saludable de los niños, que permanecerá con ellos durante toda la vida.

Biológicamente, el padre determina el género del niño a través de los cromosomas x/y; psicológicamente, también juega un papel importante, junto con la madre y la familia ampliada, en el desarrollo de la identidad de género del niño. Cuando somos afirmados primero como personas y luego en nuestro género, llegamos a experimentar un sentido básico de nuestra propia bondad. Cuando falta afirmación, interiorizamos un sentimiento de vergüenza como persona y en nuestra sexualidad. Dennis Linn *et al.* observa: "La afirmación no es algo que hacemos, sino algo que somos . . . No podemos convertirnos en nosotros mismos hasta que otra persona nos afirme . . . Nos convertimos en nosotros mismos cuando vemos nuestra bondad reflejada en los ojos de otra persona que nos ama"[8].

En la medida en que el amor que nutre y la afirmación faltan en cualquiera de los padres, nuestros vínculos se vuelven inseguros. Debido a que la mayoría de nosotros carecemos de memoria cognitiva desde esta etapa temprana de desarrollo, los efectos a menudo se sienten y se experimentan más adelante en la vida. Los investigadores han encontrado que las dificultades de apego persisten (hasta que se sanan) a lo largo de nuestra vida, afectando todas nuestras relaciones íntimas[9]. Cuando nuestras necesidades de amor son totalmente insatisfechas durante esta etapa, los niños se vuelven vulnerables a deseos desordenados y compulsiones sexuales de varios tipos, que puede manifestarse muchos años después[10].

El apego y la afirmación influyen enormemente en la siguiente etapa de desarrollo: la identificación de género.

La identificación de género

Durante esta segunda etapa de desarrollo, los niños aprenden sobre la masculinidad y la feminidad de sus padres, hermanos y otros modelos a seguir. Esto se facilita cuando los niños separan su identidad de la de su madre y se apegan a su padre. Pronto aprenderán a imitar a su padre del mismo sexo. La identidad masculina y femenina se capta más que se enseña. Con un apego seguro, un niño modelará intuitivamente la masculinidad según su padre (o figura paterna) y la niña, la feminidad según su madre (o figura materna). Luego tendrán esto afirmado y alimentado por su padre del sexo opuesto. Cuando este crecimiento se desarrolla de manera saludable, el niño acepta instintivamente su sexualidad e identidad de género. Cuando falta ese apego, los niños tendrán dificultad para identificarse con su progenitor del mismo sexo y, en situaciones más graves, rechazarán la influencia de su progenitor del mismo sexo. Como resultado, pueden desarrollar confusión en su identidad de género.

Este proceso de identificación, junto con la bendición del género de uno, es esencial para el desarrollo integral. Influye en nuestra capacidad para aceptar nuestro propio género y sentir confianza en él. A lo largo de los años, sirviendo como terapeuta, vi estos patrones de apego deficiente e identificación interrumpida una y otra vez, lo que resultó en falta de confianza, confusión de identidad, disforia de género, compulsiones sexuales, disfunciones sexuales y atracción por personas del mismo sexo. También llegué a comprender que es durante estas dos primeras etapas de desarrollo cuando la vergüenza sexual está más profundamente arraigada.

Andrew Comiskey, quien ha dedicado toda su carrera a ayudar a las personas en su búsqueda de la plenitud sexual, subraya la importancia de estos primeros años en el desarrollo psicosexual. "Rupturas en la relación con el progenitor del mismo sexo . . . puede bloquear un salvavidas de intimidad e identificación que a su vez obstruye el desarrollo de género seguro de un niño"[11].

Leanne Payne también dedicó su carrera a ayudar a las personas a sanar las distorsiones de género. En su libro *The Broken Image* [La imagen rota], describe una variedad de situaciones en las que la identificación saludable a menudo se ve interrumpida en los niños. "Una madre, demasiado protectora y que tiene una intimidad peculiar o dañina con un hijo, a menos que una figura paterna fuerte y afirmativa esté cerca, puede hacer que un hijo sea incapaz de separar su identidad sexual de la de ella"[12]. Ella continúa señalando que un padre severo o que no está disponible no puede bendecir la identidad emergente de su hijo como niño. Estas heridas de vergüenza e insuficiencia, si no se atienden, pasan a la siguiente etapa de desarrollo e influyen en el sentido de pertenencia de los niños con sus compañeros. Por el contrario, según Comiskey, "Una relación afirmativa con el padre del mismo sexo prueba la afirmación del género de uno"[13]. Un niño afirmado es capaz de pasar con confianza a la siguiente etapa de desarrollo: pertenecer a un grupo de compañeros.

Pertenecer a un grupo de compañeros

A los niños que tienen un apego seguro e identificación durante las dos primeras etapas les resulta más fácil desarrollar un sentido de aceptación y pertenencia con sus hermanos y compañeros en esta tercera etapa de desarrollo. Durante estos años preescolar y escolar, un sano sentido de pertenencia permite que un niño o niña reciba afirmación de sus compañeros, no solo como persona, sino también en su identidad de género. Un niño sentirá que pertenece como un niño entre los niños. Y una niña en edad escolar se verá a sí misma encajando e incluida como una de las niñas. Por el contrario, los niños que se sienten inadecuados a menudo son rechazados, condenados al ostracismo o etiquetados durante esta etapa. Esta herida puede afectar profundamente su sexualidad e identificación de género en los próximos años[14].

En la situación con Jimmy, quien fue condenado al ostracismo y ridiculizado por sus compañeros por su falta de desarrollo masculino, vemos cómo se desarrolla este patrón. No tenía hermanos y se sentía alejado de su padre. Su retraso en el crecimiento físico, junto con su desarrollo emocional inmaduro y falta de habilidad atlética, lo hicieron sentir profundamente inseguro con otros niños. Sus burlas solo sirvieron para reforzar su falta de confianza y vergüenza. De manera similar, Susan, con su falta de vínculo con su madre y la relación incestuosa con su padre, naturalmente tendría una sensación de vergüenza generalizada sobre su sexualidad. No es difícil ver cómo ambos pueden retirar sus corazones de las relaciones íntimas con los niños en la escuela y en el barrio durante esta etapa de desarrollo, sintiéndose todo el tiempo como extraños con sus compañeros.

Tanto para Jimmy como para Susan, las lesiones psicosexuales durante esta tercera etapa simplemente se construyeron sobre sus heridas de etapas anteriores y los prepararon para una mayor humillación y vulnerabilidad sexual durante la siguiente fase de desarrollo, donde se volverían más conscientes de sus deficiencias en el mundo de la sexualidad adolescente.

La exploración sexual

En el desarrollo psicosexual normal, maduramos física, emocional y espiritualmente a lo largo de nuestra adolescencia. También desarrollamos una identidad social y sexual integrada. En este patrón normativo, ampliamos nuestro círculo social del grupo preadolescente mayoritariamente del mismo sexo para incluir atracciones más intensas con el sexo opuesto. Cuando el desarrollo madura de manera saludable, gravitamos naturalmente hacia las atracciones del sexo opuesto durante estos años de adolescencia. Comiskey nota: "La capacidad de relacionarse heterosexualmente con madurez no es algo que poseemos al nacer . . . Por lo tanto, nos desarrollamos en nuestras identidades heterosexuales previstas . . . una etapa a la vez"[15].

Con el inicio de la pubertad y el aumento de las hormonas que provocan cambios significativos en la anatomía física, muchos adolescentes en desarrollo pueden sentirse abrumados por intensos sentimientos de atracción y deseo sexual. Con la pubertad surge la necesidad de una mayor autoconciencia para desarrollar un autodominio equilibrado. Esto es especialmente necesario en momentos de mayor excitación y atracción. Es durante esta etapa que el autodominio se pone a prueba más severamente y, sin embargo, también es más importante. Sin el sano desarrollo del amor casto durante esta etapa, los deseos sexuales desordenados pueden dar paso al aislamiento, la fantasía, la masturbación, la pornografía, la atracción por personas del mismo sexo, las compulsiones sexuales, la promiscuidad, el embarazo no planificado, el uso de anticonceptivos y los abortos.

Aunque esta etapa de la sexualidad se centra en gran medida en los compañeros, las relaciones familiares continúan desempeñando un papel crucial en el desarrollo y la identidad sexual del adolescente emergente. Los padres en especial juegan un papel fundamental en la orientación y protección de sus hijos y ayudarlos a crecer en su identidad y autodominio durante esta etapa. Payne observa:

> La pérdida de un padre afirmativo es terrible en cualquier momento de los años de crecimiento . . . [pero] la pérdida es especialmente crucial tanto para los niños como para las niñas durante y después de la pubertad. Así como la cálida presencia y el amor de la madre son tan cruciales durante las primeras semanas y meses de vida, también lo es la del padre durante la adolescencia. La mejor y más capaz madre, por mucho que lo intente, no puede reparar la brecha que un padre ausente o emocionalmente remoto deja en el joven adolescente. Ella simplemente no puede afirmar a un hijo o una hija de la forma en que lo hace un padre *completo*. Esta es una de las terribles tragedias del divorcio y los hogares rotos. Rara vez hay un sustituto del padre que sea capaz y esté dispuesto a afirmar al niño o niña adolescente que lucha[16].

Cuando leí por primera vez las palabras de Payne, tocaron una fibra sensible en mí, ya que fue durante esta etapa de la adolescencia temprana que perdí el contacto con mi padre durante varios años. Aunque confiaba en mi identidad masculina durante las primeras etapas de desarrollo, la ausencia de mi padre me dejó sin guía ni protección durante esta etapa crucial de mi desarrollo psicosexual. Después de mis cruces de límites sexuales y las subsiguientes traiciones de mis novias en la adolescencia temprana (que mencioné en el capítulo anterior), respondí reprimiendo mis deseos sexuales y retirándome de las relaciones íntimas con chicas de mi edad durante los siguientes años. Esto retrasó mi crecimiento psicosexual. Sé que no estoy solo en esto. Muchos adolescentes carecen del apoyo y la integración psicosexual para pasar con confianza a la siguiente etapa de desarrollo, donde se nos desafía a madurar en nuestra capacidad de amarnos a nosotros mismos.

Amarnos a nosotros mismos

Cuando todo va de acuerdo con el diseño de Dios en nuestro desarrollo, maduramos continuamente en nuestra capacidad de *vivir la verdad en el amor*, a lo largo de la adolescencia y hasta la edad adulta. Nos volvemos cada vez más capaces de dar y recibir el amor generador de Dios para el bien de los demás y para nuestra propia alegría y bienestar. La persona segura y madura, que goza de la plenitud de su identidad sexual según el designio de Dios, es capaz de crecer en pureza en cualquier estado o vocación de vida a la que sea llamada.

La intención de Dios desde el principio de la creación y para todas las generaciones ha sido que crezcamos como personas íntegras, integradas en cuerpo y alma. Él nos creó, hombre y mujer, para expresarnos auténticamente en el amor. Esta visión integral de nuestra humanidad y sexualidad es a lo que san Juan Pablo II se refirió como la "teología del cuerpo". "La pureza", él dice, "es la gloria del cuerpo humano ante Dios. Es la gloria de Dios en el cuerpo humano, a través de la cual se manifiestan la masculinidad y la feminidad"[17].

Para muchas personas, la pureza (es decir, la castidad) se percibe como una restricción del deseo sexual. Pero desde la perspectiva de Dios es todo lo contrario: la libertad de vivir vidas sexualmente plenas. La castidad es la antítesis de todo lo que contribuye a nuestro sentimiento de vergüenza y falta de integridad. Es el cumplimiento de nuestro desarrollo integral revelado en el amor maduro.

Una persona madura aprende a ofrecer su amor como regalo para bendecir a los demás. Cuando expresamos la plenitud de nuestra naturaleza como hombres y mujeres, nos hacemos capaces de una auténtica intimidad y generatividad, glorificando a Dios con nuestros cuerpos (1 Cor 6:20). Nuestros cuerpos están diseñados para comunicar amor y generar nueva vida. Ya sea que estemos casados o célibes, cada uno de nosotros está llamado a amar castamente de esta manera.

El amor casto y marital

La castidad, por definición, implica estar libre de adulterio y lo que el papa san Juan Pablo II denominó el "adulterio del corazón", que según él es una forma desordenada de ver a los demás como un objeto de gratificación sexual. Esto puede incluir mirar al cónyuge de esa manera[18]. Para la persona casada, la castidad implica un amor emocional y espiritualmente íntimo que se expresa físicamente en el abrazo conyugal y en todos los demás aspectos del matrimonio. El amor casto es libre, pleno, fiel y fecundo[19]. La pareja casta permanece abierta a generar nueva vida y comprometida con la crianza y educación de los hijos hasta que alcancen su pleno desarrollo.

Los terapeutas católicos Christopher y Rachel McCluskey contrastan la diferencia entre un matrimonio que se basa en el amor integral y uno que aún no ha madurado en esta etapa de desarrollo:

> Ya hemos notado que hacer el amor como Dios lo diseñó tiene sus raíces en un *matrimonio de alianza saludable.* Esto no significa un matrimonio perfecto, sino uno en el que ambos miembros de la pareja *están completamente comprometidos el uno con el otro de por vida y con darse a conocer, lo que significa ser reales, transparentes e íntimos el uno con el otro. Su relación se basa en la confianza*, lo que requiere absoluta honestidad . . . Un matrimonio no puede facilitar el hacer el amor si está empañado por un compromiso incierto, falta de transparencia, un espíritu controlador o deshonestidad (todo lo cual engendra miedo). *Esta pareja podrá tener sexo, pero no podrá hacer el amor, porque el espíritu está mal*. En el amor no hay temor (1 Jn 4:18)[20].

Mientras lees estas ideas de los McCluskey, piensa en las relaciones de Susan (que vivía con su novio) y Joyce (cuyo esposo la traicionó en adulterio). Ambas lucharon en su intimidad sexual porque, en ambos casos, faltaba un compromiso auténtico y una honestidad transparente. Como resultado, ambas se sintieron utilizadas e inseguras, en lugar de amadas con seguridad. Como terapeuta marital, observé este patrón una y otra vez en las relaciones sexuales de las parejas a las que serví. Cuando faltaba la intimidad y la transparencia, uno o ambos cónyuges acababan sintiéndose objeto de consumo del otro. Eventualmente perdían interés en la intimidad sexual con su cónyuge. La intimidad sexual solamente puede florecer en un matrimonio de alianza, donde se comparte de manera honesta y vulnerable el tiempo, el afecto, los pensamientos, los sentimientos, los deseos y las experiencias. Solo entonces la intimidad sexual puede llamarse hacer el amor. Todo lo demás, sin importar lo gratificante que sea por una temporada, es una falsificación y eventualmente conducirá al vacío y al desinterés en la intimidad sexual[21].

Para los solteros, consagrados, divorciados o viudos, la castidad se expresa en un celibato sano, marcado por la intimidad emocional y espiritual y la generatividad espiritual.

El amor casto y célibe

Para la persona soltera o célibe, la integridad sexual significa respetar el propio estado de vida y el sentido de su sexualidad consagrada. Daniel Keating, un hombre consagrado, observa:

> A diferencia del amor erótico, que es legítimamente exclusivo entre los cónyuges, las amistades en comunidad deben ser cálidas y afectuosas, pero genuinamente abiertas a los demás . . . Si un hombre consagrado no ha puesto su corazón en la pureza, entonces hay pocas esperanzas de que permanezca fiel a sus compromisos. Si alberga deseos secretos que no concuerdan con la vida que ha elegido vivir, surgirán profundos conflictos. Una condición esencial, pues, para que un consagrado viva una vida de integridad sexual es el compromiso de buscar la pureza de corazón y de cuerpo por un lado y por otro

> el compromiso con prácticas específicas que le ayuden a vivir puramente[22].

Susan Muto, una mujer soltera, elabora: "Es importante que los solteros muestren cómo y por qué la expresión sexual significa mucho más que simplemente 'tener sexo'. Es revelar en decisiones y hechos cómo ser una persona masculina y femenina radiante de respeto por sí mismo y por los demás"[23]. Y la hermana dominica Sara Fairbanks agrega: "Como amante célibe, necesito compartir la intimidad tanto como lo hace una persona casada"[24]. Cuando el amor célibe es entrega de uno mismo, también es espiritualmente generativo.

La generatividad

El amor maduro es siempre generativo. Esto es tan cierto en el matrimonio como en el celibato. La Madre Adela Galindo, fundadora de las Siervas de los Corazones Traspasados de Jesús y María, explica: "La libertad que ofrece el voto de castidad, es la de un corazón, libre de amor propio, exclusivo o condicionado, que puede amar con universalidad, dándose a los demás, según el amor de Dios, del amor de Dios y con el amor de Dios"[25]. Así se amaron Jesús, María y José en la Sagrada Familia hace dos mil años y siguen amando a cada uno de nosotros ahora.

Toda persona madura, ya sea soltera, célibe, casada, viuda o divorciada, está llamada a un amor generoso y similar en todas sus relaciones. En la generatividad espiritual, buscamos transmitir a las próximas generaciones todo lo que hemos recibido. Ayudamos a quienes dependen de nosotros a crecer en integridad sexual. Al hacerlo, vivimos la verdad en amor y nos convertimos en representantes de la caridad creativa y enriquecedora de Dios dentro y fuera de nuestras familias, en nuestras comunidades locales y más allá.

A medida que avancemos en el próximo capítulo, nos basaremos en esta comprensión de nuestro desarrollo psicosexual con un enfoque específico en la identidad de género. Sin embargo, antes de continuar con el próximo capítulo, te animo a que tomes un momento para reflexionar sobre nuestro desarrollo psicosexual y cómo lo afecta el trauma. Luego, en la actividad personal, reflexiona más profundamente sobre las gracias y las interrupciones en tu propio desarrollo psicosexual.

Tómate un momento

1. ¿Cómo han interferido el pecado, la vergüenza y el trauma en tu integración y desarrollo sexual?
2. ¿Puedes identificar un trauma específico del Tipo A y del Tipo B que tú o los miembros de tu familia experimentaron?
3. ¿Qué pareja casada y persona célibe en tu vida han exhibido un amor casto y maduro? ¿Cómo te inspiran sus ejemplos?

Actividad personal

Reflexionando sobre las etapas del desarrollo psicosexual, examina tu propio crecimiento y desarrollo integral a lo largo de los años.

ETAPAS DEL DESARROLLO PSICOSEXUAL	EDADES	TAREAS PRIMARIAS DE DESARROLLO
VÍNCULO	0–2	Desarrollar lazos de amor seguros con los padres
IDENTIFICACIÓN DE GÉNERO	3–5	Desarrollo y bendición de la identidad de género
PERTENENCIA AL GRUPO DE COMPAÑEROS	6–12	Aceptación y pertenencia con el grupo de compañeros
EXPLORACIÓN SEXUAL	13–22	Autodominio e integración de los deseos sexuales

AMOR A SÍ MISMO	Adulto	Fidelidad sexual, intimidad y generatividad

1. El apego/modelo: ¿Cómo era tu relación con tus padres? ¿Estaban en sintonía emocional contigo? Al crecer, ¿te sentiste amado y que ellos se deleitaban en ti?
2. La identificación de género: ¿Cómo afirmaron o no tus padres la identidad de género? ¿Veías a tu padre del mismo sexo como alguien a quien admirabas y a quien querías parecerte?
3. La pertenencia a grupos de compañeros: Describe tus relaciones con hermanos y compañeros del mismo sexo. ¿Qué experiencias de rechazo/alienación o vergüenza recuerdas durante tus años de escuela primaria? ¿Quién te acogió y aceptó durante esos años?
4. La exploración sexual: ¿Quién te atraía durante tu adolescencia? ¿Cómo experimentaste la aceptación o el rechazo (o ambos) por parte de aquellos con los que deseabas tener una relación? ¿Cómo te ayudaron tus padres (o no) a guiarte y establecer límites sexuales saludables durante esos años?
5. El amor a ti mismo: ¿Cómo experimentas la intimidad relacional en tu vida en el presente? ¿De qué manera tu amor es generativo? ¿De qué manera te falta el amor casto y la generatividad?
6. La oración: Ofrece cualquier área específica de vergüenza y quebrantamiento a Jesús, pidiéndole que te restaure. Agradécele por tus padres y otros modelos a seguir y por las formas en que tu desarrollo ha sido bendecido por su amor. Perdónalos por las formas en que no te han amado bien (ver el apéndice 2).

3

REFLEJAR LA IMAGEN DE DIOS: AFIRMAR NUESTRA IDENTIDAD DE GÉNERO

Y creó Dios al hombre a su imagen. A imagen de Dios lo creó. Varón y mujer los creó.

—Génesis 1:27

En el capítulo inicial del Génesis, el autor inspirado deja en claro que Dios nos creó como uno de dos géneros: masculino y femenino (Gn 1:27). En el mismo versículo siguiente afirma la finalidad del género, que es para la generatividad: "Sean fecundos y multiplíquense" (Gn 1:28). Nuestra sexualidad no tiene sentido cuando está divorciada de estas realidades. Pero, por varias razones, no todos en nuestro mundo aceptan esta comprensión del género y la generatividad. Además, muchos no se sienten cómodos con el género que Dios les ha dado.

A lo largo de los años, he conocido y aconsejado a muchas personas que no estaban afirmadas en su género o que se sentían confundidas acerca de la naturaleza de su identidad de género. Como señalamos en el último capítulo, nuestra autocomprensión (es decir, la identidad) se desarrolla a lo largo de nuestro desarrollo psicosexual. Nuestras variadas experiencias a lo largo de la vida, tanto buenas como malas, amorosas y dañinas, pueden influir enormemente en la forma en que vemos nuestro género. Por ejemplo, si hemos sido abusados sexualmente o rechazados por nuestros padres o compañeros, esto puede y, a menudo, afecta significativamente la forma en que experimentamos nuestra identidad masculina o femenina. Es por eso que cada uno de nosotros necesita recibir afirmación de género.

La afirmación de género

Como abuelo de ocho, me encanta observar cómo cada uno de mis nietos se desarrolla en su personalidad única. Como no soy directamente responsable de su cuidado y disciplina, tengo más libertad para deleitarme con ellos en cada etapa de su desarrollo. Recientemente, celebramos el decimonoveno cumpleaños de mi nieta mayor, Anna. Ahora está en la universidad y vive su feminidad de una manera hermosa, explorando un mundo completamente nuevo de relaciones con otros hombres y mujeres jóvenes.

La semana antes de su cumpleaños, celebramos el cuarto cumpleaños de mi nieto más joven, Will. Él es descaradamente todo un chico. Justo el otro día estaba luchando con sus hermanos mayores y su padre en el piso de mi sala después de Misa durante nuestro almuerzo familiar semanal. Aunque su madre y sus hermanas se pusieron un poco nerviosas al verlos pelear, los hombres en la habitación disfrutaron viéndolos luchar[1]. A Will le encantan los juegos bruscos, especialmente con su padre y sus hermanos mayores, mucho más que sus tres hermanas a la misma edad (o en cualquier momento de su desarrollo). Le encantan las espadas y los dinosaurios, los camiones de juguete, la escalada en roca y todo tipo de deporte, incluido todo lo que implique acción y movimiento. Pero a pesar de lo activo y agresivo que es todos los días, también le encanta leer y acurrucarse con su mamá y papá y con sus hermanos mayores durante todo el día. Cada mañana, cuando se despierta, se dirige directamente a la cama de sus padres. Por las noches tiene la rutina de leer y acurrucarse con su mamá o papá antes de dormirse. Su vida es bastante simple, y en su mayoría llena de alegría, aunque no sin muchos golpes y moretones físicos (y a veces emocionales) cada día.

Como el hermano menor, Will ha crecido observando las muchas formas únicas en que los niños se expresan sin juicios preconcebidos ni prejuicios sobre el género o la sexualidad. En esta etapa de su desarrollo, simplemente está satisfecho de ser un niño pequeño y saberse amado y libre para expresarse. De vez en cuando se recuerda a sí mismo y a todos en la mesa que es un *niño*, como su padre y sus hermanos, y *no una niña*, como su madre y sus hermanas. Al hacerlo, está afirmando no solamente su propio género sino también el de todos en su familia. Es un hecho para él, al igual que aprender sobre los colores, los números y el alfabeto.

Después de nombrar el género de todos en la mesa, Will parece satisfecho de haber obtenido una calificación perfecta en su prueba de iniciativa propia. Aún sin darse cuenta del todo, está cumpliendo con algunos de los retos más importantes de esta etapa crítica del desarrollo de un niño de cuatro años: afirmarse y ser afirmado en su género, identificarse con otros varones y relacionarse con ambos sexos como una forma de vivir su identidad masculina. Como veremos, este proceso de identificación de género no siempre transcurre sin problemas para los niños en esta etapa.

La formación de la identidad de género

La formación de la identidad de género de Will comenzó antes de que naciera, al igual que para cada uno de nosotros. La afirmación de género comienza con las generaciones de nuestra familia, con la forma en que nuestros padres, abuelos y hermanos se relacionan tanto con su propio género como con el género opuesto. Esta cultura familiar acumulada se transmite a cada niño a través de todas las formas en que estos parientes viven su propia naturaleza sexual y luego afirman o desafirman el desarrollo de género de cada niño.

Reflexiona por un momento sobre cómo sucedió esto en tu familia. Hasta donde sabes, ¿tus parientes aceptaron y parecían cómodos con el género que Dios te había dado? ¿Pudieron modelarte una imagen sana y santa de masculinidad o feminidad? Cuando naciste, ¿celebraron tu género o te mostraron cierta ambivalencia o te rechazaron abiertamente porque querían que fueras del sexo opuesto? Conozco a una mujer que nunca conoció a su padre porque él dejó a la familia cuando supo que ella era una niña y no un niño. Estas influencias tempranas pueden afectar profundamente la forma en que aceptamos o rechazamos nuestra propia identidad de género[2].

Cuando se acercaba el nacimiento de Will hace cuatro años, sus padres (mi hija Carrie y mi yerno Duane) decidieron esperar para saber su sexo hasta después de que naciera. Todos esperábamos con anticipación y asombro. Sus hermanas, Lily y Elle, *realmente* querían una hermana menor. Sus cuatro hermanos y su hermana mayores estaban conformes de cualquier forma. Después de escuchar que tenían un hermanito, los niños y Anna vitorearon, pero las niñas más jóvenes se echaron a llorar espontáneamente. Lily, que tenía cinco años en ese momento, se enojó de manera inusual. Se sintió profundamente decepcionada porque le había pedido a Dios que le diera otra hermana.

Esto podría haber sido una verdadera crisis más adelante en la vida de Will si sus hermanas hubieran rechazado a su hermanito o lo hubieran tratado como a una niña porque querían una hermana. No se sabe cómo eso podría haberlo afectado. Este tipo de cosas sucede en las familias con mucha más frecuencia de lo que se imagina y puede dejar un impacto duradero. Pero afortunadamente su tía (mi hija Kristen) había pasado la noche con ellos y estaba allí para intervenir cuando se molestaron. Antes de responder, le pidió al Espíritu Santo que le diera sabiduría y luego les explicó a las niñas (con sus hermanos mayores escuchando): "Sé que están decepcionadas porque querían una hermana, y está bien estar tristes y enojadas. Pero no podemos elegir si un bebé es niño o niña. Esa es la decisión de Dios". Al escuchar la explicación de Kristen, las chicas se calmaron casi de inmediato. Sintiéndose afirmados de que estaba bien estar decepcionados, aceptaron la explicación de su amada tía y la verdad detrás de ella.

Más tarde en el hospital, cada uno de los niños mayores se turnó para sostener a su nuevo hermanito, todos con miradas de asombro en sus rostros. Habiendo escuchado la historia de esa mañana, estaba observando atentamente para ver cómo reaccionarían Lily y Elle. Cuando llegó el momento de abrazarlo, no vi ningún rastro de decepción en sus rostros o en su lenguaje corporal; en cambio, cada uno de ellos sonrió con deleite.

Mientras estaba en el hospital nos enteramos de que sus padres habían elegido el nombre "William Joseph" y que él se llamaría "Will" (en inglés, el nombre significa "voluntad"). De camino a casa desde el hospital, Jack, de diez años, que estuvo presente durante la diatriba matutina de las niñas y escuchó la explicación de Kristen, comentó a sus hermanas menores: "¿Lo entienden? Es un niño porque es la voluntad de Dios". A partir de ese día, nadie en la familia ha expresado ninguna ambivalencia con respecto al género de Will. Pero ¿y si lo hubieran hecho? ¿Cuál sería el impacto de que rechazaran su identidad fundamental como niño? He aconsejado a varias personas que no fueron aceptadas por uno de sus padres u otro familiar en su género. El impacto ha sido amplio, y a menudo significativo.

Obviamente, hay mucho más en la identificación de género que simplemente nacer niño y recibir un nombre de niño. La afirmación de la identidad de género es un proceso de toda la vida. Todas las interacciones de Will con su mamá, papá, hermanos, abuelos, tíos, maestros y amigos contribuyen a la formación de su identidad de género, y continuará desarrollándose y solidificándose a medida que interactúa con Dios en oración y con otras personas. a lo largo de su vida. Así es para todos nosotros cuando las cosas proceden naturalmente, según el diseño de Dios. Pero no siempre sale tan bien para los niños privados de afirmación y amor adecuado. Como todos sabemos, la identidad de género puede ser una fuente de gran angustia y vergüenza, especialmente en nuestra cultura que está plagada de tanta confusión sobre la sexualidad y el género.

La confusión de género

Después de haber acompañado a varias personas a lo largo de los años que han luchado por aceptar el género dado por Dios, he crecido en comprensión y compasión por la confusión y el sufrimiento que conlleva. Ellos y sus familias han experimentado el dolor agonizante y la alienación que inevitablemente viene con la confusión de género. Cuando nuestra identidad de género no se afirma, la experiencia de la vergüenza puede ser un factor de control a lo largo de la vida, afectando todas nuestras relaciones.

La mayoría de nosotros hemos experimentado cierta cantidad de afirmación en nuestro género, lo que nos permite funcionar normalmente en nuestra vida cotidiana. Pero viviendo en nuestra cultura actual, con la ruptura de las familias y la confusión generalizada sobre el género[3], muchos de nosotros tenemos cierto grado de incertidumbre sobre cómo vivir plenamente en nuestra identidad masculina o femenina. Esto puede ser inquietante y generar un grado de vergüenza en las áreas en las que creemos que no estamos a la altura de niño o niña, hombre o mujer.

Donna, quien tiene una fe fuerte en el amor misericordioso de Jesús y ha pasado por muchas sanaciones relacionadas con su identidad de género, me escribió esta nota después de repasar este capítulo. Creo que vale la pena compartirlo (con su permiso) porque es muy revelador sobre la experiencia de muchos:

> Muchas veces la gente dirá: "Siempre me sentí así" . . . Eso es cierto para mí. Me sentí como un niño pequeño cuando tenía cinco años. Siempre fui una marimacha. Creo que es importante aclarar que para muchos nuestra formación y comprensión sexual ya está presente antes de que nuestra cognición esté en pleno funcionamiento. Los niños absorben su entorno, tanto los mensajes conscientes como subconscientes sobre su familia, sus padres y el mundo en general desde las primeras etapas del desarrollo del cerebro. El padre no puede expresar objetivamente una opinión sobre el género. Por ejemplo, debido a la depresión y la inestabilidad emocional de mi madre, recuerdo un momento específico en el que me separé y rechacé a mi madre porque no era seguro apegarse a ella. Solo tenía entre cuatro y seis años, pero la rechacé. Recuerdo que siempre quise ser un niño. Subconscientemente, pensé que mi madre no era tan fuerte. Yo nunca hubiera dicho eso. Ni siquiera creo que se haya dicho eso; fue solo mi experiencia de vivir en casa. Además, mis hermanos, que eran diez o quince años mayores, a menudo le faltaban el respeto a mi mamá. Lucharon conmigo y me prestaron atención. De alguna manera absorbí estos mensajes sin que nadie me lo dijera. A la edad de cinco

> años, quería ser un niño y usar ropa interior de niño . . . Así que este proceso es multifacético. Estas dinámicas a menudo no son manifiestas.

Ahora Donna acepta ser mujer. Está saliendo con un hombre y tiene una sólida confianza en su identidad femenina. Si se hubiera sometido a las distorsiones culturales de hoy, ¿quién sabe cuánta más confusión podría haber experimentado y dónde podría estar en su proceso de afirmación de género? La vida puede convertirse en un infierno para aquellos que están profundamente confundidos o que rechazan abiertamente su género. Las distorsiones de género pueden afectar la capacidad de una persona para relacionarse y, en situaciones graves, literalmente pueden destruir la vida de una persona. La depresión, la ansiedad, la alienación y la vergüenza son efectos secundarios comunes en estas situaciones. Y la tasa de suicidio es más alta para aquellos con atracción por el mismo sexo y disforia de género que para el resto de la población[4]. Si esta es tu lucha personal, mi corazón está contigo. Pero sé que la esperanza y la sanación son posibilidades reales.

Últimamente me ha conmovido escuchar las historias dolorosas de aquellos que han vivido este conflicto infernal pero que finalmente han encontrado la paz en su identidad dada por Dios. Un ejemplo es la historia de Walt Heyer, quien creció en la década de 1950 atormentado por tremendos conflictos internos y confusión sobre su identidad masculina. Cuando tenía cuatro años (la misma edad que mi nieto Will y la etapa crítica para la identificación de género), su abuela solía vestirlo con vestidos morados. Ella lo "afirmó" en ser "su niña". Más tarde, a la edad de diez años, cuando su tío se enteró de esto, se burló y abusó sexualmente de Walt, lo que solo "reafirmó" en su mente que no era un niño de verdad.

Más tarde en la vida, a Walt se le diagnosticaría "disforia de género", que según la Asociación Estadounidense de Psiquiatría "implica un conflicto entre el género físico o asignado de una persona y el género con el que se identifica"[5]. Como muchas personas con disforia de género, Walt creía que era una mujer atrapada en un cuerpo masculino. Sin embargo, a pesar de su confusión interna, creció, se casó, tuvo hijos y tuvo mucho éxito en su carrera. A lo largo de esos cuarenta años, permaneció interiormente turbado y sintió que estaba viviendo una mentira.

Alrededor de este tiempo, con el cambio en la sociedad con respecto al transgénero y el estímulo cultural para "salir del armario" y recibir tratamientos y cirugías hormonales transgénero, Walt sintió un rayo de esperanza de que su mundo interior y exterior podrían ser congruentes. Esta "afirmación" equivocada de la sociedad fue todo el estímulo que necesitaba para recibir los tratamientos y hacer la transición para convertirse en una mujer transgénero. Walt estaba tan desesperado que renunció a todo para encontrar alivio a su tormento interior. Perdió su matrimonio, su relación con sus hijos, su carrera y todos sus amigos. Eventualmente se quedó sin hogar.

Después de recibir más de cien cirugías, incluida la castración, Walt vivió durante los siguientes ocho años como una mujer transgénero. Tras una euforia inicial, empezó a darse cuenta de que había cometido un grave error. Lo había sacrificado todo, sin encontrar paz mental ni espiritual. Sus conflictos internos no fueron resueltos por las numerosas cirugías, las terapias hormonales, el cambio de nombre, o usar vestidos como siempre soñó que podría hacerlo. En sus palabras, "Viví como 'Laura' durante ocho años, pero, como ahora sé, la transición no soluciona las dolencias profundas. Después de la destransición, sé la verdad: las hormonas y la cirugía pueden alterar las apariencias, pero nada cambia el hecho inmutable de tu sexo". Walt ahora concluye: "*No hay absolutamente nada bueno en afirmar a alguien con una identidad de género cruzado, porque destruirá su vida*"[6].

La experiencia de Walt es trágica e iluminadora. La tragedia es múltiple: sufrió abuso de género por parte de su abuela y abuso verbal y sexual por parte de su tío, y luego, al buscar ayuda, fue "abusado" aún más física, emocional y espiritualmente por nuestra cultura y la comunidad médica. En nombre de la atención médica, "desafirmaron" su verdadera identidad mientras "afirmaban" sus distorsiones de identidad. Luego, con su consentimiento, mutilaron su cuerpo y lo alentaron a negar su inmutable identidad dada por Dios. Además del impacto devastador que estos abusos tuvieron en su cuerpo y alma, también tuvieron un impacto devastador en su esposa, familia, carrera y sustento. Habiendo asesorado a cónyuges, padres e hijos de personas que sufren de confusión de género, he visto de primera mano las capas de daño cuando no se afirma el género.

El papel vital de la afirmación

Las experiencias y el testimonio de Walt ilustran la poderosa influencia de la afirmación, para bien o para mal, en cada una de nuestras vidas. Cuando nuestras figuras de autoridad y nuestros compañeros no nos afirman en nuestra verdadera identidad como niños, podemos desarrollar cualquier cantidad de distorsiones en nuestra conciencia de nuestra sexualidad. El ejemplo de Walt es extremo. Pero en este mundo roto y confuso, todos podemos sufrir con algún grado de confusión sobre cómo vivir plena y auténticamente en nuestro género. Los efectos pueden variar desde la falta de confianza, la vergüenza, la búsqueda de aprobación o la incomodidad social hasta la promiscuidad, la atracción por personas del mismo sexo, la disforia de género, el suicidio y la violencia. Todos estos efectos y más pueden ser gravemente perjudiciales para las personas, las familias y nuestra sociedad en su conjunto.

Por el contrario, cuando los niños son profunda y consistentemente afirmados en su personalidad y género, es más probable que sean aceptados por sus compañeros y confiados en su identidad. Tienen una mayor capacidad para relacionarse bien con familiares y amigos y son más capaces de amar castamente a medida que crecen y se desarrollan. Los niños y los adultos con afirmación de género se convierten en hombres y mujeres generativos al servicio de sus familias, la iglesia y la sociedad.

Esta comprensión del papel esencial de la afirmación es lo que impulsó al padre Dan Kogut, sacerdote de la Diócesis de Lansing, Michigan, a escribir una carta pastoral a los padres de su parroquia y escuela. Recibí su permiso para compartirla contigo.

> La afirmación saludable es un aspecto importante de su papel como padre. La forma en que una niña se deleita como hija ayuda a establecer su identidad como tal. El modo en que un joven se afirma como hijo ayuda a establecerlo como tal. Esta afirmación de la identidad sexual

> de su hijo es una bendición para ellos. Esta bendición es muy importante para que la reciban tanto de su padre del mismo sexo como del padre del sexo opuesto. La afirmación de un niño en su identidad sexual le ayuda a establecer una identidad segura como hombre o mujer jóvenes, y le permite experimentar la alegría de deleitarse tal como fue creado . . . Esto no tiene por qué llevarnos a estereotipos superficiales a menos que deseemos imponerlos nosotros mismos. De hecho, los estereotipos demasiado restrictivos pueden socavar la afirmación y causar confusión. Cuando ofrecemos una afirmación saludable a los niños y jóvenes, es una afirmación de lo que Dios ha hecho[7].

Celebro la sabiduría y la valentía del padre Kogut al abordar estos problemas con sus parroquianos. Después de treinta y cinco años como terapeuta, puedo dar testimonio de las realidades que destaca en esta carta pastoral. Cada uno de nosotros necesita saber que somos amados personalmente y afirmados en nuestro género. Si no recibimos esta afirmación, nos esforzaremos continuamente por la aprobación y buscaremos la afirmación en un sinfín de formas poco saludables, incluidas las relaciones sexuales desordenadas.

Un niño no afirmado que es inseguro en su masculinidad puede convertirse en un adolescente o un joven egocéntrico y en constante búsqueda de aprobación[8]. Puede buscar recibir su afirmación a través de un énfasis exagerado en sus talentos y logros. Puede abrazar falsos estereotipos de masculinidad tratando de probar su identidad masculina a través de pandillas o en relaciones sexuales desordenadas con mujeres. La fantasía sexual, la promiscuidad y la compulsión sexual son algunos de los malos frutos de una identidad de género no afirmada. Cuando el daño a la identidad masculina es profundo, el niño que entra en la adolescencia puede envidiar la masculinidad de otros niños y erotizar su atracción en la fantasía del mismo sexo o en el comportamiento homosexual. Además, puede convertirse en un "macho", dominante y degradante en su relación con las mujeres, o presentar una personalidad débil y pasiva, dejándose controlar por ellas[9].

Asimismo, una chica no afirmada será más propensa a buscar su afirmación a través de novios, o en relaciones promiscuas con hombres. Cuando la confusión de género resulta de un vínculo o identificación deficiente con su madre o de relaciones traumáticas con los hombres, la adolescente puede identificarse más con los hombres o volverse hacia otras mujeres y erotizar su anhelo de afirmación y consuelo en una relación lésbica. O puede suprimir estos deseos sexuales, convirtiendo sus energías en un esfuerzo por recibir afirmación a través de sus logros o complacer a la gente. Sin confianza en su identidad sexual, es posible que finalmente permita que los hombres la usen y la dominen o, en la dirección opuesta, controlen y manipulen despectivamente a sus parejas sexuales (hombres o mujeres) para obtener el cuidado y la aceptación que necesita desesperadamente[10].

En las situaciones más graves, como la de Walt Heyer, el niño o la niña profundamente confundidos pueden rechazar su género por completo y creer que son una mujer atrapada en un cuerpo masculino, o un hombre atrapado en un cuerpo femenino (incluso escribir esto se siente confuso). Hay muchos hombres y mujeres en nuestra era moderna que luchan por la falta de afirmación de su género. Esta falta de afirmación en su desarrollo psicosexual se ve reforzada por la confusión cultural sobre el género que vemos en nuestro mundo actual.

Las distorsiones culturales sobre el género

Muchos en nuestra cultura actual han rechazado la visión judeocristiana tradicional del género y la sexualidad que entiende el género como dado por Dios, binario y fijado a la biología[11]. La "nueva teoría del género" propone que el género está determinado por la disposición subjetiva y la elección del individuo. Este cambio en la definición de género es novedoso en la historia del mundo. Pero ha evolucionado rápidamente durante los últimos cincuenta años. El padre Walter Schu identifica un momento clave en el cambio cultural alrededor del cambio de milenio: cuando Bella Abzug pronunció un apasionado discurso en la conferencia de las Naciones Unidas en Beijing, China. Expresando su opinión como si fuera un hecho universalmente aceptado, dijo: “El significado de la palabra género ha evolucionado y se ha diferenciado de la palabra sexo para expresar la realidad de que los roles y el estatus de hombres y mujeres están socialmente construidos y sujetos a cambios”. Al comentar sobre esto, el padre Walter Schu comenta: “Por increíble que parezca, se afirma que no hay simplemente dos géneros, sino cinco . . . hombre, mujer, homosexual, lesbiana y bisexual o transexual”[12].

Pero incluso ahora, esta “nueva” definición de género se ha vuelto obsoleta. Muchos se han dado cuenta de que las etiquetas que describen la orientación sexual no normativa (es decir, gay, lesbiana, bisexual, transgénero y queer) no son identidades fijas sino condiciones cambiantes con el tiempo[13].

Teniendo en cuenta esta realidad, la nueva norma cultural es la fluidez de género, “la capacidad de convertirse libre y conscientemente en uno, o en muchos de un número ilimitado de géneros, durante cualquier período de tiempo, a cualquier velocidad de cambio. La fluidez de género no reconoce fronteras ni reglas de género”[14].

Walt Heyer sería un ejemplo de alguien que cambió su identidad de género varias veces. Su testimonio, entre muchos otros, demuestra que la afirmación de las distorsiones de género en nuestra cultura no es una afirmación genuina. Si bien la nueva teoría de género puede tener buenas intenciones por parte de muchos defensores, como un intento compasivo de aliviar la vergüenza y la confusión de quienes sufren de confusión de identidad de género, en realidad hace más daño que bien. Los hallazgos de una revisión exhaustiva de la investigación sobre la orientación sexual demuestran que estas redefiniciones de género pueden ser extremadamente peligrosas para la salud y el bienestar emocional de una persona[15].

La investigación comienza a mostrar que los tratamientos hormonales y las cirugías transgénero no solo son destructivos sino también miopes. En su libro *When Harry Became Sally* [Cuando Harry se convirtió en Sally], que invita a la reflexión, Ryan Anderson resume la investigación disponible:

> A los padres se les dice que los bloqueadores de la pubertad y las hormonas cruzadas pueden ser la única forma de evitar que sus hijos se suiciden. No importa que los mejores estudios sobre disforia de género (estudios que citan incluso activistas transgénero) muestren que *entre el 80 y el 95 por ciento* de los niños que expresan una identidad de género discordante llegarán a identificarse con su sexo corporal si se permite que continúe el desarrollo natural. Y no importa que no se haya demostrado que el tratamiento de "transición" reduzca la tasa extraordinariamente alta de intentos de suicidio entre las personas que se identifican como transgénero (41 por ciento, en comparación con el 4,6 por ciento de la población general). De hecho, las personas que se han sometido a una cirugía de transición *tienen diecinueve veces más probabilidades* que el promedio de morir por suicidio. Esta estadística debería ser suficiente para detener la carrera precipitada hacia la "transición" y alentarnos a encontrar formas más efectivas de prevenir estos trágicos resultados[16].

Lejos de ser la libertad liberadora que pretende ser, la ofuscación de género agrava, en lugar de aliviar, el encarcelamiento de la persona que sufre. En lugar de aceptar su verdadera identidad que viene de Dios, la persona que sufre de esta manera termina suprimiendo la verdad de su naturaleza (ver Romanos 1:18). Para redescubrir la verdad sobre el género solo necesitamos volvernos a la fuente de esa verdad: Dios mismo.

Reflejar la imagen de Dios

Comenzamos este capítulo con estas verdades fundamentales del libro del Génesis: "Y creó Dios al hombre a su imagen. A imagen de Dios lo creó. Varón y mujer los creó" (Gn 1:27). A pesar de la confusión mundial sobre el género, la Biblia y la ley natural son muy claras al revelar la realidad de que solo hay dos géneros: masculino y femenino. Incluso cuando las intervenciones médicas o la humanidad caída distorsionan la identidad de género, como en el caso de Walt Heyer, la ciencia afirma lo que la Biblia revela. No importa cómo nos sintamos subjetivamente, seguimos siendo objetivamente nuestro género dado por Dios a lo largo de nuestras vidas. Todo niño que no haya sido profundamente herido en su identificación de género sabe que esto es cierto, como lo demostró mi nieto Will.

Podría decirse que nadie ha hablado más elocuentemente sobre la sexualidad que san Juan Pablo II. Su profunda intuición sobre este pasaje del Génesis brilla en todos sus escritos, especialmente en su obra épica conocida popularmente como la "teología del cuerpo"[17]. Juan Pablo II comienza la teología del cuerpo presentando un retrato de nuestra naturaleza humana antes que el pecado la desordenara. Él observa que, en nuestro estado de inocencia original, el hombre y la mujer se dieron cuenta de que compartían una naturaleza humana común, pero con distintivos sexuales.

Las palabras hebreas originales para hombre y mujer, en el pasaje del Génesis, dan luz sobre el diseño y la intención de Dios para la sexualidad. Estas palabras hablan no solo de las diferentes naturalezas físicas de hombres y mujeres, sino también de la esencia del alma de cada uno y del llamado a revelar el amor de Dios. Exploraremos primero el significado bíblico de la masculinidad (*zakar*) y luego la naturaleza de la receptividad femenina (*neqebah*).

Zakar

La palabra hebrea para varón que se usa en el libro del Génesis es *zakar*. Literalmente significa "recordar". Por extraño que parezca al principio, la palabra en realidad tiene un significado vivo. *Zakar* proporciona una gran perspectiva de cómo la masculinidad auténtica refleja la alianza de amor fiel de Dios, como nuestro eterno Esposo y Padre. Según el doctor Larry Crabb, un psicólogo cristiano que ha estudiado el significado de estas palabras hebreas para el género, *zakar* significa "el que recuerda y se acerca para bendecir"[18].

Dios creó al hombre para recordar su alianza y bendecir a los que están bajo su cuidado. Piensa en Abrahán, siendo bendecido por Dios y luego bendiciendo a los que lo rodean, así como a las generaciones que lo seguirán. Cada varón en la Antigua Alianza fue llamado a hacer lo mismo. Pero cada uno de ellos fracasó en ser fiel a la alianza de Dios en algún momento, comenzando con Adán e incluyendo a Abrahán, Moisés y David, llegando a un clímax de distorsión en el malvado rey Acab, descendiente de David. Las acciones infieles de cada uno de estos hombres traicionaron su identidad como representantes de la alianza de amor fiel de Dios. Sus acciones lastimaron a aquellos a quienes fueron llamados a servir y bendecir. Sin inmutarse, Dios restableció su plan de amor fiel en la Nueva Alianza. Comenzó con san José, un ejemplo brillante de un hombre que vivió la realidad de la tierna compasión y fidelidad de Dios a lo largo de su vida. Recordando el amor del Padre, continuamente se movía para bendecir a María y a Jesús, y todo lo que encontraba. Modeló el amor del Padre por Jesús con humildad, amor y fidelidad[19].

Jesús, el Nuevo Adán, es el máximo ejemplo de masculinidad redimida. Como cumplimiento de la promesa de Dios a Abrahán, Jesús fue bendecido por su Padre para bendecir al mundo entero. Expresa plenamente la imagen de Dios: un hombre que se ofrece a sí mismo con sacrificio en amor generador, recordando fielmente la alianza de Dios y viviendo constantemente desde su verdadera identidad para bendecir a aquellos a quienes sirve[20].

Siguiendo el ejemplo de san José y Jesús, cada hombre está llamado a vivir su naturaleza masculina esencial, como *zakar*. Este es el verdadero significado de la supremacía espiritual de la que san Pablo habla con tanta elocuencia (Ef 5:23). Es un llamado a servir y bendecir como Jesús sirve y bendice. Nuestra auténtica masculinidad se desarrolla desde los primeros días de vida, cuando un niño es bendecido y afirmado en su identidad por su padre y otras figuras masculinas[21].

A medida que el joven crece en la seguridad, la madurez y la pureza, entonces puede ofrecerse a sí mismo con amor puro y fiel a los que están a su cuidado (ver Efesios 5:25–28). La masculinidad auténtica proporciona, protege, nutre y bendice fielmente. Cada vez que los hombres recuerdan la alianza de Dios y se mueven para bendecir a quienes los rodean, encarnan la auténtica fuerza masculina. Todo lo demás es una falsificación[22].

Las falsificaciones de la masculinidad auténtica son evidencia de que un hombre no ha sido verdaderamente afirmado en su identidad masculina. Puede manifestarse en una tendencia a exhibir uno de dos extremos: la *hiper*masculinidad o la *hipo*masculinidad. El rey Acab ejemplificó ambos, ya que adoraba a los dioses del sexo y el poder y, sin embargo, permanecía pasivo frente a su abrumadora esposa, Jezabel. Algunos hombres se intoxican con el sexo, el poder y el prestigio (hipermasculinidad), mientras que otros se retiran tímidamente por miedo y debilidad (hipomasculinidad). En ambas distorsiones el hombre se desconecta de Dios y de su verdadero ser. Como resultado, pierde su fuerza espiritual y la autoridad dada por Dios. Olvidando el amor y la bendición del Padre, se vuelve incapaz de bendecir a quienes lo rodean y, en cambio, los usa o los descuida. Puede volverse pasivo e ineficaz o dominante y explotador (que son compensaciones por la inadecuación)[23].

Observando esta tendencia desordenada de los varones a embriagarse de poder, Juan Pablo II observa que la dominación masculina es consecuencia del pecado original. Tanto los hombres como las mujeres están disminuidos en su propia "dignidad personal" por este mal uso del poder[24]. En *Mulieris dignitatem* (Sobre la dignidad y la vocación de la mujer), san Juan Pablo II advierte contra las mujeres que reaccionan a la dominación masculina tratando de controlar a los hombres que las han lastimado. "La mujer—en nombre de la liberación del 'dominio' del hombre—no puede tender a apropiarse de las características masculinas, en contra de su propia 'originalidad' femenina. Existe el fundado temor de que por este camino la mujer no llegará a 'realizarse' y podría, en cambio, deformar y perder lo que constituye su riqueza esencial"[25]. Esa riqueza esencial de la feminidad se expresa en hebreo para femenino: *neqebah*.

Neqebah

Según el doctor Larry Crabb, *neqebah* (o *n'kebah*) significa "una que está abierta a recibir y nutrir"[26]. Esta es la naturaleza central de cada mujer: ser *receptiva* en cuerpo y alma, capaz de dar, recibir y nutrir. En su receptividad, la mujer revela la belleza y el misterio de Dios[27]. Está llamada por Dios a encarnar su ternura y a ser iniciadora de la comunión, complementando el don masculino en el mantenimiento de la alianza. San Juan Pablo II observa: "¿Puede existir, a nivel humano, una *'comunión'* comparable a la que se establece *entre la madre y el hijo*, que ella lleva antes en su seno y después lo da a luz?"[28].

Eva fue llamada la madre de los vivos. Sin embargo, cuando rompió la comunión con Dios, cerró su corazón, provocando una reacción en cadena en la raza femenina a lo largo de gran parte del Antiguo Testamento. La malvada reina Jezabel (la esposa de Acab y compañera en la idolatría) es el arquetipo de una mujer endurecida y controladora (ver 1 Reyes 21). Ella deformó su naturaleza femenina tomando características masculinas contrarias a lo que constituía su naturaleza esencial. En lugar de imitar a Dios, imitó a las "diosas" que adoraba. Estos incluían a Astarot, la diosa de la fertilidad conocida por la prostitución en los templos, y Lilit, la diosa de la muerte y la destrucción[29].

Nuestra cultura actual rinde culto a estas "diosas" a través de la revolución sexual (Astarot) y el aborto (Lilit). Estas "diosas" han sido acertadamente descritas por la doctora Carrie Gress como el espíritu anti-María. Representan distorsiones de la feminidad, donde el matrimonio y la maternidad son degradados y la llamada liberación sexual en realidad conduce a la esclavitud sexual. El espíritu anti-María ostenta con orgullo la feminidad y la usa para seducir y controlar en lugar de reflejar la belleza de Dios. La anticoncepción y el aborto son la antítesis de la receptividad[30].

Una mujer que bloquea su receptividad de estas formas (seducción, control y anticoncepción) se desconecta del amor genuino y de su capacidad de nutrir y ser nutrida. Al hacerlo, pierde el contacto con su naturaleza femenina esencial y denigra su belleza interior. En la desolación y la soledad, ella puede mirar a los hombres en lugar de a Dios para su realización. Al aferrarse a la validación y el amor, se vuelve vulnerable a ser utilizada y desechada. O puede tener desprecio por los hombres y endurecerse, buscando en cambio seducir y controlar, o desdeñar a los hombres por completo[31].

Por el contrario, la feminidad, tal como Dios la concibió en la creación, está totalmente redimida y resplandece en la persona de la Santísima Virgen María. Aquella que es "llena de gracia" revela la perfección del genio femenino[32]. Su *fiat*, "Hágase según tu palabra", es la esencia de la receptividad y la belleza femeninas (es decir, *neqebah*). Su receptividad al Espíritu Santo en la anunciación no fue solo una respuesta momentánea sino un reflejo de toda su forma de vida.

María es la madre redimida de todos los vivos y el arquetipo de la Esposa. A menudo, aquellos que la encuentran en apariciones la describen como la mujer más hermosa que jamás haya existido. Sin embargo, su belleza es puro don, reflejando la esencia de Dios e invitando a todos a su corazón inmaculado. A diferencia de Eva, María permaneció en comunión con Dios durante toda su vida. Ella se revela en la historia como hija del Padre, madre del Hijo y esposa del Espíritu Santo. Completamente sometida a la Trinidad en todos los aspectos, mantuvo la comunión con su casto esposo, san José, mientras se sometía humildemente a su autoridad espiritual (ver Mateo 2:13–18).

Toda mujer está llamada, por el poder de la gracia de Dios, a seguir el ejemplo de María. En humilde receptividad y disfrutando de una íntima comunión con la Trinidad, ella comunica su receptividad y cuidado femenino dentro de su familia y comunidad. Su verdadera naturaleza se revela en "lo íntimo del corazón . . . Eso sí que es precioso ante Dios"(1 Pe 3:4). Lejos de ser un tapete, una mujer restaurada irradia "salud y dignidad . . . Lo que dice es siempre muy juicioso, tiene el arte de transmitir la piedad" (Prov 31:25–26).

Solo podemos recuperar la riqueza esencial de nuestro género afirmando y practicando lo que Dios se propuso desde el principio. Para la mujer, lo opuesto a cerrarse es permanecer abierta y receptiva. Un corazón abierto es un corazón tierno que permanece en humilde sumisión a Cristo y en comunión con sus seres queridos (ver Efesios 5:22–24 y 1 Pedro 3:3–6). Para el varón, lo opuesto a la dominación y la pasividad es el amor fiel (ver Efesios 5:25–27). Al reconocer nuestras debilidades, podemos recurrir al poder de la gracia de Dios para fortalecernos, de modo que, a su vez, podamos bendecir a quienes están a nuestro cuidado (ver 2 Corintios 12:9).

Hay mucho aquí para que reflexionemos y apliquemos. Tómate un momento para reflexionar sobre el diseño de Dios para la masculinidad y la feminidad y la confusión inherente a nuestra cultura; luego profundiza en tu reflexión en el ámbito personal, examinando las formas en que has sido afirmado o no en tu identidad de género y cómo estás viviendo actualmente tu identidad auténtica como Dios la planeó.

Tómate un momento

1. ¿Cuál fue tu reacción después de leer la historia de Walt Heyer?
2. ¿Crees que la afirmación de género es esencial para la salud psicológica? ¿Por qué o por qué no? ¿Qué pasa cuando falta?
3. ¿De qué manera te relacionas con la revelación de José y María de la auténtica masculinidad y feminidad? ¿Cómo demuestran Acab y Jezabel la antítesis de la masculinidad y la feminidad auténticas?

Actividad personal

Esta actividad es para ayudarte a examinar cómo y cuándo experimentaste la afirmación o desafirmación de tu identidad de género. Es una oportunidad para que mires hacia atrás en tu vida y examines las diversas influencias que han dado forma a tu identidad de género.

1. Cuando naciste, ¿tus padres celebraron tu género?
2. ¿De qué manera tus padres modelaron la masculinidad y la feminidad auténticas?
3. Cuando tenías cuatro años, ¿estabas feliz de tener el género que Dios te dio? ¿Hubo algún conflicto interno del que fueras consciente a esa edad o en algún momento desde entonces?
4. A medida que crecías, ¿sentías que encajabas con tus compañeros y hermanos? ¿Cómo te afirmaron o desafirmaron en tu género?
5. Cuando eras adolescente, ¿qué tan bien te relacionabas con personas del sexo opuesto? ¿Tus compañeros del mismo sexo? ¿Te sentiste afirmado en tu género por otros adolescentes de ambos géneros?

6. Como adulto, ¿cómo las personas que te rodean te afirman o desafirman en tu identidad de género?
7. ¿Aceptas y celebras tu género hoy? ¿Cuándo reconoces las falsificaciones de masculinidad o feminidad en ti?
8. ¿Qué atributos de Jesús, María y José admiras y deseas para ti?

4

ATRAÍDOS POR LOS DESEOS: EXPLORAR NUESTRAS COMPULSIONES SEXUALES

Cada uno es tentado por su propio deseo, que lo arrastra y lo seduce; el deseo concibe y da a luz al pecado.

—Santiago 1:14–15

A lo largo de los años, he acompañado a numerosos hombres y mujeres que buscan liberarse de sus deseos rebeldes y compulsiones sexuales. Estos hombres y mujeres típicamente han experimentado heridas en su desarrollo psicosexual y distorsiones en su identidad de género, aunque a menudo no son conscientes de cuánto estas heridas y distorsiones están impulsando sus compulsiones. Por lo general, se sienten fuera de control y esclavizados por estos deseos apremiantes. La naturaleza de sus compulsiones sexuales puede variar considerablemente. Algunos pueden implicar una atracción exagerada por ciertas personas o por imágenes sexuales. Otros tienen una aversión compulsiva al sexo por completo. Estas compulsiones pueden involucrar a personas del sexo opuesto o del mismo sexo, personas de diferentes edades o ciertos tipos de cuerpo, o incluso animales u objetos fetiches de algún tipo.

Doug Weiss, un destacado experto en el tratamiento de las compulsiones sexuales, cuenta la historia de un niño que se masturbaba fuera de su casa, mirando sus botas de agua. Después de repetidos actos, se acostumbró a sentirse excitado cada vez que veía sus botas de agua. Este es un ejemplo de cómo las personas desarrollan fetiches sexuales, que son simplemente compulsiones conectadas a objetos. Los fetiches son un ejemplo de condicionamiento clásico. Aunque la persona sienta una vergüenza intensa por estos fetiches, una vez que la respuesta condicionada sale a la luz, la vergüenza puede disminuir significativamente y el fetiche pierde su poder. Un tipo similar de condicionamiento y habituación a las imágenes tiene lugar en cualquier tipo de compulsión sexual.

En todas estas situaciones, la persona que viene en busca de ayuda desea liberarse de su compulsión particular, pero se siente impotente a pesar de muchos intentos de superar esta lucha con sus propias fuerzas.

La tendencia natural cuando alguien experimenta compulsiones sexuales no deseadas es suprimir y controlar minuciosamente estos deseos y fantasías desordenados, mientras los mantiene ocultos detrás de un muro de vergüenza y aislamiento. Pero esta estrategia rara vez funciona por mucho tiempo, si es que lo hace. La represión en realidad aumenta la fuerza de las compulsiones. Es similar a sostener una pelota de ping-pong bajo el agua, solo para que explote en la superficie una vez que pierdes el agarre. La fuerza de la compulsión es muy parecida a la pelota de ping-pong, empujando contra todos los intentos de suprimir esos deseos sexuales altamente cargados, así como el dolor subyacente y las distorsiones que impulsan la compulsión.

Entre quienes trabajan en el campo de la adicción sexual, es bien sabido que la vergüenza y el aislamiento son las fuerzas impulsoras detrás de las compulsiones sexuales. El terapeuta e investigador cristiano Jay Stringer explica: "El tipo de comportamiento sexual que perseguimos es un reflejo directo de cuán bien o mal pensamos de nosotros mismos. Cuando nos abandonan estamos convencidos de que fuimos abandonados por las profundas fallas que existen dentro de nosotros. Esta identidad basada en la vergüenza se entreteje en todas nuestras elecciones y eventualmente se convierte en el lente a través del cual vemos nuestras vidas"[1]. Stringer aconseja sabiamente que necesitamos ver más allá de nuestra vergüenza a los deseos legítimos que subyacen a nuestra lujuria: "La lujuria expone tu demanda para ser satisfecha. Pero si escuchas tu lujuria, revelará un santo deseo de pertenencia"[2].

Reconociendo estos factores en juego en las compulsiones sexuales, a menudo comenzamos nuestras conferencias sobre el Deseo Sagrado en el Centro de Sanación Juan Pablo II con estas palabras: *"Detrás de cada deseo desordenado hay un deseo santo, una necesidad no satisfecha, una herida no sanada y un patrón oculto de pecado"*. Este enfoque para explorar las compulsiones sexuales rompe el velo de la vergüenza y sirve como un mapa de ruta hacia la sanación. Podemos explorar más fácilmente las raíces escondidas de nuestras compulsiones sexuales explorando honesta y humildemente los orígenes de estos deseos desordenados y los deseos sagrados que los subyacen.

Los orígenes de los deseos desordenados

Reflexionando sobre el significado y el propósito de la sexualidad, san Juan Pablo II observa que nuestros cuerpos y almas están diseñados para participar en una comunión íntima. Eso significa que nuestros deseos de amor y comunión son santos. Sin embargo, cuando Adán y Eva rompieron la alianza de Dios y perdieron la comunión con él y entre ellos, la vergüenza, el orgullo y la soledad se convirtieron en parte de nuestra herencia universal. Desde entonces, todos tenemos el corazón dividido por lo que san Juan Pablo II llama la triple concupiscencia: "concupiscencia de los ojos, concupiscencia de la carne y soberbia de la vida" (ver 1 Jn 2:16). En este lado del Edén, todos luchamos con la lujuria y el orgullo de una forma u otra[3].

La lujuria distorsiona lo que Dios quiere para nuestra sexualidad. Pervierte nuestros deseos de comunión dados por Dios, fragmenta nuestros cuerpos y almas, y separa la excitación sexual de su cumplimiento ordenado en el amor personal y la procreación. La lujuria se basa en una actitud consumista de usar al otro, viéndolo como objeto de nuestro placer. Busca la sensación de la sexualidad al margen de la genuina comunión y alianza con otra persona[4].

El orgullo es a menudo un compañero cercano de la lujuria. Creyendo que somos los dueños de nuestro propio destino, buscamos la realización fuera de Dios. Actuamos con arrogancia como si nuestros cuerpos nos pertenecieran y pudiéramos usarlos como queramos. Nos engañamos a nosotros mismos al creer que podemos satisfacer nuestras propias necesidades y satisfacer nuestros propios anhelos. Con el orgullo, negamos las consecuencias de nuestra expresión sexual equivocada y justificamos nuestros pensamientos y comportamientos desordenados. Cuando nuestro orgullo y lujuria no se controlan, nuestros deseos tarde o temprano se vuelven compulsivos. Con demasiada facilidad podemos encontrarnos atados por estos deseos compulsivos.

¿No conocemos todos esta lucha con los deseos en conflicto? San Pablo habla con elocuencia de nuestra batalla interna: "Pues los deseos de la carne se oponen al espíritu y los deseos del espíritu se oponen a la carne" (Gal 5:17). Debido a la concupiscencia, nuestros corazones se han convertido en un campo de batalla de deseos que luchan entre las fuerzas opuestas de la lujuria y el amor. La concupiscencia en sí misma no es pecado, pero estos deseos desordenados pueden atraernos al pecado si no somos conscientes de su fuerte atracción. Después de repetidas indulgencias de los "deseos de los ojos" y "los deseos de la carne", nuestro orgullo puede dejarnos en la negación de que nos hemos convertido en adictos sexuales.

La adicción sexual

La adicción sexual es una esclavitud de nuestras mentes, emociones y afectos espirituales a los deseos y placeres sexuales[5]. Mentalmente, nuestros pensamientos se fijan obsesivamente en las imágenes sexuales a medida que nuestros cerebros se habitúan a buscar una variación y una novedad cada vez mayores[6]. Emocionalmente, nos apegamos a los sentimientos eufóricos de saciedad a medida que continuamos buscando el placer por sí mismo, mientras nos volvemos menos capaces de entablar relaciones íntimas con personas reales. Al retirarnos de la intimidad, nos aislamos. Espiritualmente, nuestro corazón se endurece, alejamos nuestros afectos de Dios y perdemos interés en las cosas que pertenecen a Dios.

En poco tiempo, nos encontramos atrapados en un ciclo adictivo. La autocomplacencia conduce a la vergüenza, lo que da paso al aislamiento, que busca alivio en la autocomplacencia, que solo causa más vergüenza y aún más aislamiento. Profundamente avergonzados, ocultamos nuestros deseos desordenados detrás de una máscara de orgullo, lo que hace que nos aislemos aún más, al mismo tiempo que nos separan de las relaciones humanas enriquecedoras que tanto necesitamos. El orgullo y el autoengaño nos impiden pedir humildemente ayuda a Dios y a los demás.

Russell Willingham, quien ha dedicado su carrera a ayudar a las personas a liberarse de la adicción sexual, advierte sobre los peligros de mantener ocultas nuestras luchas mientras negamos nuestro quebrantamiento. Willingham observa:

> Si niegas tu quebrantamiento:
>
> - Mentirás constantemente por miedo a que alguien vea lo mal que estás.
> - Llevarás una doble vida, la cristiana y la oculta . . .
> - Sentirás culpa [y vergüenza] constante por tu sexualidad . . .
> - A veces te odiarás a ti mismo y creerás que Dios te odia.
>
> Sin embargo, si te humillas y enfrentas tu quebrantamiento, comenzarás un camino hacia la verdadera libertad:
>
> - No necesitarás esconderte . . .
> - Buscarás a otras personas honestas en las que puedas confiar tu quebrantamiento.
> - Sabrás que tu sexualidad está rota y tomará tiempo sanar . . .
> - Serás amable con los demás en lugar de ser crítico e hipócrita . . .
> - Sabrás que la madurez y la plenitud son un proceso y no un evento.

Romper el aislamiento, volverse a Dios y confiar en los demás es la forma en que nos liberamos de las compulsiones y adicciones sexuales. El amor misericordioso de Dios es el único remedio que puede penetrar las sombras oscuras de nuestra vergüenza, romper los muros de nuestro aislamiento y llenar nuestro vacío interior. A medida que compartimos nuestras luchas en un entorno seguro, entramos en un proceso de escuchar atentamente los motivos más profundos del corazón que subyacen a nuestras compulsiones sexuales. Cuando hacemos esto, descubrimos la inutilidad de nuestros intentos autosuficientes de satisfacer nuestras necesidades más profundas, separados de Dios y de otras personas. Estas necesidades universales y a menudo insatisfechas de amor y pertenencia se expresan de manera única en cada una de nuestras historias.

Aunque a menudo se ocultan de nuestra conciencia, nuestras necesidades insatisfechas cobran perfecto sentido una vez que llegamos a comprenderlas sin condenarnos a nosotros mismos. Las compulsiones sexuales casi siempre exponen áreas ocultas de nuestra herida y vergüenza. También revelan con frecuencia traumas no sanados en nuestro desarrollo psicosexual. Además, destacan áreas en las que no hemos sido adecuadamente afirmados en nuestra identidad de género. Finalmente, las compulsiones sexuales a menudo exponen patrones habituales de pecado y pueden revelar detalles esenciales de experiencias pasadas de abuso sexual[7]. La historia de Steve ilustra cómo estas dinámicas entrelazadas a menudo se convierten en la materia prima de nuestras compulsiones sexuales.

La historia de Steve

Steve era un joven que tuvo un encuentro con Jesús que le cambió la vida en la escuela secundaria y sintió un llamado a pasar su vida sirviéndole en el ministerio[8]. Cuando conocí a Steve, él ya estaba en el seminario y le estaba yendo bien en todas las áreas de su formación, con una gran excepción: había estado luchando contra una furiosa adicción sexual desde la pubertad. Aunque había mejorado, no estaba libre de sus garras. Debido a esta área de esclavitud, se desesperó ante la idea de ser ordenado cuando fuera el momento de hacerlo.

Las experiencias sexuales impulsadas por la lujuria de Steve comenzaron a la edad de doce años, después de encontrar las revistas pornográficas de su padre en la habitación de sus padres. Aunque sorprendido, también quedó hipnotizado por las convincentes imágenes de mujeres desnudas. La curiosidad y la excitación sexual dominaron su buen juicio. Racionalizando que debe estar bien porque su padre guardaba estas revistas en la casa, comenzó a colarse en la habitación de sus padres con regularidad para mirar las fotos de la revista. Con el tiempo, su excitación se convirtió en masturbación y fantasías sexuales. En sus fantasías, Steve se imaginaba a sí mismo deseado y perseguido por estas mujeres seductoras (a diferencia de su experiencia de la vida real de sentirse inadecuado y aislado de las chicas de su edad). También se imaginaba a sí mismo teniendo un fuerte físico masculino en sus fantasías (como algunos de los chicos más atléticos de la escuela, que lo ridiculizaban por ser "un debilucho"). Cuando Steve ingresó a la escuela secundaria, tenía acceso a otras formas de pornografía, incluidos vídeos de actos sexuales. Con una mayor exposición, su vergüenza aumentó proporcionalmente, fortaleciendo así sus compulsiones sexuales. En poco tiempo, ver a hombres fuertes participar en varios actos sexuales con mujeres hermosas y tentadoras se convirtió en la rutina diaria de Steve después de la escuela. A medida que su adicción sexual aumentaba, se sintió atraído por ver a hombres musculosos participar en actos sexuales con hombres y niños más pequeños y jóvenes.

A medida que las compulsiones de Steve se volvieron cada vez más esclavizantes, su vida de fantasía se centró cada vez más en imaginarse a sí mismo como el iniciador y el receptor de todas las actividades sexuales imaginables entre los hombres de la pantalla, incluidos los actos de sodomía y violencia. A veces se veía a sí mismo como un hombre poderoso que dominaba a los niños más pequeños. En otras ocasiones se veía a sí mismo como un niño más pequeño y débil, dominado por niños y hombres más grandes y fuertes. Poco después de permitirse estas fantasías y alcanzar el clímax en la masturbación, Steve sintió un vacío extremo. Se vio a sí mismo como sucio y pervertido. Se odiaba a sí mismo y comenzó a preguntarse si estas fantasías significaban que era "homosexual" o quizás "bisexual". Sabía que le atraían las mujeres, pero se sentía inadecuado y avergonzado de invitar a salir a una mujer.

A lo largo de estos años de escuela intermedia y los primeros años de la escuela secundaria, Steve permaneció profundamente dividido en su mente y corazón. Mientras continuaba mostrando una imagen respetable en público, interiormente se despreciaba a sí mismo por sus deseos y compulsiones sexuales. Le horrorizaba la idea de que alguien supiera sus fantasías secretas, o lo que posiblemente pudieran indicar sobre él. Incluso después de su profunda conversión espiritual y una Confesión posterior en la que reconoció estos pecados de manera general, no podía imaginarse revelando los detalles de su fantasía o compulsiones a nadie.

Aunque sus compulsiones continuaron (en menor grado) durante la universidad y el seminario, Steve finalmente pudo hablar sobre sus luchas con un director espiritual de confianza. Su director espiritual le recomendó ir a terapia, que es donde Steve comenzó a explorar algunos de los detalles de sus fantasías, viendo cómo estos escenarios imaginarios se relacionaban con sus traumas infantiles y el autorrechazo. Descubrió que estas heridas, incurridas en diferentes etapas de su desarrollo psicosexual, eran la fuerza impulsora detrás de sus compulsiones.

Heridas en el desarrollo psicosexual

Cuando Steve exploró su vínculo e identificación con sus padres, descubrió varios factores importantes subyacentes a sus compulsiones sexuales y confusión de identidad. Steve sentía lealtad por sus dos padres, pero su conexión emocional con su madre era mucho más fuerte que su vínculo con su padre. Se dio cuenta de que su madre lo había idolatrado, al mirar a Steve en lugar de a su esposo para satisfacer sus necesidades emocionales. Steve y su madre desarrollaron un vínculo poco saludable, compartiendo juicios negativos sobre su padre, mientras buscaban consuelo y protección el uno en el otro.

Steve se sintió privado de la afirmación que necesitaba de su padre. La ira, las críticas y la distancia emocional de su padre hicieron que Steve se sintiera asustado y solo. Para protegerse del dolor del abandono y el rechazo, Steve se separó emocionalmente de su padre. Levantó muros alrededor de su corazón para protegerlo de más daño. En la terapia, Steve comenzó a ver cómo estas reacciones de autoprotección lo habían apartado de una relación vital con su padre, la única persona que debería haber sido la fuente de su identificación y afirmación masculinas.

La experiencia de Steve no es poco común entre quienes luchan contra las compulsiones sexuales y la correspondiente confusión sobre su identidad sexual. Andrew Comiskey, el fundador del Desert Streams Ministries[9], ha recorrido este camino él mismo y ahora ayuda a muchos hombres y mujeres a liberarse de las compulsiones sexuales y las distorsiones en la identidad de género.

En su libro *Pursuing Sexual Wholeness* [En busca de la plenitud sexual], Comiskey identifica los componentes clave del "desapego defensivo" (es decir, la desconexión emocional):

- Rupturas en la relación con el progenitor del mismo sexo . . . puede bloquear la línea de vida de la intimidad y la identificación, lo que a su vez obstruye el desarrollo de género seguro de un niño.
- Cuando un niño responde defensivamente a esta brecha alejándose de sí mismo, se reprime la necesidad legítima de amor entre personas del mismo sexo. Esto deja al niño con una tremenda necesidad de ese amor. Sin embargo, el niño desconfía de este amor debido en parte a la relación deficiente o hiriente con su padre del mismo sexo.
- La interpretación y la respuesta del niño juegan un papel importante. Lo que interpreta el niño puede basarse o no en la realidad del trato que los padres le dan al niño.
- Este desapego defensivo puede obstruir la capacidad del niño para asumir características del progenitor del mismo sexo, lo que se generaliza a otros miembros del mismo sexo.
- Los votos internos, como "No seré como él/ella/ellos", pueden fortalecerse hasta el punto de que el niño desarrolle una aversión a identificarse con su propio sexo . . .
- La necesidad reprimida del niño por el amor entre personas del mismo sexo y los problemas de identidad de género no resueltos se expresan eróticamente más tarde en la adolescencia en forma de compulsiones sexuales[10].

He encontrado que las observaciones de Comiskey son particularmente ciertas en situaciones donde las personas luchan con compulsiones sexuales y con confusión sobre su orientación sexual e identidad de género. Cada uno de estos factores que identifica Comiskey influyó en la compulsión sexual y la confusión de identidad de Steve. Las fantasías sexuales de Steve con hombres eran en parte expresiones de su anhelo de conexión con el amor masculino, un amor que nunca recibió adecuadamente de su padre. Su uso de la pornografía y las fantasías también revelaron su autorrechazo por su imagen corporal y la impotencia que sintió de niño como receptor del maltrato y la distancia emocional de su padre. Las percepciones y respuestas de Steve al sentirse herido por su padre contribuyeron significativamente a su desapego emocional, su autorrechazo y su anhelo de amor masculino. Pero la relación rota de Steve con su padre fue solo una parte de su herida. Su relación con su madre y sus compañeros también tuvo un papel importante. Al estar demasiado enredado emocionalmente con su madre, Steve no pudo atravesar por completo la separación normal que permitiría que su identidad masculina madurara. Esto se hizo evidente en las etapas críticas de desarrollo de la identificación y pertenencia al grupo de compañeros.

La identificación y las influencias del grupo de compañeros

En el curso normal de la maduración psicosexual, los niños naturalmente desean imitar a sus padres del mismo sexo. Cuando esta identificación no se ve obstaculizada, les da confianza a los niños para relacionarse con sus compañeros. Para las niñas, esto a menudo se expresa en sentirse aceptadas en actividades relacionales y tener un sentido de pertenencia con otras niñas. Para los niños, parte de esta confianza se expresa en juegos competitivos, incluidos deportes y otros comportamientos activos en los que se sienten incluidos con otros niños. Debido a que el padre de Steve era distante emocionalmente y no jugaba con él, Steve no desarrolló la coordinación ni la confianza necesarias para participar en actividades activas o agresivas con otros niños de su edad.

Sin ser completamente consciente de ello en ese momento, Steve internalizó un sentimiento de vergüenza e inferioridad cuando era niño y llevó esta identidad a su relación con sus compañeros durante la escuela primaria. Cuando llegó a la escuela secundaria, encontró que relacionarse con compañeros tanto masculinos como femeninos era demasiado amenazante. Se aisló, creyendo que no pertenecía completamente al mundo masculino, uno en el que los otros chicos parecían mucho más cómodos y capaces. Cuando estos mismos chicos lo insultaron y cuestionaron su masculinidad, eso solo exacerbó el sentido de vergüenza y los sentimientos de insuficiencia de Steve.

Aunque es posible que no haya podido verbalizarlo en ese momento, internalizó estas creencias en su identidad: "No soy tan bueno (fuerte, capaz y atlético) como los otros niños. Soy demasiado pequeño, débil y descoordinado. No soy como los otros chicos. No encajo. Debo ser gay". Como resultado de estas creencias y sus sentimientos de incompetencia, Steve se dio cuenta de que se abstuvo de participar en actividades con los otros niños en la escuela o en el vecindario. En cambio, optó por esconderse detrás de la seguridad de su madre y su hermana y pasó la mayor parte de su tiempo con ellas o solo. Una vez que comenzó a mirar pornografía, se aisló aún más por vergüenza. Descubrió que estas relaciones de fantasía eran mucho más seguras.

A través de estas fantasías sexuales, Steve podía visualizarse a sí mismo como el hombre que siempre quiso ser, sin correr el riesgo de ser rechazado. Pero en realidad, estas fantasías, junto con la masturbación, solo aumentaron su vergüenza y su sensación de insuficiencia. También atrofiaron su desarrollo psicosexual, como explica C. S. Lewis:

> Para mí el verdadero mal de la masturbación [y de la fantasía sexual] sería que se necesita un apetito que, en uso lícito, lleva a un individuo fuera de sí mismo para completar y (corregir) su propia personalidad en la de otro (y finalmente en niños y niñas, incluso nietos) y le da la vuelta; envía al hombre de regreso a la prisión de sí mismo, para mantener allí un harén de novias imaginarias. Y este harén, una vez admitido, funciona en contra de salir y unirse realmente con una mujer real. Porque el harén siempre es accesible, siempre subordinado, no exige sacrificios . . . Entre estas novias sombrías, él es siempre adorado, siempre el amante perfecto, no se le exige nada a su egoísmo, nunca se le impone mortificación a su vanidad. Al final se convierten en el medio a través del cual se adora cada vez más a sí mismo[11].

Las fantasías sexuales de Steve con mujeres ciertamente encajan en este perfil descrito por Lewis. A través de su fantasía, pudo escapar temporalmente de los vergonzosos sentimientos de inadecuación con las chicas de su edad. Sus sanos deseos de tener confianza en su masculinidad y sentirse deseado por las mujeres nunca podrían cumplirse en la fantasía. En cambio, estas fantasías solo reforzaron su falta de confianza, lo que a su vez alimentó sus compulsiones hacia el mismo sexo.

Las compulsiones hacia el mismo sexo

Las compulsiones de Steve, impulsadas por sus heridas, vergüenza y fantasías acumuladas, estaban dirigidas a miembros de ambos sexos. Pero sus fantasías con hombres crearon la mayor vergüenza para Steve. Sus deseos de afecto y amor masculinos eran buenos y santos. Necesitaba ser aceptado por los hombres para sentirse confiado y afirmado en su identidad masculina. Pero cuando estas necesidades quedaron insatisfechas, se erotizaron a través de la pornografía y la fantasía. Las heridas del rechazo de los compañeros, el ridículo y el odio hacia sí mismo son comunes para aquellos que luchan con las fantasías y compulsiones hacia personas del mismo sexo[12]. En su libro *Growth into Manhood* [El crecimiento hacia la masculinidad], Alan Medinger explica cómo la falta de confianza puede conducir a compulsiones hacia personas del mismo sexo: "Un hombre que siente que le falta la hombría completa satisface su necesidad a través de su comportamiento homosexual [o fantasía] esperando adquirir algo de la hombría del otro. Sin embargo, el punto clave es que este anhelo por la hombría de otro solamente está presente en un hombre que carece de su propia hombría"[13].

David Foster, como Medinger, luchó con las compulsiones hacia el mismo sexo durante sus primeros años de adulto. Ofrece más información sobre el desarrollo psicosexual de las personas con compulsiones hacia el mismo sexo:

> El escenario típico para el desarrollo de la inclinación homosexual es aquel en el que el niño tiene un padre del mismo sexo distante y frío, y ninguna otra figura significativa del mismo sexo para tomar el lugar del padre en el

> proceso de vinculación emocional que debe tener lugar en la vida de todo niño, entre los dos y los diez años. El niño no recibe el vínculo emocional (no sexual), la seguridad emocional de que él o ella es un miembro completo y aceptable de su propio género. Un resultado concomitante es que pierden el modelado del comportamiento entre personas del mismo sexo que acompaña a dicho proceso de vinculación[14].

Estas descripciones de Foster y Medinger se ajustan no solo a la experiencia de Steve, sino también a la experiencia de muchos que se vuelven esclavizados por las compulsiones del mismo sexo. Cuanto más grave es la herida, más intensa es la compulsión. Lo que se busca inicialmente para saciar necesidades y medicar heridas termina en una adicción sexual. Si bien Steve no representó sus fantasías y compulsiones directamente con los demás, muchos sí representan estas compulsiones a través de actos homosexuales y pedofilia. Otros con compulsiones del sexo opuesto pueden vivir sus fantasías sexuales a través de la fornicación, el adulterio, el incesto, la violación y la prostitución. Muchos sufren en silencio en aislamiento y desprecio por sí mismos, reprimiendo sus deseos sexuales.

Aunque la compulsión sexual se ha considerado tradicionalmente más como una lucha masculina, muchas mujeres también luchan contra los deseos sexuales desordenados. La compulsión sexual entre las mujeres es cada vez más visible en nuestra cultura actual.

La compulsión sexual entre las mujeres

Históricamente, la lujuria de las mujeres se ha expresado más de manera relacional que visual, más romántica que física y más sutil que abiertamente[15]. Las formas tradicionales de pornografía para mujeres—novelas románticas, telenovelas y películas románticas, sazonada con seducción y escenas de sexo subidas de tono—a menudo son más sutiles y socialmente más aceptables, en contraste con la pornografía dura que ha sido el ámbito habitual de los hombres.

Karin Cooke, autora de *Dangerous Honesty* [La honestidad peligrosa], explica: "La mente femenina normalmente no desciende rápidamente por el embudo de la excitación con un enfoque total en las partes del cuerpo y el acto físico del sexo. Ella desciende más lentamente, teniendo en cuenta una amplia variedad de factores sensoriales. Su atención se centra en la totalidad de la relación"[16]. Estas preferencias de las mujeres las atraen naturalmente a la pornografía suave que ha sido fácilmente accesible durante décadas. Pero ahora que la pornografía en Internet se ha movido más allá de las imágenes de cuerpos desnudos (como en las revistas) para incluir escenas de sexo de acción en vivo y salas de chat cargadas de contenido sexual, hay un gran aumento en la participación de las mujeres en la pornografía dura, incluida la violencia sexual y la degradación de las mujeres. Cooke continúa: "La popularidad de *Cincuenta sombras de Grey* sugiere que, incluso cuando una historia está plagada de violencia, humillación, coerción y manipulación (imágenes que las mujeres no 'típicamente disfrutan'), la existencia de una narrativa es, en sí misma, razón para que las mujeres lo lean y lo disfruten"[17].

En mis años como terapeuta marital y familiar, a menudo me preocupaba y desconcertaba cuando determinadas mujeres compartían que se sentían compulsivamente atraídas por tipos de actividades y fantasías sexualmente degradantes como el sadomasoquismo, o por libros y películas como *Cincuenta sombras de Grey*. Cuando exploré con estas mujeres sus deseos y necesidades insatisfechas detrás de estas compulsiones, finalmente tuvo sentido. Algunas me dijeron que estas actividades expresaban sus deseos inconscientes de ser perseguidos o forzados a someterse, en lugar de tener el control. Otras reconocieron sus deseos desordenados de degradación sexual como una recreación inconsciente de experiencias pasadas de abuso físico o sexual.

El terapeuta cristiano e investigador sexual Jay Stringer verificó estas respuestas: "Mientras que los hombres tienden a buscar pornografía para encontrar poder sobre su vergüenza y daño, las mujeres tienden a buscar pornografía violenta para repetir su vergüenza y daño"[18]. He observado este patrón de recreación. muy a menudo para mujeres (y hombres) que han sido abusados sexualmente, la mayoría de las veces con poca o ninguna conciencia de la conexión entre su compulsión sexual actual y el abuso anterior. Al igual que Susan, la estudiante de posgrado que mencioné en el capítulo 1, la mayoría de las mujeres (y hombres) que han sido violados sexualmente desarrollan compulsiones sexuales y son más susceptibles a nuevos abusos en el futuro. Estas compulsiones sexuales pueden expresarse de varias maneras: fantasía, masturbación, pornografía, promiscuidad, prostitución, actuación en películas pornográficas, violación, lesbianismo o incluso en la participación en BDSM (Bondage, Disciplina/Dominación, Sumisión, Sadismo y Masoquismo).

También he notado que algunas de las mujeres (y hombres) que han sido abusados sexualmente se vuelven esclavizados por un tipo opuesto de compulsión: una aversión al sexo. Esto es más común entre las mujeres cristianas que temen manifestar sus deseos sexuales en cualquier tipo de actividad pecaminosa. En mi terapia marital, esta forma de compulsión sexual salió a la superficie a menudo cuando la esposa aún no había encontrado la sanación de su trauma por abuso u otras experiencias sexuales dañinas. Sintiéndose despectiva hacia su propio cuerpo y sus deseos sexuales, compulsiva e inconscientemente cerraría sus impulsos eróticos, mientras permanecía desinteresada en la intimidad con su esposo. He descubierto dinámicas similares entre mujeres solteras y consagradas, que han recurrido compulsivamente a la masturbación como desahogo.

En todas estas situaciones, el miedo y la vergüenza suelen ser la fuerza impulsora detrás de una aversión compulsiva al sexo. Al observar este patrón, Comiskey agrega esta idea: "Para las niñas y las mujeres jóvenes, los avances sexuales abusivos de los hombres pueden crear fácilmente en ellas miedo, hostilidad y aversión hacia los hombres"[19]. Matt Fradd entrevistó a una stripper adolescente que habla de su aversión a los hombres, mientras se desnudaba en un club nocturno: "Me hace sentir mal. Siempre tengo pensamientos como, 'Te odio tanto. Por favor muere. Quiero castrarte. Deja de mirarme'. Mientras estoy frente a ellos, sonriendo y mirándolos a los ojos, no siento más que asco"[20].

Las relaciones lésbicas son otra forma en que las mujeres que han sido violadas o privadas sexualmente responden a su aversión al sexo con hombres. Muchas de las que se identifican a sí mismas como lesbianas prefieren la intimidad sexual con mujeres como escape de su ansiedad y hostilidad hacia los hombres. No es solo una compulsión por evitar el daño, sino también un deseo de lo que esperan sea una intimidad sexual más enriquecedora con las mujeres (aunque esto no siempre se realiza, ya que muchas relaciones lésbicas eventualmente se vuelven violentas y abusivas)[21].

No todas las compulsiones del mismo sexo entre las mujeres son impulsadas por su odio o miedo a los hombres. Payne nota que algunas mujeres se sienten compulsivamente atraídas por mujeres como resultado de necesidades insatisfechas de una ruptura anterior en el desarrollo de la relación con sus madres. Anhelan la ternura y la aprobación maternales, sentirse seguras, apreciadas, nutridas y conocidas[22]. Estos son deseos santos y necesidades legítimas que pueden desordenarse solo cuando se violan los límites protectores de Dios para la sexualidad, ya sea en la fantasía o en la práctica.

Debe enfatizarse que ninguna de estas respuestas a las heridas sexuales que hemos estado discutiendo a lo largo de este capítulo son inevitables. No importa cuán comprometidos estemos por heridas pasadas y deseos sexuales desordenados, siempre tenemos libre albedrío "Que nadie diga en el momento de la prueba: 'Dios me manda la prueba'. Porque Dios está a salvo de todo mal y tampoco manda pruebas a ninguno. Cada uno es tentado por su propio deseo, que lo arrastra y lo seduce; el deseo concibe y da a luz al pecado; el pecado crece y, al final, engendra la muerte" (Santiago 1:13–15). En resumen, las compulsiones sexuales son *mortalmente* graves y no deben ignorarse.

Abordaremos este tema de los pecados sexuales y sus consecuencias mortales en el próximo capítulo. Sin embargo, antes de pasar a eso, te animo a que tomes un momento para reflexionar más profundamente sobre los orígenes y las consecuencias de nuestras compulsiones sexuales. También te recomiendo encarecidamente que reflexiones sobre tu historia personal aplicando aún más la historia de Steve en la actividad personal.

Tómate un momento

1. Según tu experiencia, ¿cómo puedes diferenciar entre un deseo sexual santo y un deseo sexual desordenado?
2. ¿Qué te llamó la atención sobre las diferencias en las compulsiones sexuales de hombres y de mujeres?

3. ¿Crees que las compulsiones hacia el mismo sexo (incluida la atracción hacia el mismo sexo) son "innatas" o son el resultado de heridas psicosexuales e influencias culturales? Explica tu respuesta.
4. ¿Cómo entiendes esta afirmación que se usa a menudo en las conferencias del Centro de Sanación Juan Pablo II? "Detrás de cada deseo desordenado hay un deseo santo, una necesidad insatisfecha, una herida sin sanar y un patrón oculto de pecado". ¿Puedes ver todos estos elementos en la historia de Steve? Consulta la actividad personal para obtener más información sobre esto.

Actividad personal

La honestidad combinada con la misericordia es el antídoto para nuestra vergüenza. Necesitamos explorar humildemente nuestra historia personal a la luz del amor misericordioso de Cristo. En esta actividad, tendrás la oportunidad de explorar la historia de Steve y aplicarla a tu propia experiencia con los deseos y compulsiones sexuales. Pídele al Espíritu Santo que te guíe mientras trabajas en esta actividad.

La historia de Steve

1. Describe los detalles de las *compulsiones sexuales* de Steve.
2. ¿Qué *deseos desordenados* estaban involucrados en esas compulsiones?
3. ¿Cuáles eran los *deseos santos* de Steve que se escondían en sus fantasías y compulsiones sexuales?
4. ¿Cuáles eran las *necesidades insatisfechas* que Steve estaba tratando de satisfacer a través de la pornografía y la fantasía?
5. ¿Cuáles eran las *heridas no sanadas* y las *mentiras de identidad* de Steve que impulsaban su compulsión sexual?
6. ¿Cuáles eran los *patrones ocultos de pecado* detrás de la compulsión sexual de Steve?

Tu historia

Identifica cualquier área de tu historial en la que tengas o hayas tenido un deseo sexual desordenado o compulsión sexual de cualquier tipo. Luego repasa las mismas preguntas tú mismo.

1. Describe los detalles de tus *compulsiones o fantasías sexuales* (incluso si son menores).
2. Si has visto *pornografía*, ¿cuándo empezó? ¿Estás involucrado actualmente?
3. ¿Qué *imágenes*, interacciones y fantasías te atrajeron? Sé específico.
4. ¿Alguna vez te has *masturbado*? Si es así, ¿a qué edad empezaste? ¿Sigues en curso?
5. Describe tus *atracciones sexuales*. ¿Cuáles son las características de las personas que te atraen? ¿Hay algún aspecto compulsivo asociado con estas atracciones?
6. ¿Alguna vez has tenido una *fantasía sexual* con alguien que no sea tu cónyuge? Explica tu respuesta.
7. ¿Alguna vez has tenido fantasías sexuales con alguien del *mismo sexo*? ¿Qué estabas deseando?
8. ¿Cuáles fueron/son los *deseos desordenados* involucrados en tus fantasías y atracciones?
9. ¿Qué *deseos santos* estaban o están detrás de tus fantasías o compulsiones sexuales?
10. ¿Qué *necesidades insatisfechas* estabas/estás tratando de satisfacer a través de la pornografía y la fantasía?
11. ¿Qué *heridas no cicatrizadas* estaban/están impulsando estas compulsiones o fantasías sexuales?
12. ¿Qué *patrones ocultos de pecado* estaban/hay detrás de estas compulsiones y fantasías sexuales?
13. *Invita a Jesús* a cualquier área de tus compulsiones sexuales o deseos desordenados (pasados o presentes). ¿Cómo te mira? ¿Qué te dice? ¿Qué desea él para ti? Escribe esto.

5

APLASTADOS POR LAS INIQUIDADES: RECONOCER NUESTROS PECADOS SEXUALES

Y eran nuestras faltas por las que era destruido
nuestros pecados, por los que era aplastado.
—Isaías 53:5

Existe un gran abismo entre la perspectiva del mundo y la perspectiva de Dios con respecto a la sexualidad. Antes de abordar la perspectiva de Dios, debemos reconocer cuánto ha influido la perspectiva del mundo en nuestras propias actitudes. El punto de vista del mundo, regido por el "padre de toda mentira" (Jn 8:44), se burla de la intención de Dios para la sexualidad, mientras niega las consecuencias mortales cuando violamos su diseño.

Jesús dejó en claro que desde el principio Dios tiene la intención de que las relaciones sexuales sean la señal del pacto sagrado entre un hombre y una mujer (ver Mateo 19). Él desea que este vínculo dure toda la vida para que tanto los hijos como los cónyuges puedan experimentar el amor y la protección de Dios. Su límite protector para las relaciones sexuales (es decir, el matrimonio de alianza) está destinado al bien de ambos cónyuges (comunión y fidelidad), el bien de los niños (procreación, protección, provisión y crianza) y el bien de todas las personas (bienestar social). Cualquier violación de estos límites dentro o fuera del matrimonio constituye pecado sexual y tiene consecuencias destructivas.

La influencia de la cultura del mundo es uno de los principales obstáculos para reconocer la realidad y el alcance del pecado sexual. Si el mundo acepta una práctica sexual en particular, podemos racionalizarla más fácilmente como normal y aceptable. Como Adán y Eva, queremos ser nuestros propios dioses y decidir lo que es bueno y malo, aparte de Dios. Dado que los estudios muestran que la mayoría de las personas en el mundo se involucran en prácticas sexuales fuera del matrimonio, puede ser fácil creer que la palabra de Dios en la Biblia y las enseñanzas de la Iglesia de dos mil años están desactualizadas.

Cuando operamos desde la perspectiva del mundo, nos negamos a reconocer que Dios es el Señor de todo, incluida nuestra sexualidad. Arrogantemente reclamamos una falsa libertad para hacer lo que nos plazca con nuestras mentes y cuerpos. Tratamos de superar nuestra vergüenza racionalizando nuestras acciones y negando que tengan consecuencias para nosotros mismos o para los demás. Nos involucramos libremente en un comportamiento sexual desvergonzado. Nos justificamos a nosotros mismos, mientras condenamos a los demás. Resentimos a las personas que nos recuerdan la verdad de Dios y resistimos cualquier exposición de nuestra vergüenza.

Por esta razón, el doctor Sam Fraser, un terapeuta familiar cristiano, identifica cuatro "negaciones" específicas que deben superarse en el proceso de reconocer nuestros pecados y heridas sexuales. Él dice:

1. Debemos superar la *negación de los hechos* reconociendo la realidad de nuestros pecados sexuales.
2. Debemos superar nuestra *negación de culpabilidad* reconociendo nuestra responsabilidad personal por nuestros pecados sexuales y las heridas que han causado.
3. Debemos superar nuestra *negación de las consecuencias* reconociendo la forma en que nuestros pecados sexuales han lastimado a Dios, a nosotros mismos y a los demás.

4. Debemos superar nuestra *negación de la esperanza* reconociendo que nada es imposible para Dios[1].

Todo esto comienza cuando aceptamos lo que Dios considera pecados sexuales.

Los pecados sexuales

Los pecados sexuales son ofensas contra la santa justicia de Dios y violaciones de la dignidad personal de cada persona afectada. Estas transgresiones contra la ley natural y moral violan nuestra integridad, al mismo tiempo que profanan el don de la sexualidad misma (*CIC*, 2337). Cada uno de estos pecados sexuales específicos enumerados a continuación son violaciones de la castidad y son transgresiones (directas o indirectas) contra el sexto y el noveno mandamiento, que Dios le dio a Moisés. Han sido reconocidos constantemente durante miles de años en la enseñanza judeocristiana (*CIC*, 2351–59, 2380, 2388, 2399–2400) y han sido la base de la mayoría de las leyes de la civilización occidental durante siglos.

Quizás notes que algunas de las prácticas sexuales mencionadas ahora son aceptables en nuestra cultura, mientras que otras no lo son. Pero hace cien años, las leyes de nuestra tierra habrían sostenido que cada una de estas prácticas sexuales es un delito contra la justicia y una violación a nuestra dignidad humana (nota: la lujuria es casi imposible de legislar, pero el comportamiento lascivo en público sigue estando en contra de la ley). Te animo a que repases la siguiente lista un par de veces. Primero repasa y pon atención a tu reacción a la lista. ¿Qué te preocupa o te provoca una reacción? Luego repasa por segunda vez y pídele al Espíritu Santo que te muestre suavemente cuándo y cómo has participado en cualquiera de estas actividades sexuales, pasadas o presentes. Y luego, por tercera vez, reconoce cuáles de estos pecados sexuales han sido cometidos contra ti, o por miembros de tu familia, que hayan tenido un efecto en tu desarrollo psicosexual.

Al pasar por este examen de los pecados sexuales, ten presente el amor misericordioso y la compasión de Dios. Recuerda las interacciones de Jesús con la mujer sorprendida en adulterio (Jn 8). Jesús no la condenó, y no te condena a ti ni a los miembros de tu familia. Así que no te condenes a ti mismo ni a los miembros de tu familia, ni a otros que te hayan lastimado con sus pecados sexuales. La lista está tomada de las Escrituras y del *Catecismo de la Iglesia Católica,* por lo que, si deseas obtener una mayor comprensión, puedes repasar esas secciones bajo "La vida en Cristo"[2]. Estos son pecados sexuales específicos:

La *lujuria* (incluyendo fantasía sexual, miradas y pensamientos impuros, y usar a otros sexualmente)

La *masturbación* (estimulación sexual propia o de otros fuera del matrimonio)

La *fornicación* (relaciones sexuales entre personas solteras, incluida la convivencia)

El *adulterio* (relaciones sexuales con alguien que no sea su cónyuge, incluido volverse a casar ilegalmente)

La *pornografía* (imágenes inmorales recibidas de forma visual, verbal o escrita)

La *prostitución* (pagar por sexo; profanar a otro como objeto de gratificación sexual)

La *violación* (agresión sexual; obligar a otro a cualquier tipo de acto sexual, incluida la violación en una cita)

La *actividad homosexual* (interacciones sexuales eróticas con alguien del mismo género)

El *incesto* (interacciones sexualmente estimulantes con un miembro de la familia que no sea el cónyuge)

La *pedofilia* (violación sexual de un menor, mediante seducción o fuerza)

El *abuso ritual satánico* (formas severas de abuso que incorporan todas las formas de pecado e idolatría)

La *bestialidad* (contacto sexual con un animal)

La *poligamia* (tener múltiples cónyuges, ya sea al mismo tiempo o consecutivamente)

La *anticoncepción y la esterilización* (bloqueo intencional de la concepción)

La *fecundación in vitro* (inseminación artificial fuera del acto sexual)

Una vez que hayas reconocido el hecho de que estos son pecados, el siguiente paso es aceptar humildemente la responsabilidad personal por ellos. Como una forma práctica de hacer esto, te animo a que te prepares para una *Confesión de toda la vida* (ver el apéndice 1). No culpes a nadie más por tus pecados personales. Del mismo modo, no te responsabilices por los pecados sexuales de otra persona, a menos que hayas sido un participante voluntario. Me tomó muchos años reconocer finalmente algunos de estos pecados sexuales en mi vida y dentro de mi familia, y examinar sus consecuencias para todos nosotros. Cuando finalmente reconocí mi responsabilidad personal por mis pecados, confesándolos a Dios y luego a un sacerdote en el sacramento de la Reconciliación, experimenté la liberación de la culpa y la vergüenza y obtuve un mayor aprecio por la misericordia de Dios.

Ahora encuentro alegría al ayudar a otros a enfrentar sus pecados sexuales, su vergüenza y su culpa, para poder experimentar la misericordia que fluye del corazón herido de Dios.

El corazón herido y misericordioso de Dios

La devoción al Sagrado Corazón de Jesús es popular en la Iglesia católica. Representa el amor compasivo y la misericordia de Dios hacia cada uno de nosotros. No importa cuán graves sean nuestros pecados, su misericordia es aún mayor (ver Salmo 136 y Santiago 2:13). Y, sin embargo, su tierno corazón también revela las consecuencias reales de nuestros pecados. ¿Alguna vez has reflexionado sobre cómo tus pecados sexuales traspasan el tierno corazón de Jesús? Tómate un momento ahora para contemplar esta realidad. Si miras lo suficientemente de cerca la imagen del Sagrado Corazón, notarás la corona de espinas alrededor del corazón de Jesús. Él sufre con y por nosotros. Debido a que su corazón es tierno, nuestros pecados lo hieren más de lo que podemos comprender.

Con tu imaginación inspirada, te invito a visualizarlo ensangrentado y roto en la Cruz. ¿Puedes ver y sentir el insondable sufrimiento físico, emocional y espiritual que está experimentando? "Y eran *nuestras faltas por las que era destruido nuestros pecados, por los que era aplastado*" (Is 53:5; cursivas añadidas). Deja que esa realidad se hunda tanto como puedas. Él absorbe nuestros pecados en su cuerpo, alma y espíritu. Provocan el dolor de un látigo desgarrando su carne. Tienen la fuerza de una lanza, atravesando su corazón. Tienen el peso de clavos pinchando sus manos y perforando sus pies. Estos pecados aplastan su espíritu.

Percibir incluso el más mínimo atisbo de esta realidad puede ser abrumador. ¿Cómo podemos ser tan indiferentes con nuestros pecados sexuales? Ciertamente, Dios no les es indiferente. Incluso antes de que Jesús viniera a la tierra para revelar y sanar completamente los terribles efectos de nuestros pecados, *los profetas ocuparon el lugar de Dios. Ellos conocían íntimamente el corazón de Dios y sintieron el dolor de nuestro pecado.* Oseas fue llamado a casarse con una prostituta para experimentar el corazón roto de Dios en relación con nuestra infidelidad (Oseas 1:2). Jeremías sintió la intensidad de la angustia del Señor por nuestra inmoralidad sexual (Jeremías 2:19–20). El profeta Natán tuvo que superar su miedo a la muerte para confrontar al rey David por su adulterio con Betsabé.

Cuando David se dio cuenta de que estaba ofendiendo a Dios personalmente, se humilló y reconoció su ofensa: "Contra ti, [Dios,] contra ti sólo pequé, lo que es malo a tus ojos yo lo hice" (Sal 51:6). Como David, también nosotros hemos ofendido la bondad de Dios y traspasado su tierno corazón. Nuestros pecados sexuales hieren a los demás y a nosotros mismos, y profanan el nombre de Dios ante los ojos de un mundo que observa. Piensa en cómo la gente ahora ve a toda la Iglesia, a la luz del escándalo de abuso sexual que involucra a una minoría de sacerdotes. Hace que muchas personas duden de la bondad de Dios y de la confiabilidad de su Iglesia.

Considera también a quienes son víctimas de cualquier forma de abuso sexual. Para cada víctima, se percibe un abandono o una traición por parte de Dios. Susan, del capítulo 1, no creía en Dios, en gran parte debido al abuso sexual que experimentó por parte de su padre. Ella no podía creer en un Dios que no la protegería o no podría protegerla (abordaremos esto más en el próximo capítulo).

La mayoría de nosotros estamos dispuestos a reconocer que estos graves pecados de abuso sexual, pedofilia y adulterio blasfeman el nombre de Dios y profanan su intención de amor sexual. Pero ¿no es esto también cierto acerca de *todo pecado sexual*? ¿Podemos también humildemente reconocer que nuestras perversas prácticas sexuales transgreden la voluntad de Dios, hieren su corazón y escandalizan su nombre? Por su propia naturaleza, el pecado sexual da un falso testimonio de Dios, y obstaculiza nuestra capacidad para el amor auténtico. Con cada pecado sexual, somos disminuidos en nuestra personalidad, experimentando cierta medida de deshonra y desintegración.

La deshonra y la desintegración

La deshonra y la desintegración son consecuencias inevitables de nuestro pecado sexual. Todos nosotros experimentamos una medida de indignidad cuando violamos el diseño de Dios para la sexualidad, *ya sea que reconozcamos esta realidad o no*. Cada vez que nos involucramos en prácticas sexuales profanas (en pensamiento, palabra o acción), *nos desintegramos* cada vez más. Perdemos la intimidad con Dios y disminuimos nuestra propia integridad interna. Nos privamos de la gracia de Dios que mora en nosotros. Nuestra conciencia de la vergüenza (es decir, la deshonra) es en realidad un don de Dios, que actúa a través de nuestra conciencia, haciéndonos saber que nuestra relación con Dios se ha debilitado. Algunos pecados (veniales) debilitan la gracia en nuestras almas, mientras que otros pecados (mortales) nos separan por completo de una relación vital con el Espíritu Santo, privándonos de integridad, caridad y gracia (ver *CIC*, 1849–63).

Con un corazón dividido y una mente oscurecida, perdemos cierta capacidad de amar castamente. Esto inevitablemente nos abre a más inclinaciones pecaminosas y compulsiones sexuales, llevándonos más profundamente a la desolación. C. S. Lewis explica:

> Cada vez que haces una elección estás convirtiendo tu parte central, la parte de ti que elige, en algo un poco diferente de lo que era antes. Y tomando tu vida como un todo, con todas tus innumerables elecciones, a lo largo de tu vida estás convirtiendo lentamente esta cosa central [tu corazón y tu alma] en una criatura celestial o en una

> criatura infernal: en una criatura que está en armonía. con Dios, y con las demás criaturas, y consigo mismo, o bien en uno que está en estado de guerra y de odio con Dios, y con sus semejantes, y consigo mismo. Ser el único tipo de criatura es el cielo: es decir, es gozo y paz y conocimiento y poder. Ser el otro significa locura, horror, idiotez, rabia, impotencia y soledad eterna. Cada uno de nosotros en este momento está progresando hacia un estado u otro[3].

Las palabras de Lewis son extremadamente aleccionadoras, ¿no? Cada elección sexual realmente importa. Nuestras elecciones tienen consecuencias tanto temporales como eternas. Si somos honestos con nosotros mismos, podemos ver cómo nuestros pecados sexuales y los efectos de los pecados de otros sobre nosotros nos han expuesto a influencias infernales. Nuestras elecciones equivocadas no solo debilitan la gracia de Dios en nosotros, sino que también se convierten en la puerta de entrada para los espíritus demoníacos. Estos demonios oscurecen nuestras mentes y dividen nuestros corazones. Esto no es una superstición medieval. Los demonios son reales y son invitados a nuestra alma cada vez que cedemos a la tentación y participamos en cualquier forma de pecado (ver Efesios 4:27). Las palabras de Dios a Caín dan testimonio de esta realidad: "El pecado está a las puertas como fiera al acecho: ¡tú debes dominarlo!" (Gn 4:7).

Esta noción de entradas espirituales puede parecer extraña para muchos de nosotros en nuestro mundo "iluminado", pero en realidad es muy simple. Nuestro libre albedrío es la puerta de entrada al bien y al mal. Cuando abrimos una puerta al mal al cometer pecado sexual, inevitablemente perdemos algo de nuestra libertad interior. Jesús lo expresa concisamente: "El que vive en el pecado es esclavo del pecado" (Jn 8:34). Nuestros pecados sexuales eventualmente nos esclavizan en la compulsión sexual. Para la mayoría de nosotros, esta experiencia de perder el control puede ocurrir sin que nos demos cuenta.

Andy Reese, quien ha acompañado a muchos en el proceso de restauración, comprende bien la dinámica que conduce a nuestra esclavitud:

> La pérdida de control normalmente comienza siendo pequeña y crece con el tiempo hasta convertirse en un control

> visible. Una mentira se planta y se cree. Se actúa una tentación. Se incurre en una herida y se deja que se infecte. Parece que estamos viviendo un estilo de vida dictado por esta área de nuestras vidas. Es pecado voluntario; entonces obtenemos algún placer perverso de ello incluso si está causando estragos en otras partes de nuestra vida. La atracción hacia Dios y las cosas de Dios se está amortiguando[4].

Este proceso de ceder a la tentación y perder el control se ilustra en la experiencia de Steve (descrita en el capítulo anterior). Su compulsión sexual comenzó con un momento de tentación cuando encontró las revistas pornográficas de su padre. Había una curiosidad natural, pero también tenía una opción. La voz del Espíritu Santo en su conciencia le susurró que estaba mal, pero él la ignoró. Inmediatamente racionalizó sus acciones. Con esa elección, abrió la puerta de su alma a los demonios de la lujuria. Mientras continuaba alimentando su lujuria, se abrió aún más a los espíritus de esclavitud y perversión, llevándolo a un estilo de vida atado por este pecado. Su integridad sexual se vio comprometida, ya que sus deseos sexuales se volvieron cada vez más compulsivos.

Aunque obtuvo un placer perverso de sus fantasías sexuales y masturbación, también fue torturado con vergüenza y desolación a partir de ese momento. El placer fue fugaz, pero sus sentimientos de vergüenza persistieron y aumentaron. Mientras Steve continuaba ignorando la voz del Espíritu Santo en su conciencia, su mente se oscureció cada vez más y su corazón se endureció por el pecado (ver Hebreos 3:13). Cada vez que volvía a su compulsión, la atracción hacia Dios y las cosas de Dios se amortiguaban. Sería ingenuo suponer que todo esto sucedió en un momento.

La pérdida de control de Steve en realidad comenzó muchos años antes, con su respuesta a las heridas que experimentó por parte de su padre y sus compañeros. Recuerda que detrás de cada deseo desordenado hay heridas sin sanar y un patrón oculto de pecado. Steve incurrió en heridas temprano en su vida. Estos fueron desatendidos y se dejaron pudrir. Su dolor no resuelto y su ira hacia su padre y sus compañeros se convirtieron en amargura. Su envidia por otros chicos se convirtió en odiar su propio cuerpo y desear el de ellos. Su confianza en sí mismo se convirtió en una fuente de orgullo, creando aislamiento. Su falta de iniciativa para remediar esas situaciones fue alimentada por el pecado de la pereza. El padre de las mentiras estaba obrando en el corazón de Steve mucho antes del momento en que encontró la pornografía de su padre.

Es aleccionador pensar en lo que podría haber sucedido en la vida de Steve si Dios no hubiera intervenido de una manera poderosa para traerlo de vuelta a la relación. Steve recibió la gracia del Espíritu Santo en el Bautismo y tuvo suficiente formación en la fe para permanecer abierto a Dios hasta que la gracia fuera restaurada en el sacramento de la Reconciliación. Esto le permitió seguir buscando a Dios, hasta que finalmente pudo encontrar la libertad de sus compulsiones.

Hay algunos, sin embargo, que se endurecen tanto por los pecados repetitivos que niegan y rechazan completamente a Dios y su ley moral. Otros se sienten tan indignos del amor de Dios que creen que es imposible que sean liberados. Sin embargo, incluso en estas situaciones, Dios está siempre deseoso de atraernos hacia él (*CIC*, 1). Nadie está sin esperanza, o más allá de la redención, excepto aquellos que persisten hasta la muerte en la dureza de su corazón (ver Mateo 12:31).

En mi libro publicado anteriormente sobre el poder sanador de los sacramentos, *Be Transformed* [Sé transformado], relato la sanación y restauración milagrosa de un hombre llamado Hank (y su familia) que había pecado gravemente al abusar sexualmente de sus cuatro hijas durante su niñez[5]. He presenciado tipos similares de transformación en muchas otras situaciones aparentemente desesperadas. Siempre hay esperanza cuando estamos dispuestos a reconocer nuestros pecados y enfrentar cómo traspasan el tierno corazón de Dios. Cuando hacemos esto, nos volvemos capaces de reconocer las aplastantes consecuencias de nuestros pecados sexuales.

Las consecuencias de los pecados sexuales

Los pecados sexuales siempre tienen consecuencias; en muchos casos estas consecuencias pueden ser mortales. Superar la tercera negación de Fraser requiere que tengamos en cuenta las muchas consecuencias de nuestros pecados sexuales. Ya hemos visto cómo ofenden a Dios, provocan un falso testimonio y provocan la desintegración dentro de nosotros. Ahora veremos algunas de las otras consecuencias importantes. Los pecados sexuales ofenden la dignidad humana de todos los involucrados, infligen traumas que pueden durar toda la vida (si no se sanan) e impactan generaciones en la familia y la sociedad.

La violación de la dignidad humana

Como veremos en el próximo capítulo, incluso un solo incidente de violación sexual puede dejar un impacto profundo y duradero en la dignidad de cada persona involucrada (hasta que ocurra la sanación). El daño de gran alcance afecta a las víctimas, los perpetradores, los familiares, los amigos, los miembros de la comunidad y la sociedad en su conjunto. Vemos esto más claramente en el escándalo de abuso sexual que ha sacudido a la Iglesia en los últimos años. En este caso, las reverberaciones son globales.

Como terapeuta familiar, trabajé durante muchos años con sobrevivientes de abuso sexual. Vi de primera mano cuán profundamente afectó sus vidas personales y sus relaciones en los años venideros. Sin excepción, cada sobreviviente tuvo que superar capas de trauma, juicios y distorsiones de identidad antes de poder volver a confiar (abordaremos esto en el capítulo 6). También descubrí cuán profundamente afectó a los miembros de la familia "no participantes". Me sorprendió descubrir que muchos padres y hermanos de las víctimas habían sido abusados sexualmente durante su niñez o habían experimentado otros traumas o compulsiones graves que no se sanaron y comprometieron su sentido de seguridad y de dignidad.

Pero a pesar de lo gravemente heridos que estaban los sobrevivientes y los miembros de la familia, descubrí que los más dañados por el abuso sexual eran los propios perpetradores. Muchos estaban casi completamente paralizados por la vergüenza, aunque a menudo permanecían en negación porque les resultaba abrumador reconocerlo. Mis experiencias son confirmadas por otros que han ministrado a perpetradores de abuso sexual. David Foster, en su libro *Sexual Healing* [La sanación sexual], nota que los perpetradores de abuso sexual están "plagados de juicios, votos, amargura, culpa, depresión, mentalidad fatalista y falta de perdón. Muchos son víctimas de abuso físico o sexual, sufrieron alienación, odio hacia sí mismos, y una profunda impotencia, donde necesitan controlar a los demás para 'demostrar su autoestima' y obtener gratificación"[6].

Hank, mencionado anteriormente, encaja en este perfil identificado por Foster. Durante muchos años, negó sus pecados sexuales y sus aplastantes consecuencias. Cuando su esposa se enteró y lo confrontó, literalmente quiso morir antes que enfrentar su intenso odio hacia sí mismo. Es posible que su esposa hubiera deseado que ya estuviera muerto en lugar de enfrentarse a la pesadilla familiar. Pero cuando comenzó su propio proceso de sanación e invitó a su esposo e hijos a participar, esto les dio a Hank y a sus hijas un rayo de esperanza. Después de superar su intenso odio hacia sí mismo, Hank se embarcó en el duro trabajo de enfrentarse a sus juicios, amargura y necesidad de control, así como a su pérdida de dignidad. Solo después de sanar sus propias heridas pudo escuchar con el corazón abierto el daño indescriptible que había causado a su esposa e hijos.

Ver el daño causado por sus pecados sexuales casi aplastó a Hank. Pero reconoció valientemente sus acciones y cómo afectaron a sus seres queridos. Permitió que cada miembro de la familia expresara su angustia y compartiera cómo sus pecados les habían robado la dignidad que una hija debe recibir de su padre y una esposa recibir de su esposo. Después de varios años de abordar estas realidades desgarradoras, uno por uno los miembros de la familia comenzaron a experimentar un gozo renovado y confianza en sus relaciones (compartiré más sobre esta sanación en el capítulo 8). Pero antes de que su alegría y confianza pudieran ser restauradas, todos necesitaban enfrentar el trauma de la traición profundamente doloroso que cada uno experimentó.

El trauma de la traición

Al romper los cimientos de la confianza, las violaciones sexuales a menudo resultan en traumas severos y traición. Sin embargo, el abuso sexual y el incesto están lejos de ser las únicas fuentes de este trauma. He descubierto que existe cierto grado de trauma de la traición en casi todas las formas de pecado sexual. Por ejemplo, la traición es endémica en situaciones de adulterio. Joyce, del capítulo 1, quedó destrozada tras enterarse de la infidelidad de su marido. El hecho de que mintiera al respecto lo empeoró. Su marido y su amante ilícita también se vieron profundamente afectados. Además, sus hijos estaban profundamente heridos por la traición de su padre, las amargas diatribas de su madre hacia su padre y el posterior divorcio que destrozó su confianza. Además, los miembros de la familia extensa y la red social de la pareja también sufrieron daños, ya sea directa o indirectamente.

La pornografía tiene muchos de los mismos efectos que el adulterio, aunque a menudo en menor grado. El cónyuge, los hijos y los familiares traicionados a menudo se ven profundamente afectados y deben lidiar con el trauma durante muchos años. Además, la pornografía atenta "gravemente a la dignidad de quienes se dedican a ella" (*CIC*, 2354). Daña a los actores y productores de la pornografía, así como al consumidor. Cada uno participa del pecado de la prostitución. Como vimos en el último capítulo, es probable que quienes son actores y productores de pornografía también tengan un historial de abuso sexual y compulsión. Y se endurecen cada vez más por su participación en esta forma de pecado sexual.

Quizás menos obvios en su impacto, pero aun extremadamente dañinos, son los efectos de las relaciones sexuales fuera del matrimonio, ya sean de naturaleza homosexual o heterosexual. Todas las formas de fornicación (el sexo fuera de los límites del matrimonio) tienen consecuencias mucho más graves de lo que nadie se da cuenta. *Siempre* causa daño a la intimidad y la confianza en la relación. Incluso para aquellos que se engañan a sí mismos creyendo que no hay efectos, siempre hay un impedimento en la capacidad de ambos participantes para entregarse libre, plena, fiel y fructíferamente el uno al otro en el amor del pacto.

Además, el sexo premarital es *una traición al futuro cónyuge*. La ruptura de los lazos íntimos después de la ruptura disminuye la capacidad de cada persona para dar y recibir el amor, y progresivamente adormece el corazón de cada uno, dificultando así las relaciones posteriores. El padre Raniero Cantalamessa observa: "Quien ha sido traicionado o herido una vez tiene miedo de volver a amar y ser amado, porque sabe cuánto dolor significaría otra traición. Y así sigue aumentando el número de los que no pueden creer en el amor de Dios, o en cualquier amor"[7].

He asesorado a muchas parejas en consejería premarital y marital que se han dado cuenta de estos efectos dañinos en su capacidad de amar debido a relaciones sexuales rotas anteriores. Se sienten traicionados por las relaciones pasadas de su cónyuge (o el futuro cónyuge). Muchos se han paralizado de ansiedad ante la perspectiva de volver a confiar en relaciones posteriores. Intuitivamente temen que su confianza se rompa y su corazón se aplaste nuevamente, mientras intentan abrirse a otra persona que pueda traicionarlos.

Una vez casados también pueden temer la infidelidad propia o de su cónyuge, ya que han experimentado un historial de infidelidad en años anteriores. Si una vez casados son traicionados nuevamente por la infidelidad, sus peores temores se han hecho realidad. El corazón del cónyuge traicionado es aplastado y luego se endurece en respuesta, debido al dolor abrumador del rechazo. Mientras tanto, el cónyuge infiel amortigua su propio corazón al negar su conciencia y cerrarse a la luz de la verdad y la misericordia de Dios.

Para cada uno de estos pecados sexuales y más, los efectos sobre los amantes, cónyuges e hijos solteros pueden durar generaciones, y los efectos acumulativos pueden eventualmente destruir a la sociedad en su conjunto. ¿Suena esto exagerado? Muchas familias, incluida mi propia niñez, han sido devastadas por patrones generacionales de pecado sexual. Y muchas culturas, incluida la nuestra, también han sido destruidas por los pecados sexuales.

Los impactos generacionales y culturales

La familia del rey David ofrece una imagen de los efectos generacionales y sociales del pecado sexual. Su pecado con Betsabé y sus múltiples matrimonios y concubinas tuvo profundas consecuencias para su familia y para la nación de Israel (ver 2 Samuel 11). En primer lugar, los pecados sexuales de David dañaron su propia integridad y obstaculizaron su relación con Dios. Sus múltiples amantes también se vieron disminuidos al ser tratados como objetos para su satisfacción sexual. Sin duda, esto afectó también a los hijos de estas mujeres. Como veremos en el próximo capítulo, con su hijo Amnón y su hija Tamar, el pecado sexual se propagó como un cáncer mortal a la próxima generación de la familia de David.

Aunque el pecado de David fue perdonado, los efectos no fueron reconocidos ni sanados. Como resultado, los impactos generacionales aumentaron con el tiempo. La perversión sexual, la división y las rivalidades en la línea familiar de David continuaron de generación en generación, lo que eventualmente resultó en la desintegración y caída de toda la nación de Israel.

Este ejemplo bíblico con David y su familia se repite en muchas familias. Lo he experimentado personalmente. Después del adulterio de mi padre, el pecado sexual impregnó a nuestra familia durante varios años. La cantidad de heridas a través de los pecados sexuales de mi padre y luego cada uno de los nuestros es asombrosa. Hasta que este patrón sea detenido y llevado a la Cruz, el pecado seguirá teniendo un impacto cada vez mayor a lo largo de las generaciones.

En la familia del rey David, vemos generación tras generación de desintegración y deshonra como resultado de sus pecados sexuales e idolatría. El heredero de David, Salomón, quien en un tiempo fue considerado el hombre más sabio que jamás haya existido, se convirtió en un necio como resultado de sus pecados sexuales. A través de sus muchas concubinas y esposas extranjeras, invitó a la adoración falsa y la perversión sexual a la nación de Israel. Generación tras generación de reyes y reinas de Israel siguieron su ejemplo, con pocas excepciones. El máximo ejemplo de perversión es evidente en la vida del malvado rey Acab y su traicionera esposa, la reina Jezabel. Están entre los que permitieron que la adoración idólatra casi borrara la adoración a Dios en la nación de Israel.

Christopher y Rachel McCluskey narran la adoración idólatra bajo el liderazgo del reinado de Acab y Jezabel:

> Se erigieron altares e ídolos, incluso en el templo sagrado de Dios, a Baal y a los dioses viles Moloc, Astarot y Quemos. (Parece que las piedras sagradas simbolizaban los testículos masculinos o posiblemente los genitales completos, y un poste de Astarot pudo haber sido un símbolo fálico, un pene de madera que se usaba en la adoración. Aparentemente, se había colocado uno gigante en el Lugar Santísimo, ¡y había viviendas para prostitutas del santuario masculino dentro del templo!)[8]

Estas prácticas idólatras son un ultraje contra Dios. Son una ofensa directa contra su bondad, amabilidad y pureza. Pero estas prácticas viles no son tiempo pasado. No terminaron con la Antiguo Alianza. Desde el principio hasta el final de la Biblia, Dios advierte contra la inmoralidad sexual porque nuestra naturaleza humana es propensa a esta debilidad, debido a la concupiscencia. Por eso, san Pablo nos exhorta: "Huyan de las relaciones sexuales prohibidas. Cualquier otro pecado que alguien cometa queda fuera de su cuerpo, pero el que tiene esas relaciones sexuales peca contra su propio cuerpo. ¿No saben que su cuerpo es templo del Espíritu Santo que han recibido de Dios y que está en ustedes? Ya no se pertenecen a sí mismos. Ustedes han sido comprados a un precio muy alto; procuren, pues, que sus cuerpos sirvan a la gloria de Dios" (1 Cor 6:18–20).

Rendir culto con nuestro cuerpo

Rendirle culto a Dios es darle lo que le corresponde. También es para nuestro propio bien y para el bien de nuestra familia y sociedad. Como explica el *Catecismo*, solo en rendirle culto a Dios podemos llegar a ser personas integradas (es decir, completas). "La vida humana se unifica en la adoración del Dios Único. El mandamiento de adorar al único Señor *da unidad al hombre y lo salva de una dispersión infinita* . . . El idólatra es el que 'aplica a cualquier cosa, en lugar de a Dios, la indestructible noción de Dios'" (*CIC*, 2114; cursivas añadidas).

Le rendimos culto a Dios cuando *vivimos la verdad en el amor* al obedecer su diseño para nuestra sexualidad, ofreciendo todo nuestro ser: cuerpo, alma y espíritu (Rom 12:1). Por el contrario, cuando nos involucramos en el pecado sexual, participamos en la adoración idólatra. En vano nos adoramos a nosotros mismos en lugar de a Dios. En el proceso, idolatramos los cuerpos humanos, los placeres sensuales y las intensas experiencias orgiásticas (es decir, la idolatría del cuerpo). Ya sea que tengamos la intención de hacerlo o no, terminamos adorando a Satanás en lugar de a Dios. Los McCluskey exponen: "Cuando la unión sexual expresa amor dentro del pacto del matrimonio cristiano, Dios es glorificado. Cuando expresa lujuria, egoísmo, desobediencia o mentira, se glorifica a Satanás. Recuerde que adoramos con nuestros cuerpos (Rom 12:1). La pregunta que siempre debemos hacernos es quién está siendo adorado en espíritu por este acto físico"[9].

Pocos se disponen a adorar a Satanás directamente, aunque he aconsejado a algunos que han sido educados para participar en la adoración satánica con toda su perversión sexual. La gran mayoría de nosotros participamos en la adoración a Satanás de maneras menos obvias. Somos engañados por el mundo en que vivimos y aceptamos lo que el mundo enseña en lugar de lo que Dios dice que nos traerá satisfacción. Sin saberlo, adoramos en el altar de Baal y Astarot (en inmoralidad sexual) u ofrecemos sacrificios a Moloc y Lilit (con anticoncepción y aborto).

Reconocer estas realidades en un mundo lleno de engaños puede ser bastante aleccionador. Nuestra cultura y las generaciones de nuestras familias son más similares a los israelitas bajo el rey Acab y la reina Jezabel de lo que nos gustaría reconocer. Como los israelitas de antaño, nos dedicamos a algo parecido a la prostitución en el templo. Hemos erigido imágenes viles en el santo templo de Dios. Muchos de nosotros hemos permitido imágenes fálicas en nuestro templo sagrado (nuestro cuerpo y mente) a través de la pornografía o la fantasía. También nos hemos involucrado en la prostitución ritual (la pornografía es una forma de prostitución porque a los actores se les paga por tener relaciones sexuales). Estos pecados sexuales y muchos otros son evidencia de nuestra idolatría. Cuando nos involucramos en ellos, estamos adorando y glorificando a Satanás con nuestros cuerpos, mientras somos infieles a nuestro pacto bautismal con Jesús.

Todos los pecados sexuales que hemos abordado en este capítulo son formas de idolatría. Cada uno de estos actos físicos viola el diseño de Dios para nuestra sexualidad de una forma u otra. Son formas de adorar a los "dioses" y "diosas" demoníacos. Desinvitan al Espíritu Santo e invitan poderes demoníacos a nuestro cuerpo, mente y espíritu. Profanan el cuerpo de Cristo en el mismo acto. También crean *lazos anímicos impíos* con la(s) persona(s) con la(s) que estuvimos sexualmente involucrados (ver el apéndice 3 para renunciar a los lazos anímicos impíos). Estas realidades deberían ponernos de rodillas ante nuestro Señor crucificado y motivarnos a reconocer nuestros pecados sexuales y sus consecuencias mortales. Al hacerlo, también podemos ayudar a otros a ver con claridad.

Durante los últimos quince años, he estado enseñando estas verdades a los seminaristas. Son celosos de los caminos de Dios, pero muchos de ellos, como el seminarista Steve, todavía se están recuperando de vivir toda una vida en nuestra cultura sexualmente contaminada y están en una feroz batalla para superar las compulsiones sexuales que comenzaron en la pubertad o antes. Cuando hablo sobre el pasaje de Corintios que se refiere a nuestros cuerpos como templos del Espíritu Santo, puedo ver que hay una desconexión entre su vida espiritual y su comprensión de su propio cuerpo, como resultado de su vergüenza por los pecados sexuales pasados y actuales.

Buscando una manera de hablar a sus corazones, ofrezco esta analogía: "Supongamos que alguien entra a la capilla mientras le rendimos culto a Dios y toma el Sagrado Cuerpo de Jesús (el Santísimo Sacramento) del tabernáculo. Luego lo vemos profanar su cuerpo escupiéndolo, ensuciándolo y gritando obscenidades". Entonces les pregunto: "¿Qué harían?". Al ver la ira y el horror en sus ojos, sé lo que harían. Aman a Jesús y creen que está corporalmente presente en la Eucaristía. Harían todo lo que estuviera a su alcance para detener al que profanaba el cuerpo de Cristo. Entonces les digo: "Ustedes son el cuerpo de Cristo. ¿Qué van a hacer para protegerse contra cualquier persona o cosa que profane y corrompa su cuerpo? ¿Cómo van a luchar unos por otros, para que ninguno de ustedes permita que el cuerpo de Cristo sea profanado?". Puedo decir que impacta a muchos de ellos.

Te traigo esa misma pregunta. ¿Ves tu propio cuerpo como un templo sagrado que alberga la presencia del Espíritu Santo de Dios? ¿Ves los cuerpos y las almas de tus hermanos y hermanas en Cristo de la misma manera? ¿O has sido tan engañado por vivir en nuestro mundo que crees que tu cuerpo es tuyo y que puedes hacer lo que quieras con él? ¿También crees que otras personas pueden hacer lo que quieran con sus cuerpos, sin ninguna consecuencia?

Dudo que muchos de nosotros seamos conscientes de que estamos profanando el santo templo de Dios cuando nos involucramos en el pecado sexual. No creo que la mayoría de nosotros tenga la intención de adorar a Satanás o profanar el cuerpo de Jesús. Como Adán y Eva hemos sido engañados. Pero todos tenemos una opción. En cualquier momento podemos volver nuestro corazón hacia Dios y rendirle culto.

Después de reconocer y confesar mis pecados sexuales, vi una reacción en cadena de la gracia de Dios liberada en mi familia. Comencé a orar por las generaciones de nuestra familia y pedí la misericordia de Dios (ver Daniel 9:8–10). Creo que lo que sucedió fue más que psicológico, ya que se rompieron las fortalezas demoníacas sobre nuestra familia. Dios liberó un derramamiento de gracia. Durante los siguientes años, cada uno de mis hermanos, y luego mis padres, también reconocieron sus pecados sexuales y comenzaron a hacer cambios en sus vidas y estilos de vida. Uno por uno, entraron en una relación renovada con Jesús y con la Iglesia. Esto a su vez trajo una sanación increíble dentro de nuestra familia.

Ofrezco mi experiencia como una palabra de aliento para ti, mientras te tomas un momento para reflexionar sobre este capítulo y participar en la actividad personal. Cada paso que des en este proceso va a dar grandes frutos en tu vida, y los efectos se multiplicarán en tu familia y en nuestro mundo. Tú eres la luz del mundo (Mt 5:14).

Tómate un momento

1. ¿Por qué crees que es importante reconocer nuestros pecados sexuales? ¿Qué sucede cuando permanecemos en negación?
2. ¿Percibes los mandamientos de Dios con respecto a la sexualidad como restrictivos o protectores? ¿Hay alguna práctica sexual en la lista que crees que no debería ser considerada pecado?
3. ¿Cómo han impactado tus pecados sexuales tu relación con Dios, contigo mismo y con tu familia?
4. ¿Cuáles ves como las similitudes y las diferencias entre el antiguo Israel y nuestra cultura moderna con respecto al pecado sexual y la idolatría?

Actividad personal

1. Pídele al Espíritu Santo que te guíe mientras reflexionas sobre tu historia personal de pecado sexual.
2. Comienza reflexionando sobre la muerte de Jesús en la Cruz como expiación por tus pecados. Sumérgete en la profundidad de su amor, ya que está dispuesto a ser traspasado y aplastado por tus pecados

para liberarte de ellos. Pasa tiempo agradeciendo activamente a Jesús por su misericordia hacia ti y por tomar tu pecado.

3. Reflexiona sobre la historia de la mujer sorprendida en adulterio en Juan 8. Imagínate como la mujer y repasa toda la historia, identificando quién te está acusando y quién está tirando piedras, y ve cómo responde Jesús.
4. Con la ayuda del Espíritu Santo, repasa tu vida e identifica las áreas específicas de pecado sexual.
5. Inspirado por el Espíritu Santo, identifica quién fue dañado por estos pecados sexuales y cómo los afectó.
6. Escribe estas reflexiones en un diario o en un papel (puedes quemarlo más tarde si quieres).
7. Planea hacer una confesión de vida general a un sacerdote (si eres católico) o a un terapeuta, un amigo de confianza, un director espiritual, un padrino de doce pasos o un mentor. Diles lo que deseas hacer para que puedas reservar suficiente tiempo y preparar tu corazón (consulta el apéndice 1 para obtener una explicación más detallada).
8. Cuando hagas tu confesión, reconoce tus pecados sexuales (de pensamiento, palabra y obra, y lo que hayas dejado de hacer) y las consecuencias de esos pecados. Acepta humildemente el perdón de Jesús con gratitud. Luego perdónate a ti mismo, y donde sea beneficioso pide perdón a aquellos a quienes lastimaste.
9. Toma la firme decisión de "no pecar más" y pide la ayuda de Dios para superar los patrones habituales de pecado sexual. Si tienes una compulsión sexual, comprométete a superarla con la ayuda de una comunidad de apoyo, un consejero y los sacramentos (consulta el apéndice 5).
10. Ora por tu familia, amigos y sociedad para que todos podamos verdaderamente rendirle culto a Dios con nuestros cuerpos.

6

EL LUTO POR LOS CORAZONES ROTOS: LIBERAR NUESTRO TRAUMA SEXUAL

El Señor está cerca del corazón deshecho y salva a los de espíritu abatido.

—Salmo 34:19

La vergüenza intenta tapar nuestras heridas sexuales y enterrar el trauma asociado a ellas. Pero la Biblia revela estas dolorosas realidades. De hecho, hay numerosos relatos de violaciones sexuales revelados a lo largo de las Escrituras, incluidas descripciones de incesto, violación, adulterio, prostitución, homosexualidad, abuso ritual y mucho más. Está claro tanto en el Antiguo como en la Nueva Alianza que Dios condena enérgicamente estos actos de pecado y abuso sexual (ver Deuteronomio 27 y 1 Corintios 5:1–5). Su corazón paternal anhela protegernos del daño y consolarnos cuando hemos sido violados (ver Isaías 4:11; 2 Corintios 1:3).

Los relatos bíblicos de violaciones sexuales pueden ser bastante impactantes a veces. La historia de Amnón y Tamar es un ejemplo vívido. Se nos presentan inmediatamente después de la narración que detalla el pecado de David con Betsabé. Es como si el autor quisiera que veamos cómo los efectos de los pecados sexuales causan devastación a través de las generaciones de una familia. La historia de Tamar y Amnón comienza con estas palabras: "Absalón, hijo de David, tenía una hermana que era muy bella y que se llamaba Tamar; Amnón, otro hijo de David, se enamoró de ella" (2 Sm 13:1).

Suena bastante inocente, pero pronto descubrimos que no se trataba de un saludable amor entre hermanos. Más bien, Amnón está obsesionado con la lujuria por su hermosa media hermana. Con la ayuda de un amigo, planea atraerla a su dormitorio para poder violarla. El rey David, que aparentemente no está en contacto con esta dinámica familiar, le dice a Tamar que vaya a la habitación de su hermano para cuidarlo. Cuando llega fuera de su habitación, Amnón ordena a todos los sirvientes que salgan y le ruega que entre. En unos minutos, la inocencia de Tamar es robada y su corazón está destrozado. Permítete empatizar con su angustia:

> La agarró y le dijo: "Hermana mía, ven a acostarte conmigo". Pero ella le respondió: "No, hermano mío, no me tomes a la fuerza, pues no se actúa así en Israel. No cometas esta falta. ¿A dónde iría yo con mi vergüenza? Y tú serías como un maldito en Israel" . . . Pero él no quiso hacerle caso, la agarró a la fuerza y se acostó con ella. Pero luego Amnón la detestó. Era un odio más grande aún que el amor que le tenía. Amnón le dijo: "¡Párate y ándate!". Ella respondió: "¡No, hermano mío, no me eches! Eso sería peor que lo que acabas de hacer". Pero no quiso oírla . . . Tamar se echó ceniza en la cabeza, rasgó su túnica con mangas y se puso una mano en la cabeza, luego partió lanzando gritos. (2 Sm 13:11–19)

Esta desgarradora descripción del incesto y la violación nos lleva directamente a las profundidades de la intensa angustia inherente a muchas formas de violación sexual. El corazón de Tamar está traspasado por el pecado de Amnón. Ella está traumatizada por la experiencia y absorbe las mentiras de identidad resultantes de las siete heridas mortales.

Las siete heridas mortales

En *Sé sanado*, presenté las "siete heridas mortales" (impotencia, vergüenza, rechazo, abandono, confusión, miedo y desconfianza, y desesperanza)[1] como una forma de describir lo que sucede dentro de nuestras almas cuando experimentamos el impacto del pecado y el trauma[2]. En *Be Transformed* [Sé transformado], elaboro que estas heridas son universales y se originan en la caída de la humanidad debido al pecado original[3]. Y, sin embargo, estas heridas se experimentan de manera única en cada una de nuestras vidas en respuesta a eventos traumáticos específicos, así como a los patrones de nuestras relaciones dentro de nuestras familias y cultura. Estas heridas son mortales porque nos roban la alegría de vivir y nos impiden dar y recibir el amor libremente. Son la fuente de gran parte de nuestro sufrimiento humano. Creo que las siete heridas mortales están presentes en casi todos los incidentes de violación sexual, más claramente en la víctima y probablemente también en el perpetrador y los miembros de la familia que se ven afectados, directa o indirectamente.

En la victimización sexual de Tamar, cada una de las siete heridas mortales está presente, aunque algunas son más evidentes que otras. Dos de estas heridas devastadoras, la vergüenza y la impotencia, se mencionan explícitamente en el pasaje, mientras que las otras están implícitas en la historia. Al dibujarlos, mi deseo es descubrir las heridas generalizadas inherentes a casi todos los actos de violación sexual traumática. Si has sido herido sexualmente de alguna manera, mi deseo es ayudarte a poner en palabras lo que has experimentado para facilitar tu proceso de sanación. Si eres es una persona de apoyo o un miembro de la familia de alguien que ha sido herido sexualmente, mi intención es ayudarte a comprender los efectos ocultos del trauma para que puedas comprender lo que ha experimentado tu ser querido y brindarle la compasión y la empatía que necesita.

Como es obvio en la historia de Tamar y Amnón, comenzaremos por descubrir la herida mortal de la impotencia.

La impotencia

Por definición, la violación sexual hace que las víctimas se sientan impotentes. Esa es la naturaleza de la victimización.

> *El abuso sexual es cualquier actividad (verbal, visual o física) realizada sin consentimiento, que puede ser emocional o físicamente dañina y que explota a una persona para satisfacer las necesidades sexuales o emocionales de otra persona* . . . El consentimiento es el tema clave en esta definición de abuso sexual. Una persona no da su consentimiento si no tiene la capacidad de elegir o rechazar la actividad sexual. La edad, las circunstancias, el nivel de comprensión, la dependencia y la relación con el delincuente son factores que limitan la capacidad de elección de una persona[4].

La violación sexual compromete nuestro libre albedrío, ya sea a través de la fuerza o la seducción. Esto puede suceder en cualquier relación. La violación en una cita, la coerción sexual dentro o fuera del matrimonio, el incesto, la pedofilia y el tráfico sexual son ejemplos de violaciones sexuales en las que se viola el libre albedrío. En cada caso, la persona victimizada experimenta los dolorosos efectos de la impotencia. En esta situación con Amnón y Tamar, tanto la seducción como la fuerza están en juego. Tamar es seducida para ir a la habitación de Amnón. Luego, ella es dominada físicamente cuando él no escucha su súplica. Nota las descripciones en la narración: "la agarró a la fuerza . . . no quiso oírla".

Las palabras de Tamar hablan por cada hombre o mujer que se siente impotente para evitar que alguien las viole. Las violaciones sexuales pueden o no involucrar la fuerza. Un patrón prolongado de seducción, lo que a menudo se denomina acicalamiento, también es una forma de ser coaccionado sin consentimiento. La víctima desprevenida es seducida y, antes de que se dé cuenta, se ve involucrada en algo que no elegiría libremente por su propia cuenta. Llega un punto en que se convencen de hacer cosas que no quieren hacer. Es posible que su abusador les haya dicho que, debido a que lo aceptaron y sintieron placer, realmente lo deseaban. *Esto no es consentimiento*. A menudo, el perpetrador los hace sentir responsables y les da una falsa sensación de control al tomar decisiones que no se toman en libertad. Se sienten atrapados. Si intentan hablar, son silenciados o avergonzados. Si tratan de resistirse, son dominados o se les dice que lo quieren. Si tienen la tentación de decirle a alguien que están amenazados de daño, están convencidos de que no sería un buen resultado.

La herida de la impotencia es uno de los mayores traumas que viven las víctimas de abuso sexual. Los siguientes son algunos de los pensamientos y expresiones de alguien que lucha con esta herida de impotencia:

- Me siento (me sentí) atrapado.
- Me siento impotente.
- Todo se siente caótico y fuera de control.
- No puedo detener esto.
- Soy demasiado débil o pequeño para resistir.
- Ellos son demasiado fuertes.
- No hay nadie para ayudarme.

Estas experiencias de impotencia pueden convertirse en creencias duraderas (es decir, *mentiras de identidad*) si no se resuelven de inmediato (ver los apéndices 3 y 4). Estas creencias suelen ir acompañadas de otras heridas y mentiras de identidad, entre ellas la vergüenza. Creo que la vergüenza es inherente a todo acto de violación sexual; ciertamente es evidente en la experiencia de Tamar.

La vergüenza

Nota el énfasis en la vergüenza en el discurso de Tamar. Una vez que se da cuenta de las intenciones de Amnón, comienza a internalizar su vergonzoso comportamiento como su vergüenza. "¿A dónde iría yo con mi *vergüenza*?" La vergüenza de Tamar se muestra poderosamente en la imagen de ella rasgando su túnica y poniendo ceniza sobre su cabeza.

Su vergüenza ahora es pública. Se siente permanentemente manchada y despojada de su dignidad y virginidad.

Tamar intuitivamente sabe que su encuentro con Amnón la dejará sintiéndose empañada mucho después de que haya pasado el evento. Toda víctima de violación sexual reconoce que ha sido despojada de su dignidad y profanada de formas que no puede describir. Según la edad y el tipo de violación, esta herida mortal de la vergüenza puede interiorizarse de muchas formas diferentes. Para algunos, la vergüenza puede actuar como un sudario que mantiene enterrado su dolor. Para otros, la vergüenza se expresa en la creencia de que de alguna manera son responsables del abuso. Para otros, la vergüenza es una conciencia intuitiva de que están irrevocablemente dañados, profanados y empañados. Las siguientes frases suelen ser sentidas y pronunciadas por quienes han sido violadas sexualmente, una vez que pueden verbalizar su experiencia:

- Estoy dañado y manchado; nunca volveré a ser normal.
- Odio mi cuerpo (mi género, mi sexualidad) por lo que me pasó.
- Sentí placer, así que debo haberlo deseado (ambivalencia sobre placer/dolor).
- Soy malo, sucio, sin valor, indeseable, arruinado, etcétera.
- Es mi culpa porque fui ingenuo, no lo detuve y no le dije a nadie.
- Soy pervertido, mis deseos están retorcidos, mi cuerpo me traicionó, etcétera.

Estas expresiones de vergüenza por parte de las víctimas de abuso sexual son a menudo formas de evitar la experiencia de impotencia y mitigar el dolor. También son formas de interiorizar la vergüenza del perpetrador. Nota en la historia con Tamar que ella reconoce la vergüenza que Amnón traerá para sí mismo, su familia y la nación. "No se actúa así en Israel . . . Y tú serías como un maldito en Israel". Cada perpetrador (que no está completamente desconectado de su corazón) experimenta una vergüenza intensa en algún nivel inconsciente, ya sea que lo reconozca o no. Y, sin embargo, como la mayoría de los perpetradores de abusos, Amnón se niega a reconocer su propia vergüenza. En cambio, la proyecta sobre Tamar deshonrándola en el acto, y luego proyecta su vergüenza como desprecio por ella.

El doctor Dan Allender habla de la oscura crueldad inherente al desprecio: "El desprecio es condenación, un ataque contra la causa percibida de vergüenza. El ataque está impregnado de odio, veneno y crueldad gélida"[5]. El desprecio puede volverse hacia uno mismo, en forma de autodesprecio. O puede proyectarse hacia afuera contra el que le recuerda a la persona su vergüenza. El desprecio a menudo está presente tanto en el perpetrador como en la víctima del abuso sexual. Ambos tienen desprecio por sí mismos y también hacia el otro. Esto es evidente en el escalofriante desprecio de Amnón por Tamar, que la hizo sentirse aún más rechazada.

La vergüenza y el desprecio están íntimamente relacionados con la herida del rechazo. He conocido a muchos hombres y mujeres que han experimentado un intenso rechazo por parte de su abusador luego del acto de violación sexual. Muchos también están sumidos en el desprecio por sí mismos. Esta es una forma de autorrechazo.

El rechazo

Todo el mundo quiere ser amado. Y nadie desea ser rechazado. Sin embargo, en muchos casos de abuso sexual, se presenta una extraña mezcla de ser elegido y rechazado al mismo tiempo. Amnón deseaba a Tamar porque la encontraba atractiva. Sin embargo, la trató como un objeto para su propia satisfacción, degradándola. Luego, después de violarla, la rechazó por completo. "Luego Amnón la detestó. Era un odio más grande aún que el amor que le tenía. Amnón le dijo: '¡Párate y ándate!'. Ella respondió: '¡No, hermano mío, no me eches! Eso sería peor que lo que acabas de hacer'. Pero no quiso oírla".

Es difícil imaginar cómo algo podría ser más degradante que ser violada y humillada, pero Tamar siente que el segundo rechazo "sería mucho peor". No estoy seguro de que eso sea cierto en todas las situaciones de violación sexual, pero he escuchado comentarios similares de víctimas de incesto para darme cuenta de que es una experiencia común. Todos podemos relacionarnos con esto si alguna vez hemos experimentado que nos usen y luego nos desechen. Ser usado y tratado como un objeto ya es una experiencia de rechazo. Esta experiencia de rechazo aumenta cuando somos despreciados y luego descartados después de haber sido utilizados. La lujuria siempre usa y luego desecha. En el abuso sexual, lo que está en juego es más alto. El desprecio venenoso del abusador después del abuso lleva el rechazo, a lo más profundo del corazón de la víctima. Estos pensamientos y frases dan voz a la experiencia de rechazo:

- No soy amado.
- No soy deseado.
- No soy querido.
- No soy lo suficientemente bueno (lo suficientemente guapo, lo suficientemente inteligente, etcétera).
- No soy valorado.

La herida del rechazo puede extenderse más allá de la experiencia de la violación sexual. Las víctimas de abuso (y sus perpetradores) también pueden resultar gravemente heridos por las respuestas de rechazo de los miembros de la familia y la comunidad. Mientras escribo esto, estoy pensando en muchos hombres y mujeres que conozco que fueron abusados y luego sintieron el rechazo de sus familiares o de la comunidad religiosa. Cuando finalmente reunieron la valentía para hablar sobre el abuso, no se les creyó, se les culpó o se les dijo que se callaran. Estas reacciones de aquellos de quienes deseamos consuelo y comprensión perpetúan la herida del rechazo y añaden otra herida mortal: el abandono.

El abandono

Además del dolor punzante del rechazo, las víctimas (y los perpetradores) de abuso sexual a menudo experimentan la angustia de sentirse abandonados antes, durante y después de la experiencia de abuso. Pueden experimentar el abandono de su familia, sus amigos y su comunidad. El daño más grande viene cuando se sienten abandonadas por Dios[6]. Este es el dolor más profundo y difícil que enfrentan las víctimas (y los perpetradores) de abuso en su proceso de sanación. A menudo se experimenta como rabia (hablaremos de esto con más detalle en el capítulo 9).

Muchas veces, estas heridas más profundas del abandono anteceden a la violación sexual y hacen a la persona más susceptible de ser seducida. Allender afirma: "El hogar típico donde ocurre el abuso es relacionalmente distante y vacío. Las variaciones del patrón son muchas, pero el hecho es que la intimidad sana y legítima es rara o inexistente en hogares abusivos. El medio ambiente es un caldo de cultivo para el hambre profunda del alma"[7].

Además de esta sensación continua de abandono, los sobrevivientes (y los perpetradores) a menudo se sienten aislados después de la violación sexual. Si el abuso se envuelve en secreto, el niño o el adulto pueden sentir que están viviendo una doble vida, escondiendo su dolorosa realidad interior mientras se ponen una máscara para evitar ser vistos y conocidos por el mundo que los rodea. Este aislamiento y ocultamiento crea una profunda soledad y un sentimiento de no ser comprendido en lo más profundo del alma. Muchos sobrevivientes no le han dicho a nadie sobre su abuso o cómo se sienten. Otros han tratado de decirle a alguien en su familia o comunidad y han sido ignorados, llamados mentirosos o condenados al ostracismo. Si leemos más sobre la historia de Tamar, descubrimos que su padre, David, y su madre, Maacá, no hicieron nada para consolarla o protegerla después de que les contaron lo sucedido. En cambio, protegieron a Amnón y la imagen de su familia.

La respuesta del rey David y la madre de Tamar es demasiado común en situaciones de abuso sexual, ya sea en las familias, en la Iglesia o en la sociedad. Por lo tanto, no es raro que la persona abusada se sienta desprotegida por sus padres, las autoridades de la iglesia, la ley o incluso por Dios. El lamento de Jesús desde la Cruz puede ser repetido por todos aquellos que han sido abusados y se sienten abandonados: "Dios mío, Dios mío, ¿por qué me abandonaste?" (Sal 22:2). En otras palabras, ¿por qué tú, Dios o tus representantes (mamá, papá, párroco, obispo, etcétera), no me protegiste de este abuso, o al menos no me consolaste cuando te lo dije? Esta ha sido la experiencia de muchos en la Iglesia y dentro de las familias[8].

El abandono se refleja en los siguientes pensamientos y palabras de quienes han sido violados sexualmente (así como del perpetrador):

- Estoy solo.
- No le importo a nadie.
- Nadie me entiende.
- No hay nadie que me ayude (o me consuele).
- Dios me ha abandonado.
- Nadie me protegió.
- Me siento perdido y desconectado (la disociación).

Estas dos últimas declaraciones (sentirse perdido y desconectado) son a menudo una indicación de que el dolor del abandono está profundamente arraigado y la víctima se ha desvinculado de su dolor. En su perspicaz libro *The Body Keeps the Score* [El cuerpo lleva la cuenta], el doctor Bessel van der Kolk explica que la *disociación* es normal con un trauma severo, especialmente en los niños pequeños. Es el mecanismo de autoprotección de nuestros cerebros y cuerpos para manejar una situación abrumadora. Contribuye a "sentirse perdido, abrumado, abandonado y desconectado del mundo y verse a sí mismo como no amado, vacío, indefenso, atrapado y agobiado"[9]. La disociación generalmente se asocia con traumas de la niñez temprana y es más probable en familias donde el niño no ha sido visto, conocido, apegado y sintonizado adecuadamente por sus padres, especialmente por sus madres[10].

La disociación protege a la víctima de sentirse impotente y aterrorizada en el momento del abuso, pero con el tiempo refuerza la sensación de abandono de la víctima. En cierto sentido, se convierte en la forma en que la persona abusada *se abandona a sí misma*, al desconectarse de su dolor. También aparta a la persona de la conciencia de la presencia de Dios en el área de la herida, contribuyendo así a la experiencia de sentirse abandonado por Dios.

Además, la disociación suele estar marcada por una sensación de desconcierto que se suma a la inevitable confusión que se experimenta después del trauma sexual.

La confusión

No es raro que la confusión nuble la capacidad de procesar lo que está sucediendo en medio de una experiencia sexual no deseada y luego permanezca como una condición continua hasta que se produzca la sanación. Particularmente para un niño pequeño es muy difícil entender lo que está experimentando con todos los sentimientos conflictivos y las distorsiones relacionales.

La confusión está presente en casi todas las formas de violación sexual, no solo con los niños pequeños. He aquí los pensamientos y frases que indican que la herida de la confusión está activa:

- No entiendo lo que está pasando.
- Esto no tiene sentido.
- No sé qué hacer.
- No puedo entender esto; no puedo juntar las piezas.
- No puedo concentrarme; es difícil concentrarse.
- Todo parece inconexo y caótico.
- Mis pensamientos están acelerados y no puedo pensar con claridad.

La violación sexual es a menudo una experiencia muy confusa, especialmente cuando el abusador manipula la mente de su víctima como un medio para controlarla. La víctima interioriza esta confusión con pensamientos y sentimientos contradictorios que quizás ni siquiera sean articulados: ¿Soy querido o rechazado? ¿Es esto placentero o doloroso? ¿Esto es amor o traición? ¿Soy bueno o malo? ¿Pedí yo esto, o fui engañado y forzado? ¿Soy elegido o descartado? Mucho después de que haya pasado el evento, este tipo de confusión puede permanecer en el corazón de un sobreviviente por muchos años (hasta que reciba la sanación). El sobreviviente confundido puede tratar de recuperar el control de la situación esforzándose más por descubrir qué está sucediendo, pero esto rara vez funciona. Solo agrega confusión.

Van der Kolk explica el impacto neurológico del trauma al describir cómo nuestros cerebros quedan incapacitados en medio de él. “La experiencia abrumadora se escinde y fragmenta de modo que las emociones, los sonidos, las imágenes, los pensamientos y las sensaciones físicas relacionadas con el trauma cobran vida propia"[11].

Esta fragmentación del trauma y la confusión resultante se suma a la sensación general de desconfianza y un miedo generalizado de confiar en los demás en la relación, así como el miedo de confiar en las propias percepciones y experiencias.

El miedo y la desconfianza

El miedo y la desconfianza van de la mano con la violación y la traición, y estas son características centrales de la violación sexual. Esto es especialmente cierto cuando la relación es con alguien de confianza. Allender observa:

> Todo abuso es una violación de la santidad y la integridad del alma humana, pero cuando el abuso sexual es perpetrado por un miembro de la propia familia o por alguien que se ha ganado la confianza de uno, la pérdida es aún más grave. El abuso sexual es siempre una violación de la relación. La violación siempre daña el alma, independientemente de la gravedad, la naturaleza de la relación con el perpetrador, el uso o no de la violencia o la duración del abuso[12].

Después de una experiencia de traición en la relación, el problema se convierte en *¿Cómo vuelvo a confiar? ¿Cómo me abro al amor si estoy en peligro de ser violado nuevamente? ¿Cómo confío en mis propias percepciones y experiencias?* Estas son luchas comunes con todos los traumas, pero especialmente cuando se trata de abuso sexual. ¿Te imaginas el miedo y la desconfianza que debe haber sentido Tamar? ¿Podrías verla saliendo o casándose con alguien después de que esto sucediera? ¿Te imaginas su miedo a estar sola en presencia de cualquier hombre? La ansiedad sería abrumadora; podría pasar horas obsesionada con lo que podría pasarle en estas relaciones si bajara la guardia.

Aprender a confiar de nuevo es más que una cuestión de voluntad. Requiere una sanación profunda del trauma subyacente. Después de años de investigación, van der Kolk concluye:

> El trauma por definición es insoportable e intolerable. La mayoría de las víctimas de violación . . . y los niños que han sido abusados se enojan tanto cuando piensan en lo que experimentaron que tratan de sacarlo de sus mentes . . . Se necesita una energía tremenda para seguir funcionando mientras se lleva el recuerdo del terror y la vergüenza de la debilidad y la vulnerabilidad . . . Si bien todos queremos ir más allá del trauma, la parte de nuestro cerebro que se dedica a garantizar la supervivencia . . . no es muy buena en la negación . . . Sintiéndose fuera de control, los sobrevivientes de trauma a menudo comienzan a temer que están dañados hasta la médula y más allá de la redención[13].

Observa las palabras de sentimiento que describe van der Kolk: *insoportable, intolerable, terror, vulnerabilidad, fuera de control* y *miedo*. Todos estos son síntomas relacionados con las heridas mortales de la impotencia y el miedo. Cuando es traicionado y violado, se vuelve difícil volver a ser vulnerable. El pánico surge cada vez que la víctima se siente fuera de control. Esto es así frente a violaciones continuas y repetitivas, así como durante años después de que el abuso haya cesado. La reviviscencia del abuso puede ser una fuente de terror que lleva al sobreviviente a reducir su experiencia de vida.

Cualquier persona que haya experimentado un trauma severo puede relacionarse con esta experiencia hasta cierto punto. Cuando nos sentimos fuera de control, nuestra respuesta instintiva es tomar el control para sentirnos seguros y protegidos. El problema es que esta seguridad perpetuada a sí misma se convierte en una prisión. Formamos fortalezas de autoprotección y atrincheramos nuestro corazón ante la posibilidad de ser engañados o violados nuevamente. Estos son algunos de los pensamientos y creencias arraigados que ayudan a fortalecer esta fortaleza de miedo y desconfianza:

- Me siento ansioso, aterrorizado y fuera de control.
- Si vuelvo a confiar, seré herido (devastado o moriré).
- Necesito protegerme.
- Nunca confiaré (en un hombre, una mujer, un sacerdote, un maestro, Dios, etcétera.
- Si me abro, seré traicionado nuevamente.
- Algo malo va a suceder (sensación generalizada de pavor).
- Tengo miedo de que me muera.

Para cualquier persona que haya sido profundamente herido por el abuso sexual, tener que volver a confiar es su peor pesadilla. ¿Serán engañados y traicionados por segunda vez? Pero la alternativa es aún peor. Cerrar el corazón en el miedo y la desconfianza da como resultado un mayor aislamiento y vergüenza, y eventualmente da paso a la herida de la desesperanza.

La desesperanza

"Tamar se echó ceniza en la cabeza, rasgó su túnica con mangas y se puso una mano en la cabeza, luego partió lanzando gritos". Qué descripción más gráfica y desgarradora, que revela cómo la herida de la desesperanza ya se ha arraigado en el corazón de Tamar. Ella está de luto por su corazón roto y su pérdida de la inocencia. Rasgar su túnica simboliza su corazón destrozado. Poner cenizas sobre su cabeza es un símbolo de muerte y de la desesperanza. Llorar en esta situación es una expresión de pérdida intensa, pero más aún la creencia arraigada de que lo que se pierde no se puede restaurar.

La desesperanza es una experiencia de muerte, ya que parte del alma del sobreviviente ya ha probado la muerte. La desesperanza se manifiesta frecuentemente en el deseo de morir[14]. En este punto de la historia, Tamar ha experimentado la muerte de su dignidad, sus sueños y sus deseos. Su reacción da voz a la desesperanza que reside en el corazón de muchos sobrevivientes de abuso sexual (y sus perpetradores). Las descripciones son variadas, pero todas revelan una profunda desesperación y un dolor interminable:

- Mi vida está arruinada.
- Nunca podré recuperarme de esto.
- No importa lo que haga, esto nunca mejorará.
- No puedo detener el dolor; las cosas nunca cambiarán.
- No tengo nada que esperar.
- Me siento muerto por dentro; nada me trae alegría.
- Ya no hay nada por qué vivir; solo quiero morir.

Para muchas víctimas de abuso sexual, los pensamientos suicidas son expresiones de esta herida mortal de desesperanza. Otros signos son depresión, alejamiento de familiares y amigos, autolesiones (como cortarse), adicción, trastornos alimentarios, sexo promiscuo y apatía, una pérdida de motivación o de propósito. La desesperanza está impulsada por la creencia de que nada importa y que no hay esperanza a la vista de que algo cambie. Si bien estas creencias no son ciertas en última instancia, se sienten muy reales después de la violación sexual y durante muchos años hasta que se produzca la sanación.

Incluso una vez que ha comenzado el proceso de sanación, esta herida de desesperanza puede bloquear efectivamente el tratamiento o hacer que el sobreviviente se dé por vencido fácilmente si no ve un progreso lo suficientemente rápido. La herida de la desesperanza a menudo emerge cada vez que se descubre una nueva área de dolor o vergüenza (esta herida de desesperanza a menudo es aún mayor para el autor del abuso cuando finalmente busca ayuda)[15].

La desesperanza es una señal de que una persona se ha cerrado debido a todo el dolor y la vergüenza. Esta era la condición del corazón de Rita, una mujer que conocí hace varios años que fue abusada sexualmente dos veces: una vez cuando era niña por su hermano y la segunda vez cuando era adulta por un sacerdote que se ofreció a ayudarla a superar el abuso infantil. Cuando escuches su historia entenderás por qué pasó muchos de sus días contemplando el suicidio. Varias veces estuvo a punto de morir. Pero gracias a Dios, debido a su continua búsqueda de su corazón y la gracia de la perseverancia, ella está viva y comienza a prosperar nuevamente.

La historia de Rita

Dulce e inocente, Rita tenía cuatro años cuando su hermano mayor, Dan, comenzó a violarla sexualmente. Dan tenía trece años. Sus padres trabajaban durante el día, así que Dan cuidaba a su hermana menor después de la escuela. No se le permitía salir a jugar. Supuso que no importaba mucho porque no había niños de su edad en el vecindario. En cambio, le encantaba jugar sola con muñecas en su habitación. Esto la hizo feliz y le impidió enfrentar su soledad encubierta.

Dan estaba resentido con su hermana menor por tener que "cuidarla", ya que eso le impedía salir con sus amigos después de la escuela. Cuando sus padres llegaban a casa todas las noches, estaban cansados y se retiraban al dormitorio o a la sala de estar para ver la televisión. Aunque sus padres cubrieron las necesidades básicas de los niños, ni Rita ni Dan recibieron la atención y el amor que necesitaban de sus padres. Esta falta de afecto y atención los dejó sintiéndose solos y sin amor. Rita internalizó su dolor, mientras que Dan actuó el suyo, manifestándose en arrebatos de ira y rebelión, a menudo descargando su ira en su hermana menor.

Por las tardes, después de la escuela, Dan entraba en la habitación de Rita sin previo aviso. Al principio, le gustó la atención, pero pronto se confundió cuando él la incitaba a quitarse la ropa. Se confundió aún más cuando él comenzó a estimularla físicamente. Le gustó la atención y encontró el contacto físico reconfortante y placentero, pero al mismo tiempo se sintió avergonzada. Sabía que necesitaba ocultar estos secretos a sus padres. Dan reforzó su determinación diciéndole que algo terrible sucedería si se los decía.

Con el paso del tiempo, las acciones de Dan se volvieron más violentas y agonizantes para Rita. Ya no le gustaba la atención. De hecho, ella lo temía; los momentos de placer eran pocos y distantes entre sí. Pero se sintió impotente para detener a su hermano y temió por su vida. Dan insertaba objetos dolorosos en su cuerpo y se reía sádicamente cuando ella gritaba de dolor. La amenazó con que, si alguna vez se lo contaba a alguien, lo haría mucho peor. Me horroricé cuando escuché los detalles décadas después. Al describir lo que sucedió, ella escribe: "Esto incluía todas las formas de actividad sexual y lo que mi terapeuta llamó 'tortura sexual'".

El abuso continuó durante varios años y se volvió cada vez más violento hasta que Dan se fue de casa a la edad de dieciocho años. Rita no le contó a nadie sobre su secreto. Estaba convencida de que no había manera de que pudiera compartirlo con sus padres o cualquier otra persona. Pero más tarde, como adulta, encontró un sacerdote compasivo en su parroquia. Sintiéndose segura, comenzó a abrirse por primera vez. Nunca había tenido a nadie que la cuidara emocionalmente como él. Pero incluso cuando comenzó a compartir sobre el abuso en general, le resultó extremadamente difícil hablar sobre los eventos específicos. Se sintió avergonzada y confundida, así como aterrorizada por el dolor que inevitablemente sentiría. También temía que él pudiera pensar menos de ella. Pero él la animó a buscar terapia y esto le permitió comenzar un proceso de sanación.

Durante este tiempo, Rita se armó de valor para contarles a sus padres lo que su hermano le había hecho cuando era niña. En lugar de apoyarla, sus padres se mantuvieron neutrales, lo que se sintió como un rechazo y abandono aún mayor. Entró en una profunda depresión e intentó suicidarse y terminó en el hospital. Años más tarde intentó la terapia varias veces, pero cada vez que los recuerdos se volvían abrumadores, lo dejaba.

Muchos años después, mientras vivía en otra ciudad, conoció a otro sacerdote que se ofreció a ayudarla a superar sus recuerdos de abuso. El padre Tony se ganó su confianza por su paciencia y comprensión. Se encontró compartiendo detalles que nunca imaginó que le diría a nadie. El padre Tony se ofreció a ayudarla a sanar y, después de escuchar los detalles de su historia, comenzó a orar por ella en dirección espiritual. Esto pronto se volvió confuso cuando él habló de "poner las manos" en aquellas partes de su cuerpo que habían sido severamente abusadas. Cuando ella consintió, esto condujo a lo que él llamó el "toque terapéutico" para ayudarla a superar su vergüenza y miedo al placer sexual. En poco tiempo, comenzó a estimular suavemente a Rita hasta el punto del orgasmo y la animó a hacer lo mismo con él. Esto pronto condujo a las relaciones sexuales, todo con el pretexto de sanar las heridas de la niñez de Rita.

Debido a la compasión y la amabilidad del padre Tony, Rita creyó al principio que esta era la forma en que Dios la sanaba, por lo que siguió confiando en él a pesar de sus sentimientos de vergüenza, confusión y miedo que se sentían inquietantemente similares a las experiencias de su niñez temprana con su hermano. Cuando ella le contó estos sentimientos al padre Tony, él le aseguró que solo eran sus sentimientos de la niñez que salían a la superficie y que todo era parte de su proceso de sanación. Debido a que Rita había perdido la confianza en su propia intuición hacía mucho tiempo, descartó sus sentimientos de incomodidad y continuó con la relación. Era a la vez emocionante y confuso, reconfortante y angustioso.

Finalmente, en oración un día durante la adoración, se dio cuenta de que tenía miedo de enfrentarse a Jesús por su vergüenza. Fue entonces cuando finalmente se dio cuenta de que el padre Tony la había estado violando sexualmente. Se odió a sí misma por confiar en él y dejarse engañar. Este padre espiritual convertido en amante había explotado su vulnerabilidad, traicionado su confianza y violado la naturaleza de su relación de dirección espiritual. En muchos sentidos, esta experiencia con el padre Tony fue más dañina que el primer abuso con su hermano, lo que hizo que a Rita le resultara extremadamente difícil confiar en otros sacerdotes o terapeutas, o en Dios para el caso. Durante varios años después, regresó al mundo de aislamiento y vergüenza que había sido su refugio y prisión cuando era niña. Se calmó con la masturbación compulsiva y juró que nunca compartiría su dolor con otro ser humano (como veremos en el capítulo 9, finalmente experimentó una sanación profunda, pero no sin una batalla furiosa con Dios por sentirse traicionada y abandonada por él).

Las capas de sufrimiento

Reflexionemos sobre la experiencia de Rita, a la luz de todo lo que hemos venido discutiendo en este capítulo. Observe el contexto de su entorno familiar antes y durante las experiencias de abuso. Se sentía sola y tenía muchas necesidades emocionales insatisfechas en la relación con sus padres. No se sentía lo suficientemente segura como para acudir a ellos en busca de protección. Estas heridas de abandono y rechazo (traumas del Tipo A) la dejaron sintiéndose desprotegida y sola en su vida, incluso antes de ser abusada sexualmente por su hermano. Debido a estos factores, no tenía a dónde ir para compartir lo que le estaba pasando una vez que su hermano comenzó a abusar de ella.

Rita también se sintió impotente en todas las situaciones de su abuso y en su familia. Su hermano usó la seducción al principio y luego el poder y la dominación abiertos. Sus padres y el padre Tony ejercieron su autoridad y ella sintió que no tenía voz. El padre Tony la sedujo a actos sexuales en nombre de sanarla. Todo esto contribuyó a su herida de impotencia. Nota también los múltiples traumas de traición (herida de miedo/desconfianza) que experimentó. Primero se sintió traicionada por su hermano, Dan; luego con sus padres, quienes se negaron a creerle; y finalmente con el padre Tony, quien la sedujo para que le confiara sus heridas sexuales y traicionó su relación sacerdotal con ella.

En cierto sentido, las traiciones de sus padres y del padre Tony fueron incluso más dañinas que la traición de su hermano porque también la afectaron espiritualmente. El sacerdote, como los padres, está llamado a ser icono de Cristo e imagen del Padre fiel y protector. El padre Tony parecía ser el padre emocionalmente comprometido que nunca tuvo mientras crecía pero que siempre deseó con su padre. Ella confiaba en el padre Tony y se preocupaba por él más que cualquier otra persona en su vida. Ella le reveló vulnerablemente sus secretos hasta ahora no revelados. Compartió su vergüenza, sus miedos y su dolor más profundo, y confió en sus palabras de que él estaba allí para ayudarla. Estos factores hicieron que su traición fuera mucho más dañina.

Los incidentes con el padre Tony afectaron su capacidad de confiar en su propio discernimiento y, por lo tanto, le dificultaron mucho confiar en cualquier otra relación. También destrozaron su confianza con la Iglesia y con Dios. Este puede haber sido el impacto más profundo de su experiencia de abuso sexual. Lo peor de todo, se sentía abandonada por Dios. Cada niño y adulto que es violado sexualmente tiene preguntas legítimas acerca de cómo Dios, quien es el Padre y protector supremo, podría "permanecer al margen y permitir que esto suceda" (Dios no es culpable de esto, por supuesto; sin embargo, es una pregunta muy legítima en el corazón de cada persona abusada que necesita ser abordada). Este dolor de abandono percibido de parte de Dios es quizás el dolor más profundo en el abuso sexual. El agresor y los miembros de la familia también pueden experimentar el abandono de Dios cuando se enteran del abuso.

Como veremos en la Parte II, todas las heridas y mentiras de identidad deben abordarse y resolverse por completo para que la sanación llegue a los rincones más profundos del corazón de cada persona. Antes de continuar con la Parte II, te animo a que tomes un momento para reflexionar sobre el impacto de las violaciones sexuales y luego apliques este conocimiento personalmente en tu vida en la actividad personal.

Tómate un momento

1. Describe cómo Tamar y Rita vivieron cada una de las siete heridas mortales.
2. ¿Cuál de esas heridas crees que experimentaron sus abusadores y familiares?
3. ¿Cómo has experimentado la vergüenza, el desprecio y el rechazo en tu vida? ¿Qué mentiras de identidad perpetúan estas heridas?
4. ¿Cuál ha sido tu experiencia (si alguna) de disociación? ¿Cuáles fueron algunos de sus beneficios y desventajas?

Actividad personal

1. ¿Te identificaste con algo en la historia de Tamar o Rita? Explica tu respuesta.

2. Describe cuándo y dónde experimentaste alguna de estas heridas mortales en tu vida.

   La impotencia: La experiencia de sentirse atrapado, indefenso, abrumado y débil.

   La vergüenza: La experiencia de sentirse deficiente, sucio, contaminado y deshonrado.

   El rechazo: La experiencia de sentirse no deseado, devaluado, descartado y no amado.

   El abandono: La experiencia de sentirse solo, desatendido, invisible e incomprendido.

   La confusión: La experiencia de sentirse perdido, desconcertado, caótico y fragmentado.

   El miedo y la desconfianza: La experiencia de sentirse amenazado, inseguro, desprotegido e incapaz de confiar.

   La desesperanza: La experiencia de sentirse muerto, decepcionado, angustiado y desesperado.

3. ¿Cómo están afectando estas heridas y mentiras de identidad tus relaciones en el presente?
4. ¿Eres consciente de cómo la disociación ha sido evidente en tu vida? ¿Cómo te ha afectado?
5. ¿Qué sientes después de leer este capítulo? Te animo a expresarlo escribiéndolo como una oración a Jesús o a Dios Padre.

PARTE II

RESTAURAR LA PLENITUD SEXUAL

Mientras te preparas para leer y comprometerte con el proceso de restauración en la Parte II, te animo a reflexionar sobre la Parte I integralmente. Hasta ahora hemos abordado los traumas sexuales, los pecados, las compulsiones y las distorsiones de identidad como áreas separadas de ruptura sexual, pero en realidad están interrelacionados y deben abordarse en totalidad. El siguiente diagrama es un resumen de las capas de ruptura sexual identificadas en la Parte I y cómo se interrelacionan en nuestras vidas.

Las capas en el proceso de restauración sexual

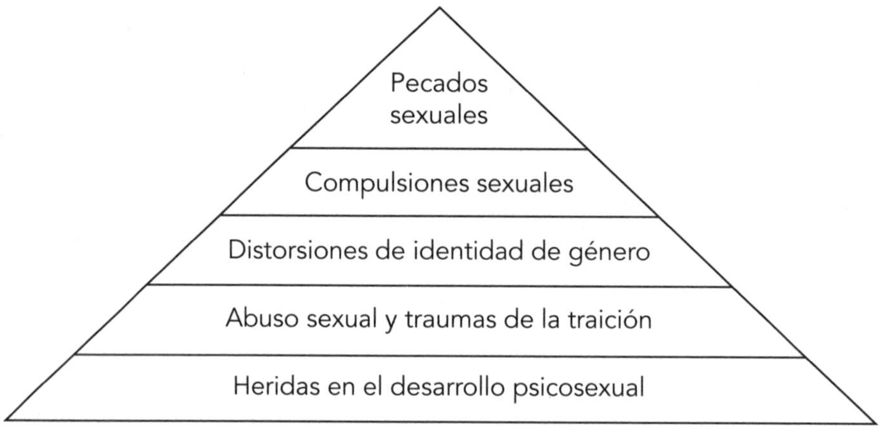

Observa cómo estas áreas de ruptura sexual están ordenadas jerárquicamente. Los *pecados sexuales* están en la parte superior de la pirámide porque a menudo son la manifestación más visible de nuestro quebrantamiento sexual: el fruto de nuestro árbol. Detrás de estos pecados están las *compulsiones sexuales*, que alimentan e impulsan los pecados sexuales. Directamente debajo de estos están las *distorsiones de identidad de género*, que a menudo son las fuerzas impulsoras detrás de nuestros deseos desordenados y compulsiones sexuales. Por debajo de las distorsiones de identidad se encuentran el *abuso sexual y los traumas de la traición* (traumas del Tipo B) y las *heridas psicosexuales* (traumas del Tipo A). Están en la parte inferior del diagrama porque son el área más profunda de nuestro quebrantamiento sexual. A menudo son las heridas más ocultas y difíciles de afrontar y resolver.

Tu viaje de sanación personal puede comenzar en cualquiera de estos niveles y avanzar hacia arriba o hacia abajo según te guíe el Espíritu Santo, pero se deben abordar las cinco áreas de quebrantamiento para que la integración sexual sea completa. La restauración rara vez es un proceso lineal. Más bien, es un encuentro singularmente personal y continuo con Jesús en las áreas de nuestro quebrantamiento particular.

Habiendo identificado y discutido las diversas fuentes de nuestras heridas sexuales en la parte I, ahora dirigimos nuestra atención hacia Jesús, nuestro Médico Divino y Buen Pastor, quien sana nuestras heridas más profundas y nos guía en el camino hacia la plenitud.

- El capítulo 7, "Ungidos por el Espíritu", describe la misión personal de restauración de Jesús (Is 61) y cómo se aplica a cada uno de nosotros. En este capítulo aprenderás sobre la necesidad de nuestra pobreza espiritual y cómo su poder se perfecciona en nuestra debilidad.
- El capítulo 8, "La belleza en lugar de cenizas", se enfoca en el proceso de obtener la libertad de nuestros pecados y compulsiones sexuales. Entregando nuestro quebrantamiento sexual a Jesús, él nos libera progresivamente de nuestra esclavitud a las compulsiones sexuales, los pecados, las heridas, las mentiras de identidad y las muchas barreras para la sanación.
- El capítulo 9, "La alegría en lugar de luto", detalla el proceso a menudo intenso de sanar nuestro trauma sexual. Jesús, que está íntimamente cerca de los quebrantados de corazón, nos consuela en nuestro dolor más profundo. Su amor y su verdad sanan nuestras heridas y mentiras de identidad.
- El capítulo 10, "Robles de justicia", brinda una visión para restaurar la integridad sexual. Unidos con Jesús, encontramos nuestra seguridad en el amor del Padre, la madurez a medida que crecemos en la virtud de Cristo y la pureza a medida que aprendemos a vivir en unión con el Espíritu Santo.

- Los apéndices 1–4 brindan actividades de oración específicas y herramientas espirituales para ayudarte en el proceso de restauración. Estos incluyen (1) una guía para una "Confesión de toda la vida", (2) un proceso para "Dar y recibir el perdón", (3) oraciones para "Renunciar a las barreras para la sanación" y (4) un proceso de oración para "Sanar las heridas de identidad". Estas son herramientas valiosas para usar de inmediato y durante toda tu vida a medida que continuas creciendo en tu integridad sexual. El apéndice 5 es un compendio de "Recursos adicionales" para continuar el camino de la restauración.

Al comenzar este proceso de restauración, te animo a comenzar en oración:

> Padre celestial, mientras examinamos nuestro quebrantamiento sexual a la luz de Cristo, ayúdanos a comprender que nuestras mentiras de identidad nos mantienen confundidos acerca de quiénes somos y atados por nuestra pecados y compulsiones.
>
> Danos la fortaleza para resistir la tentación y liberarnos de los impíos apegos físicos y/o emocionales hacia las personas que nos mantienen separados de ti.
>
> Ayúdanos a perdonar a los demás, para que podamos ser receptivos a tu misericordia.
>
> Ayúdanos a vernos como tú nos ves.
>
> Danos la valentía para derribar los muros que hemos construido alrededor de nuestros corazones que nos han protegido tan bien durante tantos años, y danos la confianza para poner nuestra fe en ti, sabiendo que ahora serás nuestra protección y nos guiarás con seguridad a la verdadera libertad, paz y felicidad.
>
> Te lo pedimos en el nombre de Jesús. Amén[1].

7

UNGIDOS POR EL ESPÍRITU: ENCONTRAR LA MISIÓN DE RESTAURACIÓN DE JESÚS

El Espíritu del Señor está sobre mí. Él me ha ungido.

—Lucas 4:18

Cada uno de nosotros naturalmente anhela ser liberado del continuo sufrimiento causado por nuestros pecados, heridas, distorsiones de identidad y compulsiones sexuales. Pero, como eventualmente descubrimos, no podemos liberarnos o sanarnos a nosotros mismos. Necesitamos un salvador. Como Adán y Eva, seguimos atrapados por el miedo y la vergüenza y separados de Dios, la fuente de nuestro amor y libertad.

Cuando nuestros primeros padres rompieron la alianza con Dios, él no los rechazó. Más bien, los persiguió para restaurarlos. Pero no estaban dispuestos. Las palabras de Adán han resonado a lo largo de toda la historia humana: "He oído tu voz en el jardín, y tuve miedo porque estoy desnudo; por eso me escondí" (Gn 3:10). Desde el inicio del pecado original, esta es nuestra situación común como seres humanos caídos. Nos sentimos expuestos en nuestro pecado y heridas, por lo que nos escondemos en la vergüenza. Tememos profundamente ser condenados y desechados. Por influencia del "padre de toda mentira" (Jn 8:44), ahora tenemos una imagen distorsionada de Dios. Lo percibimos como un tirano exigente y distante, más que como un Padre amoroso y misericordioso que busca nuestro bien y desea la comunión con nosotros[1].

Estas imágenes distorsionadas de Dios nos impiden llevarle nuestras heridas sexuales para que las sane. Muchos de nosotros nos preguntamos si nuestro Padre celestial siquiera sabe o se preocupa por lo que estamos pasando. A veces, en medio de nuestras luchas, podemos percibirlo como un espectador desinteresado. O peor aún, como Adán, podemos culparlo por causar nuestro sufrimiento. Pero la verdad es exactamente lo contrario. Dios no causó el sufrimiento de Adán y Eva, ni se mantuvo al margen de ellos. Más bien, los persiguió amorosamente. Ha estado persiguiéndonos a cada uno de nosotros desde entonces. La Iglesia enseña esto como una verdad fundamental: "Dios no cesa de atraer al hombre hacia sí" (*CIC*, 27).

Dios se acerca para salvarnos. La palabra "salvación" significa salvar, rescatar, liberar, sanar, restaurar y hacer completo[2]. Todos necesitamos la salvación. Estamos esclavizados por nuestros pecados y compulsiones, desintegrados por nuestras heridas y distorsiones de identidad, y atados por la vergüenza y el miedo. Incluso una lectura casual de las Escrituras demuestra la búsqueda incesante de Dios por nosotros, para nuestra salvación. Piensa en Moisés, los profetas y las parábolas de Jesús de la moneda perdida, la oveja perdida y el hijo pródigo (Lc 15). La conversación de Yavé con Moisés es un ejemplo perfecto de su compasión y búsqueda en nuestro sufrimiento. "He visto la humillación de mi pueblo . . . y he oído sus quejas . . . Me he fijado en sus sufrimientos" (Ex 3:7).

Dios no es indiferente a nuestro sufrimiento. Muy al contrario, está lleno de misericordia (ver Lc 1:78). Él tiene un corazón para nuestra miseria y se mueve hacia nosotros para liberarnos. Cuando le pedimos ayuda, él actúa con decisión en nuestro favor (Sal 18:7). Las Escrituras están llenas de historias de la misericordia de Dios en acción. A lo largo de estos relatos, demuestra su disposición a escuchar nuestro clamor, rescatarnos del peligro, perdonarnos nuestras malas acciones, consolarnos en nuestra aflicción, sanar nuestros corazones heridos y restaurarnos a la plenitud. Vemos esto más visiblemente en los evangelios.

La compasión y la acción decisiva de Jesús se expresan tangiblemente en sus encuentros de sanación con personas heridas (ver, por ejemplo, Juan 4 y 8). En la Cruz, se hizo uno con cada víctima de abuso, mostrando que su sufrimiento está íntima e irrevocablemente entrelazado con el nuestro. Fue despojado, humillado y violado. Sin embargo, su respuesta fue de completo perdón por sus abusadores, traidores y todos los que lo abandonaron y lo rechazaron. Él ofrece el mismo perdón a cada uno de nosotros, sin importar lo que le hayamos hecho a él, a nosotros mismos o a los demás.

Dios no podría mostrar su preocupación más visiblemente que viniendo entre nosotros como lo hizo en la persona y misión de Jesucristo.

La misión de Jesús

El nombre de Jesús significa literalmente "la salvación de Dios"[3]. *Su misión es la restauración.* En caso de que tengamos alguna duda, proclamó audazmente esta misión en la sinagoga de su ciudad natal, cuando comenzó su ministerio. Con gran autoridad pronunció las palabras de Isaías como propias: "¡El Espíritu del Señor Yavé está sobre mí! Sepan que Yavé me ha ungido . . . para sanar los corazones heridos, para anunciar a los desterrados su liberación, y a los presos su vuelta a la luz" (Is 61:1). Luego, "Jesús entonces enrolló el libro, lo devolvió al ayudante y se sentó, mientras todos los presentes tenían los ojos fijos en él. Y empezó a decirles: '*Hoy se cumplen estas palabras proféticas y a ustedes les llegan noticias de ello*" (Lc 4:20–21; cursivas añadidas).

¿Te imaginas participar en esa reunión con la gente de su ciudad natal? Muchas de las personas que vieron crecer a Jesús asistieron ese día. Estas mismas personas vieron a Jesús desarrollarse de un niño a un hombre maduro. Deben haberse quedado estupefactos cuando él se declaró públicamente como el Mesías largamente esperado (es decir, el "Ungido"). Si bien la versión de Lucas es un resumen abreviado del pasaje, podemos suponer con seguridad que Jesús proclamó todo el pasaje en Isaías 61. Inequívocamente les estaba dejando saber a todos que había sido enviado por el Padre y escogido para esta misión única. En su Bautismo, el Espíritu Santo derramó su unción sobre él. Él estaba aquí para traer buenas noticias a los afligidos, sanar a los quebrantados de corazón y ofrecer libertad a los oprimidos. Prometió una corona de hermosura en lugar de ceniza, óleo de gozo en lugar de luto, y manto de alabanza en lugar de desesperación (ver Isaías 61:1–4).

Jesús no solo leyó estas palabras de Isaías. Los proclamó con la máxima autoridad y los vivió con cada fibra de su ser. Sus enseñanzas, sanaciones, crucifixión y resurrección cumplieron su misión. Tampoco terminó su misión cuando ascendió al cielo. Antes de partir, comisionó a sus discípulos para llevar a cabo su misión y luego derramó sobre ellos la unción del Espíritu en Pentecostés. Su misión de restauración continúa hasta nuestros días. Jesús continúa esta obra de redención al unísono con su Espíritu a través de su Cuerpo místico, la Iglesia. Los sacramentos nos son dados con este fin: participar en su misión de restauración a través de la unción del Espíritu Santo. Ahora somos sus "ungidos" que llevamos a cabo su misión en unión con él.

Esta es la mejor noticia posible. Pero incluso para muchos de nosotros que estamos familiarizados con estas verdades del evangelio, a menudo permanecemos desconectados de su realidad en nuestras propias vidas. El amor misericordioso del Padre a menudo no logra penetrar en nuestros corazones bien atrincherados. Nuestras heridas y pecados distorsionan nuestra percepción de él, incluso cuando nuestro aprendizaje teológico reconoce la verdad objetiva del mensaje del evangelio. Para muchos de nosotros, parece haber una desconexión entre nuestra comprensión de la misión de Jesús tal como se revela en la Biblia y las enseñanzas de la Iglesia y nuestra experiencia personal al respecto. Podemos sentirnos atraídos por el Jesús del que leemos en los evangelios, pero no sabemos cómo relacionarnos con él en el aquí y ahora de las circunstancias de nuestra vida actual, en medio de nuestras heridas sexuales, compulsiones y distorsiones de identidad.

Digo esto por experiencia propia. Hasta finales de los veinte y principios de los treinta, vi poca conexión entre la misión de restauración de Jesús y mis propias experiencias de vida o misión personal. Aunque ya era terapeuta familiar, no podía ayudar a otros a experimentar la misión de restauración de Jesús hasta que la conocí de primera mano en mi propia vida y en mi familia.

La restauración personal y familiar

Crecí en una familia católica fiel, al menos esa era mi percepción en ese momento. Asistí a la escuela primaria y secundaria católica y me tomé en serio mi fe, hasta cierto punto. Pero cuando las cosas en mi mundo comenzaron a desmoronarse en mis primeros años de adolescencia, no recurrí a Dios en busca de ayuda. Como muchos otros, traté de manejar las circunstancias yo mismo.

A la edad de catorce años, estaba devastado por los eventos que mencioné en el capítulo 1, incluida la infidelidad de mi padre y la posterior separación y divorcio de mis padres. Una o dos semanas después de la partida de mi padre, mi entrenador de baloncesto intentó abusar sexualmente de mí. Cuando regresé a casa, no le conté a nadie sobre el incidente con mi entrenador, mientras lidiaba con otra traición traumática de mi primera novia mientras estaba fuera. Unos meses más tarde, una segunda novia traicionó mi confianza.

Aunque no me di cuenta en ese momento, ahora puedo mirar hacia atrás y ver cómo estos eventos pusieron mi corazón en un patrón de miedo y autoprotección. Sin saberlo en ese momento, mi corazón se apagó de dolor, afectando casi todas las áreas de mi vida. Esto fue más evidente en mi pérdida de relaciones con todas las personas cercanas a mí, así como en mi desempeño decreciente en los deportes y en la escuela. Más tarde ese año, mi tío y yo pintamos su habitación de negro, incluidas las ventanas. Esas ventanas negras eran una manifestación externa de cómo me sentía por dentro. No podía ver hacia afuera, y la gente no podía ver hacia adentro.

Poco después de estos eventos nos mudamos de Pittsburgh al sur de Florida, dejando atrás a mi hermano mayor, Dave, junto con nuestra familia extendida y todos nuestros amigos. Fue un año y medio duro, por decir lo menos. No vimos ni supimos de mi papá, hasta que Dave fue a buscarlo y descubrió que había formado otra familia sin que nosotros supiéramos nada al respecto. Poco después de que Dave abandonara la escuela, se volvió adicto a la heroína. Nuestra familia sobrevivió con cupones de alimentos, ya que mi madre volvió a la escuela. Mi mamá y mis hermanos luchaban por sobrevivir de una forma u otra, emocional y espiritualmente. Sentí que estaba solo y que tenía que enfrentar las circunstancias mientras cuidaba a mis hermanos menores. Tenía pocos amigos y no me sentía cercano a nadie. Renuente a arriesgarme al rechazo de las chicas, debido a las traiciones anteriores, no participé en muchas actividades sociales.

En medio de toda la oscuridad y desorientación espiritual, no estaba consciente de cómo Dios estaba obrando activamente en mi vida y en nuestra familia. Pero mirando hacia atrás, ahora puedo ver su cuidado y guía providencial. Un nuevo amigo de mi equipo de béisbol me invitó a transferirme a la escuela secundaria católica a la que asistió durante mi segundo año. Mi vida cambió drásticamente, para mejor. Casi de inmediato, hice buenos amigos y me fue bien en los deportes y en lo académico. También aprendí a amar y confiar en Dios nuevamente, en gran parte a través del ambiente de la escuela católica y la Fraternidad de Atletas Cristianos. Dios proporcionó buenos modelos masculinos a seguir en mis entrenadores y sacerdotes en la escuela y un jugador de fútbol profesional que me guió en la fe y me invitó a un campamento de verano. Lo más importante, conocí a mi futura esposa, Margie, en mi nueva escuela secundaria.

Es aleccionador (y alentador) mirar hacia atrás y ver cómo Dios superó incluso esos eventos traumáticos del octavo grado y mi soledad en el noveno grado para lograr sus propósitos más grandes en mi vida. Estos eventos formativos continuarían teniendo efectos dominó a lo largo de los años. Esta es su promesa para cada uno de los que lo amamos: "También sabemos que Dios dispone *todas las cosas para bien de los que lo aman,* a quienes él ha escogido y llamado" (Rom 8:28; cursivas añadidas). No creo que Dios inflija ninguno de estos eventos dolorosos en mi vida (ni en la tuya), pero creo que soberanamente redime todo. Sin mudarme a Florida y luego cambiar de escuela, no habría conocido a Margie. No tendríamos a nuestras preciosas hijas, nuestros yernos o nuestros nietos. Dudo que me hubiera sentido atraído por la obra de mi vida sin esos eventos. Ahora puedo ver providencias y redenciones similares para todos los miembros de nuestra familia. Tantas cosas habrían sido completamente diferentes en mi vida y en nuestra familia si Dios no hubiera estado trabajando a través de todos estos eventos dolorosos para sacar gozo de nuestro luto.

A partir de ese momento en la escuela secundaria, comencé a volar de nuevo. Fui a la universidad, jugué fútbol, me casé y fui a la escuela de posgrado, donde me preparé para mi profesión como terapeuta marital y familiar y profesor universitario adjunto. Margie y yo disfrutamos del nacimiento de nuestros hijos y nos encantó ser padres juntos. Cada uno de nosotros comenzamos nuestras carreras satisfactorias ayudando a la gente (ella era enfermera de parto). Pero a pesar de todas estas bendiciones, no estábamos amando y siguiendo a Dios de todo corazón en nuestra adolescencia tardía hasta mediados de los veinte en las decisiones que estábamos tomando. Habiendo estado involucrados sexualmente el uno con el otro antes del matrimonio y habiendo usado anticonceptivos, justificamos nuestras elecciones. Pero hubo un costo. Ambos nos alejamos lentamente de Dios y trajimos una pérdida de gracia a nuestra relación sin ningún conocimiento de esa realidad. En ese momento, ninguno de nosotros había ido a la Confesión durante años, y asistíamos a Misa con poca frecuencia, aunque todavía recibíamos (erróneamente) la Comunión cuando lo hacíamos. Tenía poca conciencia de que mis pecados y heridas necesitaban ser tratados ante Dios para poder ser perdonado y amarlo más libremente a él y a los que estaban en mi vida.

Sin embargo, a pesar de mi apatía espiritual, Dios continuó atrayéndome hacia él. Un día, un vecino me invitó a un estudio bíblico que inició mi conversión más profunda. Durante nuestra primera reunión, uno de los hombres leyó dos pasajes que exponían mi apatía y autosuficiencia. El primero vino del libro del Apocalipsis: "Porque eres tibio y no frío o caliente, voy a vomitarte de mi boca . . . Yo reprendo y corrijo a los que amo. Vamos, anímate y conviértete" (Ap 3:16, 19). El segundo pasaje era de la parábola de Jesús de la vid y los sarmientos: "El que permanece en mí y yo en él, ése da mucho fruto, pero sin mí no pueden hacer nada" (Jn 15:5). Juntos, estos pasajes me convencieron de que necesitaba comprometerme de todo corazón con Dios y confiar en él más plenamente.

Salí del estudio bíblico esa mañana, dándome cuenta de que había sido tibio en mi relación con Jesús. Hasta entonces no me di cuenta de que mi corazón todavía estaba en modo de autoprotección. Esta confrontación con la palabra de Dios pareció abrir un nido de avispas, removiendo mis heridas y desafiando las fortalezas de autoprotección que había construido alrededor de mi corazón. Empecé a experimentar una ansiedad intensa, lo que me llevó a la terapia. Una vez allí, poco a poco comencé a descubrir mis heridas pasadas. También comencé a orar nuevamente, a leer las Escrituras y a ir a la Misa con regularidad.

A pesar de todo, pude sentir el tira y afloja espiritual dentro de mi mente y corazón. El Espíritu Santo me estaba enseñando sobre las realidades de la batalla espiritual mientras las atravesaba, pero algunos días sentía que estaba perdiendo la batalla (siempre que intentaba pelear con mis propias fuerzas). Todo el infierno parecía estar desatándose dentro de mí y en nuestro matrimonio; empecé a entender cómo mis heridas de la niñez se estaban proyectándose en mi relación actual[4]. Durante este mismo tiempo, el Espíritu Santo me llevó a través de un proceso de reconocimiento de mis pecados, a la luz de la santidad y la misericordia de Dios. Fue liberador reconocer mis pecados, pero la libertad más profunda del pecado y la vergüenza sucedió unos años más tarde cuando finalmente hice una Confesión con un sacerdote para abordar toda una vida de heridas y pecados sexuales, así como los juicios y la falta de perdón. Me aferré a los que habían pecado contra mí (ver los apéndices 1–3)[5].

Durante este mismo tiempo, el Señor también me llevó a una comunidad espiritual, gran parte de ella dentro de mi parroquia local. Por primera vez establecí amistades espirituales íntimas con hombres y mujeres de todas las edades. Sin embargo, cuanto más crecía espiritualmente, más parecía que Margie y yo nos estábamos alejando. Ella no compartía mi nuevo entusiasmo por nuestra fe, y esto llevó a una división más profunda entre nosotros. En un momento de mis primeros treinta años, tuve miedo de que nuestra desconexión emocional y espiritual pudiera conducir al divorcio.

Me enfrentaba a mi peor pesadilla. No podía soportar la idea de repetir el trauma de mi niñez, lastimar a Margie y a nuestras hijas de la misma manera en que mi madre y mi familia sufrieron las acciones de mi padre. Y, sin embargo, este miedo y ansiedad intensos, que en ese momento se sentían insoportables, se convirtieron en el instrumento mismo que abrió mi corazón para una sanación más profunda. Enfrentar estos miedos en terapia me llevó a explorar el dolor oculto de la traición y el abandono que experimenté cuando era un joven adolescente.

Hasta ese momento, no había llorado desde que mi papá se fue. Pero a través de una serie de encuentros de sanación, pude sentir un profundo dolor por su partida y enfrentar los otros traumas de mis primeros años de adolescencia. La terapia fue el primer instrumento que Dios usó para prepararme para la cirugía del corazón. Me permitió sentir y expresar mi enojo hacia las acciones de mi papá; a partir de eso finalmente pude descubrir el dolor enterrado debajo de el. Esto, a su vez, abrió mi corazón para recibir un poderoso encuentro con el Espíritu Santo en un retiro de fin de semana "Cristo renueva su parroquia".

Cuando regresé a casa de ese fin de semana, mi corazón estaba abierto para amar a Margie incondicionalmente y con mayor afecto. Unos meses después experimenté otra sanación profunda, esta vez en relación con mi papá, a través de un proceso llamado "reconstrucción de la familia"[6]. Pude liberarme del trauma que había estado cargando desde que mi papá se fue. Perdoné a mi padre y sentí un nuevo nivel de confianza e intimidad en mi matrimonio como resultado de eso. Esta libertad me permitió amar a Margie, mi papá y mi Padre celestial con mayor devoción.

Estas experiencias curativas tuvieron un gran impacto en todas mis relaciones. Ya no temía al divorcio, confiaba en que el amor entre Margie y yo duraría toda la vida. Esto inició un largo proceso de restauración en nuestro matrimonio y con mi familia de origen. Parecía como si mi arrepentimiento y sanación abrieran una gracia para toda la familia. Mis hermanos comenzaron cada uno su propio proceso de renovación espiritual y encontraron sanación en los años siguientes. Cada uno se arrepintió de estilos de vida sexualmente inmorales durante su adolescencia y juventud. Mis padres también pasaron por un proceso similar de renovación espiritual, sanación y arrepentimiento. Ahora miro hacia atrás y me maravillo de la bondad amorosa y la tierna misericordia de Dios a través de todos los eventos que ocurrieron. Estoy asombrado de cómo respondió a nuestras oraciones a través de todo. En un momento, poco después de mi profunda conversión y sanación espiritual, mi padre estaba pasando por un segundo divorcio y mi hermano Dave estaba en la cárcel por tráfico de drogas. Durante una reunión de oración una noche, mi hermano Bart, mi mamá y yo oramos por ellos con fe audaz. En las próximas semanas, supimos que tanto papá como Dave habían recibido respuestas dramáticas a esas oraciones.

Durante los siguientes años, Dios dispuso soberanamente que mi padre, mis hermanos y yo fuéramos juntos a retiros para hombres. Hablamos abiertamente sobre nuestra fe y los eventos del pasado. Mi papá reconoció cómo nos dolían sus acciones y nos pidió perdón. Después de compartir nuestro dolor con él, le aseguramos nuestro perdón y le pedimos que nos perdone por nuestros juicios y resentimientos hacia él (ver los apéndices 2 y 3). Mis hermanas y mi mamá tuvieron sus propias experiencias de sanación con mi papá en los años siguientes. También tuvimos muchos momentos poderosos de sanación como toda la familia. A pesar de todo, Dios estaba restaurando mi integridad sexual, mientras hacía lo mismo con todos los miembros de nuestra familia. Podría seguir con muchas otras experiencias de restauración personal y familiar, pero este espacio no da cabida. Muchas de esas historias se pueden encontrar en mis libros publicados anteriormente[7].

A través de todos estos eventos, me asombró ver todas las formas en que Jesús cumplió su misión de restauración en mi vida personal y en nuestra familia. Él sanó nuestros corazones rotos y nos liberó de nuestro cautiverio; se glorificó a sí mismo en lugar de nuestra vergüenza y sacó su hermosura de nuestras cenizas, gozo en lugar de luto. Este proceso está en curso. Nos estamos convirtiendo en robles de justicia, plantío del Señor para su gloria (ver Isaías 61).

En medio de nuestra restauración personal y familiar, me di cuenta de que me estaba preparando (y a otros en mi familia) para participar en su misión de restauración. Cuando llegué al Instituto de Teología del Cuerpo (ver la introducción), había sido testigo de la misión de Jesús en acción en la vida de numerosos individuos, familias y asambleas enteras de personas. Sabía, sin duda, que la misión de restauración de Jesús era para hoy, tan poderosa como lo fue hace dos mil años. Sin embargo, no tenía forma de anticipar lo que estaba a punto de hacer durante la conferencia de “La sanación sexual y la redención”, o cómo nuestra pobreza espiritual crearía una apertura para que él demostrara su poderosa unción.

La pobreza espiritual

Durante los seis meses previos a la conferencia, nuestro capellán, el padre Mark Toups, dirigió a nuestro equipo y al personal del Instituto de Teología del Cuerpo en oración mensual. Al final de cada reunión de Skype, el padre Mark terminaba con estas palabras: "Señor, guíanos a abrazar nuestra pobreza espiritual para que podamos confiar totalmente en ti". La oración me hizo sentir un poco incómodo. Me recordó ese estudio bíblico inicial, donde Jesús me dijo: "sin mí no pueden hacer nada" (Jn 15:5). Las oraciones del padre Mark por nuestra pobreza espiritual me llevaron a reflexionar sobre cómo Dios a menudo parece obrar a través de nuestras debilidades e impotencia (ver 2 Corintios 12:7–12). Una y otra vez esto es evidente en las Escrituras. Casi todas las historias de la Biblia involucran a alguien en una situación insostenible que ha intentado todo menos a Dios, y sin éxito. Cuando en su pobreza espiritual finalmente buscan a Dios, él interviene de manera poderosa. También pensé en las poderosas intervenciones de Dios en mi vida y mi familia. Sucedieron a menudo cuando las cosas parecían imposibles y totalmente fuera de nuestro control. Pensé en la conversión espiritual de mi padre y mi hermano. Las cosas parecían totalmente sombrías esa noche cuando oramos por ellos, pero Dios hizo lo imposible.

Cuando comenzó el curso en el Instituto de Teología del Cuerpo, no estaba pensando en la pobreza espiritual. Pero a medida que pasaban los días, descubrí la sabiduría de las oraciones del padre Mark. Cada día se hizo más evidente que los estudiantes se conmovían cada vez más mientras escuchaban la enseñanza y examinaban sus pecados, heridas y compulsiones sexuales a través de la escritura diaria y la oración. Para el segundo día, el dolor emocional en la habitación parecía palpable. Me di cuenta de que la mayoría de los participantes estaban lidiando con áreas profundas de vergüenza y trauma. Su angustia llegó a su clímax el miércoles por la tarde. Cuando me puse de pie para enseñar, vi un muro de ladrillos de resistencia en los rostros y las posturas corporales de los estudiantes. Parecía que casi todos en la habitación habían llegado a su límite.

Después de un momento de sentirme impotente, hice una pausa para orar y sentí la inspiración de hablar con el padre Mark, quien estaba intercediendo por todos nosotros en el fondo de la sala de conferencias. Les dije a todos que volvería en unos minutos. Luego procedí a discutir lo que estaba sintiendo con el padre Mark. Después de una breve conversación y oración, decidimos despedir a la clase y los animamos a recrearse en los terrenos del retiro por el resto del día. Antes de enviarlos, el padre Mark los instruyó sobre cómo prepararse para el servicio de penitencia de esa noche. Este cambio drástico en los planes parecía correcto, aunque sabía que estaríamos perdiendo material de enseñanza vital para hacer esto.

Esa noche el ambiente en el centro de retiro parecía mucho más relajado, especialmente después de que todos los estudiantes se confesaron. Literalmente podías sentir la liberación de la vergüenza y el dolor esa noche. La paz de los estudiantes continuó a la mañana siguiente cuando nos reunimos para comer y luego nos reunimos en la sala de conferencias. Todos parecían más ligeros, *excepto yo*.

Antes de enseñar esa mañana, fui como de costumbre a orar con el padre Mark y preparar juntos un plan para el día. Le dije cuánto estaba luchando. El incidente del día anterior me había dejado sintiéndome impotente y sin esperanza, y no sabía cómo podría enseñar. Compartí con él que no tenía nada que ofrecer a los estudiantes. Nunca olvidaré su respuesta. En lugar de empatizar conmigo, su rostro se abrió en una gran sonrisa. "¡Genial!", él dijo. "Esto es por lo que hemos estado orando". Lo miré con desconcierto y dije: "¿Qué quieres decir?". Su respuesta me tomó con la guardia baja. "Esta es la pobreza espiritual por la que hemos estado orando". Con el corazón hundido, respondí: "Eso es fácil de decir para ti; vas a estar sentado en la parte de atrás. Tengo que subir allí y enseñar. ¿Qué debo hacer? No tengo nada que ofrecer". Respondió sin perder el ritmo: "Si supieras qué hacer, no sería pobreza espiritual". No satisfecho, volví a decir: "Entonces, ¿simplemente me paro allí y hago qué?". El padre Mark respondió: "Espera hasta que el Señor te dé algo". Ahora era mi momento de decir: "¡Genial!". Pero a diferencia de la exclamación del padre Mark, mi "genial" sonaba sarcástico. Después de confesar mi autosuficiencia y falta de confianza en el sacramento de la Reconciliación, nos dirigimos a la sala de conferencias.

Obviamente, yo no tenía forma de saber cómo o si el Señor nos encontraría en nuestra pobreza espiritual. Pero no defraudó. Lo que sucedió a continuación fue apodado por uno de los seminaristas de la clase como el "jueves de Pentecostés".

El "jueves de Pentecostés"

Antes de que me pusiera de pie para enseñar ese jueves por la mañana, el padre Mark expuso el Santísimo Sacramento frente a la sala. Cuando llegó el momento de enseñar, pude imaginar cómo se debe haber sentido Pedro al salir del bote para caminar sobre el agua. No recuerdo haberme sentido nunca más vulnerable como docente, excepto quizás durante mi primer año de docencia en la escuela de posgrado. Después de superar mi ansiedad de hablar en público ese primer año, siempre me ha gustado enseñar. Viene de forma natural y libre, especialmente cuando soy apasionado y creo profundamente en lo que estoy impartiendo. Pero esta mañana me sentí inusualmente nervioso. Cuando fui al frente de la sala y abrí el libro de trabajo, tuve la tentación de salir corriendo de la sala.

Después de una oración inicial y un saludo a los participantes, me quedé helado, mirando el libro de trabajo y esperando la inspiración del Espíritu. Después de lo que pareció una eternidad, sentí que me llegaban estos pensamientos: *No intentes enseñar; solo déjame (Jesús) proclamar mi misión.* Observé el pasaje de Isaías 61 que providencialmente encabezaba la lección. Dando un paso de fe, cedí a los susurros del Espíritu. Apagando mi micrófono, proclamé el pasaje como si estuviera unido a Jesús en la sinagoga hace dos mil años. Tan pronto como comencé a proclamar la estrofa inicial, "El Espíritu del Señor está sobre mí. Él me ha ungido", pude sentir una oleada de la unción del Espíritu Santo. Con una autoridad que parecía sobrepasarme, continué proclamando audazmente el resto del pasaje. Era como si Jesús, en mí, estuviera recreando su proclamación en la sinagoga. El pasaje se estaba cumpliendo en medio de nosotros (ver Lucas 4:14–21).

Me resulta casi imposible explicar una experiencia como esta por escrito, pero haré lo mejor que pueda. Sentí como si Jesús mismo estuviera proclamando sus palabras en mí y a través de mí, aunque yo les estaba hablando. Pronto me di cuenta de que no era mi imaginación quien me estaba engañando. Algo poderoso estaba sucediendo en toda la habitación. Uno por uno escuché a los participantes comenzar a llorar. En unos minutos, algunos sollozaban, otros gemían. Esto continuó durante algún tiempo. Algunos otros llegaron tarde y deben haberse sorprendido por lo que estaban viendo y escuchando. El padre Mark me animó a repetir la proclamación de Isaías 61. Mientras lo hacía, una nueva ola del Espíritu pareció liberarse en la habitación. Ahora eran más los que lloraban. Todos podían sentir la reconfortante presencia del Señor en la habitación y sabían que algo sobrenatural estaba ocurriendo.

Jesús nos estaba enseñando a todos acerca de su poder en nuestra pobreza espiritual. Después de esas proclamaciones iniciales, no hice nada, excepto pararme allí en silencio y orar, alabando en silencio a Jesús por lo que estaba haciendo. Cuando el llanto se calmó, uno de los participantes se puso de pie y comenzó a cantar una canción de alabanza. Uno por uno, los otros estudiantes se pusieron de pie y cantaron, hasta que todos en la sala se unieron en un coro de sincera alabanza y acción de gracias a Dios. El padre Mark y yo entramos con alegría, agradeciendo a Dios por todo lo que estaba haciendo.

Después de varios cantos de alabanza espontáneos, persona tras persona comenzaron a compartir testimonios describiendo cómo Jesús (o el Espíritu Santo/la Sagrada Familia/ángeles, etcétera) vino a ellos personalmente y comenzó a ministrarles sanación a sus heridas sexuales y a las raíces más profundas de su vida, sus pecados y compulsiones sexuales. Todos estábamos asombrados por la singularidad del encuentro de cada uno con Jesús, pero no había duda de que él había visitado a cada uno personalmente. Esa mañana del "jueves de Pentecostés", Jesús sanó muchos corazones rotos, liberó a muchos cautivos y convirtió nuestro luto colectivo en alegría. Algunos fueron sanados milagrosamente de las aflicciones de toda la vida. Para otros, marcó el comienzo de un proceso más largo de restauración, que continúa hasta el día de hoy.

La restauración es un proceso

Sigo en contacto con algunos de los estudiantes que estuvieron presentes en ese curso. Cada uno de ellos afirma que lo que sucedió ese jueves por la mañana les cambió la vida. Pero algunos continúan atravesando un intenso viaje de sanación y restauración. Un hombre en la sala, Charlie, fue separado de su esposa e hijos en ese momento debido a su adicción sexual. Antes del curso, estaba comenzando a enfrentar algunos de los problemas fundamentales detrás de sus compulsiones sexuales, incluido el abandono de sus padres en la niñez temprana y el abuso sexual por parte de una niñera. Durante la conferencia recibió mucha información y comprensión sobre sus compulsiones sexuales y cómo los traumas subyacentes las alimentaban. El miércoles por la noche pudo vivir una de las mejores Confesiones de su vida. Durante esa mañana del "jueves de Pentecostés", tuvo una visión interior de Jesús tomando un enorme mazo y rompiendo las cadenas que lo mantenían atado, después de lo cual gritó: "¡Libertad!".

Después del curso, notó un cambio significativo en la liberación de sus compulsiones sexuales y poco después se reconcilió con su esposa e hijos, pero a pesar de estos avances significativos, su viaje de sanación continúa hasta el día de hoy. A lo largo de los años, ha descubierto niveles progresivos de abuso sexual y traumas de la niñez temprana en los que continúa trabajando. Hace poco escuché de él, y está de vuelta en terapia con un terapeuta católico talentoso, enfrentando otra experiencia traumática de abuso sexual, esta vez involucrando ser sodomizado por un hombre en la niñez temprana. Estos incidentes de abuso inculcaron confusión en su identidad de género y pervirtieron sus deseos sexuales durante muchos años.

Ahora Charlie tiene un sentido mucho mayor de su identidad como un amado hijo, esposo y padre. Ahora sabe con certeza que Jesús está con él en todo lo que ha sufrido. Aunque su batalla ha sido larga y dura, tiene una esperanza firme porque conoce de primera mano la realidad de la misión de restauración de Jesús. Las palabras de esa profecía en Isaías 61 siguen siendo muy queridas para su corazón. Capa por capa, Jesús está transformando a Charlie. Está siendo liberado de una vida de vergüenza debilitante y miedo paralizante. Ha sido liberado de sus patrones habituales de pecado y compulsión sexual. Su confianza masculina está siendo restaurada y su capacidad de amar ha aumentado sustancialmente.

Para algunos de nosotros, historias como la de Charlie pueden ser desalentadoras. Queremos un alivio rápido de nuestros síntomas, no un proceso largo y prolongado de restauración que alcance las heridas centrales que subyacen a nuestras compulsiones y distorsiones de identidad. Pero para aquellos que han estado trabajando en estos temas por un tiempo, es un gran consuelo saber que Jesús es quien comenzó la obra y seguramente la llevará a término (ver Filipenses 1:6). Jesús no fuerza su amor sanador sobre nosotros. Él respeta nuestro libre albedrío y comprende, mejor que nosotros, cuándo estamos listos para enfrentar traumas más profundos. Cuando llega el momento, revela suavemente las barreras autoprotectoras alrededor de nuestros corazones que pueden obstaculizar nuestra capacidad de recibir su amor sanador. Él no derribará estas barreras sin nuestro consentimiento. Estos deben ser liberados por nuestra propia voluntad (ver los apéndices 1–4).

Ten por seguro que el Espíritu Santo está obrando en ti si has ofrecido tu pobreza espiritual a Jesús y le has pedido que te restaure. Si aún no le has preguntado, ahora es un buen momento para hacerlo. Jesús prometió que respondería a nuestra petición: "Pidan y se les dará; busquen y hallarán; llamen y se les abrirá la puerta. Porque el que pide, recibe; el que busca, encuentra; y se abrirá la puerta al que llama" (Mt 7:7–8).

En el capítulo 8, discutiremos el proceso de liberación en las áreas de nuestro pecado y compulsiones sexuales. Sin embargo, antes de continuar allí, te animo a que tomes un momento para reflexionar sobre la misión de restauración de Jesús y luego aplicar esto personalmente a las circunstancias de tu vida en la actividad personal y la oración.

Tómate un momento

1. ¿Qué en este capítulo te da la esperanza de que Jesús te restaurará a la plenitud sexual?

2. ¿De qué manera has experimentado personalmente la pobreza espiritual? ¿Cómo te ha conocido Jesús?
3. ¿Cuáles fueron tus reacciones al leer sobre el "jueves de Pentecostés"?
4. ¿Qué te anima (o te desanima) al escuchar mi historia y el proceso de sanación de Charlie?

Actividad personal

La siguiente actividad tiene como objetivo ayudarte a prepararte para la sanación descrita en los próximos capítulos y comenzar a integrar tu comprensión de la interrelación entre las experiencias de heridas sexuales y la promesa de restauración de Jesús.

1. Regresa al capítulo 1 y repasa las áreas de heridas sexuales que identificaste. ¿Hay más que hayas descubierto al leer este libro? ¿En qué áreas necesitas restauración? Escríbelos.
2. Ahora lee lentamente Isaías 61. Escribe cada frase y personalízala, como una forma de reflexionar sobre cómo Jesús desea restaurarte (por ejemplo, "Jesús fue enviado y ungido para sanar mi corazón roto que vino de mi experiencia de ser abusado sexualmente"; "Él vino a liberarme de mi compulsión sexual y del pecado"; "Él me consolará en mi dolor por la pérdida de mi inocencia sexual").
3. Pídele al Espíritu Santo que te muestre las aflicciones (en tu sexualidad) que necesitan sanación.
4. ¿Dónde estás esclavizado por el pecado, las compulsiones y la vergüenza?
5. Identifica específicamente cómo tu corazón se ha roto como resultado de traumas del Tipo A o del Tipo B.
6. ¿De qué manera estas heridas y compulsiones han impactado tu identidad de género?

7. Escribe una oración pidiéndole a Jesús que te restaure en cada una de estas áreas, y ofrécele cualquier vergüenza, duda, desesperanza o pobreza espiritual. Escribe su respuesta a tu oración.

8

LA BELLEZA EN LUGAR DE CENIZAS: ENCONTRAR LA LIBERTAD DE NUESTRO CAUTIVERIO

Me ha ungido . . . para anunciar a los desterrados su liberación.

—Isaías 61:1

Quizás recuerdes (de los capítulos 4 y 5) cómo Steve luchó con una compulsión sexual que comenzó poco después de encontrar pornografía en la habitación de su padre a la edad de doce años. Después de experimentar el amor misericordioso de Jesús en la Confesión durante una conferencia de jóvenes de la escuela secundaria, Steve tuvo la valentía y el apoyo para superar su vergüenza y participar genuinamente en el proceso de restauración. Después de un proceso intensivo de sanación, durante varios años, ahora vive libre de sus pecados y compulsiones sexuales. Su viaje hacia la libertad no ha sido fácil, pero le ha dado una mayor confianza en la capacidad de Jesús para restaurar a todos los que lo buscan.

Ofrezco el viaje de Steve hacia la libertad como una guía para ti y tus seres queridos, a medida que busca una mayor libertad en cualquier área donde tú o ellos permanezcan en cautiverio. Aunque los detalles son exclusivos de Steve, los principios y prácticas son aplicables a cada uno de nosotros. Mientras lees este relato del proceso de sanación de Steve, te invito a reflexionar sobre cómo se aplican a ti los pasos que tomaste confiando en Jesús para tu libertad. Las oraciones por la libertad mencionadas en este capítulo se incluyen en los apéndices (1–4) al final del libro.

El camino de Steve hacia la libertad

El viaje espiritual de Steve comenzó muchos años antes de encontrar la libertad de sus compulsiones sexuales, pecados, heridas y mentiras de identidad. Su vida en Cristo se originó con su Bautismo y creció a través de su participación en los sacramentos durante la niñez. Su vida espiritual dio un gran paso adelante a través de su experiencia de retiro en la escuela secundaria antes mencionada. Durante ese tiempo de culto y adoración comunitaria, encontró el amor misericordioso de Jesús de una manera profunda y transformadora. Esta experiencia le hizo saber a Steve que Dios lo amaba personalmente y le permitió superar su vergüenza y confesarse. La oscuridad y la vergüenza que habían estado oprimiendo a Steve durante años se disiparon después de su adoración y Confesión, y permaneció libre de tentaciones durante varias semanas.

Sin embargo, un mes después del retiro, Steve volvió a caer en los mismos patrones habituales de compulsión sexual, con pornografía, fantasía y masturbación. Profundamente desanimado, cuestionó la autenticidad de su experiencia espiritual un mes antes. Sus "caídas" posteriores solo aumentaron su sentido de vergüenza y sus dudas acerca de Dios. En la vida diaria, se sentía débil e impotente debido a su incapacidad para resistir la tentación y entablar relaciones sanas. Sus fantasías sexuales le permitieron escapar temporalmente de su desprecio por sí mismo. Pero, a la larga, estas fantasías solo sirvieron para reforzar sus sentimientos subyacentes de vergüenza e insuficiencia, lo que impulsó aún más sus compulsiones.

Durante uno o dos años, Steve continuó satisfaciendo sus compulsiones sexuales y llegó a la conclusión de que sería inútil confesarse. Sin embargo, su actitud cambió después de otra poderosa experiencia de retiro. Después de una Confesión purificadora y otro poderoso encuentro con Jesús durante la adoración, sintió un llamado al sacerdocio. En los meses siguientes, Steve se reunió con un director de vocaciones y compartió su vocación percibida, así como sus luchas en curso con su compulsión sexual. El director de formación lo animó a ingresar en una disciplina más dedicada de oración y vida sacramental antes de ingresar al seminario.

Una vez en el seminario, la dirección espiritual regular, la oración y la vida sacramental aumentaron la capacidad de Steve para resistir la tentación por un período de tiempo, pero tarde o temprano volvería a caer en el pecado sexual. Sintiendo que Steve necesitaba algo más, su director de formación recomendó que Steve viniera a terapia conmigo. Cuando conocí a Steve, me agradó de inmediato. Pude ver su bondad, así como su genuino deseo de sanación. Sin embargo, era evidente que su compulsión sexual pesaba mucho sobre él y le hacía dudar de su autoestima y de su vocación al sacerdocio. Fue en esta época cuando muchos de los escándalos de abuso sexual en la Iglesia se revelaron públicamente; Steve temía que algún día podría terminar como uno de esos sacerdotes caídos en deshonra si no encontraba la libertad de sus compulsiones.

Durante nuestra segunda reunión, Steve habló sobre sus luchas pasadas y actuales con la pornografía. Durante la mayor parte de nuestra conversación, mantuvo la cabeza gacha, obviamente agobiado por el peso de su vergüenza. Pero noté un cambio considerable en su semblante cuando comenzó a compartir algunas de las gracias que había estado recibiendo a lo largo de los años y el progreso que había logrado en los últimos meses. Pasamos las próximas reuniones explorando su historia familiar y las dolorosas experiencias de su niñez, que involucraron la relación rota con su padre, su enredo emocional con su madre y las experiencias humillantes de ridículo y rechazo por parte de sus compañeros en la escuela secundaria.

En este punto, vi que Steve podría beneficiarse de la oración por sanación interior. Intuí que sería un buen candidato para ello, dada su experiencia espiritual y su apertura. Compartí con él algunas experiencias de otras personas que se habían liberado de las compulsiones sexuales y cómo este tipo de oración jugó un papel vital en ello. Le pregunté si estaría dispuesto a orar de esta manera. Después de participar en un tipo similar de oración meditativa y contemplativa en el seminario con su director espiritual, Steve parecía dispuesto a participar en la oración por la sanación interior (consulta el apéndice 4 que describe el proceso básico de oración y su fundamento en las enseñanzas de la Iglesia).

Orar por la sanación interior

Una vez que Steve dio su consentimiento general, le expliqué que la misma facultad de imaginación que usaba para la fantasía sexual podía ser santificada por este tipo de oración. Simplemente le pediríamos al Espíritu Santo que revelara los deseos desordenados bajo sus fantasías sexuales para que pudiera ver cómo se relacionaban con heridas no cicatrizadas en su desarrollo psicosexual e identidad. Nuestro objetivo no era buscar recuerdos sino pedirle al Espíritu Santo que guiara el proceso. Invitaríamos entonces a Jesús a revelar su presencia en estos recuerdos. Experimentar el amor de Jesús en sus recuerdos de su niñez sanaría sus heridas de rechazo y abandono. Recibir la verdad de Jesús en esos mismos recuerdos superaría las mentiras de identidad que lo mantenían atado.

Cuando estábamos a punto de comenzar el proceso de oración, Steve expresó cierta aprensión acerca de volver a experimentar su dolor pasado. Protestó brevemente: "El pasado se acabó y no quiero volver a desenterrarlo". Le aseguré que no solo íbamos a desenterrar el pasado, y le recordé sus encuentros con Jesús en la escuela secundaria y cuánta libertad experimentó a partir de ellos. Reconoció que fueron transformadores, pero se preguntó por qué no pudo liberarse de sus compulsiones sexuales después de la primera experiencia con Jesús en el retiro.

Después de afirmar sus preocupaciones, le expliqué que creía que sus compulsiones estaban más profundamente enraizadas en sus necesidades insatisfechas y heridas no sanadas de la niñez. Estas experiencias centrales de vergüenza y las falsas creencias sobre sí mismo aún lo mantenían atado, a pesar de que su yo adulto estaba creciendo en la gracia y la madurez. Le aseguré que su libertad vendría a medida que se abordaran esas heridas más profundas y las mentiras de identidad. Animado porque

Jesús podía sanar a esos dolorosos recuerdos y afirmar la verdad de su identidad, Steve decidió entrar en oración.

Uno por uno, a medida que estos recuerdos de la niñez llegaron a la conciencia de Steve, le pedimos al Espíritu Santo que revelara lo que quería que Steve supiera. Muy suavemente, el Espíritu Santo lo guió a través de cada recuerdo y le mostró cómo había interiorizado los rechazos de su niñez y primera adolescencia en su propia imagen. Luego le pedimos a Jesús que revelara lo que quería que el joven Steve supiera en esos recuerdos. Jesús le mostró la inseguridad y las heridas de su padre y compañeros que los llevaron a tratarlo con tanta crueldad. Jesús también aseguró a Steve de su amor por él. Luego nos detuvimos por unos minutos para que Steve pudiera experimentar su dolor y enojo antes de pasar por el proceso de perdón con su padre y sus compañeros (ver el apéndice 2).

Oramos de esta manera varias veces durante nuestras reuniones posteriores. Con cada experiencia de oración, Steve compartió lo que estaba viendo, sintiendo y percibiendo en su imaginación inspirada. Pude ver la autenticidad de sus encuentros con Jesús, mientras su semblante se iluminaba después de cada recuerdo que recibía el toque sanador de Jesús. Repetidamente, Steve pasó de un estado de intensa angustia y miedo a paz y alegría. A medida que se desarrollaban estas escenas de la memoria, pudo recibir el amor y la bendición de Jesús en formas que nunca había recibido de su padre humano. Con eso, la amargura de Steve hacia su padre se disipó. En un encuentro de oración, Jesús apareció con la edad de uno de sus compañeros en la escuela secundaria. Cuando Steve recibió el amor y la aceptación de Jesús en las áreas donde sus compañeros lo habían rechazado y marginado, sintió paz. Entonces pudo dejar de lado su ira hacia sus compañeros.

Después de estos encuentros de sanación, volvimos a cada uno de los recuerdos para ver si había algo más sin resolver. Steve informó que las imágenes ya no eran dolorosas, pero todavía estaba luchando con su percepción de sí mismo. Todavía dudaba de su masculinidad y cuestionaba su orientación sexual. Al darse cuenta de que necesitaba escuchar a Jesús sobre esos temas, le preguntamos a Jesús qué quería que Steve supiera. Casi inmediatamente, Steve escuchó a Jesús hablarle palabras de afirmación a él como un preadolescente en las áreas donde su masculinidad había sido dañada. Jesús también le reveló que estas creencias que interiorizaba sobre sí mismo no eran ciertas. En este punto, pude ver a Steve experimentando un conflicto interno. Podía decir que este proceso estaba siendo dirigido por el Espíritu Santo y que sus imágenes internas de Jesús no eran de su propia construcción, pero aún le costaba creer las verdades que estaba recibiendo.

Al ver la lucha de Steve, lo invité a hablar sobre lo que estaba experimentando. Después de unos minutos de silencio, compartió que no podía aceptar lo que Jesús le estaba diciendo sobre su identidad masculina, especialmente con respecto a sus compañeros que se burlaban de él diciendo que era "gay". Él dijo: "Jesús me está diciendo: 'No es verdad'. Mis compañeros se dieron cuenta de mi miedo y mi incomodidad, pero no fueron capaces de decirme quién soy o cómo Dios me hizo. Jesús me dijo: 'Solo el Padre puede afirmar tu verdadera identidad'. Pero luego mi mente se apresuró a todas las imágenes pornográficas que vi y me concentré en esos actos sexuales. ¿No prueban eso que soy gay o al menos bisexual?".

Le respondí a Steve: "Entiendo por qué eso te hace difícil de creer. Pero no siento que Jesús te esté mintiendo o que te lo estés inventando. Tus experiencias pasadas, la vergüenza y la confusión se interponen en tu capacidad de recibir su amor y su verdad. ¿Estarías abierto si le llevamos esas imágenes pornográficas a Jesús y le permitimos mostrarte lo que realmente está buscando en esas imágenes?". Steve pareció horrorizado por mi sugerencia. Entonces le expliqué: "Nuestros deseos y prácticas sexuales no nos definen, pero nos muestran dónde hemos sido heridos". Le dije que los deseos expresados en fantasías son expresiones de necesidades insatisfechas de afirmación y que a menudo están motivados por la vergüenza, la impotencia y otras heridas no cicatrizadas[1].

Después de mi explicación, Steve se relajó visiblemente. Todavía dudaba, pero estaba dispuesto a explorar sus fantasías y enfrentar sus necesidades más profundas reveladas en estas imágenes pornográficas. Lo invité a mantener su enfoque en Jesús y no dejar que la vergüenza de las imágenes lo desanimara (ver Hebreos 12:1–2). Con esa tranquilidad, Steve tomó cada imagen de fantasía y la compartió internamente con

Jesús en su imaginación. Una por una, Jesús le habló interiormente a Steve sobre cada imagen, mostrándole lo que realmente estaba deseando y cómo sus deseos habían sido pervertidos por el "padre de toda mentira". También le mostró a Steve cómo estas fantasías reforzaron sus heridas de niñez y el odio a sí mismo, y que sus fantasías eran intentos de controlar su dolor y la imagen negativa de sí mismo[2]. Después de recibir estas verdades, Steve informó que finalmente podía creer lo que Jesús había dicho; ni sus fantasías ni sus recuerdos definían su identidad. Lo animé a explorar si estaba experimentando una mayor libertad interior de las heridas y la vergüenza de su niñez. Dijo que sentía que su vergüenza se estaba disolviendo.

Invité a Steve a probar la diferencia en sus deseos mientras miraba esas imágenes pornográficas en su imaginación. Dijo que sintió repulsión en lugar de excitación sexual por estas imágenes. Estaba asombrado de que hubieran perdido tanto poder para atraerlo. Luego volvió a los recuerdos de su trauma infantil y sintió una nueva liberación de las heridas del rechazo, el abandono, la desesperanza, la impotencia, el miedo, la confusión y la vergüenza. Se dio cuenta, con una nueva profundidad de comprensión, que estas heridas y mentiras de identidad eran la fuerza impulsora detrás de sus compulsiones sexuales. Acumulativamente, estas experiencias curativas provocaron una gran transformación en la aceptación de Steve en sí mismo. Noté cambios en su voz, postura corporal y semblante facial, revelando su mayor confianza en su identidad masculina.

Después, con gozo, ofrecimos una oración de acción de gracias al Padre y le pedimos a Jesús que sellara estas áreas sanadas de la mente y el corazón de Steve. Luego animé a Steve a que prestara atención a sus experiencias diarias entre sesiones. Le pedí que fuera consciente de sus pensamientos y sentimientos, y que viera si surgían deseos o pensamientos compulsivos. Al pedirle que sea consciente, lo estaba preparando para el trabajo más activo y continuo de comprometer su voluntad en la batalla, a través del arrepentimiento.

El arrepentimiento: cambiar nuestra mente y voluntad

La libertad sexual genuina comienza con *el arrepentimiento de nuestros pecados y creencias desordenadas*[3]. La palabra "arrepentirse" se menciona a menudo en las enseñanzas de Jesús y en toda la Biblia. La palabra griega para "arrepentirse" es *metanoia*. Significa "cambiar de opinión" o "cambiar de dirección"[4]. El arrepentimiento comienza con un cambio en nuestras creencias acerca de Dios, de nosotros mismos y de los demás, reconociendo la verdad donde antes creíamos que se encuentra la identidad. El arrepentimiento también implica un cambio en nuestra dirección. Nos movemos de una postura de autosuficiencia impía de espaldas a Dios, y nos volvemos hacia él en humilde sumisión (véase Ezequiel 18:21–22)[5].

Una vez que nos hemos vuelto fundamentalmente hacia Dios (conversión inicial), entramos en un proceso de por vida de conversión más profunda, permitiendo que la verdad y el amor de Dios transformen nuestras mentes y corazones. Incluso después de su Confesión inicial en la escuela secundaria, Steve continuó participando en un tira y afloja espiritual que estaba ocurriendo constantemente dentro de su mente y corazón. Es la batalla épica en la que todos tenemos que participar. Es la batalla espiritual entre la "carne" y el Espíritu (Gal 5:17). La carne es nuestra naturaleza humana corrupta regida por la concupiscencia (los deseos de los ojos, los deseos de la carne y la vanagloria de la vida). El Espíritu es el Espíritu Santo, que desea llevarnos a la santa comunión con Dios y con los demás, mientras nos lleva a una mayor integración personal.

En palabras de san Pablo, el arrepentimiento implica una transformación continua de nuestra mente y voluntad. "No sigan la corriente del mundo en que vivimos, sino más bien *transfórmense a partir de una renovación interior*. Así sabrán distinguir cuál es la voluntad de Dios, lo que es bueno, lo que le agrada, lo que es perfecto" (Rom 12:2; cursivas añadidas). La transformación es ante todo la obra de la gracia de Dios dentro de nosotros y a nuestro alrededor, pero nuestra cooperación y entrega son esenciales.

Al igual que el resto de nosotros, las elecciones personales de Steve (ya sea inspiradas por el Espíritu Santo o seducidas por espíritus demoníacos) lo movieron en cada paso del camino a lo largo de su vida. Su propio libre albedrío, influenciado por el mundo, la carne y el diablo, lo esclavizó para aferrarse a la amargura y los juicios hacia su padre y sus compañeros, y luego a las trampas mortales de la compulsión sexual. Sus actos de pecado sexual estaban enraizados en estos pecados y compulsiones subyacentes. De manera similar, su volición personal, infundida por la gracia de Dios en los sacramentos, la oración y la comunidad espiritual, liberó el control de estas fuerzas opresivas y lo llevó a arrepentirse de sus elecciones anteriores. En el fondo, Steve siempre quiso elegir el bien, pero había partes de su cuerpo y de su mente que aún estaban atrapadas en el engaño, el pecado y la adicción. Las mentiras que creía sustentaban sus compulsiones sexuales. La mente y el cuerpo de Steve se habían habituado a buscar el placer y aliviar el estrés a través de la fantasía y el orgasmo sexual. Incluso después de sanar las heridas más profundas y la vergüenza, Steve tuvo que elegir activamente resistir la tentación y transformar los procesos físicos y mentales que se habían convertido en un hábito para él.

Russell Willingham, quien ha dedicado su carrera a ayudar a las personas a superar la adicción sexual, nota: "A medida que un adicto busca redirigir sus pensamientos y elecciones, se crearán nuevas vías neuronales para facilitar este cambio de dirección. Los sistemas de su cerebro se reagruparán literalmente en una nueva configuración a medida que redirige sus pensamientos y actitudes de su corazón. Esta es una buena noticia, pero no sucede de la noche a la mañana"[6].

Para Steve, gran parte de este arrepentimiento comenzó con su experiencia de conversión en la escuela secundaria y luego en el seminario cuando se enfocó en su relación con Dios de manera intencional, como discípulo de Cristo. Durante ese tiempo, comenzó a estudiar las Escrituras y fue introducido a la teología del cuerpo[7]. Su creciente comprensión del diseño de Dios para la sexualidad lo inspiró. Su arrepentimiento fue de gran ayuda al centrar su vida en los sacramentos. Cada vez que Steve participaba en el sacramento de la Reconciliación y confesaba sus pecados, estaba eligiendo activamente practicar el arrepentimiento.

Cada vez que rezaba y adoraba en la Misa y luego recibía a Jesús en la Eucaristía, estaba eligiendo volverse hacia Dios para recibir su gracia.

Estas disciplinas espirituales recibieron una dimensión adicional durante nuestro tiempo de oración juntos en terapia. Steve experimentó un arrepentimiento más profundo, uno que tocó los rincones ocultos de su mente y corazón donde sus compulsiones sexuales, y distorsiones de identidad estaban más profundamente arraigadas. En la oración contemplativa sanadora, su mente subconsciente estaba siendo transformada mientras él conscientemente elegía sacar a la luz sus heridas y mentiras de identidad. Necesitaba recibir el amor de Jesús en lugar de sus heridas, y la verdad de Jesús en lugar de las mentiras demoníacas. Todo esto es una forma de arrepentimiento.

Así es con cada uno de nosotros. No podemos recuperar nuestra libertad sexual sin antes volver nuestros afectos y voluntad hacia Dios. Debemos permitir que su verdad y amor transformen nuestras mentes y corazones, especialmente en las creencias profundamente arraigadas donde se forman nuestra identidad y deseos.

Una vez que hemos dado este primer paso de arrepentirnos, entonces estamos listos para practicarlo en las áreas específicas de nuestro cautiverio, a través de la práctica de la *renuncia*.

Renunciar a los impedimentos a la libertad

Es rara vez que el mal se apodera de nuestras mentes y corazones por la fuerza[8]. Por lo general, entra a través de nuestra voluntad humana, engañándonos con algo que parece bueno. Una vez que somos engañados y seducidos por las tentaciones, hacemos *acuerdos* con mentiras demoníacas y malas decisiones[9]. *Renunciar* es la forma de liberarnos de estos acuerdos inconscientes para que podamos abrazar la verdad y elegir activamente el bien sobre el mal. Al renunciar, rechazamos verbalmente las mentiras, las creencias y las elecciones anteriores que nos han mantenido atados. Rompemos así los acuerdos mentales que nos impiden amar a Dios y a los demás.

En nuestro Bautismo, se nos dio la autoridad espiritual y la responsabilidad de renunciar al mal y elegir el bien. Si fuimos bautizados como infantes, nuestros padres y padrinos hablaron en nuestro nombre para renunciar al pecado, al mal y al engaño, y para anunciar nuestra lealtad al Padre, al Hijo y al Espíritu Santo. Estas renuncias las renovamos formalmente cada Semana Santa en la tradición católica, en el entendimiento de que renunciar al mal y elegir la voluntad de Dios debe ser un ejercicio diario de nuestra voluntad humana[10].

Bautizado como infante, Steve se crió en un ambiente cristiano relativamente fiel donde aprendió a amar y servir a Dios de acuerdo con las enseñanzas de Cristo, a través de la Iglesia Católica. Pero como muchos de nosotros, el entorno de Steve contenía una mezcla de bien y mal, y él también estaba acosado por la concupiscencia. De niño nadie le enseñó acerca de la autoridad espiritual en Cristo, aunque conocía la gracia de Dios a través de los sacramentos. Necesitaba que le enseñaran cómo aprovechar esta gracia, elegir conscientemente renunciar al mal y abrazar la bondad y la pureza de Dios.

Incluso habiendo experimentado la gracia de los sacramentos, Steve no tenía la fuerza interna para resistir la tentación. No podía elegir de todo corazón la libertad. Una buena parte de él realmente quería amar a Dios y seguir su voluntad, pero había otra parte desintegrada dentro de él que permanecía apegada demoníacamente a su pecado y sus compulsiones. Para renunciar auténticamente, Steve, como cada uno de nosotros, tuvo que superar su *ambivalencia*. Mientras creyera mentiras sobre su identidad, continuaría siendo susceptible de vivir estos engaños a través de la pornografía, la fantasía y la masturbación.

Después de nuestro tiempo de oración juntos, Steve estaba mucho menos dividido en su mente y corazón. Fortalecido por la verdad y el amor de Jesús, ahora estaba listo para emprender la batalla de su voluntad para proteger su libertad recién descubierta. Al ver su disposición, le expliqué a Steve la importancia de renunciar y luego lo guié a través de una serie de oraciones de renuncia para abordar las diversas áreas en las que se había visto atado por apegos y acuerdos profanos. Después le regalé una colección de estas oraciones para que las siguiera practicando en casa (estas oraciones se enumeran en el apéndice 3 para tu beneficio). Comenzamos por renunciar a los apegos profanos de Steve.

Renunciar a los apegos profanos

Primero, hablé con Steve sobre los *apegos profanos* (también conocidos como "lazos profanos del alma"). Le expliqué cómo estos lazos profanos son un impedimento para nuestra libertad. Empecé mostrándole el pasaje de Corintios sobre "los dos . . . [convirtiéndose en] una sola carne" en la inmoralidad sexual (1 Cor 6:16). Luego discutimos un segundo pasaje sobre cómo se puede formar una alianza impía al participar en actos de vicio con otros (ver 2 Corintios 6:14–16). A la luz de ambos pasajes, expliqué cómo podemos formar lazos anímicos mentales, emocionales y espirituales a través de la fantasía y la pornografía.

Después de explicarle estas realidades, le pregunté a Steve si estaba dispuesto a renunciar a sus impíos apegos. Cuando accedió, lo invité a recordar mentalmente las diversas imágenes de sus fantasías con la pornografía (ya que no sabía los nombres de las personas) y luego, si estaba listo, a renunciar verbalmente a cualquier apego profano entre él y cada persona, mental, emocional, espiritual y sexualmente. También lo invité a renunciar (y luego a confesar) los pecados de lujuria y envidia, que inconscientemente motivaban estas fantasías.

Steve no había entablado ninguna relación sexual física con nadie, pero si lo hubiera hecho, también habría tenido que caminar a través de una oración de renuncia a esos lazos del alma al nombrar a las personas individualmente y renunciar a los lazos impíos con ellos. Steve reconoció que algunas de sus fantasías involucraban a hombres y mujeres que conocía, así que lo invité a hacer una lista de sus nombres y luego renunciar a los impíos lazos del alma con ellos más tarde, una vez que regresara a casa.

También hablamos sobre el apego emocional enfermizo de Steve con su madre y su padre, a pesar de que no eran lazos sexuales del alma. Su relación con su madre fue en su mayoría positiva, pero a través de la oración y la terapia, Steve se dio cuenta de que su madre había transferido sus afectos hacia él y lejos de su esposo durante su niñez. Esto creó una codependencia malsana entre ella y Steve. Steve participó en este vínculo enfermizo por su propia voluntad porque se sentía amado y especial para su mamá. Una vez que Steve se dio cuenta de esto, le dio sentido a los sentimientos confusos que estaba teniendo en relación con su madre. Siempre se preguntó por qué se sentía obligado a alejarse emocionalmente de ella, a pesar de que la amaba. Con firme convicción, Steve luego rezó la oración de "renunciar al apego profano" para liberarlo de estar atado de manera enfermiza a su madre, mientras mantenía la parte buena de su relación.

El apego profano de Steve con su padre estaba arraigado en su falta de perdón y juicios hacia él. Estos mantuvieron a Steve atado a su padre de una manera poco saludable. Después de que renunciamos a su vínculo poco saludable con su padre, hablé con Steve acerca de renunciar a sus juicios amargos.

Renunciar a los juicios amargos

Los juicios amargos de Steve hacia su padre se formaron a lo largo de años de experimentar dolor y aferrarse a la ira en forma de resentimiento y amargura. Le mostré a Steve, en las Escrituras, cómo los juicios amargos nos contaminan y dañan nuestras relaciones (ver Hebreos 12:15). A partir de ahí, lo invité a leer el pasaje del evangelio de Lucas donde Jesús advierte en contra de condenar a los demás: "No juzguen y no serán juzgados; no condenen y no serán condenados; perdonen y serán perdonados . . . Porque con la medida que ustedes midan serán medidos ustedes" (Lc 6:37–38).

Después de que Steve leyera el pasaje, le pregunté si entendía lo que significaba para él personalmente. No estaba seguro. Le expliqué que todos tenemos una tendencia a desarrollar juicios amargos y barreras alrededor de nuestros corazones cuando tenemos heridas sin resolver. Jesús enfatizó la necesidad de liberar estos juicios y perdonar como condición necesaria para nuestra propia libertad. Jesús dijo: "Pero si ustedes no perdonan a los demás, tampoco el Padre les perdonará a ustedes" (Mt 6:15). El *Catecismo* muestra cómo esta dinámica de dar y recibir el perdón y liberar los juicios amargos nos lleva a la libertad, y cómo el no hacerlo nos mantiene atados: "Ahora bien, lo temible es que este desbordamiento de misericordia no puede penetrar en nuestro corazón mientras no hayamos perdonado a los que nos han ofendido . . . Al negarse a perdonar a nuestros hermanos y hermanas, el corazón se cierra, su dureza lo hace impermeable al amor misericordioso del Padre; en la confesión del propio pecado, el corazón se abre a su gracia" (*CIC*, 2840).

Steve ya había perdonado a su padre en una de nuestras reuniones anteriores, y gran parte de su amargura y sus juicios se habían disuelto y habían sido reemplazados por compasión por su padre. Pero mientras hablábamos, se dio cuenta de que todavía se aferraba a algunos juicios hacia su padre y que se estaba condenando a sí mismo de manera similar. Con esa conciencia, Steve pasó rápidamente por el proceso de renunciar a los juicios amargos específicos que tenía hacia su padre, así como a los que tenía hacia sí mismo. Su oración fue algo así: "En el nombre de Jesucristo, renuncio a mis juicios condenatorios hacia mi padre, específicamente a mis juicios de que es egoísta, cruel y sexualmente pervertido (debido a su pornografía). Te pido, Jesús, que me perdones por condenar a mi papá. Por favor, libéranos a ambos de estos juicios". Renunciamos también a los juicios que tenía hacia sus semejantes y hacia los hombres en general. Sus experiencias y juicios hacia su padre, y sus compañeros le habían dado una percepción distorsionada de la masculinidad, que había sido una fuerza impulsora detrás de sus compulsiones sexuales y confusión de identidad.

Renunciar a las mentiras y heridas de identidad

A continuación, Steve y yo abordamos las *mentiras de identidad*, esas creencias falsas que internalizamos como resultado de nuestra respuesta al trauma. Las creencias distorsionadas de Steve sobre sí mismo se habían formado a lo largo de su niñez en respuesta a sus heridas. Estas creencias se reforzaron a través de su uso de pornografía y fantasías sexuales. Contribuyeron a su falta de fuerza masculina y sus dudas sobre su orientación sexual. Después de las experiencias de oración anteriores, Steve aceptó la realidad de que era un hombre heterosexual que se sentía atraído por las mujeres. También reconoció que su necesidad de afecto y afirmación masculina era un deseo sano y santo. Se dio cuenta de que no recibió suficiente de esto debido a las deficiencias en su desarrollo. También se dio cuenta de que las condenas y las etiquetas de sus compañeros (por ejemplo, "Tú eres gay", "Tú eres un debilucho") se originaron en el "padre de toda mentira" y accedieron a su corazón debido a sus heridas y mentiras de identidad. Ahora entendía que ni su padre ni sus compañeros eran capaces de decirle a Steve su verdadera identidad. Solo Dios podría hacer eso con precisión. Con esa confianza y claridad, Steve renunció a las mentiras y anunció la verdad sobre su identidad de género.

Steve hizo lo mismo con cada área de las *siete heridas mortales*. Por ejemplo, con la herida del rechazo, renunció a la mentira de que su papá no lo amaba ni lo quería, y anunció la verdad de que su papá lo amaba (aunque no siempre bien) y que era profundamente amado, querido y elegido por su Padre celestial. Estas no fueron solo palabras vacías para Steve. Después de sanar las heridas de su padre y perdonarlo, comenzó a tener recuerdos en los que su padre demostraba su amor por él. Finalmente pudo creer que su padre lo amaba (aunque de manera imperfecta) y, lo que es más importante, que su Padre celestial lo amaba profundamente. Si antes tenía alguna duda, sus encuentros de oración lo convencieron de que era un hijo amado.

Al renunciar a la herida de la vergüenza, Steve también renunció a muchas de las etiquetas que había tomado como parte de su identidad de la pornografía. Estos incluían las mentiras de que era malo, sucio, pervertido, gay y débil. Habiendo ido recientemente a la Confesión, podía decir con mayor confianza que era digno de amor, que estaba limpio y que sus deseos fundamentales eran buenos.

Renunciar a los votos impíos

La siguiente área de renuncia involucró los *votos impíos* que Steve hizo para proteger su corazón del dolor del pasado y para salvarlo del dolor futuro. Compartí con Steve los pasajes de las Escrituras sobre los votos impíos (ver Mateo 5:33–37 y Santiago 4:13–15) y le leí estos comentarios del libro de John y Paula Sandford *The Transformation of the Inner Man* [La transformación del hombre interior]: "Todos hemos hecho muchos votos interiores de diversa intensidad y tenacidad . . . Hay votos buenos y útiles, así como destructivos. Incluso los buenos necesitan ser desatados, para que no seamos impulsados por la carne, sino por el Espíritu en libertad"[11]. Le expliqué a Steve que nuestros votos internos son resoluciones impulsadas por una autosuficiencia impía. Por lo general, tomamos estas decisiones precipitadas debido a la impotencia, el miedo y los juicios de los demás. Estos votos impíos son muy diferentes de los santos votos impulsados por el Espíritu que hacemos al recibir los sacramentos.

Le mostré a Steve que su voto impío que lo llevó a separar su corazón de su padre, aunque comprensible, en realidad le había causado más sufrimiento. En realidad, aunque lo hizo para protegerse, lo dejó desprotegido de las mentiras del enemigo, lo aisló del amor masculino que necesitaba y lo preparó para recibir más heridas de sus compañeros. Otros votos, como "No seré como mi padre" o "Nunca dejaré que nadie me haga daño", fueron bien intencionados, pero también obstaculizaron su capacidad de crecer en su identidad masculina. Después de comprender esto, Steve renunció con gusto a estos votos internos, uno a la vez, e invitó al Espíritu Santo a que lo llevara a una mayor libertad en esas áreas. Después de todas estas oraciones, Steve parecía tener una mayor capacidad para recibir el amor que siempre había deseado.

Recibir el amor de Dios

A lo largo de su vida, Steve fue herido tanto por la *privación* del amor (traumas del Tipo A) como por las *distorsiones* del amor (traumas del Tipo B). En respuesta, formó apegos malsanos, juicios amargos, mentiras de identidad y votos impíos, que efectivamente endurecieron su corazón y le impidieron recibir el amor de Dios. Lo mismo es cierto para cada uno de nosotros. El desafiante trabajo de liberarnos de los pecados y las compulsiones sexuales y enfrentar nuestras heridas y amargura bien vale toda la lucha porque nos permite finalmente recibir el amor genuino que siempre hemos deseado. Cuando estamos arraigados y cimentados en el amor y la verdad de Dios, podemos madurar en nuestra capacidad de dar y recibir. Su verdad ilumina nuestra mente y su amor ablanda y ensancha nuestro corazón.

Después de nuestro tiempo juntos, Steve pudo ver estas realidades mucho más claramente. A través de la oración de renuncia y sanación, Steve pudo recibir el amor, el gozo y la paz de Dios. También se dio cuenta de cuánto amor había estado recibiendo durante toda su vida, sin estar realmente agradecido por ello. Liberado de su amargura y resentimientos, pudo apreciar genuinamente el amor que recibió de sus padres, hermana y abuelos desde antes de nacer hasta el presente. Su amor nunca fue perfecto, pero de todos modos era real. También fue más capaz de recibir las bendiciones de Dios que se habían derramado continuamente sobre él a lo largo de su vida, especialmente a través de los sacramentos.

Una vez que Steve se liberó sustancialmente de la tiranía de sus compulsiones sexuales y de los pecados que con demasiada facilidad procedían de ellas, estuvo listo para dedicarse de todo corazón a su vocación al sacerdocio. Sus últimos años en el seminario fueron una fuente de deleite para él, liberado de la vergüenza que hasta entonces había sido su compañera constante. En agradecimiento, dedicó su vida a ser un instrumento del amor y la verdad de Dios, llevando a cabo la misión de restauración de Jesús como sacerdote. Hoy encuentra una gran satisfacción en ofrecer la misericordia y el perdón de Dios a través de los sacramentos a todos aquellos que están luchando. Sus propias experiencias le han permitido sentir compasión por otros que sufren en la Confesión y la dirección espiritual, y tener confianza en que ellos también pueden ser liberados.

Aunque no todos somos sacerdotes ordenados como Steve, todos somos parte del sacerdocio universal de los creyentes. Si hemos sido bautizados y confirmados, hemos sido ungidos y comisionados por el mismo Cristo para participar en su misión liberadora de restauración. Pero primero estamos llamados a vivir en la libertad del Espíritu Santo, recibiendo el amor de Dios y conociendo nuestra verdadera identidad como sus amados hijos e hijas.

Para vivir en la libertad gloriosa como hijos de Dios (Rom 8:21), debemos practicar continuamente el arrepentimiento, la renuncia y la aceptación.

Practicar las disciplinas espirituales

Antes de que Steve regresara al seminario, lo animé a practicar estas disciplinas espirituales de arrepentimiento, renuncia y aceptación a diario. Confiaba en que el apoyo del seminario le ayudaría a mantener estas disciplinas. Puede que no tengamos el mismo sistema de apoyo externo, pero estas disciplinas espirituales de arrepentirse, renunciar y aceptar son buenas prácticas diarias para cada uno de nosotros. Son especialmente necesarios cuando nos encontramos en el momento de la tentación y sentimos la fuerza de nuestros deseos desordenados.

Tan pronto como nos damos cuenta de que nuestros pensamientos y afectos nos alejan de Dios, podemos detenernos y pedirle que nos ayude a tomar conciencia de su presencia (el arrepentimiento). Entonces podemos reconocer las mentiras que acechan detrás de la tentación y renunciar a ellas inmediatamente. Cuando experimentamos juicios amargos, o nos damos cuenta de votos impíos o apegos malsanos, también podemos renunciar a ellos antes de que se conviertan en fortalezas. De manera similar, siempre que nos demos cuenta de que la falta de perdón bloquea nuestra capacidad de dar y recibir el amor, podemos practicar el dar y recibir el perdón y pedirle al Espíritu Santo que nos llene con su verdad, amor, paz y gratitud (la aceptación). Liberados de todo lo que nos esclaviza, podemos conocer su *belleza en lugar de cenizas*.

En el próximo capítulo, continuaremos recurriendo a estas mismas herramientas espirituales (de los apéndices 1–4) mientras nos enfocamos en sanar el trauma sexual. Sin embargo, antes de volver allí, te animo a que tomes un momento para reflexionar sobre este capítulo y luego apliques estas ideas a tus propias circunstancias en la actividad personal. También te invito a leer los apéndices antes de ponerlos en práctica en la actividad personal.

Tómate un momento

1. ¿De qué manera te relacionas con el viaje de Steve hacia la libertad? ¿De qué maneras ya has encontrado la libertad de las compulsiones sexuales y de los pecados? ¿Dónde deseas todavía más libertad?
2. ¿Cómo explicaban las fantasías sexuales de Steve sus heridas y mentiras de identidad?

3. ¿Cómo experimentó Steve el amor y la verdad de Jesús a través de la oración contemplativa? ¿Qué mentiras y heridas fueron confrontadas y transformadas? ¿Cuál fue el fruto de esta oración?
4. Describe cómo el *arrepentimiento*, la *renuncia* y la *aceptación* son esenciales para liberarte de los pecados y las compulsiones sexuales. ¿Cómo se pueden practicar estos a diario?

Actividad personal

Al entrar en esta actividad personal, comienza leyendo los apéndices, que describen los procesos fundamentales de oración que nos permiten obtener la libertad. Ora a través de las diversas oraciones en las áreas específicas en las que deseas libertad. Si no eres consciente de ninguna área de pecado sexual o compulsiones en tu vida diaria, puedes aplicar estas oraciones a cualquier aspecto de tu vida en el que desees más libertad. Te animo a que escribas tus respuestas en un diario para que puedas traer estas áreas a la luz.

1. El *arrepentimiento*. ¿En qué áreas de tu vida le has dado la espalda a Dios? ¿Qué pecados o compulsiones se mantienen ocultos? ¿Estás dispuesto a cambiar tu mente y tu corazón para traer estas áreas a Dios?
2. La *renuncia*. Repasa las formas en que Steve renunció a sus impíos apegos, mentiras de identidad, juicios amargos y votos impíos. Luego escribe a qué necesitas renunciar personalmente en cada una de estas áreas. Usa las oraciones del apéndice 3 para orar por estos temas:

   a. Los apegos poco saludables

   b. Los juicios amargos

   c. Los votos impíos

   d. La mentiras y heridas de identidad

3. La *aceptación*. Si aún no lo has hecho, recibe la tierna misericordia y el perdón de Dios en cualquier área de pecado y compulsión sexual a lo largo de tu vida haciendo una Confesión de toda la vida (apéndice 1). Ya sea antes o después de tu Confesión, perdónate siguiendo los pasos de la oración del perdón (apéndice 2).
4. La *aplicación diaria*. A lo largo de tu día de hoy (y todos los días), practica el arrepentimiento, la renuncia y la aceptación en un área de tentación donde te das cuenta de un deseo desordenado.

9

LA ALEGRÍA EN LUGAR DE LUTO: SANAR NUESTRO TRAUMA SEXUAL

Me ha enviado . . . para sanar los corazones heridos, . . . para consolar a los que lloran.

—Isaías 61:1–2

El Sagrado Corazón de Jesús está lleno de la más tierna compasión por nosotros en las áreas de nuestro sufrimiento. Su amabilidad y dulzura son desarmantes. Él anhela reparar nuestros corazones rotos y consolarnos en las áreas más profundas de nuestro trauma sexual. Sin embargo, él comprende mejor que nadie lo difícil que es para nosotros confiar, teniendo conocimiento de primera mano del devastador trauma que resulta de la traición, el abandono y la violación. Él espera pacientemente nuestra disposición, respetando nuestra libertad mientras restaura nuestra confianza destrozada.

Mientras escribo estas palabras, visualizo los rostros de hombres y mujeres que conozco que están superando valientemente el trauma de su herida sexual. Son mis héroes, porque han estado dispuestos a confiar en Jesús, el Buen Pastor, a pesar de todas las traiciones que han vivido a lo largo de su vida. Aunque tienen muchas dudas en el camino, confían en él para que los guíe con seguridad a través de este valle de sombra de muerte y hacia los verdes pastos de su vida abundante mientras restaura sus almas (ver Salmo 23 y Juan 10). Este camino a través del valle oscuro es bien conocido entre los sobrevivientes de abuso sexual[1].

El trauma del abuso sexual

He mencionado a varios de estos hombres y mujeres heroicos a lo largo de este libro. Recuerda a Rita (del capítulo 6). Aunque católica de toda la vida, experimentó una confusión considerable acerca de Dios debido a la tortura sexual de su hermano. Incluso después de que les contó a sus padres sobre el abuso muchos años después de que terminó, no la consolaron. Encontró la reconfortante compasión de Jesús en la persona de un sacerdote fiel que la ayudó a restaurar su confianza en Jesús. Pero varios años después de eso, otro sacerdote aparentemente compasivo se ofreció a ayudarla a sanar, pero en cambio la sedujo sexualmente. Sus acciones solo agravaron su trauma y le hicieron perder aún más la confianza en los hombres, los sacerdotes y, en última instancia, en Jesús. A través de estas continuas experiencias de abuso, Rita eventualmente perdió su capacidad de confiar en sus propias percepciones. Se odió a sí misma por haber sido engañada. Culpó a su cuerpo y su género por hacerla vulnerable.

Aunque su proceso de recuperación no ha sido ni rápido ni fácil, está siendo restaurada de formas que nunca podría haber imaginado. Ella ama y confía en Jesús, aunque por un tiempo, cuando lo imaginó en oración, temió que él también abusara de ella. Ahora, en su mente y corazón, puede separar sus experiencias personales con Jesús de aquellos que lo tergiversaron. También ha aprendido a confiar en los hombres, incluidos los fieles sacerdotes y obispos, que han desempeñado un papel crucial en su proceso de sanación. Mientras todavía está de luto por sus muchas pérdidas, puede recibir el consuelo y la sanación de Jesús para su corazón roto. Está empezando a disfrutar de la vida de nuevo. Ya no quiere morir, y ahora tiene sentido y propósito en su vida.

De manera similar, Charlie, a quien mencioné en el capítulo 7, ha estado involucrado en un largo y difícil proceso de recuperación. Está aprendiendo a ser compasivo consigo mismo, dándose cuenta de que sus muchos años de compulsión sexual fueron impulsados por sus experiencias de abuso sexual por parte de niñeras y vecinos varones durante sus primeros cinco años de vida. Este abuso, junto con el desapego emocional de su padre, generó una confusión considerable en su identidad masculina y resultó en un patrón de adicción sexual de por vida. A lo largo de los años, Charlie ha experimentado muchos encuentros poderosos con Jesús y ha recibido un profundo consuelo y restauración. Pero su sanación ha procedido lentamente, desarrollándose en capas a medida que se descubren nuevos recuerdos dolorosos. Al principio, Charlie creía que Jesús lo había abandonado en su abuso, pero ahora ha llegado a confiar en la presencia de Jesús, amándolo con compasión y honrando su libertad (incluso cuando no siempre puede sentir su presencia).

A pesar de lo difícil que ha sido el proceso, Charlie continúa siendo fortalecido por el Espíritu Santo que trabaja a través de la oración, los sacramentos y la comunidad. Experimenta la ternura y la compasión de Jesús a través de su fiel esposa y amigos, algunos terapeutas espiritualmente dotados, un grupo de apoyo de doce pasos y varios sacerdotes compasivos. Con su ayuda, trabaja valientemente a través de capas de disociación, descubriendo cada una de las siete heridas mortales y mentiras de identidad que se han arraigado en su mente y su corazón como resultado de sus experiencias traumáticas y compulsiones sexuales.

A medida que Charlie crece en integridad sexual, también se restauran sus relaciones con su esposa e hijos. Humildemente reconoce las formas en que lastimó a cada uno de ellos al exteriorizar sus compulsiones sexuales en años anteriores. Sin desear hacerles daño, ha transmitido su sufrimiento en forma de trauma de la traición.

El trauma de la traición

Antes de entrar en un proceso de sanación, las personas sexualmente heridas inevitablemente hieren a sus seres más cercanos, de una forma u otra. Eso fue cierto para Charlie y su familia, aunque nunca deseó lastimarlos. Charlie no abusó sexualmente de ellos, pero al exteriorizar sus compulsiones sexuales de otras maneras, traicionó su confianza. La esposa de Charlie experimentó especialmente el trauma de la traición como resultado de la actuación de sus compulsiones sexuales. Ella no está sola. Muchas personas casadas y solteras quedan traumatizadas por la traición de su cónyuge o amante como consecuencia de su infidelidad.

¿Recuerdas a Joyce (del capítulo 1)? Estaba severamente traumatizada por la traición de su esposo debido a su relación adúltera. Sin superar adecuadamente este trauma y sin abordar sus heridas subyacentes, terminaron divorciándose, lo que solo causó más sufrimiento para cada uno de ellos y sus hijos. Podría relacionarme demasiado bien. Algunas de mis heridas más profundas fueron el resultado de la infidelidad de mi padre y el posterior divorcio de mis padres. Sé cuán profundamente estas heridas sexuales *indirectas* pueden destrozar nuestros corazones y dejarnos crónicamente incomodados. Al mismo tiempo, puedo testificar de la esperanza y la restauración que viene cuando llevamos nuestros corazones rotos a Jesús y le permitimos que nos consuele en nuestro luto.

Aunque restaurar la confianza puede ser un proceso largo y exigente, he sido testigo de sanaciones milagrosas con muchas parejas y familias que han experimentado el trauma de la traición. La sanación de las heridas sexuales, incluido el trauma de la traición, comienza cuando enfrentamos la realidad de lo que sucedió y reconocemos nuestra incapacidad para sanarnos a nosotros mismos. Es de vital importancia que la persona que traiciona reconozca sus pecados y compulsiones, acepte toda la responsabilidad por sus acciones y aborde sus efectos en sus seres queridos, sin perder la esperanza. Para el cónyuge/pareja/hijos traicionados, es igualmente importante que reconozcan la traición y cómo ha herido su confianza. Charlie y su familia están participando en este proceso y está sanando a toda la familia.

Como sabe Charlie, es extremadamente difícil enfrentar nuestros traumas y reconocer cómo hemos herido a quienes amamos. Tenemos que aprender lentamente a confiar nuevamente en Dios y en otras personas, con estas áreas heridas de nuestro corazón. Tenemos que confrontar nuestras autojustificaciones, así como las mentiras y distorsiones culturales que nos dicen que no hay nada de malo en ciertos pensamientos y comportamientos sexuales. Tenemos que enfrentar la realidad de que Dios nunca tuvo la intención de que la intimidad sexual se experimentara fuera de una alianza marital de por vida. Tenemos que reconocer que siempre hay consecuencias cuando violamos los límites protectores de Dios para la intimidad sexual.

Cuando nos entregamos en cuerpo, alma y espíritu en amor sexual y luego rompemos la relación, muchos corazones se rompen inevitablemente. Las consecuencias pueden ser bastante graves y difíciles de superar. Conozco a muchos hombres y mujeres que han quedado profundamente traumatizados por relaciones sexuales rotas dentro y fuera del matrimonio. Estos incluyen experiencias tanto heterosexuales como homosexuales. Muchas veces el trauma no se vuelve completamente evidente hasta que la persona entra en otra relación y abre su corazón al amor nuevamente. Confiar en otra persona puede despertar miedo y ansiedad intensos, revelando un corazón previamente roto. Muchas veces la fuente de estos miedos va más allá de las traiciones de adolescentes y adultos. Están enraizados en heridas de apego e identidad de la niñez temprana.

El apego y el trauma de identidad

Algunos de nuestros traumas más profundos son el resultado de heridas psicosexuales por apegos rotos y heridas de identidad. Jimmy (del primer capítulo) es un ejemplo de alguien que quedó traumatizado sin ninguna interacción sexual abierta. Su trauma del Tipo A (la falta de apego con su padre) se vio agravado por el trauma del Tipo B (la humillación de su masculinidad por parte de los niños mayores en el vestuario). Como hemos señalado a lo largo del libro, la pérdida de apego con los padres y compañeros del mismo sexo puede tener graves consecuencias[2]. Steve, al igual que Jimmy, experimentó una ruptura del apego y la identificación con su padre y luego la humillación de sus compañeros. Recurrió a la fantasía y la pornografía entre personas del mismo sexo como una forma de medicar y recrear este trauma.

Las dificultades de apego con las madres, especialmente en las primeras etapas de la vida, pueden ser aún más debilitantes[3]. En *Sé sanado*, menciono la historia de John, quien experimentó el abandono de su madre a los dos años, cuando ella se fue durante seis semanas para cuidar de su mamá moribunda. Su partida causó una herida abierta de abandono en el corazón de John que luego se manifestó en su compulsión sexual. Separado del amor de su madre, continuó despreciándola y anhelando la nutrición del amor femenino. Su sanación comenzó con la dirección espiritual y a través de los sacramentos. Pero no estuvo completo hasta que lidió con su profundo trauma de abandono sin resolver y sus heridas de identidad.

John separó su corazón de su madre. Este apego roto alimentó su hambre compulsiva de nutrición femenina. Un paso crítico en la sanación de John se produjo cuando renunció al voto de que nunca necesitaría nada de su madre. Esto abrió su corazón para experimentar su anhelo por la crianza de su madre. Solo entonces, al enfrentar el dolor de sus necesidades insatisfechas, pudo llorar la pérdida del amor de ella cuando era niño. Una experiencia posterior de oración de sanación, varios años después, lo llevó por el resto del camino hacia la libertad de su compulsión sexual[4].

Los problemas de apego con las madres a temprana edad son a menudo uno de los principales contribuyentes a la compulsión sexual también en las mujeres. Leanne Payne, quien dedicó su vida a ayudar a hombres y mujeres a sanar sus compulsiones hacia personas del mismo sexo, describe estas dinámicas como una forma de entender el proceso requerido para la restauración: "El hecho es que muy a menudo quien cae en una relación lésbica lo hace . . . en un momento de descuido y debido a una grave privación de los brazos amorosos de una madre en la infancia y la niñez"[5].

Me he encontrado con una serie de mujeres que, debido a los malos lazos con sus madres, fueron seducidas con demasiada facilidad por mujeres mayores para tener relaciones lésbicas. Estas relaciones, que al principio parecían superficialmente enriquecedoras, luego se volvieron abusivas. A la larga, la ruptura de la relación lésbica solo agravó el dolor de la pérdida de apego y agregó un trauma adicional por traición y abuso sexual. Para muchas mujeres atrapadas en un estilo de vida lésbico, este patrón de seducción, crianza, abuso, traición y luego abandono se convierte en una rutina sin esperanza de dolor y abuso.

Como puedes ver en estos relatos y en todo lo que hemos discutido a lo largo de este libro, nuestras primeras experiencias de desarrollo marcan una gran diferencia en nuestra capacidad para establecer confianza y formar vínculos saludables. Estos, a su vez, tienen un impacto significativo en cómo nos vemos a nosotros mismos (identidad de género) y cómo expresamos nuestra sexualidad (compulsiones y pecados sexuales). Seamos conscientes de ello o no, nuestras heridas sexuales a menudo involucran una sinergia de privaciones de amor (traumas del Tipo A) y violaciones (traumas del Tipo B). Las fuentes de heridas, violaciones y distorsiones de identidad son únicas en cada situación, pero en cada caso dejan un corazón roto que necesita ser sanado por el tierno amor de Jesús.

La cirugía de corazón de Jesús

A medida que entramos en la sanación de nuestros traumas más profundos, ten en cuenta que una parte central de la misión de Jesús es sanar nuestros corazones rotos (Is 61:1). El obispo Robert Barron nota que todos tenemos el corazón roto debido a la ruptura con Dios, conocida como pecado original[6]. Pero aquellos traumatizados por el abuso sexual, la traición y los apegos heridos soportan algunos de los sufrimientos más profundos. No importa cuánto tiempo o cuánto hayamos sufrido, Jesús es inquebrantable en su dedicación para restaurarnos. El padre Michael Scanlon subraya este punto:

> El Señor quiere que conozcamos un corazón nuevo, un corazón limpio, un corazón carnal en lugar de un corazón quebrantado, un corazón herido y un corazón endurecido. Esta es la obra del Señor y en su tiempo lo sabemos . . . En un momento de gracia que parece ser el clímax de las curaciones de la memoria, hay un desmoronamiento del corazón de piedra endurecido, o hay un lavado limpio y una nueva totalidad en el corazón herido, o hay un reemplazo del corazón quebrantado con el corazón pastoral del Señor[7].

En mis años de acompañar a quienes han sufrido abuso sexual, traición y pérdida de apego, he sido testigo muchas veces de este milagro de un corazón nuevo. A menudo hay un largo proceso de construcción de confianza a través de la sanación de los recuerdos. Entonces, "en un momento de gracia", como lo expresa tan elocuentemente el padre Scanlon, las paredes del corazón endurecido se derrumban. Años de disociación y distanciamiento defensivo dan paso a una nueva apertura, confianza y esperanza. La persona finalmente puede experimentar la presencia sanadora de Jesús en lo más profundo de su corazón, donde previamente habían echado raíces las siete heridas mortales. Con su amor tierno y compasivo, dice con autoridad la verdad donde la identidad los ha mantenido atados (por ejemplo, no estás solo; eres mi amado; estás a salvo; estás limpio; eres libre).

Habiendo visto a Jesús realizar esta cirugía de corazón muchas, muchas veces, estoy convencido de que desea sanarnos a cada uno de nosotros de una manera similar. Él puede ministrarnos directamente en oración, pero a menudo trabaja en y a través de su Cuerpo, la Iglesia. Esta combinación de Cristo y la Iglesia es el remedio más seguro para nuestra sanación sexual. Aquellos que han experimentado un trauma sexual necesitan una combinación de buena terapia centrada en Cristo, predicación sólida del evangelio, apoyo pastoral cristiano compasivo, y las gracias disponibles a través de los sacramentos.

A través de estos diversos medios, el amor misericordioso de Jesús llega a cada persona que ha sido herida por violaciones sexuales, incluidos los sobrevivientes, los perpetradores y los miembros de la familia. Es probable que cada persona haya sido profundamente herida por traumas tanto del Tipo A como del Tipo B. Por lo tanto, la sanación debe ir más allá de los traumas de abuso y traición para atender las heridas subyacentes del apego y la identidad, incluidos los lugares donde se ha roto nuestra relación con Dios. La restauración normalmente comienza con una persona motivada, pero eventualmente puede extenderse a cada persona afectada, dentro y fuera de la familia.

Sanar a toda la familia

¿Recuerdas a Hank (del capítulo 5), quien abusó sexualmente de sus hijas? Su sanación, y la de sus hijas, nunca podría haber sucedido si su esposa, Danielle, no hubiera venido en busca de ayuda primero. Y ella solo vino porque su hermano y su cuñada la alentaron, después de su propia sanación. Aunque no se vieron directamente afectados por el abuso, también sufrieron un trauma de traición cuando se enteraron de lo que les sucedió a sus sobrinas. Después de recibir una sanación sustancial, se acercaron a Danielle para alentarla a participar en la terapia.

El proceso de sanación de Danielle

Cuando conocí a Danielle por primera vez, parecía conmocionada, luchando por comprender cómo su esposo pudo haber abusado sexualmente de sus cuatro hijas a lo largo de los años sin que ella lo supiera. Durante los siguientes meses, mientras trataba de enfrentarse a la realidad y la devastación resultante del abuso, progresó a través de las etapas del proceso de duelo: negación, ira, negociación, depresión y aceptación[8].

Antes de la terapia, permaneció atrapada en la etapa de conmoción y negación, y le resultó difícil comprender lo que sucedió. A medida que su negación se vino abajo, comenzó a sentir rabia (ira intensa, dolor e impotencia). En un momento, tuvo miedo de matar a Hank si lo volvía a ver. Mientras continuaba con su proceso de duelo, revivió los hechos y trató de averiguar qué podría haber hecho para evitarlo. Esta era su forma de tratar de recuperar el control en medio de la sensación de impotencia (negociación).

Después de aceptar su impotencia para cambiar el pasado, se resignó a reconocer la realidad de lo que sucedió y luego se derrumbó en un estado de agotamiento y desesperanza (depresión). Eventualmente pudo expresar su angustia y su tristeza y aceptar la realidad de lo que había sucedido con renovada esperanza (aceptación). Finalmente pudo llorar las abrumadoras pérdidas en las que ella, su esposo y sus hijas habían incurrido. Su luto, como se puede imaginar, fue intenso y sumamente doloroso. No pasó rápido ni sin dificultad, pero en medio de ello, experimentó la presencia reconfortante de Jesús que la consolaba.

Un gran avance ocurrió cuando Danielle confesó sus pecados (incluyendo su ira asesina y el odio por su esposo) en el sacramento de la Reconciliación (apéndice 1). Otro gran punto de inflexión ocurrió en las siguientes semanas y meses cuando finalmente se perdonó a sí misma por no estar más consciente de lo que estaba pasando mientras ocurría el abuso (apéndice 2). A lo largo de todo el proceso sintió la presencia consoladora de Jesús en la Misa y la adoración diarias.

La oración de sanación contemplativa también fue de gran ayuda para Danielle en su proceso de sanación (apéndice 4). Enfrentó las heridas de su niñez de abandono, miedo e impotencia, así como la traición y la impotencia que experimentó en su matrimonio. Encontrar la presencia de Jesús en estos recuerdos la consoló considerablemente. También renunció a las mentiras sobre su identidad, a sus juicios de autoprotección y a los vínculos poco saludables con Hank y sus hijas (apéndice 3). Cada experiencia de sanación proporcionó comodidad adicional y mayor claridad. Eventualmente tuvo la fuerza para perdonar a su esposo, lo cual fue otro gran avance (apéndice 2).

De manera lenta pero segura, Danielle comenzó a sentir un alivio en su espíritu donde antes la carga parecía sofocante. Su intenso proceso de duelo dio lugar a destellos intermitentes de alegría sobrenatural. Al aprender a confiar y permanecer en el amor y la verdad de Dios a lo largo de cada día, comenzó a tener la esperanza de que Jesús sanaría y restauraría a su familia. Con esa esperanza en mente, se esforzó por enfrentar nuevamente a su esposo e invitarlo a participar en el proceso de restauración.

Cuando se enteraron de la decisión de su madre de volver a comprometerse con su padre, las hijas de Danielle se indignaron. Pero Danielle se mantuvo firme en sus convicciones, creyendo que sus elecciones pronto beneficiarían también a sus hijas, incluso si ellas aún no podían verlo. Se sentía segura de que estaba siguiendo el camino que Dios preparó para la salvación de su esposo. Hasta ahora, la perseguían los pensamientos de que su esposo muriera (ya sea por insuficiencia cardíaca o por suicidio) antes de que pudiera reconciliarse con Dios. No podía soportar la idea de que él se perdiera para siempre en el infierno, aunque unos meses antes estaba segura de que merecía ir allí.

El proceso de sanación de Hank

A pedido de Danielle, aconsejé a Hank durante varios meses antes de reunirme con ellos como pareja. Hank progresó a través de muchas de las mismas etapas de duelo y sanación que tuvo Danielle, pero de acuerdo con su propia progresión y tiempo internos. Reconocer los detalles del abuso sexual y enfrentar su intensa vergüenza y odio hacia sí mismo resultaron ser las partes más difíciles del proceso. Sintió una medida de libertad y paz después de confesar sus pecados a un sacerdote en el sacramento de la Reconciliación (apéndice 1).

Incluso después de recibir el perdón de Dios, Hank dijo que no podía perdonarse a sí mismo hasta que su familia lo perdonara. Pero lo animé a mantener su enfoque en la misericordia de Jesús, para que pudiera enfrentar a su esposa e hijos sin perder su fuerza y colapsar bajo el peso de su inmensa culpa. Hank también tuvo que trabajar con las mentiras de identidad asociadas con sus pecados personales, así como con las que surgieron de las heridas de su niñez. Estaba empezando a comprender cómo la vergüenza subyacente y las heridas de abandono de su niñez alimentaron su compulsión sexual de por vida. Mientras abordamos estos problemas más profundos del corazón en la oración contemplativa y de renuncia (apéndices 3 y 4), Hank luchó por recibir el amor de Jesús. Cada vez que imaginaba (en oración contemplativa) a Jesús acercándose a él con compasión, apenas podía confiar en que era real. Esto hizo que le resultara especialmente difícil recibir la sanación que necesitaba. Sin embargo, con el tiempo progresó en su sanación y se sintió lo suficientemente fortalecido por la gracia de Dios para reunirse con Danielle en terapia.

La sanación marital

Hank se dio cuenta de que las reuniones con su esposa serían una verdadera prueba para su creciente confianza en Dios. Pero también sabía que su sanación significaría poco si no podía escuchar el dolor de ella y asumir la responsabilidad personal por sus acciones. Las sesiones entre Hank y Danielle fueron extremadamente intensas, pero también sorprendentemente tiernas. Ambos se mantuvieron humildes y honestos durante muchas de las reuniones. Hank recibió la ira, el cuestionamiento y las lágrimas de Danielle con compasión y remordimiento. Estaba atónito por su perdón y abrumado por la gratitud por la misericordia de Dios que se derramaba a través de ella.

Juntos, Hank y Danielle lloraron la inmensidad de las pérdidas en su matrimonio, su relación rota con Dios y especialmente el sufrimiento personal de cada una de sus hijas. Al ver su vulnerabilidad y la tristeza según Dios, Danielle pudo recordar nuevamente al hombre del que se enamoró, en lugar del "monstruo" que había abusado sexualmente de sus hijas. Todavía no sabía si realmente podría volver a confiar en él. Pero pronto descubriría que él realmente había cambiado mientras asistía a las reuniones con Hank y sus hijas.

La sanación de las hijas

Dos de las hijas habían contratado terapeutas en las ciudades donde vivían. Esto les facilitó entrar en el proceso, habiendo hablado previamente sobre su abuso y lidiando con parte de su ira y trauma. Una de las hijas padecía una grave adicción a las drogas (para medicar su dolor) y actualmente mantenía una relación sexual con otra mujer. Una segunda había hecho frente a su abuso convirtiéndose en una triunfadora, enmascarando su dolor a través del perfeccionismo y el éxito. Ambas estaban aterrorizadas de enfrentar a su padre, así como con su madre, con quien tenían una relación de amor y odio. Superando sus miedos y sus intensos sentimientos de odio, vergüenza, confusión y traición, entraron valientemente en el proceso de confrontar el sufrimiento y la degradación de su abuso sexual. Las reuniones fueron insoportablemente dolorosas para todos los involucrados, pero sorprendentemente hermosas y redentoras al mismo tiempo.

Las hijas, cada una según su propia capacidad, abordaron su dolor y rabia con su padre y su madre. Cuando vieron el crecimiento y la humildad de sus padres, se sorprendieron y animaron a compartir su dolor con niveles de vulnerabilidad cada vez más profundos. Pronto, las reuniones se convirtieron en un momento de duelo comunitario, reconociendo capas de dolor y vergüenza desgarradoras, y culminando en un arrepentimiento y perdón genuinos. Me senté allí asombrado por la bondad y la misericordia de Dios. Estaba convirtiendo su lamento en gozo ante nuestros propios ojos (ver Salmo 30:12).

La restauración de la familia

Diez años después de terminar la terapia, Danielle me contactó para informarme que Hank había muerto recientemente. Estaba llena de gratitud por todo lo que el Señor había hecho en sus vidas. Me dijo que la familia estaba agradecida por los años que les quedaban juntos, siempre conscientes del milagro que Dios había obrado en medio de ellos. La sanación fue tan completa que Danielle y sus hijas y yernos confiaron en Hank cuando estaba con sus nietos. Danielle concluyó: "Esos últimos años con Hank fueron los años más felices de nuestra vida marital y familiar. Creo firmemente que nos reuniremos en el cielo donde podremos amarnos por toda la eternidad y dar infinitas alabanzas a Dios por todo lo que ha hecho en nuestras vidas".

Al leer sobre esta familia, ¿cuáles son tus reacciones? Te animo a que pongas atención a cómo te sientes y lo que estás pensando. ¿Hay alguna experiencia en tu vida que refleje la experiencia de esta familia? ¿Tu familia ha experimentado la restauración de esta manera? ¿O te sientes engañado porque quien violó tu confianza, o la de tus familiares, no ha respondido con este tipo de honestidad y humildad? ¿Eres consciente de sentir rabia, pena, envidia, duda o incredulidad? Independientemente de lo que estés experimentando, te animo a que te detengas un minuto y permitas que tus pensamientos y sentimientos salgan a la superficie. Luego pregúntale a Jesús qué quiere mostrarte. El mismo proceso de sanación que experimentó la familia de Danielle está disponible para ti (ver los apéndices 1–4). Una parte importante de este proceso de sanación consiste en liberar nuestra rabia y nuestro dolor.

Liberar la rabia y el dolor

¿Te imaginas sentarte frente a la persona que te violó sexualmente, te traicionó o no te protegió, como lo hicieron las hijas de Hank y Danielle? Eso requirió una enorme cantidad de valentía y una sensación de seguridad para volverse tan vulnerable. Sin embargo, enfrentar nuestro dolor y rabia es una parte esencial del proceso de perdón (ver el apéndice 2). Necesitamos ser capaces de decir la verdad de lo que pasó y nombrar lo que nos han robado antes de que podamos perdonar de todo corazón. De lo contrario, nuestro perdón sigue siendo superficial y no sana los rincones más profundos de nuestro corazón que han sido gravemente heridos.

Muchos de nosotros nos sentimos incómodos con sentimientos intensos como estos, especialmente la ira. Pero estas fuertes reacciones emocionales no son inusuales con el tipo de trauma intenso que a menudo acompaña a las violaciones sexuales y otros tipos de traición y pérdida de apego. Si estos sentimientos de dolor e ira no se abordan, se internalizarán y se manifestarán de varias maneras, incluido el odio hacia uno mismo, el suicidio, las cortaduras, el alcohol, la adicción a las drogas, la vergüenza, el perfeccionismo y la compulsión sexual. Las hijas de Hank y Danielle exhibieron muchos de estos síntomas hasta que liberaron su dolor y su ira y pudieron perdonar a su madre y a su padre.

La rabia es una experiencia de ira intensa, impotencia, terror y abandono, mezclados en un torbellino de confusión. Es una respuesta natural al trauma. Esta rabia puede estar dirigida hacia el abusador/traidor, hacia uno mismo (en un comportamiento autodestructivo), hacia los miembros de la familia, o incluso hacia Dios por permitir que ocurra el abuso/la traición.

En su libro *Pursuing Sexual Wholeness* [En busca de la plenitud sexual], Andrew Comiskey habla de la importancia de enfrentar nuestra ira y dolor intensos como una parte fundamental del proceso de sanación. Es más provechoso cuando se dirige directamente a Dios, que es el único que puede recibirlo y transformarlo plenamente. "Él puede manejar su ira; Él también quiere que ella se lo suelte a Él para que pueda recibirlo como abogado, no como un espectador ambivalente"[9].

Mientras reflexiono sobre esta declaración de Comiskey, recuerdo muchas situaciones que acompañan a otros en el proceso de sanación. Muchos están furiosos con Dios, los miembros de la familia o las autoridades de la Iglesia que parecían "espectadores ambivalentes" en lugar de ser defensores y protectores de ellos. Las hijas de Danielle expresaron su rabia hacia su madre, percibiéndola como una "espectadora ambivalente". También se enfurecieron con Hank por robarles la inocencia y arruinarles la vida. Si Danielle y Hank pudieron tomar el enojo de sus hijas (con la gracia de Dios) y responder con amor, ¿cuánto más Dios Padre, quien recibió el dolor de Jesús en la Cruz, puede recibir nuestro dolor y responder con amor misericordioso?

Como he meditado personalmente sobre la pasión de Jesús a la luz del abuso sexual, la traición y el trauma del abandono, me doy cuenta de que él también fue violado y experimentó toda la fuerza de la traición y el abandono. Traicionado por al menos dos discípulos de su círculo íntimo, fue luego desnudado y humillado públicamente. Posteriormente, su cuerpo fue perforado y penetrado con fuerza. En todo esto, creo que Jesús estaba absorbiendo completamente la experiencia de violación y traición de cada sobreviviente y expresando el dolor inherente a esta experiencia. Sus palabras desde la Cruz resuenan a través de los siglos: "Dios mío, Dios mío, ¿por qué me abandonaste?" (Sal 22:2).

Al pronunciar estas palabras desde lo más profundo de su alma, Jesús nos da a cada uno de nosotros permiso (y un ejemplo) para descargar nuestra angustia al Padre. ¿Puedes imaginarte expresando tu dolor a Dios? Como nota Comiskey, estos son sentimientos legítimos: "Entonces ella puede liberar el torrente de dolor e ira dentro de ella. Estos sentimientos son absolutamente legítimos: Cristo sufre como ella . . . Su necesidad de entrar en contacto con la emoción reprimida en su interior es vital. Sin esa liberación, se desarrolla un callejón sin salida emocional que ayudará a prevenir una relación saludable en el presente"[10].

Cristo afligido y sintiendo nuestro dolor con nosotros es una idea gloriosa. Pero ¿qué sucede cuando realmente no creemos que él está presente en nuestros traumas, y mucho menos simpatiza con nuestro sufrimiento? Esta es la situación de muchas de las que han sido violadas sexualmente. En lo más profundo de su corazón se preguntan desesperadamente: "¿Dónde estaba Dios?".

¿Dónde estaba Dios?

¿Te resulta difícil creer que Jesús se aflige como tú, especialmente en las áreas sensibles de tus violaciones sexuales, trauma de traición y heridas de apego? ¿Confías en que él está contigo en tus puntos más vulnerables y necesitados? Si dudas de esto, no estás solo. Es bastante común que las víctimas de violación sexual, abandono y traición, así como sus familiares, tengan serias dudas sobre la presencia de Jesús en medio de estos horribles eventos. Muchos preguntan: "¿Cómo pudo estar allí y permitir que esto sucediera?". Debido a la disociación, a menudo hay un bloqueo emocional y espiritual en nuestra capacidad de conocer su presencia de esta manera. Detrás de estos muros disociados acecha un torbellino de abandono, dolor y rabia. Hasta que estas áreas se aborden honestamente en oración, el proceso de sanación solo puede llegar hasta cierto punto.

La experiencia de Rita

Mencioné a Rita anteriormente en este capítulo. Liberar el dolor y la rabia fue un gran obstáculo para ella. Desde que era niña, su fe en Dios fue importante para ella. Incluso de adulta, pasaba horas en adoración. Pero no pudo reconciliar su amor por Dios con el intenso abandono que sintió de él durante sus experiencias de abuso sexual. Desde sus primeros recuerdos de su niñez, se sentía sola y desprotegida por sus padres, pero siempre podía acudir a Dios y recibir consuelo. Pero algo cambió una vez que su hermano comenzó a abusar de ella. En el silencio de su corazón, preguntó: "¿Dónde estás Dios? ¿Cómo pudiste dejar que esto me pasara a mí?". La pregunta de Rita es universal. "¿Cómo podría un Dios bueno y amoroso permitir que seamos dañados y sigamos sufriendo?".

Los sentimientos de Rita de estar sola y desprotegida solo se intensificaron después de que les contó a sus padres que su hermano abusaba sexualmente de ella. En lugar de creerle y ofrecerle consuelo, sus padres negaron resueltamente que hubiera pasado algo y la culparon por intentar destruir a su familia. Muchos años después, cuando ella reveló públicamente que un sacerdote la había violado sexualmente, sus padres fueron crueles en sus ataques contra su carácter. Este dolor de abandono se sintió demasiado abrumador para que Rita lo enfrentara, por lo que mantuvo estos sentimientos enterrados durante muchos años. Su rabia y su dolor no salieron a la superficie hasta que comenzó a enfrentar los detalles sangrientos de su abuso sexual con su hermano y el abandono que experimentó en su relación con Dios.

Aunque no participé en la mayor parte del proceso de sanación de Rita, su obispo me pidió que caminara con ella en esta parte tan intensa. Por primera vez en su vida finalmente había hablado sobre los crueles y sádicos detalles de cómo su hermano abusó sexualmente de ella. Al entrar en estos recuerdos, su terror se hizo palpable. La animé a que le pidiera al Espíritu Santo que le revelara cualquier cosa que quisiera que ella supiera sobre el abuso. Después de que él reveló algunos detalles importantes que ella había olvidado, le pedimos al Espíritu Santo que le hiciera saber dónde estaba Jesús en medio de estos recuerdos. Ante esto, Rita comenzó a protestar, tartamudeando como si estuviera hablando desde el corazón de su yo traumatizado de nueve años: "Él no estaba allí. Él no podría haber estado allí. Si él estuviera allí, ¿cómo pudo dejar que esto sucediera?".

Al encontrarme con esta parte joven y traumatizada de Rita, me di cuenta de que estábamos parados en terreno sagrado. Así que procedí aún más tiernamente. Después de varios minutos de silencio, pregunté: "Rita, ¿puedes decirme lo que estás experimentando?". Con esa pregunta, Rita estalló en cólera, como un volcán arroja lava caliente a trompicones. Gritando desde lo más profundo de su ser, liberó décadas de dolor reprimido.

Sus chillidos desafiaron las palabras. Incluso ahora me resulta imposible describir adecuadamente la experiencia. Todo lo que puedo decir es que sentí su terror visceralmente, y sentí su rabia como si contuviera la fuerza de las Cataratas del Niágara. Después de liberar su intensa ira, Rita comenzó a llorar. Con el dolor más profundo y desgarrador, volvió a hablarle a Jesús con su voz de niña de nueve años: "¿Cómo puedes decir que me amas y dejar que me pase esto?". Mientras ella dirigía sus preguntas a Jesús, oré en voz baja: "Jesús, por favor, revela tu presencia a Rita en este recuerdo".

Rita se tranquilizó. En unos minutos, su luto tortuoso se convirtió en la risa más hermosa y sincera de una niña de nueve años. El alivio pareció impregnar todo su ser. Ella se regocijó: "No puedo creerlo. *Él está aquí. Jesús realmente está aquí.* Él nunca me dejó. Ha estado aquí todo el tiempo. Está arrodillado junto a mi cama orando por mí. Él está llorando. Puedo ver su dolor y su amor por mí. Sus ojos están tan llenos de amor y su rostro es tan amable . . . Ahora lo veo en la Cruz, y todas esas cosas crueles que mi hermano me está haciendo, Jesús las está tomando sobre sí mismo. ¿Es esto realmente cierto? ¿Esto realmente puede estar pasando? . . . Tiene que ser real. Puedo sentir su amor y su presencia, y ya no me siento sola. Ha tomado completamente mi dolor. Ya no tengo miedo. Oh, Jesús, te amo. Gracias, Jesús. Muchas gracias. Gracias por estar aquí".

Luego, en su visión interior, Rita vio a Jesús todavía en la Cruz y lo escuchó decir estas palabras directamente a su hermano: "Padre, perdónalo, porque no sabe lo que hace" (ver Lucas 23:34). Ante esto, Rita volvió a guardar silencio. Después de unos minutos, ella le habló directamente a Jesús. "Jesús, ¿cómo pudiste perdonar a Dan? Sabes lo que me hizo. ¿No te preocupas por mí? ¿No necesita ser castigado por esto?". En el silencio de su corazón, Rita escuchó a Jesús responder: "Rita, sabes cuánto me preocupo por ti. También me preocupo por Dan. Lo he perdonado y sé cuánto le duele a él también. Te pido que lo perdones y ores por su salvación. Él está sufriendo más de lo que nunca sabrás".

Después de experimentar el amor de Jesús y escuchar su explicación, Rita estaba lista para perdonar a su hermano. La animé a orar durante el proceso del perdón (apéndice 2) para que también pudiera superar cualquier dolor, juicio, apego malsano o mentiras sobre su identidad que pudieran obstaculizar su libertad para perdonarlo (apéndice 3). Después de estas oraciones, se sintió libre de una manera que nunca pudo recordar. Juntos, expresamos ardientemente nuestra gratitud a Jesús, nos maravillamos de su amor y su bondad, y le pedimos que sellara la sanación de Rita con su preciosa sangre cuando ella lo recibiera en la Eucaristía nuevamente.

Después de este avance, Rita aún necesitaba atravesar muchas áreas de su proceso de sanación, incluido el abandono que sentía por parte de sus padres, pero hubo un cambio notable en su confianza en Dios. A lo largo de los años, ha encontrado sacerdotes y obispos compasivos para ayudarla. A través de ellos, está restaurando su relación con Dios y la Iglesia, dándose cuenta de que el sacerdote que abusó de ella (el padre Tony) no representaba realmente a Jesús o a la Iglesia, sino que escuchaba al "padre de toda mentira". Desde entonces, Rita ha podido perdonar al padre Tony. Pero continúa trabajando en áreas en las que culpó a su cuerpo y odió a su género por lo que sucedió.

Restaurar la identidad de género

Ya sea que las distorsiones de género sean el resultado del abuso sexual o de privaciones en el desarrollo psicosexual, es bastante común que los sobrevivientes desprecien su naturaleza sexual dada por Dios y se sientan profundamente ambivalentes acerca de sus sentimientos de excitación sexual. Estas distorsiones pueden manifestarse en compulsiones del mismo sexo o del sexo opuesto. Esto depende de una serie de factores, incluido el grado de herida y cuánta distorsión de género se ha producido. Para que la sanación sea completa, la identidad de género del sobreviviente debe restaurarse de acuerdo con el diseño de Dios.

La restauración de la identidad de género sigue un patrón similar al proceso de sanación que hemos estado discutiendo a lo largo de la Parte II. Todas las herramientas espirituales de los apéndices 1–4 son necesarias y extremadamente beneficiosas en este proceso, como vimos con Steve en el último capítulo. Los siguientes pasos son esenciales:

- Reconocer la bondad del diseño de Dios para la sexualidad (teología del cuerpo)
- Reconocer los pecados y las compulsiones sexuales y sus consecuencias (apéndice 1)
- Enfrentar y liberar el trauma del abuso sexual o traumas de traición; perdonarse a sí mismo, a los demás y a Dios por lo sucedido (apéndice 2)
- Renunciar a las mentiras de identidad y reafirmar las creencias fundamentales de identidad; renunciar a los apegos impíos, los votos impíos y los juicios amargos (apéndice 3)
- Sanar las heridas ocurridas en el desarrollo psicosexual, en cuanto al apego y la identificación; experimentar el amor y la verdad de Dios en todas las áreas donde el apego y la identidad de género han sido heridas (apéndice 4)
- Crecer en integridad sexual y establecer límites saludables (apéndice 5)

Nos centraremos en el proceso de restauración de la integridad sexual en el próximo capítulo. De antemano, te animo a que tomes un momento para reflexionar sobre las ideas de este capítulo y cómo aplicarlas a tus propias circunstancias en la actividad personal. Ya sea que hayas sido violado sexualmente o no, o hayas experimentado heridas de traición, lo más probable es que tengas algunos traumas del Tipo A y del Tipo B que hayan afectado tu identidad de género e integración sexual hasta cierto punto.

Tómate un momento

1. ¿Qué crees que tienen en común el trauma por abuso sexual, el trauma por traición y las heridas de apego?
2. ¿Cómo puede Jesús sanar nuestros corazones rotos y consolarnos en nuestro dolor? ¿Cómo podrían las oraciones de los apéndices 1–4 ponerse en práctica en tu proceso de sanación?

3. ¿Por qué crees que es esencial abordar la pregunta "¿Dónde estaba Dios?" ¿Qué papel juega la rabia en el proceso de sanación?
4. ¿Qué aspecto de tu identidad de género necesita restauración? ¿Cómo se puede restaurar?

Actividad personal

1. Pídele al Espíritu Santo que te revele cualquier área de trauma sexual, trauma de traición o heridas de apego en la historia de tu vida.
2. Sigue los pasos de la oración de sanación en el apéndice 4. Deja que el Espíritu Santo te guíe.
3. Si tienes preguntas sobre la presencia de Jesús, exprésale tus dudas, dolor e ira.
4. Pídele que revele su presencia en la memoria y que revele lo que quiere que sepas.
5. Sigue volviendo al proceso hasta que experimentes su presencia y recibas su verdad en las áreas donde has interiorizado heridas y mentiras de identidad.
6. Si encuentras barreras, aplica las otras herramientas espirituales. Es posible que necesites dar o recibir perdón (apéndice 1 y 2). O tal vez necesites renunciar a votos impíos, juicios amargos, apegos malsanos o mentiras de identidad asociadas con tus heridas (apéndice 3). Ora a través de esas áreas y luego regresa al proceso de sanación interior.
7. Si encuentras que el proceso es abrumador o te estancas, puedes beneficiarte de contratar a un terapeuta, un sacerdote o un ministro de oración capacitado para que te ayude. También puedes encontrar útiles algunos de los recursos en el Centro de Sanación Juan Pablo II.
8. Agradece a Jesús por su amor y presencia en tu sufrimiento, y por su deseo de sanar tu corazón roto, consolarte en tu dolor y convertir tu luto en alegría.

10

ROBLES DE JUSTICIA: RESTAURAR NUESTRA INTEGRIDAD SEXUAL

Les pondrán el sobrenombre de "[Robles] de Justicia", los que Yavé plantó para su gloria.

—Isaías 61:3

A lo largo de este libro hemos estado explorando las diversas causas y manifestaciones de nuestra desintegración. Nuestros pecados sexuales, heridas, compulsiones y distorsiones de identidad son sirenas que nos alertan sobre nuestro quebrantamiento sexual y nos llaman a la plenitud sexual. Todos deseamos naturalmente el alivio del sufrimiento, pero nuestra sanación debe ir más allá del mero alivio de los síntomas. En el fondo, anhelamos la comunión con Dios, la integración en nosotros mismos y la restauración en todas nuestras relaciones. Esta comunión restaura nuestra integridad sexual y nos permite convertirnos en "[Robles] de Justicia', los que Yavé plantó para su gloria" (Is 61:3).

Cada una de las personas mencionadas a lo largo de este libro (incluidos mi familia y yo) experimentó cierto grado de desintegración en nuestra sexualidad como resultado de nuestros pecados sexuales y heridas psicosexuales. En un grado u otro, estos pecados y heridas nos dejaron sumidos en la vergüenza, en conflicto con nuestros pensamientos y sentimientos sexuales, y en gran medida desconectados de nuestros corazones y apartados del amor auténtico. Pero luego encontramos el amor misericordioso de Jesús tocando las áreas precisas de nuestra vergüenza sexual. Como testifica el padre John Riccardo: "La vergüenza, especialmente la vergüenza sexual, [en definitiva] no es una barrera para el amor de Dios. De hecho, cuando finalmente nos cansamos lo suficiente como para estar dispuestos a sacar a la luz la verdad de nuestras cadenas de vergüenza, descubrimos que se convierten en un puente hacia la transformación personal"[1].

A lo largo de la Parte II, hemos sido testigos del milagroso poder sanador del amor y la verdad de Dios como antídotos para nuestro pecado y nuestra vergüenza. Nuestro quebrantamiento sexual y nuestra incapacidad para sanarnos a nosotros mismos no son obstáculos para Jesús. Nuestra pobreza espiritual es en realidad la condición previa para experimentar su restauración en nuestras vidas. La sanación ocurre cuando humildemente reconocemos nuestras heridas y pecados sexuales y llevamos nuestros corazones rotos a Jesús, dependiendo de él (a menudo trabajando a través de sus representantes en el Cuerpo de Cristo) para restaurarnos a la integridad sexual.

La integridad sexual

La integridad sexual implica pensar, sentir y actuar de acuerdo con la verdad de quienes somos, en plena conformidad con el diseño de Dios para nuestra sexualidad. La doctora Janet Smith elabora: "San Juan Pablo II usó el término 'integridad sexual' para indicar que *una persona conoce la verdad sobre el significado de la sexualidad, puede permanecer en esa verdad y actuar con alegría de acuerdo con esa verdad*"[2].

Actuar de acuerdo con la verdad de nuestra sexualidad requiere una continua y permanente renuncia a las mentiras que creemos. Renunciamos a la idolatría del cuerpo por parte del mundo, a favor de lo que san Juan Pablo II llama la "teología del cuerpo". Esto comienza con la comprensión de que Dios está en el centro de nuestra sexualidad. Somos creados hombre y mujer para representar la imagen de Dios, en cualquier estado de vida en el que nos encontremos. Nuestros cuerpos son su templo sagrado, y estamos llamados a adorarlo con nuestros cuerpos (1 Cor 6:19; Rom 12:1). Lo adoramos con amor y generatividad.

La integridad sexual no es una virtud fácil de adquirir, especialmente en un mundo acosado por la idolatría, la confusión, el egocentrismo y una infinidad de otras distorsiones sexuales. Primero tenemos que reconocer las muchas formas en que actualmente estamos desintegrados debido a nuestra historia sexual personal y familiar, así como las influencias culturales generalizadas que distorsionan nuestra comprensión de la sexualidad. Cada una de las personas que seguimos a lo largo de este libro ha estado inmersa en una cultura que adora en los altares de Baal y Astarot (poderes demoníacos asociados con la inmoralidad sexual), ofrece a nuestros hijos en sacrificio a Moloc y Lilit (poderes demoníacos detrás del aborto y la anticoncepción), y abarca las distorsiones sexuales evidenciadas por los infames Acab y Jezabel (arquetipos de distorsión de género)[3].

En esta cultura sexualmente pervertida, a menudo es difícil encontrar testigos ejemplares que *vivan la verdad en el amor*. Todos hemos tenido modelos personales a seguir en nuestras familias, en nuestra cultura y, a veces, incluso en las comunidades de nuestra iglesia que carecen de integridad sexual de una forma u otra. Bajo estas influencias, nosotros mismos hemos tomado numerosas decisiones que han comprometido nuestra propia integridad. Sin embargo, todavía necesitamos modelos a seguir inspiradores, y una comunidad que nos muestre el significado y el propósito de nuestra sexualidad, y cómo vivir con alegría en la plenitud que Dios quiere.

Como hemos enfatizado a lo largo del libro, los miembros de la Sagrada Familia son los mejores modelos a seguir y la comunidad que revela la belleza y la plenitud de la integridad sexual. Habiendo vivido plenamente en obediencia al diseño de Dios, *vivieron la verdad en el amor* en cada momento de sus vidas. Su gozoso testimonio e intercesión prepara el camino para que cada uno de nosotros encuentre la libertad y la plenitud sexual. Ya sea que seamos célibes, solteros o casados, todos podemos aprender sobre la integridad sexual siguiendo el ejemplo de ellos. Nos revelan la plenitud del genio masculino y femenino tal como Dios lo quiso desde la creación.

Jesús es más que un modelo a seguir. Él es la fuente y cumbre de nuestra integridad. Cada uno de nosotros está llamado a permanecer en su amor, a través del poder del Espíritu Santo obrando en y a través de los sacramentos. "Durante toda su vida, Jesús se muestra como *nuestro modelo* . . . Todo lo que Cristo vivió hace que podamos *vivirlo en Él* y que *Él lo viva en nosotros*" (*CIC*, 520–521). Jesús ejemplifica las tres cualidades esenciales inherentes a la integridad sexual: la *seguridad*, la *madurez* y la *pureza*. Y él nos hace capaces de vivirlas nosotros mismos, en la seguridad del amor del Padre.

La seguridad: arraigada en el amor

Nuestra máxima seguridad proviene de estar arraigados y cimentados en el amor del Padre (ver Efesios 3:17). Jesús creció sabiendo que María y José lo amaban con seguridad. Sin embargo, sus padres entendieron quizás más que cualquier otra persona que haya vivido que ellos no eran y nunca podrían ser la fuente principal de la seguridad de Jesús. Le transmitieron fiel y humildemente el amor del Padre a su hijo a lo largo de su niñez y adolescencia, mientras lo dirigían continuamente a encontrar su identidad y seguridad en su Padre celestial. A medida que Jesús continuó creciendo y desarrollándose, su lealtad al Padre se hizo completamente evidente para sus padres (Lc 2:49). Posteriormente, en su Bautismo, recibió públicamente la bendición del Padre en su identidad de *Hijo amado* (Lc 3:22). Permaneció arraigado en esta identidad primaria durante toda su vida, lo que le permitió permanecer constantemente en el amor del Padre y ser fortalecido por su bendición perpetua (Jn 15:9).

Recapitulando el patrón de desarrollo de Jesús, llegamos a nuestras familias dependientes y vulnerables y permanecemos así durante muchos años. Durante la niñez y a lo largo de nuestra vida necesitamos ser nutridos y afirmados constantemente en nuestra identidad para crecer en confianza y seguridad. Nuestros padres, hechos a imagen y semejanza de Dios, están llamados a imitar a José y María como primeros representantes y conductos del amor del Padre por nosotros. En la medida en que nuestros cuidadores nos aman con humildad y fidelidad, podemos experimentar seguridad. Pero incluso con buenos padres cariñosos, necesitamos más que su amor humano para ser fortalecidos.

Como Jesús, nuestra máxima seguridad está en el Padre. También necesitamos ser afirmados en nuestra verdadera identidad como hijos amados del Padre. Primero recibimos esta bendición en nuestro Bautismo y necesitamos continuar viviéndola diariamente. Nuestra identidad y seguridad se fortalecen a medida que participamos activa y fielmente en los sacramentos y entramos de todo corazón en la oración y la vida comunitaria. Sin embargo, a diferencia de Jesús, nosotros y las personas en nuestra vida tenemos una tendencia al pecado, a separarnos del amor de Dios y olvidar quiénes somos y a quién pertenecemos. Terminamos actuando en vano según nuestros propios diseños y concepciones defectuosas, en lugar de confiar en su amor y su verdad. Cuanto más encontramos nuestra identidad fuera del Padre, somos propensos a creer más mentiras sobre nosotros mismos y más distorsionada se vuelve nuestra identidad. La separación de Dios finalmente amenaza nuestra seguridad, dejándonos engañados y con el corazón roto. Hasta que experimentemos la restauración, se impide nuestro crecimiento hacia la integridad sexual.

Como hemos visto a lo largo de este libro, el proceso de desintegración comienza temprano en la vida en la medida en que nuestros padres, familia y comunidad no pueden mediar humildemente en el amor del Padre. Muchas de nuestras heridas más profundas tienen sus raíces en nuestro desarrollo de la niñez temprana, donde no logramos desarrollar un apego seguro y recibir la tierna afirmación de nuestra madre, padre y otros cuidadores en nuestra vida. Estos primeros traumas, así como los traumas sufridos a lo largo de nuestra vida, infunden miedo y crean barreras alrededor de nuestros corazones, bloqueando así nuestra capacidad de dar y recibir el amor.

Los autores de *The Life Model* [El modelo de vida] describen cómo estos apegos basados en el trauma difieren de los lazos de amor seguros: “Hay dos tipos de lazos esencialmente diferentes e incompatibles: uno basado en el miedo y el otro basado en el amor . . . Los lazos de miedo animan a las personas a evitar el rechazo doloroso, el miedo, la vergüenza, la humillación, el abandono, la culpa o incluso el abuso físico. Los lazos de amor motivan a las personas a vivir en la verdad, la cercanía, la alegría, la paz, la perseverancia, la bondad y la entrega auténtica"[4].

En pocas palabras, los *lazos de amor* son la fuente de nuestra *seguridad*, mientras que los lazos de miedo son la base de nuestra inseguridad. Derivados de nuestros traumas y las siete heridas mortales resultantes (es decir, miedo, vergüenza, rechazo, abandono, impotencia, desesperanza y confusión), estos lazos de miedo se refuerzan a través de las *mentiras de identidad* que interiorizamos. Nuestras heridas y mentiras de identidad nos parecen reales, con mucha evidencia experiencial para apoyarlas. Pero obstaculizan nuestra capacidad de confiar en el amor del Padre y, por lo tanto, distorsionan nuestra identidad como hijos amados del Padre.

Los lazos de miedo y la inseguridad que engendran son las fuerzas impulsoras detrás de nuestras compulsiones sexuales y el terreno en el que nuestra identidad de género se distorsiona. Vemos ejemplos de esto en cada una de las historias a lo largo de este libro. Quienes se vieron privados del amor genuino, en cualquier grado, experimentaron la correspondiente pérdida de seguridad; posteriormente formaron lazos de miedo con quienes los hirieron. Por el contrario, en sus encuentros de sanación con Jesús, estos lazos de miedo se transformaron en lazos de amor, lo que a su vez fomentó una mayor seguridad en el Padre y en todas sus relaciones.

La historia de Steve (capítulos 4, 5 y 8) demuestra el proceso de transformación de los lazos de miedo en lazos de amor. Debido a las heridas de su niñez, formó lazos de miedo con su padre y sus compañeros masculinos. Estas heridas sin sanar, junto con sus respuestas de autoprotección, impactaron profundamente la forma en que se veía a sí mismo, lo mantuvieron inseguro en sus relaciones y alimentaron sus fantasías sexuales. Estos lazos de miedo limitaban gravemente su capacidad de dar y recibir el amor, lo que se manifestaba en su identidad masculina distorsionada y sus compulsiones sexuales.

Steve experimentó un gran avance en su seguridad después de encontrar el amor misericordioso y tierno del Padre durante un retiro en la escuela secundaria. Experiencias de sanación posteriores le permitieron desarrollar una mayor confianza en su identidad masculina y le permitieron establecer lazos de amor seguros con hombres y mujeres de confianza. La historia de Steve destaca para cada uno de nosotros los beneficios de la oración contemplativa para fortalecer los lazos de seguridad y sanar las heridas emocionales (apéndice 4). Al traer las áreas de nuestra inseguridad (miedo, vergüenza y desintegración) a la luz de la presencia de Cristo, podemos encontrar el amor del Padre, incluso en las áreas oscurecidas y más dañadas de nuestro corazón herido.

La hermana dominica Sara Fairbanks afirma nuestra necesidad de sanar estas heridas emocionales como base para formar fuertes lazos de amor con Dios. Ella sostiene: "Enamorarse y permanecer enamorado de Dios y de todo lo que Dios ama está en el corazón de una sexualidad saludable e integrada. Quizás la habilidad más crucial para promover una intimidad de por vida con Dios, con uno mismo y con los demás es atender las heridas emocionales, una habilidad para la integridad sexual"[5]. Desde esta base firme del amor del Padre, somos capaces de crecer en la *madurez*.

La madurez: crecer en la virtud

La madurez es el proceso de crecer en la virtud de Cristo. Todas las virtudes auténticas son expresiones de amor que se originan en nuestra unión con Cristo (Ef 4:13–14; 1 Pe 1:3–9)[6]. El papa Benedicto XVI elabora: "Es propio de la madurez del amor que abarque todas las potencialidades del hombre e incluya, por así decir, al hombre en su integridad . . . No obstante, éste es un proceso que siempre está en camino: el amor nunca se da por 'concluido' y completado; se transforma en el curso de la vida, madura y, precisamente por ello, permanece fiel a sí mismo"[7].

Cuando estamos arraigados y cimentados en el amor, naturalmente maduramos a través de las etapas de desarrollo descritas previamente en el capítulo 2. Pasamos por las siguientes etapas sucesivas de la vida: comenzamos la vida recibiendo amor como niños; aprendemos a compartir este amor en nuestras relaciones con los compañeros (amigos y hermanos); y luego maduramos hasta convertirnos en cónyuges y padres que pueden encarnar la integridad sexual. A lo largo de las etapas de nuestro desarrollo psicosexual, maduramos progresivamente en nuestra capacidad de amor auténtico a través del *apego*, la *identificación*, la *pertenencia*, la *entrega de sí mismos* y la *generatividad* (ver la tabla 10.1).

Tabla 10.1. Identidades relacionales y la madurez psicosexual

IDENTIDADES RELACIONALES	MADUREZ PSICOSEXUAL
Niño: *Hijas e hijos*	Apego e identidad
Compañero: *hermanos/amigos*	Límites y pertenencia
Cónyuge: *Novias y novios*	Dominio de sí mismo y entrega de sí mismo
Padre: *Madres y padres*	Bendición y generatividad

Todos comenzamos la vida en nuestra identidad como *hija o hijo* (incluso aquellos que crecen como huérfanos, en hogares de guarda o en familias rotas). Desde las experiencias más tempranas de la vida, comenzando en el útero, aprendemos a confiar, recibir, disfrutar e imitar. Cuando experimentamos vínculos saludables y somos afirmados en nuestra identidad de género, formamos lazos de amor y llegamos a conocer nuestra identidad fundamental como hijo amado. Sin apegos saludables, formamos lazos de miedo. Estas experiencias fundamentales formadas temprano en la vida continúan teniendo un tremendo impacto en nuestra capacidad de integridad sexual a lo largo de nuestros días.

Durante la niñez, también estamos llamados a madurar en otro tipo de identidad relacional como *hermana o hermano*. Ya sea con hermanos, amigos, compañeros, primos o con la humanidad en general, aprendemos a compartir, desafiar, apoyar y pertenecer. También necesitamos aprender a respetar nuestra propia dignidad y la de los demás estableciendo límites saludables. Durante esta etapa comenzamos a desarrollar la capacidad de amistades solidarias. La capacidad de tratar a los demás de nuestra edad con respeto es fundamental para desarrollar la integridad sexual más adelante en la vida. Por el contrario, los déficits en esta formación dificultan nuestra capacidad de amar castamente en la siguiente fase de la vida en nuestra identidad conyugal.

Ya sea que seamos solteros, célibes o casados, todos necesitamos desarrollar nuestra identidad como *novia o novio*. Esta identidad comienza a formarse en nuestra adolescencia, y a menudo nos toma varios años desarrollar una capacidad para el amor casto, íntimo y fiel. En esta etapa de la vida, aprendemos el dominio propio y la entrega de sí mismo, que son dos virtudes esenciales para desarrollar la integridad sexual dentro y fuera del matrimonio (sean solteros, casados o célibes). Sin aprender estas habilidades vitales, nuestras relaciones se vuelven egocéntricas y no logramos madurar hasta la cuarta y última fase de la relación: nuestra identidad como padres.

Cada uno de nosotros estamos llamados al pináculo de la madurez sexual como *madre o padre*, ya sea que tengamos o no nuestros propios hijos (biológicos). Durante esta fase de la vida, que incluye a los padres, mentores, padres espirituales, tíos y abuelos, aprendemos a ser generativos a través del cuidado, la bendición, la provisión y la protección. Estas son las virtudes necesarias para vivir en la plenitud de nuestra madurez psicosexual. En esta fase ayudamos a niños, adolescentes y otros adultos a madurar e integrarse sexualmente. Estas cualidades son necesarias para todos los hombres y mujeres.

Estas cuatro identidades relacionales primarias que abarcan nuestra vida son marcadores de la maduración sexual. Los miembros de la Sagrada Familia exhiben estas identidades relacionales en plenitud. Jesús es el Hijo del Padre (Lc 3:22) y el hijo de José y María (Lc 2:16). Él es nuestro hermano en la humanidad (Heb 2:17), el esposo de la Iglesia (Ef 5:25), y la revelación del Padre a sus discípulos y a todos nosotros (Jn 14:7).

José también maduró plenamente en su identidad masculina de hijo a hermano, de novio y finalmente de padre, revelando el amor del Padre a Jesús. De manera similar, María encarna las virtudes más ejemplares del genio femenino. Ella es primero la hija amada del Padre; además, ella es la hermana humilde para nosotros en la humanidad; al madurar se convirtió en la esposa inmaculada del Espíritu Santo y en la esposa virginal de José (Mt 1:18-20); y finalmente María se convierte en la madre amorosa de Jesús (Lc 1:31) y de todos nosotros (Jn 19:26; Ap 12:17).

Cada miembro de la Sagrada Familia nos inspira a vivir la plenitud de la madurez, independientemente de nuestro estado de vida. Sin embargo, son mucho más que un ideal a imitar. Estamos íntima y eternamente unidos con ellos en Cristo. Ellos son *nuestra familia espiritual*. Toda la Comunión de los Santos encuentra su identidad y pertenencia en la Sagrada Familia como centro. No podemos sobrestimar el impacto de su amor e intercesión en nuestra integración sexual. Proporcionan la familia íntima y amorosa que cada uno necesita para que podamos madurar a través de las diversas etapas de nuestro desarrollo psicosexual. Dado que los miembros de la Sagrada Familia no tenían ninguna mentira de identidad aparente, nos brindan el modelo de lo que Dios pretendía desde el principio.

Por el contrario, muchos de los santos tuvieron que superar graves heridas sexuales, compulsión sexual y pecado sexual. Sus biografías nos muestran que la restauración de la madurez no sucede rápida ni fácilmente. Es un esfuerzo de toda la vida. También son nuestro modelo a seguir y nuestro apoyo, brindando tanto el ejemplo como la asistencia que necesitamos para recuperar la integridad sexual[8]. Al igual que ellos, es posible que nosotros también hayamos sido heridos en cualquiera de las cuatro etapas del desarrollo o en todas ellas. Nuestra capacidad en cada etapa del desarrollo también se ha visto obstaculizada por los traumas que han bloqueado nuestra madurez. Seguimos fragmentados y nos resulta extremadamente difícil integrar nuestros deseos sexuales e identidad de género en un todo cohesivo. Por eso necesitamos constantemente la ayuda de Dios y la asistencia de toda la comunidad de creyentes, en el cielo y en la tierra, para crecer en la madurez.

Nuestra familia espiritual en la tierra también juega un papel esencial en nuestra maduración, ayudándonos a superar las áreas en las que nos falta madurez debido a nuestras heridas psicosexuales. Podemos ser honestos y vulnerables con las personas que nos aman bien[9]. En este tipo de comunidad enriquecedora y sanadora, "las personas pueden superar las deficiencias que resultan de una capacitación defectuosa, pueden recibir reparación por sus traumas . . . Esas son buenas noticias. Las personas pueden ayudarse mutuamente a despegarse y comenzar a madurar nuevamente. ¡Con razón la Biblia es tan enfática acerca de amarse unos a otros, llevar las cargas de los demás y ser un participante activo en la familia de Dios!"[10].

De manera particular, los terapeutas, párrocos y ministros de oración cristianos formados están llamados a ministrar nuestro quebrantamiento en el poder del Espíritu Santo: "El consejero piadoso, al igual que todos los creyentes maduros, participa con Dios ayudando a otros a enderezar sus vidas nuevamente . . . La consejería cristiana debe abordar estos males, pero no con la fuerza humana, ni con la sabiduría humana, ni con los planes humanos. Esta es la obra de la redención de Dios y solo Él es digno de dirigir y lograr Su propósito divino en nuestra salvación. Esta obra sólo puede realizarse en la vida del Espíritu a través de corazones que están vivos en Dios"[11].

Se necesita toda la familia de Dios, en el cielo y en la tierra, para ayudarnos a crecer en la madurez. Los santos del cielo, y especialmente la Sagrada Familia, son quienes nos aman más puramente y nos muestran que es humanamente posible llegar a ser personas sexualmente integradas. La comunidad de creyentes en la tierra está llamada a mediar el amor de Dios, invocando la vida del Espíritu, para ayudarnos a crecer en la pureza.

La pureza: la vida en el Espíritu

La pureza es la expresión más plena del amor, sin distorsiones ni perversiones (Ef 5:1–2; 1 Jn 3:3). Una vez más, los miembros de la Sagrada Familia son nuestros modelos de pureza. A medida que maduramos en Cristo, estamos llamados a emular el corazón inmaculado de María y el corazón casto de José. Jesús también nos llama a cada uno de nosotros a participar de su Sagrado Corazón, la fuente de nuestra pureza. En el Sermón de la Montaña enseñó que "los de corazón limpio" tienen la dicha de ver a Dios (Mt 5:8). Cuando somos puros de corazón, vemos a Dios en todos y en todo y así estamos preparados para encontrarlo cara a cara en la visión beatífica al final de nuestra vida.

Por el contrario, san Pablo advierte que no podemos entrar en el reino de los cielos sin ser purificados (Ef 5:5; 1 Cor 13–15; 1 Cor 6:9). Parece claro a partir de estos pasajes (y muchos más) que la pureza es una condición previa necesaria para el cielo[12]. Darse cuenta de esto podría desanimarnos a muchos de nosotros al reflexionar sobre todas las formas en que nos falta y nos ha faltado pureza en nuestras vidas. Pero el apóstol Pablo continúa diciendo que todos nosotros, una vez impuros, hemos sido lavados por la sangre de Cristo (en el Bautismo) y estamos siendo purificados nuevamente por su misericordia y gracia (ver 1 Corintios 6:11). En aquellas áreas donde seguimos teniendo pensamientos, deseos y acciones impuros, estamos invitados a bañarnos constantemente en la sangre redentora de Cristo a través de la oración y la adoración, así como a través de los sacramentos de la Reconciliación y la Eucaristía (ver 1 Juan 1:7). La purificación en Cristo, para nosotros mismos y para los demás, es también uno de los propósitos principales de los sacramentos de la Confirmación, el Matrimonio y el Orden Sagrado. Finalmente, el sacramento de la Unción de los Enfermos nos purifica para nuestra última esperanza. "Si es esto lo que esperamos de él, querremos ser santos como él es santo" (1 Jn 3:3), reconociendo que es finalmente Jesús quien completa esta obra de purificación en nosotros por medio de su Espíritu (Filipenses 1:6, 10).

La pureza se manifiesta progresivamente en nuestras vidas a medida que nos rendimos al Espíritu Santo y llevamos "el fruto del Espíritu" (Gálatas 5:22). La tradición de la Iglesia enumera doce frutos del Espíritu: caridad, gozo, paz, paciencia, longanimidad, bondad, benignidad, mansedumbre, fidelidad, modestia, continencia y castidad. Encuentro interesante que estos frutos del Espíritu comiencen con la caridad (el fundamento de la pureza) y terminen con la castidad (el pleno florecimiento de la pureza). Los demás frutos del Espíritu acompañan a la castidad: "La castidad es la afirmación gozosa de quien sabe vivir el don de darse a sí mismo, libre de cualquier forma de esclavitud egocéntrica . . . La castidad hace que la personalidad sea armoniosa. La madura y la llena de paz interior"[13].

Ya sea que seamos conscientes de ello o no, todos tenemos un deseo insaciable de amor casto. Anhelamos ser amados con pureza y llegar a ser capaces de amar a los demás de la misma manera. En el fondo, nadie realmente quiere ser utilizado por otro para su placer momentáneo. Nadie quiere sentirse como un objeto de la lujuria de otro o estar atado por sus propias compulsiones sexuales. El consejero en adicciones Jeff Jay subraya esta realidad:

> A los seres humanos les gusta el placer, y nos sentimos naturalmente atraídos por las experiencias placenteras [pero] . . . los humanos quieren más que una gratificación sexual transitoria; queremos amor real, conexión e intimidad. Queremos familias y comunidades. El sexo desenfrenado puede destruir todas estas cosas. Podemos desviarnos de la integridad sexual que deseamos debido a experiencias adversas en la niñez, exposición temprana a la pornografía o encuentros sexuales traumáticos. Cualquiera que sea el desafío, nos quedamos con la realidad de nuestro quebrantamiento, y solo podemos recuperar el control si enfrentamos el problema[14].

Muchos de nosotros hemos experimentado los tipos de ruptura sexual que menciona Jay. Cuando llevamos este quebrantamiento a Jesús, crecemos en la pureza. Este crecimiento tiene lugar dentro de una comunidad cristiana amorosa, a través de la oración honesta y con una participación sincera en los sacramentos. Pero este es el camino menos transitado. Pocos de nosotros, incluso en la Iglesia, seguimos activamente este camino. La pureza nos elude mientras ocultamos nuestras heridas y compulsiones y pretendemos, por orgullo, que somos mejores que los demás. Si buscamos la pureza sexual con nuestras propias fuerzas y no estamos dispuestos a enfrentar nuestro quebrantamiento sexual, nos volveremos puritanos, lo cual es una falsificación de la pureza.

Cuando somos puritanos, reprimimos diligentemente nuestros deseos sexuales y vivimos con una sensación de vergüenza y miedo por cualquier cosa relacionada con la sexualidad. Este falso camino hacia la pureza nos deja en gran parte desintegrados en nuestros pensamientos y deseos sexuales. Entonces nos ponemos una fachada y terminamos llevando una doble vida, actuando como religiosos por fuera, pero sin una verdadera pureza de corazón. Al negar tanto nuestro quebrantamiento sexual como nuestra necesidad de un redentor, despreciamos a los demás y los condenamos por su falta de pureza[15]. Puede que corramos y nos escondamos por un tiempo, pero finalmente nuestra falta de integración nos alcanzará. Como resultado, muchos en nuestra cultura escuchan las palabras "pureza" y "castidad" e inmediatamente asocian estas palabras con represión sexual sin alegría, mojigatería, hipocresía y fariseísmo. Esta es la antítesis de la integridad sexual.

Por el contrario, la pureza que es fruto del Espíritu Santo conduce a nuestra integración sexual. Crecemos en la pureza cuando enfrentamos humildemente nuestro quebrantamiento sexual y buscamos a otras personas honestas y compasivas a las que podamos confiar nuestra vulnerabilidad. El hermano Daniel Keating, de la comunidad Espada del Espíritu, comenta sobre la importancia de compartir honestamente en comunidad:

> Es una señal de libertad madura cuando un hombre puede hablar directamente sobre los desafíos sexuales que ha enfrentado en el pasado y que enfrenta en el presente, y obtener la ayuda y el aliento de otros para seguir adelante y no darse por vencido. ¡La mayoría de los hombres experimentan los mismos (o similares) desafíos en su sexualidad y, sin embargo, la mayoría de los hombres, naturalmente, no quieren hablar sobre estos desafíos! El resultado es que permanecen ocultos y desatendidos, y bloquean el camino hacia la paz y la salud sexual madura. Pero cuando los hombres encuentran un contexto en el que pueden hablar de temas sexuales abiertamente y, sin embargo, con modestia, sabiendo que lo que dicen será confidencial, es mucho más probable que ocurra la sanación y la transformación[16].

Lo que Keating describe aquí es cierto tanto para los hombres como para las mujeres, ya sean solteros, consagrados o casados. Para crecer en pureza, necesitamos traer valientemente las áreas de nuestra impureza a la luz de la verdad y la compasión de Cristo. La Confesión sacramental es indispensable en este proceso (ver el apéndice 1), pero no es suficiente por sí sola para remediar la vergüenza y restaurar completamente nuestra integridad sexual. Necesitamos alinear nuestras vidas con la Palabra de Dios y entrar en un proceso de compartir vulnerable con algunos otros en quienes podemos confiar. Cada persona con la que hemos viajado a lo largo de este libro puede atestiguar la inutilidad de tratar de lograr la pureza por su cuenta. También saben de la gracia que viene cuando miramos a Jesús y a su Cuerpo para que nos acompañe.

Además de compartir en comunidad, crecemos en pureza a través de la oración honesta y escrutadora. Es en la contemplación que encontramos a Jesús cara a cara y permitimos que su propia pureza penetre en lo más profundo de nuestro corazón. "Todos llevamos los reflejos de la gloria del Señor sobre nuestro rostro descubierto, cada día con mayor resplandor, y nos vamos transformando en su imagen, por ser ésta la obra del Señor-espíritu" (2 Cor 3:18). Nota que la restauración ocurre cuando quitamos nuestros ojos de nosotros mismos y fijamos nuestra mirada en el Señor *con el rostro descubierto*. Leanne Payne explica: "Solo el 'yo' real, despojándose de sus identidades ilusorias, puede acercarse a Dios. En Su Presencia, mis máscaras se caen, mis falsos yos se revelan. Estoy despojado y desnudo delante de Él. Permanecer continuamente en Su Presencia es tener un solo rostro: el verdadero. Acercarse a Él, por lo tanto, es encontrar el 'yo' real, así como el verdadero hogar, mi verdadero Centro"[17]. Esta desnudez ante Dios es pureza.

El papa Benedicto XVI subraya que solo la mirada penetrante de Jesús nos permite acercarnos a él sin fingimientos:

> Ante [la] mirada [de Jesús], toda falsedad se deshace. Es el encuentro con Él lo que, quemándonos, nos transforma y nos libera para llegar a ser verdaderamente nosotros mismos . . . Su mirada, el toque de su corazón, nos cura a través de una transformación, ciertamente dolorosa, "como a través del fuego". Pero es un dolor bienaventurado, en el cual el poder santo de su amor nos penetra como una llama, permitiéndonos ser por fin totalmente nosotros mismos y, con ello, totalmente de Dios[18].

En el fondo, ¿no deseamos todos "ser por fin totalmente nosotros mismos y, con ello, totalmente de Dios"? ¿Por qué entonces nos resistimos tantas veces a la mirada de Jesús? "Su mirada, el toque de su corazón" nos sana. Pero nuestra vergüenza y miedo levantaron barreras para evitar la intimidad con él en las áreas más profundas de nuestro quebrantamiento sexual. Cuando evitamos este "dolor bienaventurado", con demasiada facilidad nos desesperamos de volvernos puros, despreciando incluso la noción de castidad. Pero cuando contemplamos a Jesús en los sacramentos, en la comunidad y en la oración contemplativa, nos parecemos cada vez más a él. Eventualmente descubrimos que graciosamente hemos adquirido su seguridad, su madurez y su pureza.

Este proceso de transformación está expresado en un poema que escribí hace varios años para sacerdotes y seminaristas. Aunque fue escrito para hombres célibes, creo que es aplicable para cada uno de nosotros, mientras buscamos restaurar nuestra integridad sexual:

¿Qué se necesita para ser un hombre casto y célibe?
Saber en tu corazón que ciertamente puedes
Enfrentar la tentación, continuar de pie

¿Qué significa ponerse en los zapatos de Cristo?
Para resistir el asalto y pagar todas tus deudas
Esperar en el Espíritu, mientras tu corazón renueva

La gracia es el medio para una vida célibe casta
Fortalecidos por Cristo y amando a su "esposa"
Con la Iglesia como tu Novia, a pesar de todas sus luchas

¿Cómo puede un hombre llegar a ser puro en su corazón?
Sin el amor seguro, desde el principio
Convertirse en un hombre maduro es verdaderamente
un arte

La castidad no es otra que la propia pureza de Jesús
Él es la roca de toda nuestra seguridad
Él es el que nos trae la madurez

La mayoría de las veces él trabaja junto con Su Novia
Dondequiera que esté Jesús, Ella está allí a Su lado
Tanto el Novio como la Iglesia con los brazos abiertos

Ha habido muchos hombres sexualmente inclinados
A algún tratamiento, a menudo lo han enviado
Muy consciente de su gran necesidad de arrepentirse

Este tratamiento, si bien es necesario, está condenado
al fracaso
A menos que el amor del Padre finalmente prevalezca
No debemos ver la terapia como un Santo Grial

La única sanación real proviene de la Fuente
Solo él puede restaurar el curso sexual de un hombre
Cualquier cosa menos dejará a ese hombre peor

Pero gracias a Dios, que libera nuestro corazón
Para ser el verdadero hombre, él nos hizo ser
Para amar con Su corazón, a través de Sus ojos podemos ver

Él nos da su amor y nos devuelve la seguridad
Él nos da Su Iglesia, para traer nuestra madurez
Él nos da Su corazón, para bendecirnos en la purcza[19].

Ya sea que este sea el comienzo de tu viaje de sanación o que hayas estado buscando la plenitud sexual durante algún tiempo, oro para que sepas en lo profundo de tu corazón que la sanación y la restauración no solo son posibles, sino también la razón por la que Jesús vino y continúa viniendo para liberarnos y sanar nuestros corazones rotos. Mantén tu mirada en él. Que el valiente testimonio de aquellos cuyas historias se compartieron a lo largo de este libro sea una inspiración para ti, como lo es para mí. Me muestran que Jesús está presente y poderoso, incluso en las circunstancias más desesperadas y difíciles, cuando nos volvemos hacia él con el rostro descubierto.

Ahora oro por ti: que conozcas profundamente la *seguridad* del amor del Padre y tu identidad de amado suyo. Que sigas creciendo en la *madurez* de Cristo, a través de su escuela de amor, rodeado de la Sagrada Familia y de la comunidad de creyentes en el cielo y en la tierra. Y que el Espíritu Santo te siga restaurando en la *pureza*, para que puedas experimentar su gozo, su paz y su plenitud.

Tu búsqueda de toda la vida por la *integridad sexual* no terminará hasta que estés a salvo en la presencia de nuestro Padre celestial, pero oro para que cada paso que des hacia él ahora te traiga mayor paz y gozo y bendiga profundamente a todos los que encuentres. Que seas un robusto roble de justicia, un plantío del Señor para su gloria.

Antes de leer el epílogo del padre Mark Toups (el capellán del curso del Instituto de Teología del Cuerpo), te animo a que tomes un momento para reflexionar sobre este capítulo y luego participar en la actividad personal aplicando el material de los apéndices.

Tómate un momento

1. ¿Qué es la integridad sexual y qué puedes hacer para cultivarla?
2. Describe cualquier experiencia que hayas tenido con los frutos de la pureza y cómo contrastan con ser "puritano".
3. ¿En cuál de las cuatro identidades relacionales crees que necesitas más sanación?
4. ¿Cómo has crecido en seguridad, madurez y pureza? ¿De qué manera estás experimentando actualmente los frutos de la pureza en tu vida?

Actividad personal

1. Lee el material del apéndice 1 y prepárate para una Confesión de toda la vida.
2. Usando el formato del apéndice 2, trabaja en el proceso del perdón, perdonando a Dios, a ti mismo y a aquellos que han contribuido a tus heridas psicosexuales.
3. Usando las oraciones del apéndice 3, ora a través de las barreras que impiden la sanación.
4. Identifica las áreas donde has interiorizado mentiras de identidad a partir de tus heridas psicosexuales. Reza la oración de sanación en el apéndice 4 para sanar estas heridas y mentiras de identidad.

EPÍLOGO

El *Catecismo de la Iglesia Católica* 2706 afirma: "Meditar lo que se lee conduce a apropiárselo confrontándolo consigo mismo. Aquí se abre otro libro: el de la vida". Así, cuando leemos palabras de sabiduría, la luz brilla sobre el "libro" de nuestro corazón. Aquí es donde está la historia más personal: la historia de nuestras vidas. Mientras leía *Sé restaurado*, me encontré leyendo no uno, sino dos libros. El texto de *Sé restaurado* fue una luz que brilló en mi corazón. Mientras leía, me encontré haciendo pausas más frecuentes, dejando el libro a un lado y prestando atención a lo que se agitaba en mi corazón. Es cierto que la lectura de este libro tomó más tiempo de lo esperado, porque no estaba simplemente leyendo un libro; estaba encontrando al Señor de nuevo en mi corazón mientras leía el libro.

Hay tres aspectos de este libro que me gustaría comentar. Primero, en el capítulo 7, el doctor Bob afirma que "la restauración es un proceso". Hay una diferencia entre estar restaurado y experimentar una sanación auténtica. Mi experiencia personal, así como mi camino con los demás, me ha enseñado que el don del tiempo a menudo revela la plenitud del don. En otras palabras, por lo general hay más que necesita ser sanado de lo que puedo ver inicialmente. A menudo, en el *proceso* de sanación, la línea de tiempo intencional de Dios para la sanación es más lenta de lo que yo u otros queremos en un período de oración de "uno y listo". Sin embargo, el tiempo tiene una forma de revelar más de lo que pude ver en este momento. Animo a todos a tener paciencia. Confíen en el proceso. Y, lo que es más importante, confíen en Aquel que es el proceso, a saber, Jesucristo.

En segundo lugar, en el apéndice 4, el doctor Bob escribe: "No trates de averiguar dónde está Jesús o qué podría decir o hacer. Permítele que se revele". Dios quiere nuestra libertad infinitamente más que nosotros. De nuevo, para citar el *Catecismo de la Iglesia Católica* 2567: "Dios es quien primero llama al hombre. Olvide el hombre a su Creador o se esconda lejos de su faz, corra detrás de sus ídolos o acuse a la divinidad de haberlo abandonado, el Dios vivo y verdadero llama incansablemente a cada persona al encuentro misterioso de la oración. Esta iniciativa de amor del Dios fiel es siempre lo primero en la oración, la actitud del hombre es siempre una respuesta". Como cristianos, creemos que Dios siempre está tomando la iniciativa, siempre. El proceso de sanación antes mencionado es lo que Dios hace, no lo que hacemos nosotros *per se*. Dios hace la dirección. Simplemente estamos llamados a darle permiso y seguir su ejemplo. Como se mencionó en el párrafo anterior, puedo confiar en el proceso porque puedo confiar en Aquel que es el proceso, a saber, Jesucristo. Y puedo confiar en que Jesús siempre está haciendo algo para llevarme a una libertad más profunda.

En tercer lugar, en el capítulo 8, el doctor Bob nos insta a "practicar disciplinas espirituales". Si la sanación es un proceso, eso significa que aprender a vivir en libertad también es un proceso. Podemos familiarizarnos tanto con el paisaje de las heridas que vivir en libertad es a veces un lugar "incómodo", un lugar de lo desconocido. Aquí es cuando necesitamos quedarnos quietos y resistir el impulso de regresar a la familiar prisión autoimpuesta del aislamiento. Aquí es cuando necesitamos comprometer nuestra voluntad y "practicar disciplinas espirituales" como las virtudes cardinales, la responsabilidad y la incesante autorreflexión. Vivir en libertad requiere la misma valentía que recibir la libertad.

Ruego que aquellos de ustedes que leen *Sé restaurado* tengan la valentía de leer tu corazón tanto como las palabras del doctor Bob. No tengan miedo. Confíen en el proceso. Y, lo que es más importante, confíen en Aquel que es el proceso, a saber, Jesucristo.

Padre Mark Toups

RECONOCIMIENTOS

Hay muchas personas que han marcado mi vida, han influido en mi desarrollo y me han ayudado a conocer la realidad del amor misericordioso de Jesús. No podría nombrarlos a todos, pero estoy agradecido por cada uno, comenzando con mi familia, párrocos y amigos, y nuestro equipo en el Centro de Sanación Juan Pablo II. He mencionado a muchos de ustedes en mis libros publicados anteriormente, así que aquí simplemente les doy las gracias por amarme y ser una parte tan vital de mi viaje.

Muchas personas jugaron un papel en el desarrollo de este libro. Quiero expresar mi gratitud por los valientes hombres y mujeres cuyas historias de heridas sexuales y restauración se describen en estas páginas. Tu valentía al atravesar el trauma y tu fe en confiar en Jesús han sido una inspiración para mí y para muchos otros.

También quiero agradecer a cada uno de ustedes que repasaron las copias anteriores de este manuscrito y proporcionaron valiosos aportes: el padre John Burns, el padre John Riccardo, Andrew Comiskey, Marco Casanova, la hermana Mary Peter Joost, la hermana Miriam James Heidland, Lisa Lively, David Costanzo, Michael Sullivan, Mary Bielski, Peggy Schuchts, Wayne Schuchts, Anna Daunt, Carrie Daunt, Duane Daunt, Kristen Blake, Stephen Blake, Alan Hebert, Elza Spaedy, el doctor Tom Nelson, el padre Burke Masters, la hermana Janelle Buettner, Megan Murphy, Carrie Gress y Jeannie Hannemann. No puedo imaginar un grupo de consejeros más calificado. Cada uno de ustedes vive con integridad, ha demostrado un profundo amor por Jesús y tiene un conocimiento íntimo de su amor misericordioso.

También me gustaría expresar mi agradecimiento a aquellos de ustedes que repasaron el manuscrito para ofrecer su aprobación: Scott Hahn, el padre John Burns, el padre John Ricardo, Jake Khym, Heather Khym, Carrie Gress, Bruce y Jeannie Hannemann, Matt Fradd, Andrew Comiskey y Christopher West. Honro a cada uno de ustedes por sus valiosas contribuciones a la antropología cristiana relacionada con la sexualidad y su incansable proclamación del evangelio del amor misericordioso de Jesús y su participación en su misión de restauración.

Durante los últimos quince años, he tenido el privilegio de enseñar gran parte de este material junto con la hermana Miriam James Heidland y el padre Mark Toups. Ambos han influido en mi vida y han tocado a miles de personas a través de su fiel testimonio y enseñanza. Les agradezco que hayan escrito el prólogo y el epílogo de este libro.

A continuación, quiero agradecer a todo el fiel personal de Ave Maria Press. Ha sido un privilegio trabajar con ustedes estos últimos años. Gracias por sus contribuciones a *Sé restaurado*. Quiero agradecer especialmente a mi editora, Kristi McDonald. Kristi, ha sido un placer compartir este proceso contigo. Gracias por tu entusiasmo por este proyecto y tu paciencia, ya que me tomó un tiempo comenzar. Como siempre, gracias por tus sabios comentarios y sugerencias editoriales.

Finalmente, y lo más importante, quiero agradecerte, Jesús, por tu amor misericordioso exhibido una y otra vez en mi vida, en nuestra familia y en las muchas personas a las que he acompañado en el proceso de restauración. Estoy continuamente asombrado por la forma en que amas y tocas los rincones más profundos de nuestros corazones rotos y deseos desordenados. Gracias por mostrarnos el amor del Padre y por guiarnos a la auténtica identidad a través del Espíritu Santo. También les doy las gracias, José y María, por dar a Jesús y a todos nosotros la imagen más hermosa del amor casto y de la auténtica masculinidad y feminidad a imagen de Dios. San Juan Pablo II, gracias por resaltar estas realidades a través de tu enseñanza sobre la teología del cuerpo.

APÉNDICE 1

CONFESIÓN DE TODA LA VIDA

Los mandamientos y los preceptos de Dios que rigen nuestra sexualidad están motivados por su amor y deseo de protegernos, tanto personal como colectivamente. Cuando violamos estos límites sexuales, inevitablemente experimentamos deshonra y desintegración, y lastimamos a otros de manera similar. Hasta que los reconozcamos humildemente y recibamos la misericordia y la sanación de Dios, podemos permanecer atados a la culpa y la vergüenza. O podemos permanecer en la negación, sin ver cómo nos hemos herido a nosotros mismos, a los demás y a Dios.

Al rey David le tomó algún tiempo reconocer su adulterio con Betsabé (ver Salmo 51), y esto ocurrió solo después de que el profeta Natán lo confrontó. El Salmo 32 expresa su gran alivio después de confesar su pecado y su intenso sufrimiento mientras permanecía sin confesar:

> Dichoso el que es absuelto de pecado
> y cuya culpa le ha sido borrada.
> Dichoso el hombre aquel
> a quien Dios no le nota culpa alguna
> y en cuyo espíritu no se halla engaño.
> Hasta que no lo confesaba,
> se consumían mis huesos,
> gimiendo todo el día.
> Tu mano día y noche pesaba sobre mí,
> mi corazón se transformó en rastrojo
> en pleno calor del verano.

> Te confesé mi pecado,
> no te escondí mi culpa.
> Yo dije: "Ante el Señor confesaré mi falta".
> Y tú, tu perdonaste mi pecado,
> condonaste mi deuda. (Sal 32:1–5)

Cuando nos aferramos a nuestros pecados, nos causan un sufrimiento continuo, físico, emocional y espiritual. También permanecemos perpetuamente atados a la vergüenza, lo que fomenta el engaño y la desintegración interna. Cuando enfrentamos y confesamos nuestros pecados, liberamos su pesada carga. Esto es cierto ya sea que nuestros pecados sean recientes o del pasado. El tiempo no cura. Solo la sangre preciosa de Cristo y el perdón misericordioso pueden sanar completamente estas heridas autoinfligidas.

Una Confesión de toda la vida es una oportunidad para limpiar tu cuerpo y tu alma de la culpa y liberarte del velo de la vergüenza. También mejora tu integridad sexual y restaurará tu alegría. Si deseas esta libertad, te animo a que vuelvas a leer el capítulo 5 ("Aplastados por las iniquidades: reconocer nuestros pecados sexuales") como parte de tu preparación para hacer esta Confesión de toda la vida. Específicamente, repasa la lista de pecados sexuales y sus consecuencias. Después de repasar el capítulo 5, te animo a seguir estos pasos, lentamente y con oración. No te apresures. Puede tomar algún tiempo prepararte para esta experiencia curativa.

- **Propósito:** El propósito de la Confesión de toda la vida es primero restaurar su relación con Dios. Pero en el proceso traerá la sanación y la libertad en áreas donde tus pecados personales te han lastimado, herido a otros y te han mantenido atado en vergüenza. Cada pecado que no es confesado y perdonado continuará haciéndote daño a ti mismo y a los demás, mientras crea una barrera en tu relación con Dios. Liberar estos pecados en Confesión y recibir la misericordia de Dios no solo traerá libertad, sino que también te integrará más y fomentará la sanación en todas tus relaciones, incluso en tu relación con Dios. "Dios es luz y en él no hay tinieblas. Si decimos que estamos en comunión con él mientras caminamos en tinieblas, somos unos mentirosos y no actuamos en la verdad. En cambio, si caminamos en la luz, lo mismo que él está en la luz, estamos en comunión unos con otros, y la sangre de Jesús, el Hijo de Dios, nos purifica de todo pecado. Si decimos que no tenemos pecado, nos estamos engañando a nosotros mismos, y la verdad no está en nosotros. Pero si confesamos nuestros pecados, él, que es fiel y justo, nos perdonará nuestros pecados y nos limpiará de toda maldad" (1 Jn 1:5–9).

- **Proceso:** Una Confesión de toda la vida comienza con una revisión de toda tu vida para examinar cualquier área en la que hayas actuado de manera que hayas violado el diseño de Dios para tu salud sexual. Esto puede incluir pecados graves y obvios, así como las áreas de pecado más sutiles u ocultas, incluidos tus pensamientos y fantasías. Repasa la lista (en el capítulo 5) e identifica qué pecados ya han sido confesados y cuáles no. Si estás haciendo una Confesión sacramental con un sacerdote, solo necesitas nombrar aquellos pecados que no han sido confesados antes. Sin embargo, si te estás confesando con un amigo, un director espiritual, un patrocinador en un programa de doce pasos o alguien en quien confíes, te animo a que repases la lista completa de pecados. En este caso, también puedes incluir las heridas sexuales que recibiste o infligiste a otros, para que puedas ver cómo están interconectadas. Recuerda que tu objetivo es crecer en la libertad y experimentar la sanación, al mismo tiempo que mejoras tu comunión con Dios y tus seres queridos.
- **Examen de conciencia:** Al comenzar, pídele al Espíritu Santo que te guíe en este proceso. Luego repasa el capítulo 5 para ayudarte a tomar conciencia. Es posible que desees leer Levítico 18, Mateo 5, 1 Corintios 6 y 7, y otros pasajes similares en la Biblia para educarte sobre la ley moral de Dios con respecto a la sexualidad. Las siguientes secciones del *Catecismo* son un resumen de varias formas en que podemos violar el sexto mandamiento (*CIC*, 2351–2359, 2380, 2384, 2388, 2399–2400). Todos estos son delitos contra la integridad sexual y el don de la sexualidad.
- **Escribir:** Muchos de nosotros nos sentimos incómodos al escribir nuestros pecados sexuales. Es posible que no queramos mirarlos

objetivamente, o que temamos que otros puedan encontrar nuestra lista. Si bien estas son razones comprensibles, te animo a superar estos temores. Es importante que veas tus pecados objetivamente y que tengas una guía de memoria para tu Confesión. Escríbelas en una hoja de papel que puedas guardar para ti. Después de la Confesión, como símbolo de que tus pecados han sido borrados, realiza una ceremonia privada quemando el papel con tus pecados (por esta y otras razones, te recomendaría que no escribas tu lista en tu computadora).

- **Identificar las consecuencias:** Al escribir cada área de pecado, sé lo más específico posible: lo que pensaste, lo que hiciste, cuándo y con quién. Luego reconoce cómo te afectó a ti y a tu relación con Dios, y a todos los que lastimaste, directa o indirectamente, con tus acciones. ¿Qué heridas causaron tus acciones? ¿Qué mentiras de identidad interiorizaste (ver el apéndice 3)? Esta sección puede ser especialmente sanadora (y desafiante), enfrentando la realidad de cómo nuestras acciones han causado daño. Esta es una cirugía profunda del corazón, y la cirugía puede ser dolorosa antes de traer la sanación. Te animo a recurrir al Espíritu Santo para obtener consuelo y fortaleza. Mientras pasas por esto, evita condenarte a ti mismo o echar la culpa a otros. Simplemente ora y pídele al Espíritu Santo que te guíe, mientras recuerdas las promesas de redención en Isaías 61. Mientras perseveras en esta actividad, Jesús convertirá tu lamento en gozo y tu vergüenza en su gloria.
- **Preparándote para la Confesión:** Te animo encarecidamente a orar por la persona con la que compartirás tu lista durante tu tiempo de Confesión. Ya sea un sacerdote u otra persona, busca a alguien en quien puedas confiar y que tenga el tiempo, la paciencia y la misericordia para caminar contigo. Llámalo con anticipación para hacer una cita. Hazle saber cuál es tu deseo. Si es una confesión no sacramental, hazle saber que no le estás pidiendo nada excepto escuchar y orar por ti mientras compartes. Si es una Confesión sacramental, pregúntale si quiere que compartas tu lista completa o solo aquellos pecados que no han sido confesados antes.

- **Confesión y acción de gracias:** Cuando llegue el momento de la Confesión, comienza con la oración e invita al Espíritu Santo a que te guíe. No te sorprendas si tienes ideas que no tenías hasta ese momento. Independientemente de cómo te sientas, reconoce que Cristo está contigo mientras te confiesas. Mantén tu enfoque en su amor y su misericordia. Si te confiesas con humildad, él te perdonará y te limpiará. Reconoce el tremendo precio que pagó por tu pecado, y agradécele. "Den gracias al Señor, pues él es bueno, pues su bondad perdura para siempre" (Sal 118:1).
- **Sanación de la vergüenza:** En mi experiencia, algunas personas son liberadas de la vergüenza que rodea los pecados una vez que son confesados, pero otras no. Si tu vergüenza y culpa no se liberan por completo después de la Confesión, generalmente hay creencias (mentiras y juicios de identidad) que te mantienen atado por la vergüenza. Pídele al Espíritu Santo que te revele la identidad de las mentiras y los juicios a los que te aferras y dónde están arraigados. Los apéndices 2–4 pueden ayudarte a desarraigar estas áreas restantes de vergüenza y las mentiras de identidad que las rodean.

APÉNDICE 2

DAR Y RECIBIR EL PERDÓN

La sanación ocurre en nuestras vidas en gran parte en la medida en que damos y recibimos el perdón. Perdonar y ser perdonado van de la mano. Jesús dejó muy claro que recibir el perdón depende de que ofrezcamos el perdón a los demás cuando nos ofenden. En el Sermón de la Llanura dijo: "Sean compasivos como es compasivo el Padre de ustedes. No juzguen y no serán juzgados; no condenen y no serán condenados; perdonen y serán perdonados. Den, y se les dará; se les echará en su delantal una medida colmada, apretada y rebosante. Porque con la medida que ustedes midan serán medidos ustedes" (Lc 6:36–38). Fíjate en la última línea. La medida que usamos para ofrecer la misericordia y el perdón es la medida con la que recibiremos la misericordia y el perdón de Dios.

¿Cómo entendemos esta contingencia a la luz del perdón de Jesús en la Cruz, que fue incondicional? La historia del siervo que no perdona nos ayuda a entender. Al siervo se le perdonó una gran cantidad, pero se negó a perdonar a su consiervo una pequeña cantidad (Mt 18:21–35). Era libre cuando fue perdonado, pero luego volvió a ser encarcelado por su falta de perdón. El *Catecismo de la Iglesia Católica* explica: "Ahora bien, lo temible es que este desbordamiento de misericordia no puede penetrar en nuestro corazón mientras no hayamos perdonado a los que nos han ofendido . . . Al negarse a perdonar a nuestros hermanos y hermanas, el corazón se cierra, su dureza lo hace impermeable al amor misericordioso del Padre; en la confesión del propio pecado, el corazón se abre a su gracia" (*CIC*, 2840).

Continuando, el *Catecismo* explica: "Allí es, en efecto, en el fondo 'del corazón' donde todo se ata y se desata. No está en nuestra mano no sentir ya la ofensa y olvidarla; pero el corazón que se ofrece al Espíritu Santo cambia la herida en compasión y purifica la memoria transformando la ofensa en intercesión" (*CIC*, 2843).

Hay varios puntos clave en estos pasajes que nos ayudan a entender la enseñanza de Jesús y nuestra necesidad de dar y recibir el perdón.

1. Jesús revela plenamente el amor y la misericordia del Padre. Él ya nos ha perdonado incondicionalmente en la Cruz.
2. Recibimos su perdón cuando reconocemos y confesamos nuestros pecados (ver el apéndice 1). Pero no podemos detenernos allí.
3. Necesitamos transmitir la misericordia que hemos recibido porque, si no lo hacemos, inevitablemente bloquearemos nuestra propia capacidad de recibir la misericordia y la compasión de Dios. Esto es aleccionador, ¿no? Cuando no nos perdonamos a nosotros mismos ni a los demás, nuestro corazón se endurece y obstaculizamos nuestra capacidad de dar y recibir el amor.

Perdonar no es fácil, ni siquiera completamente posible, cuando tratamos de hacerlo con nuestras propias fuerzas. Requiere la misericordia, la gracia y la verdad de Dios obrando en y a través de nosotros. Pero a veces ni siquiera podemos liberar nuestra ira contra Dios debido a nuestra percepción de lo que permitió que nos sucediera. A veces no podemos perdonarnos por el dolor que nos hemos causado a nosotros mismos y a los demás. Y a veces no podemos perdonar a las personas que nos han lastimado. Esto es especialmente cierto con nuestras heridas sexuales, como en situaciones de abuso sexual, porque estas heridas son profundamente personales y, a menudo, nos afectan hasta el centro de nuestro ser. No es posible olvidar estas ofensas, incluso si nos hemos desvinculado por completo de la memoria, porque los efectos del trauma se retienen en nuestros cuerpos y almas hasta que los liberamos. El dolor puede estar más allá de nuestra capacidad para expresarlo por completo, y los impactos del trauma pueden dejarnos cicatrices de por vida. Pero incluso en circunstancias horribles de abuso como las historias de Rita y Hank (en los capítulos 6, 8 y 9), todavía es necesario que le pidamos a Dios la gracia de perdonarlo a él, a nosotros mismos y a nuestros ofensores. También debemos perdonar a cualquiera que no nos protegió de las violaciones que experimentamos.

La siguiente oración es una que hemos encontrado extremadamente útil (en el Centro de Sanación Juan Pablo II) para trabajar en el proceso del perdón, especialmente en áreas en las que hemos sido profundamente heridos. Reconoce la ofensa contra nosotros, así como nuestro dolor, miedo e ira que experimentamos como resultado de la ofensa. También aborda los juicios que tenemos, los apegos malsanos que nos mantienen atados y las mentiras de identidad que nos atan a nuestro dolor. Después de encontrar la liberación y la sanación en esas áreas de nuestro corazón, nos volvemos más capaces de permitir que el Espíritu Santo libere nuestro corazón al ofrecer y recibir el perdón. Dedica todo el tiempo que necesites en cada paso del proceso.

La oración de perdón paso a paso

1. Pídele al Espíritu Santo que te muestre a quién necesitas perdonar (puede ser a tu familia, amigo, abusador, Dios, cónyuge, novio o a ti mismo).
2. Imagina a la persona que tienes delante y pon atención a lo que piensas y sientes en su presencia.
3. Piensa en lo que hizo y cómo te afectó. ¿Cómo te sientes al respecto? Nota lo que estás sintiendo y permite que salga a la superficie.
4. En tu imaginación cuéntale todo lo que hizo para lastimarte y cómo te afectó.
5. Pídele al Espíritu Santo que te revele lo que crees sobre ti mismo en base a ese incidente (puede ser útil repasar las diversas *mentiras de identidad* en el capítulo 6).
6. Renuncia a las mentiras de la identidad (ver el apéndice 3, "Renunciar a las barreras para la sanación").

7. Pídele a Jesús que te revele la verdad sobre tu identidad (ver el apéndice 4, "Sanar las heridas de identidad").
8. Pídele al Espíritu Santo que te revele los juicios condenatorios que tienes hacia ti mismo y hacia la persona que te lastimó.
9. Renuncia a estos juicios (ver el apéndice 3, "Renunciar a las barreras para la sanación").
10. Renuncia a cualquier apego malsano entre ti y esa persona (ve el apéndice 3, "Renunciar a las barreras para la sanación").
11. Lleva a esa persona al pie de la Cruz y pídele a Jesús que la perdone (y a ti).
12. Mientras estás con la persona al pie de la Cruz, vuélvete hacia ella y perdónala.
13. Ora bendiciendo a la persona y pídele a Dios que la bendiga de la manera opuesta a como te hirió. Pídele a Jesús que los sane a ambos.
14. Agradece a Jesús por su perdón y su sanación.

APÉNDICE 3

RENUNCIAR A LAS BARRERAS PARA LA SANACIÓN

En el capítulo 8, abordamos varios tipos de barreras para la sanación y luego analizamos oraciones específicas para eliminar estas barreras (en la historia de Steve). Estas barreras pueden incluir cualquiera de las siguientes: apegos malsanos (relacionados con lazos impíos del alma), juicios amargos (relacionados con la falta de perdón), votos impíos (relacionados con la autoprotección); y mentiras de identidad (relacionadas con heridas no cicatrizadas). Las siguientes son oraciones breves que puedes emplear para liberar estas barreras que te atan. Te permitirán recibir el amor de Dios y las gracias sanadoras.

Los apegos malsanos (lazos del alma profanos)

En primer lugar, ora y pídele al Espíritu Santo que te revele cualquier apego malsano o profano en tu vida. Estos pueden involucrar relaciones sexuales fuera del matrimonio (pasadas o presentes) o imágenes de pornografía o fantasía. Estos también pueden involucrar asuntos emocionales. Considera también cualquier relación poco saludable donde el control, la manipulación o la codependencia reemplacen el amor genuino con miembros de la familia, amigos o miembros de la comunidad. Además, cualquier relación en la que hayas transgredido los límites morales de Dios con otra persona (como involucrarte en el ocultismo o tomar drogas juntos) puede resultar en un lazo del alma profano. Pídele al Espíritu Santo que te dé la fuerza para liberarte de estos vínculos. Si hay buenos aspectos de tu relación, pasados o presentes, no estarás renunciando a la persona o la relación (por ejemplo, con un padre, cónyuge o amigo), sino solo a las partes de la relación que no son saludables y están en contra de la voluntad de Dios. Ora:

> En el nombre de Jesucristo, renuncio a todos los vínculos profanos con [nombre de la persona]. Tomo la espada del Espíritu, que es la palabra de Dios, y rompo y corto todos los lazos mentales, emocionales, físicos, sexuales o espirituales malsanos con [nombre de la persona]. Señor, te pido que nos perdones a ambos por haber pecado contra ti y el uno contra el otro. Por favor, libéranos a cada uno de nosotros para vivir en la libertad del Espíritu Santo.

Los juicios amargos

Los juicios amargos son las percepciones que formamos acerca de los demás, de nosotros mismos y de Dios en base a nuestras heridas pasadas o presentes. Estos juicios suelen estar asociados con la falta de perdón y nos llevan a condenarnos a nosotros mismos o a los demás. Son diferentes de los juicios sanos (discernimiento del bien y del mal). Cuando tenemos un juicio amargo hacia una persona o grupos de personas, hacia nosotros mismos o incluso hacia Dios, desarrollamos una imagen distorsionada de ellos y perdemos de vista su bondad inherente. La siguiente oración puede usarse para liberar estos juicios. Puedes rezarla en relación con Dios, contigo mismo y con los demás.

> Señor, reconozco que mis percepciones de [nombre de la persona] no son amorosas [menciona los juicios específicos, y sé honesto con la forma en que ves a esta persona de manera negativa]. En el nombre de Jesucristo, y por el poder de su sangre preciosa, renuncio ahora a estos juicios [nombre de cada juicio] hacia [nombre de la

> persona]. Te pido ahora que me liberes para ver a [nombre de la persona] de la forma en que tú lo ves y que lo bendigas ahora. Por favor, perdóname por despreciar a esta persona y perder de vista su dignidad.

Los votos impíos

Los votos impíos son resoluciones internas para protegernos y salvarnos del miedo y las heridas. Estos votos impíos son muy diferentes de los votos santos que hacemos al recibir los sacramentos. Establecen nuestra voluntad de una manera que bloquea el flujo de la gracia de Dios. Cuando renunciamos a ellos, invitamos al Espíritu Santo a que nos lleve a la libertad para recibir la gracia de Dios en esa área de nuestra vida. La oración es sencilla. La parte más desafiante es pedirle al Espíritu Santo que te muestre dónde has hecho votos impíos. Por lo general, son áreas de lucha repetitiva en las que has tratado de manejar situaciones con tus propias fuerzas. Comienza orando para pedirle al Espíritu Santo que te revele dónde estás atado por un voto impío (estos votos a menudo van acompañados de una herida y un juicio amargo). Cuando te des cuenta de un voto, pide la fuerza y la gracia para liberarlo. Ora:

> En el nombre de Jesucristo, renuncio al voto de [nombre del voto, por ejemplo, nunca seré como mi madre o mi padre, me protegeré, nunca volveré a confiar en un hombre o una mujer, o complaceré a alguien para que no me rechace]. Te pido, Señor, que me perdones por confiar en mí mismo, y ahora te pido que me lleves a una nueva libertad en el Espíritu Santo.

Las mentiras y heridas de identidad

En el capítulo 6 identificamos una serie de *mentiras de identidad* asociadas con las heridas del abuso sexual. Estas mentiras de identidad prevalecen en todo tipo de heridas psicosexuales. Pídele al Espíritu Santo que te muestre las heridas específicas que has experimentado (abandono, rechazo, miedo, vergüenza, impotencia, desesperanza y confusión) y las creencias específicas que has interiorizado como resultado de esas heridas. El apéndice 4 te permitirá orar más profundamente abordando las raíces de estas heridas y mentiras de identidad. Pero renunciar a las oraciones puede ser útil como una herramienta continua para liberarnos de las mentiras que continuamente nos acosan. La siguiente es una forma general de la oración. Debajo hay oraciones de renuncia por cada herida y sus mentiras de identidad.

> En el nombre de Jesucristo, renuncio a la mentira de que [por ejemplo, estoy solo, no soy amado, no estoy seguro, soy malo, estoy atrapado, las cosas nunca cambiarán o tengo que darme cuenta fuera]. Anuncio la verdad que [por ejemplo, tú (Dios) estás conmigo, me amas incondicionalmente, eres mi protector, me has hecho bueno, me liberas, eres mi esperanza o me das entendimiento].

- **El rechazo:** En el nombre de Jesucristo, renuncio a la mentira de que no soy amado ni digno de ser amado. Renuncio a la mentira de que no soy querido, deseado o lo suficientemente bueno. En el nombre de Jesús anuncio la verdad de que soy el amado del Padre (1 Jn 3:1). Soy amado, valorado, deseado y apreciado por Dios y por los demás (Rom 8:31–39).
- **El abandono:** En el nombre de Jesucristo, renuncio a la mentira de que estoy solo, que nadie me comprende ni se preocupa por mí. Renuncio a la mentira de que Dios me ha abandonado. En el nombre de Jesús, anuncio la verdad de que Jesús está siempre conmigo (Mt 28:20). Él nunca me dejará ni me desamparará (Heb 13:5). Anuncio la verdad de que estoy rodeado por una gran nube de testigos (Heb 12:1).
- **El miedo:** En el nombre de Jesucristo, renuncio a la mentira de que no estoy seguro, que estoy desprotegido y que, si confío, seré herido, decepcionado o moriré. En el nombre de Jesús anuncio la verdad de que Dios es mi roca, mi fortaleza, mi libertador y mi protector (Sal

23, 27, 91). Anuncio la verdad de que el amor perfecto de Dios echa fuera todo temor (1 Jn 4:18).

- **La vergüenza:** En el nombre de Jesucristo, renuncio a la mentira de que soy malo, sucio, feo, estúpido, inútil, pervertido . . . [añade otras creencias basadas en la vergüenza]. En el nombre de Jesús, anuncio la verdad de que soy aceptado, querido, puro, limpio y restaurado en Cristo (1 Cor 6). Anuncio la verdad de que Jesús no viene a condenarme (Jn 3:17–21).
- **La impotencia:** En el nombre de Jesucristo, renuncio a la mentira de que soy impotente, débil, atascado, atrapado, víctima, indefenso, etcétera. En el nombre de Jesús, anuncio la verdad de que la gracia de Dios se hace poderosa en mi debilidad, así que cuando soy débil, soy fuerte (2 Cor 12:8–10). Anuncio la verdad de que todo lo puedo en Cristo que me fortalece (Fil 4:13).
- **La desesperanza:** En el nombre de Jesucristo, renuncio a la mentira de que nada cambiará jamás y nunca tendré lo que quiero o necesito. Renuncio a la mentira de que la vida no tiene sentido y que no tengo nada por qué vivir. En el nombre de Jesús anuncio la verdad de que mi esperanza es firme y que él hace nuevas todas las cosas (Ap 21:5). Anuncio la verdad de que Dios está obrando en mí y él la llevará a cabo (Fil 1:6).
- **La confusión:** En el nombre de Jesucristo, renuncio a la mentira de que tengo que resolver todo por mí mismo y que nada tiene sentido y todo es confuso. En el nombre de Jesús, anuncio la verdad de que tengo la mente de Cristo (1 Cor 2:16) y que el Espíritu Santo me dará sabiduría, inteligencia e iluminará cuando lo pida (1 Cor 1:7; Stg 1:5).

APÉNDICE 4

SANAR LAS HERIDAS DE IDENTIDAD

Las violaciones sexuales y las privaciones psicosexuales nos afectan mucho después de que hayan pasado los eventos traumáticos. Como hemos discutido a lo largo de este libro, estas heridas impactan nuestra identidad y colorean nuestras percepciones de la vida, de nosotros mismos, de los demás y de Dios. Por lo tanto, obstaculizan nuestra capacidad para disfrutar de relaciones sanas y santas. El tiempo no cura. Solo el amor misericordioso y la verdad de Dios pueden sanarnos. Necesitamos la sanación psicológica y espiritual para integrarnos en nuestra sexualidad. Sin buscar la sanación, permitiremos que nuestro sufrimiento no resuelto afecte nuestras vidas e influya en nuestras relaciones.

He encontrado que el siguiente proceso de oración es invaluable para sanar heridas y restaurar la integridad sexual. Los fundamentos de este tipo de oración se explican en el *Catecismo de la Iglesia Católica* en la sección de oración meditativa y contemplativa. Aquí hay algunas frases clave que te ayudarán a prepararte para esta experiencia de oración:

- "Es el *corazón* el que ora" (*CIC*, 2562).
- "Sólo el Espíritu de Dios puede sondearlo y conocerlo" (*CIC*, 2563).
- "[El corazón] es el lugar del encuentro" (*CIC*, 2563).
- "[El nombre de Jesús] es el único que contiene la presencia que significa" (*CIC*, 2666).
- "La meditación hace intervenir al pensamiento, la imaginación, la emoción y el deseo . . . pero la oración cristiana debe ir más lejos:

hacia el conocimiento del amor del Señor Jesús, a la unión con Él" (*CIC*, 2708).

- "La oración contemplativa es *mirada* de fe, fijada en Jesús . . . Su mirada purifica el corazón" (*CIC*, 2715).
- "La oración contemplativa es también el tiempo fuerte por excelencia de la oración. En ella, el Padre nos concede 'que seamos vigorosamente fortalecidos por la acción de su Espíritu en el hombre interior, que Cristo habite por la fe en nuestros corazones y que quedemos arraigados y cimentados en el amor'" (*CIC*, 2714).

Al entrar en este proceso de oración, involucra tu pensamiento, imaginación, emoción y deseos. Mantén tu mirada interior fija en Jesús. Cuando pronuncias su nombre, estás invocando su presencia. El objetivo es invitar a su amor y su verdad a lo más profundo de tus heridas y mentiras de identidad[1].

1. Identifica el área de la herida sexual donde deseas sanarte. Pídele al Espíritu Santo que te muestre la experiencia específica de herida sexual que necesitas ser sanada (podría ser un área de violación sexual o privación psicosexual).
2. No intentes averiguar en qué recuerdo o experiencia enfocarte. Permite que el Espíritu Santo te lo revele. Si hay varias experiencias que te vienen a la mente, ve qué tienen en común.
3. Pídele al Espíritu Santo que te revele lo que pensaste y sentiste antes, durante y después de la experiencia dolorosa. Pídele que te revele cualquier cosa que quiera que sepas en el recuerdo/experiencia.
4. Permítete sentir las emociones en el recuerdo/experiencia y, mientras lo haces, pídele al Espíritu Santo que te muestre lo que crees acerca de ti mismo (mentira de identidad) como resultado de esta experiencia. (¿Te sientes solo, rechazado, asustado, desprotegido, indefenso, desesperanzado, confundido, sucio o avergonzado?) ¿Qué crees sobre ti mismo cuando experimentas esos sentimientos (ve las mentiras de identidad en el capítulo 6)?

5. Pídele a Jesús que revele su presencia en la experiencia hiriente. Espera su respuesta. No trates de averiguar dónde está Jesús o qué podría decir o hacer. Permítele que se te revele (su amor y su verdad) en tu imaginación inspirada. Su revelación puede venir como una imagen, en palabras o en sentimientos. Sabrás si es de él por el fruto del Espíritu y por la libertad que trae.
6. Quédate en la memoria hasta que experimentes todo lo que él quiere revelarte.
7. Si no eres capaz de experimentar a Jesús en el recuerdo de la experiencia hiriente, pídele al Espíritu Santo que te muestre si existen barreras. Si se identifican barreras, es posible que debas trabajar con las oraciones de los apéndices 2–3 (perdonar y renunciar).
8. Una vez que experimentes la presencia de Jesús, prueba el fruto en la memoria/experiencia. A ver si te sientes diferente. ¿Te ves a ti mismo o a la situación de manera diferente? ¿Han perdido su poder las mentiras de identidad? Jesús no cambiará la realidad objetiva, pero su presencia cambiará tu experiencia subjetiva del evento (incluyendo tus creencias).
9. Prueba la sanación en la memoria/experiencia hiriente de la siguiente manera:
    - ¿Te sientes conectado y comprendido en lugar de solo?
    - ¿Te sientes seguro y protegido en lugar de desprotegido y asustado?
    - ¿Te sientes amado y cuidado en lugar de no ser amado?
    - ¿Te sientes puro y digno en lugar de sucio o avergonzado?
    - ¿Te sientes liberado y empoderado en lugar de impotente?
    - ¿Te sientes alentado y esperanzado en lugar de desesperanzado?
    - ¿Te sientes iluminado y comprensivo en lugar de confundido?
10. Si todavía tienes una experiencia de cualquiera de los sentimientos/creencias desagradables, aplica la oración de renuncia en el apéndice 3, renunciando a las mentiras de identidad y anunciando la verdad.

11. ¿Experimentas paz, alegría, amor y compasión por ti mismo y por todos los involucrados?
12. Si aún no sientes paz, vuelve a visitar esta experiencia de oración.
13. Agradece a Dios por su amor por ti y por su promesa de sanación. Pídele que te selle con la sangre preciosa de Jesús.

Una vez que hayas orado a través de este proceso, puede ser útil repasar las experiencias de sanación de Steve en el capítulo 8. Te animo a incorporar este proceso de oración en tus rutinas de oración.

APÉNDICE 5

RECURSOS ADICIONALES

Se recomiendan los siguientes recursos para continuar tu viaje de restauración sexual.

Centro de Sanación Juan Pablo II (jpiihealingcenter.org)

Healing the Whole Person: conferencia y libro de trabajo
Holy Desire: conferencia y libro de trabajo
Restoring the Glory: conferencia y libro de trabajo
Undone: conferencia y libro de trabajo
Unveiled: conferencia y libro de trabajo

Daunt, Carrie Schuchts, ed. *Undone: Freeing Your Feminine Heart from the Knots of Fear and Shame*. Notre Dame, IN: Ave Maria Press, 2020.

Sobre la feminidad auténtica (según el modelo de la Santísima Madre María).

Daunt, Carrie, y Duane Daunt, eds. *Man Your Post: Learning to Live Like St. Joseph*. Charlotte, NC: St. Benedict Press, 2021.

Sobre la auténtica masculinidad (según el modelo de san José).

Heidland, Miriam James. *Loved as I Am: An Invitation to Conversion, Healing, and Freedom through Jesus*. Notre Dame, IN: Ave Maria Press, 2014.

Sobre la sanación a través de la teología del cuerpo.

Schuchts, Bob. *Be Devoted: Restoring Friendship, Passion, and Communion in Your Marriage*. Notre Dame, IN: Ave Maria Press, 2020.
Sobre la sanación en el matrimonio.
———. *Sé sanado: Una guía para el encuentro con el poderoso amor de Jesús en tu vida*. Notre Dame, IN: Ave Maria Press.
Sobre Jesús como nuestro sanador.
———. *Be Transformed: The Healing Power of the Sacraments*. Notre Dame, IN: Ave Maria Press, 2017.
Sobre el poder curativo de los sacramentos.

Organizaciones de terapia centradas en Cristo

American Association of Christian Counselors
Association of Christian Therapists
Catholic Psychotherapy Association

Ministerios centrados en Cristo que abordan el quebrantamiento y la plenitud sexual

The Allender Center
Celebrate Recovery
Courage and Encourage
Covenant Eyes
Desert Streams and Living Waters
Eden Invitation
Grief to Grace through Rachel's Vineyard
Heart of the Father
Instituto de Teología del Cuerpo
Integrity Restored
Reclaim Sexual Heath

Libros recomendados

Allender, Dan B. *Wounded Heart*. Colorado Springs: NavPress, 1995.

Dalbey, Gordon. *Healing the Masculine Soul: How God Restores Men to Real Manhood*. Nashville, TN: W Publishing Group, 2003.

Eldredge, John. *Wild at Heart: Discovering the Secret of a Man's Soul*. Nashville, TN: Thomas Nelson, 2010.

Eldredge, John, y Stasi Eldredge. *Captivating: Unveiling the Mystery of a Woman's Soul*. Nashville, TN: Nelson Books, 2005.

Fradd, Matt, y Jason Evert. *Forged: 33 Days toward Freedom*. Scottsdale, AZ: Totus Tuus Press, 2020.

Gress, Carrie. *The Anti-Mary Exposed: Rescuing the Culture from Toxic Femininity*. Charlotte, NC: Tan Books, 2019.

Hahn, Scott. *A Father Who Keeps His Promises: God's Covenant Love in Scripture*. Ann Arbor, MI: Charis, 1998.

Hathaway, Patricia Cooney, ed. *Sex and the Spiritual Life: Reclaiming Integrity, Wholeness, and Intimacy*. Notre Dame, IN: Ave Maria Press, 2020.

Healy, Mary. *Men and Women Are from Eden: A Study Guide to John Paul II's Theology of the Body*. Cincinnati: Servant Books, 2005.

Hébert, Alan A., ed. *Abuse of Trust: Healing from Clerical Sexual Abuse*. Round Rock, TX: Broussard Press, 2019.

Juan Pablo II. *Hombre y mujer los creó: Una teología del cuerpo*. Boston: Pauline Books & Media, 2006.

Lozano, Neal. *Unbound: A Practical Guide to Deliverance*. Grand Rapids, MI: Chosen, 2010.

Payne, Leanne. *The Broken Image: Restoring Personal Wholeness through Healing Prayer*. Grand Rapids, MI: Hamewith Books, 1996.

———. *Crisis in Masculinity*. Grand Rapids, MI: Baker Books, 1995.

Spaedy, Elza. *Freedom through Christ: A Memoir of Healing in the Aftermath of Sexual Abuse*. Gastonia, NC: Tan Books, 2020.

Stringer, Jay. *Unwanted: How Sexual Brokenness Reveals Our Way to Healing*. Colorado Springs: NavPress, 2018.

Watson, William M. *Whole-Life Confession: Four Weeks of Awakening to Mercy, Healing and Peace*. Seattle: Sacred Story Press, 2016.

Weiss, Douglas. *The Final Freedom: Pioneering Sexual Addiction Recovery*. Fort Worth, TX: Discovery Press, 1998.

West, Christopher. *Theology of the Body Explained: A Commentary on John Paul II's Man and Woman He Created Them*. Boston: Pauline Books & Media, 2007.

Willingham, Russell. *Breaking Free: Understanding Sexual Addiction and the Healing Power of Jesus*. Downers Grove, IL: InterVarsity Press, 1999.

Pódcasts

Abiding Together con la hermana Miriam James Heidland, Heather Khym y Michelle Benzinger

FM con el padre Mark Toups

Lust Is Boring con Jason Evert

Restore the Glory con Jake Khym y Bob Schuchts

Documental

Eric Esau, director. *The Heart of Man*. Producido por Jason Pamer y Jens Jacob. Escrito por Eric Esau y Jason Pamer. Granite Bay, CA: Ocean Avenue Entertainment, 2019.

NOTAS

Introducción

1. Curt Thompson, *The Soul of Shame* (Downers Grove, IL: InterVarsity Press, 2015), 177.

2. Thompson, *The Soul of Shame*, 171.

1. Una luz que brilla en la oscuridad

1. A lo largo del libro he cambiado los nombres y algunas descripciones particulares para mantener la confidencialidad de las personas mencionadas.

2. Juli Slattery, *Rethinking Sexuality: God's Design and Why It Matters* (Colorado Springs: Multnomah, 2018), 6.

3. Slattery, *Rethinking Sexuality,* 79.

4. Christopher McCluskey y Rachel McCluskey, *When Two Become One: Enhancing Sexual Intimacy in Marriage* (Grand Rapids, MI: Baker, 2006), 27.

5. Mauro Piacenza, "Priestly Chastity", *Clerus*, 26 de noviembre de 2011, 1.

6. Véase Kenneth M. Adams, *Silently Seduced: When Parents Make Their Children Partners* (Deerfield Beach, FL: Health Communications, 2011).

7. Dan B. Allender, *The Wounded Heart* (Colorado Springs: NavPress, 1995), 34.

8. Véase Jay Stringer, *Unwanted: How Sexual Brokenness Reveals Our Way to Healing* (Colorado Springs: NavPress, 2018), 23–24.

2. Vivir la verdad en el amor

1. James G. Friesen, E. James Wilder, Anne M. Bierling, Rick Koepcke y Maribeth Poole, *The Life Model: Living from the Heart Jesus Gave You* (Pasadena, CA: Shepherd's House, 2010).

2. Friesen *et al., Life Model,* 69.

3. Concilio Vaticano Segundo, *Gaudium et spes*, 22, Santa Sede, 7 de diciembre de 1965, http://www.vatican.va.

4. Juan Pablo II, *Carta a las familias*, Santa Sede, 2 de febrero de 1994, http://www.vatican.va.

5. Para obtener más información sobre la seguridad, la madurez y la pureza, consulta mi libro *Sé sanado: Una guía para el encuentro con el poderoso amor de Jesús en tu vida* (Notre Dame, IN: Ave Maria Press), 89–91, y el capítulo 10 de este libro.

6. Esta tabla se ha desarrollado a lo largo de muchos años de impartir clases y conferencias sobre desarrollo humano, relaciones familiares, sexualidad y sanación, así como años de trabajo como terapeuta y de ver cómo se desarrolla naturalmente en

la vida de las personas individuales. Hay muchos colaboradores a lo largo de los años, incluidos varios libros de texto sobre el desarrollo infantil, adolescente y a lo largo de la vida. Las influencias notables incluyen a Erik Erikson, *Identity and the Life Cycle*; Friesen *et al.*, *Life Model*; Juan Pablo II, *Hombre y mujer los creó*; Mary Healy, *Men and Women Are from Eden*; Christopher West, *Created and Redeemed* (CD set); Leanne Payne, *The Broken Image and Crisis in Masculinity*; Andrew Comiskey, *Pursuing Sexual Wholeness*; Gordon Dalbey, *Sons of the Father* y *Healing the Masculine Soul*; Alan Medinger, *Growth into Manhood*; John Eldredge, *Wild at Heart*; John y Stasi Eldredge, *Captivating*; y Jack Frost, *Experiencing the Father's Embrace*.

7. Friesen *et al., Life Model*, 22.

8. Dennis Linn, Sheila Fabricant Linn y Matthew Linn, *Belonging: Bonds of Healing and Recovery* (Nueva York: Paulist Press, 1993), 89–90.

9. John Bowlby, *A Secure Base* (Nueva York: Basic Books, 1988); Amy Van Buren y Eileen L. Cooley, "Attachment Styles, View of Self and Negative Affect", *North American Journal of Psychology* 4, no. 3 (diciembre de 2002): 417–30.

10. Véase la historia de Juan en Schuchts, *Sé sanado*, capítulo 7; y Andrew Comiskey, *Pursuing Sexual Wholeness* (Santa Monica, CA: Desert Stream Ministries, 1988).

11. Comiskey, *Pursuing Sexual Wholeness*, 47.

12. Leanne Payne, *The Broken Image: Restoring Personal Wholeness through Healing Prayer* (Grand Rapids, MI: Hamewith Books, 1996), 39.

13. Comiskey, *Pursuing Sexual Wholeness*, 47.

14. Véase Rick Fitzgibbons, "Appendix I: The Origins and Healing of Homosexual Attractions and Behaviors", en *The Truth about Homosexuality: The Cry of the Faithful*, por John F. Harvey, 307–44 (San Francisco: Ignatius Press, 1996).

15. Comiskey, *Pursuing Sexual Wholeness*, 213.

16. Payne, *The Broken Image*, 39–40.

17. Juan Pablo II, *Hombre y mujer los creó: Una teología del cuerpo* (Boston: Pauline Books & Media, 2006), 57:3.

18. Juan Pablo II, *Hombre y mujer los creó*, 43:2.

19. Pablo VI, *Humanae vitae*, 9, Santa Sede, 25 de julio de 1968, http://www.vatican.va.

20. Christopher McCluskey y Rachel McCluskey, *When Two Become One: Enhancing Sexual Intimacy in Marriage* (Grand Rapids, MI: Baker, 2006),

21. Véase mi libro *Be Devoted: Restoring Friendship, Passion, and Communion in Your Marriage* (Notre Dame, IN: Ave Maria Press, 2020) para un tratamiento extenso del amor marital y la sanación.

22. Daniel Keating, "Growing in Sexual Integrity as a Consecrated Man", en *Sex and the Spiritual Life: Reclaiming Integrity, Wholeness, and Intimacy*, ed. Patricia Cooney Hathaway (Notre Dame, IN: Ave Maria Press, 2020), 106, 108.

23. Susan Muto, "Sexuality, Spirituality, and the Single Life", en *Hathaway, Sex and the Spiritual Life*, 69–82, 73.

24. Sara Fairbanks, "Love and Intimacy as a Religious Sister", en *Hathaway, Sex and the Spiritual Life*, 119–32, 121.

25. Adela Galindo, “Manifestations of God’s Love to the World”, 8, Siervas de los Corazones Traspasados de Jesús y María, febrero de 2003, https://piercedhearts.org.

3. *Reflejar la imagen de Dios*

1. Alan P. Medinger, *Growth into Manhood: Resuming the Journey* (Colorado Springs: Waterbrook Press, 2000); John Eldredge, *Wild at Heart: Discovering the Secret of a Man’s Soul* (Nashville, TN: Thomas Nelson, 2010).

2. Andrew Comiskey, *Pursuing Sexual Wholeness* (Santa Monica, CA: Desert Stream Ministries, 1988), 47–48; George Alan Rekers, *Shaping Your Child’s Sexual Identity* (Grand Rapids, MI: Baker Book House, 1982), 39.

3. Véase Ryan T. Anderson, *When Harry Became Sally: Responding to the Transgender Moment* (Nueva York: Encounter Books, 2018); Kristen Rogers, “Gender Identity: The Difference between Gender, Sex and Other Need-to-Knows”, CNN, 10 de junio de 2020, https://www.cnn.com/2020/06/10/health/gender-identity-explainer-wellness/index.html.

4. Lawrence S. Mayer y Paul R. McHugh, “Part One: Sexual Orientation”, en “Sexuality and Gender: Findings from the Biological, Psychological, and Social Sciences”, *New Atlantis: A Journal of Technology and Science* 50 (Fall 2016): 13–58; Anderson, *When Harry Became Sally*.

5. “What Is Gender Dysphoria?” American Psychiatric Association, consultado el 11 de marzo de 2021, https://www.psychiatry.org/patients-families/gender-dysphoria/what-is-gender-dysphoria.

6. Véase Walt Heyer, “Hormones, Surgery, Regret: I Was a Transgender Woman for 8 Years—Time I Can’t Get Back”, *USA Today*, 11 de febrero de 2019. Véase también el sitio web de Walt: https://waltheyer.com.

7. Dan Kogut, “Pastoral Letter to Parents regarding Gender Theory”, Renewal Ministries, 2 de noviembre de 2019, https://www.renewalministries.net/wordpress/author/fr-dan-kogut/.

8. Véase James Keating, “Christ Is the Sure Foundation: Priestly Human Formation Completed in and by Spiritual Formation”, *Nova et vetera* 8, no. 4 (2010): 883–89, https://priestlyformation.org/site_files/PDFs/Faculty%20Articles/Deacon%20Keating/Keating-Christ-is-the-Sure-Foundation-Nova-et-Vetera.pdf.

9. Véase Gordon Dalbey, *Healing the Masculine Soul: How God Restores Men to Real Manhood* (Nashville, TN: W Publishing Group, 2003); Leanne Payne, *Crisis in Masculinity* (Grand Rapids, MI: Baker Books, 1995).

10. John Eldredge y Stasi Eldredge, *Captivating: Unveiling the Mystery of a Woman’s Soul* (Nashville, TN: Nelson Books, 2005); Leanne Payne, *The Broken Image: Restoring Personal Wholeness through Healing Prayer* (Grand Rapids, MI: Hamewith Books, 1996).

11. Véase la Congregación para la Educación Católica para Instituciones Educativas, *Male and Female He Created Them: Toward a Path of Dialogue on the Question of Gender Theory in Education* (Londres: Catholic Truth Society, 2019).

12. Walter Schu, *The Splendor of Love: John Paul II's Vision for Marriage and Family* (New Hope, KY: New Hope Publications, 2003), 40.

13. Mayer y McHugh, "Part One".

14. Schu, *The Splendor of Love*, 40.

15. Mayer y McHugh, "Part One".

16. Anderson, *When Harry Became Sally*, 2.

17. Juan Pablo II, *Hombre y mujer los creó: Una teología del cuerpo* (Boston: Pauline Books & Media, 2006).

18. Jonathan Merritt, "Moving beyond Gender Stereotypes: An Interview with Larry Crabb", Religious News Service, 24 de julio de 2013, https://religionnews.com/2013/07/24/moving-beyond-gender-stereotypes-an-interview-with-larry-crabb/.

19. Véase Donald Calloway, *Consecration to St. Joseph: The Wonders of Our Spiritual Father* (Stockbridge, MA: Marian Press, 2020); y Carrie Daunt y Duane Daunt, eds., *Man Your Post: Learning to Live Like St. Joseph* (Charlotte, NC: St. Benedict Press, 2021).

20. Véase Colosenses 1, Juan 15, Efesios 5 y Lucas 22:18–20.

21. Craig S. Hill, *The Power of a Parent's Blessing* (Lake Mary, FL: Charisma House, 2013).

22. Jason Evert, *Theology of His Body: Discovering the Strength and Mission of Masculinity* (West Chester, PA: Ascension Press, 2009); Dalbey, *Healing the Masculine Soul*.

23. Eldredge, *Wild at Heart*, 67.

24. Juan Pablo II, *Mulieris dignitatem*, 10, Santa Sede, 15 de agosto de 1988, http://www.vatican.va.

25. Juan Pablo II, *Mulieris dignitatem*, 10.

26. Merritt, "Moving beyond Gender Stereotypes".

27. Jason Evert, *Theology of Her Body: Discovering the Beauty and Mystery of Femininity* (West Chester, PA: Ascension Press, 2009).

28. Juan Pablo II, *Carta a las familias*, 7, Santa Sede, 2 de febrero de 1994, http://www.vatican.va.

29. Leanne Payne, *The Healing Presence: Curing the Soul through Union with Christ* (Grand Rapids, MI: Baker Books, 1995), 233; Bob Schuchts, *Restoring the Glory: Workbook and Journal*, tercera edición (Tallahassee, FL: John Paul II Healing Center, 2020), 76–77.

30. Véase Carrie Gress, *The Anti-Mary Exposed: Rescuing the Culture from Toxic Femininity* (Charlotte, NC: Tan Books, 2019), 29–44.

31. Eldredge y Eldredge, *Captivating*, 53.

32. Edith Stein, *Essays on Woman* (Washington, DC, ICS Publishing, segunda edición revisada, 1996), 48, 198.

4. Atraídos por los deseos

1. Jay Stringer, *Unwanted: How Sexual Brokenness Reveals Our Way to Healing* (Colorado Springs: NavPress, 2018), 44.

2. Stringer, *Unwanted*, 35.

3. Juan Paul II, *Hombre y mujer los creó: Una teología del cuerpo* (Boston: Pauline Books & Media, 2006), 28:5.

4. Karol Wojtyla, *Love and Responsibility*, traducido por Grzegorz Ignatik (Boston: Pauline Books, 2013); Christopher West, *A Crash Course in the Theology of the Body: Naked without Shame*, guía de estudio, segunda edición (Milwaukee, WI: Ascension Press, 2009), 25.

5. Véase Patrick Carnes, *Out of the Shadows: Understanding Sexual Addiction*, tercera edición (Center City, MN: Hazelden Information and Education, 2001); Douglas Weiss, *The Final Freedom: Pioneering Sexual Addiction Recovery* (Fort Worth, TX: Discovery Press, 1998); y Dean Byrd, "Obsessive Thoughts and Compulsive Behaviors", presentación en la Conferencia NARTH de 2002; véase también Bruce Hannemann y Jeannie Hannemann, *Reclaim Sexual Health*, consultado el 15 de marzo de 2021, http://www.reclaimsexualhealth.com.

6. Véase Hannemann and Hannemann, *Reclaim Sexual Health*; and Pascal-Emmanuel Gobry, "A Science-Based Case for Ending the Porn Epidemic", American Greatness, 15 de diciembre de 2019, https://amgreatness.com/2019/12/15/a-science-based-case-for-ending-the-porn-epidemic/.

7. Véase Carnes, *Out of the Shadows*; Stringer, *Unwanted*; Weiss, *Final Freedom*; Leanne Payne, *The Broken Image: Restoring Personal Wholeness through Healing Prayer* (Grand Rapids, MI: Hamewith Books, 1996),; Mark R. Laaser, *Healing the Wounds of Sexual Addiction* (Grand Rapids, MI: Zondervan, 2004); Russell Willingham, *Breaking Free: Understanding Sexual Addiction and the Healing Power of Jesus* (Downers Grove, IL: InterVarsity Press, 1999); Matt Fradd, *Delivered: True Stories of Men and Women Who Turned from Porn to Purity* (San Diego: Catholic Answers Press, 2013); Karin Cooke, *Dangerous Honesty* (Bowburn, Reino Unido: Naked Truth Resources, 2015); Andrew Comiskey, *Pursuing Sexual Wholeness* (Santa Monica, CA: Desert Stream Ministries, 1988).

8. La historia de Steve está tomada de mi libro de trabajo *Holy Desire: The Path to Freedom* (Tallahassee, FL: Centro de Sanación Juan Pablo II), www.jpiihealingcenter.org. El nombre de Steve y algunos detalles de su historia se han cambiado para garantizar el anonimato.

9. Andrew Comiskey, Desert Streams Ministry, http://www.desertstream.org.

10. Andrew Comiskey, *Pursuing Sexual Wholeness*, libro de trabajo (Lake Mary, Florida: Siloam Charisma Media, 1989), 47–48.

11. C. S. Lewis, citado en Payne, *The Broken Image*, 81–82.

12. Véase Rick Fitzgibbons, "Appendix I: The Origins and Healing of Homosexual Attractions and Behaviors", en *The Truth about Homosexuality: The Cry of the Faithful*, por John F. Harvey, 307–44 (San Francisco: Ignatius Press, 1996).

13. Medinger, *Growth into Manhood: Resuming the Journey* (Colorado Springs: Waterbrook Press, 2000), 17–18.

14. David Kyle Foster, *Sexual Healing* (Ventura, CA: Regal Books, 2005), 90.

15. Cooke, *Dangerous Honesty*, 19–20.

16. Cooke, *Dangerous Honesty*, 19–20.
17. Cooke, *Dangerous Honesty*, 18.
18. Stringer, *Unwanted*, 121.
19. Comiskey, *Pursuing Sexual Wholeness*, 49.
20. Fradd, *Delivered*, 104.
21. Suzana Rose, "Lesbian Violence Fact Sheet", National Violence against Women Prevention Research Center, 2000, consultado el 12 de marzo de 2021, https://mainweb-v.musc.edu/vawprevention/lesbianrx/factsheet.shtml; Luca Rollè *et al.*, "When Intimate Partner Violence Meets Same Sex Couples: A Review of Same Sex Intimate Partner Violence", *Frontiers in Psychology*, 21 de agosto de 2018, https://www.frontiersin.org.
22. Payne, *The Broken Image*, 25–26, 89–96.

5. Aplastados por las iniquidades

1. Este material es de una charla que el doctor Fraser dio en la Conferencia Virtual Católica en octubre de 2020.
2. Para fuentes bíblicas, véase Levítico 18, Mateo 5, Romanos 1, 1 Corintios 6 y 7 y Apocalipsis 21:8.
3. C. S. Lewis, *Mere Christianity*, 92.
4. Andy Reese, *Sozo Training Manual*, 26.
5. Bob Schuchts, *Be Transformed: The Healing Power of the Sacraments* (Notre Dame, IN: Ave Maria Press, 2017), capítulo 8.
6. David Kyle Foster, *Sexual Healing* (Ventura, CA: Regal Books, 2005), 164.
7. Raniero Cantalamessa, *The Fire of Christ's Love: Meditations on the Cross* (Frederick, MD: Word Among Us Press, 2013), 104.
8. Christopher McCluskey y Rachel McCluskey, *When Two Become One: Enhancing Sexual Intimacy in Marriage* (Grand Rapids, MI: Baker, 2006),
9. McCluskey y McCluskey, *When Two Become One*, 50.

6. El luto por los corazones rotos

1. Presento las "siete heridas mortales" en mis libros anteriores, *Sé sanado* y *Be Transformed* [Sé transformado]. Se derivan de una lista de ocho heridas identificadas por el doctor Edward M. Smith, en *Beyond Tolerable Recovery: Moving beyond Tolerable Existence into Biblical Maintenance Free Victory*, cuarta edición (Campbellsville, KY: Family Care, 2000). Smith identifica una octava herida: "empañado", que es una variante de la vergüenza inherente a la violación sexual.
2. Véase Bob Schuchts, *Sé sanado: Una guía para el encuentro con el poderoso amor de Jesús en tu vida* (Notre Dame, IN: Ave Maria Press), capítulo 7; Smith, *Beyond Tolerable Recovery*, apéndice.
3. Véase Bob Schuchts *Be Transformed: The Healing Power of the Sacraments* (Notre Dame, IN: Ave Maria Press, 2017), capítulos 3–9.
4. Cynthia Kubetin y James Mallory, *Shelter from the Storm: Hope for Survivors of Sexual Abuse* (Nashville, TN: Lifeway, 1995), 26–27.

5. Dan B. Allender, *The Wounded Heart* (Colorado Springs: NavPress, 1995).

6. Véase Allen A. Hébert, *Abuse of Trust: Healing from Clerical Sexual Abuse* (Round Rock, TX: Broussard Press, 2019), 60.

7. Allender, *The Wounded Heart*, 75.

8. Hébert, *Abuse of Trust*, 15.

9. Bessel A. van der Kolk, *The Body Keeps the Score: Brain, Mind, and Body in the Healing of Trauma* (Nueva York: Viking, 2014), 123.

10. Van der Kolk, *The Body Keeps the Score*, 123.

11. Van der Kolk, *The Body Keeps the Score*, 66.

12. Allender, *The Wounded Heart*, 74.

13. Van der Kolk, *The Body Keeps the Score*, 1–2.

14. Véase Elza Spaedy, *Freedom through Christ: A Memoir of Healing in the Aftermath of Sexual Abuse* (Gastonia, NC: Tan Books, 2020), 14–16.

15. Véase la historia de Hank en Schuchts, *Be Transformed*, capítulo 8.

Parte II. Restaurar la plenitud sexual

1. Esta oración es una versión modificada de una escrita por Allen Hébert después de leer el manuscrito de este libro antes de su publicación. Es autor de *Abuse of Trust* [El abuso de confianza], un libro de testimonios de personas traumatizadas como resultado del abuso sexual del clero.

7. Ungidos por el Espíritu

1. Véase Juan Pablo II, *Crossing the Threshold of Hope*, ed. Vittorio Messori, traducido por Jenny McPhee y Martha McPhee (Nueva York: Knopf, 1994), 228; Dain Scherber, *The Primordial Father Wound: And the Glorious Freedom of the Children of God* (autopublicado, 2019); y Mark C. Priessner, *Will the Real Father Please Stand Up* (autopublicado, Createspace, 2017).

2. Véase Bob Schuchts, *Healing the Whole Person: Workbook and Journal,* tercera edición (Tallahassee, FL: Centro de Sanación Juan Pablo II, 2021), 4; Dictionary.com, s.v. "salvation", consultado el 15 de marzo de 2021, https://www.dictionary.com; Thesaurus.com, s.v. "salvation", consultado el 15 de marzo de 2021, https://www.thesaurus.com.

3. Emiliano Tardif, con José H. Prado Flores, *Jesus Lives Today!* (South Bend, IN: Greenlawn Press, 1989), 56.

4. Abordo estos temas de manera más amplia en *Sé sanado* y *Be Devoted* [Sé devoto].

5. Para obtener más información sobre las Confesiones de toda la vida, consulta William M. Watson, *The Whole-Life Confession: Four Weeks of Awakening to Mercy, Healing and Peace* (Seattle: Sacred Story Press, 2016). También es posible que desees abordarlo como una actividad de cuarto paso en el proceso de recuperación de doce pasos para las adicciones.

6. Para obtener más información sobre "Cristo renueva su parroquia", comunícate con la organización nacional a través de Dynamic Catholic. Para obtener más

información sobre la reconstrucción familiar, consulta "What Is Family Reconstruction?", Life Story Healing, consultado el 15 de marzo de 2021, https://www.lifestoryhealing.com.

7. Consulta mis libros *Sé sanado: Una guía para el encuentro con el poderoso amor de Jesús en tu vida* (Notre Dame, IN: Ave Maria Press); *Real Suffering: Finding Hope and Healing in the Trials of Life* (Charlotte, NC: St. Benedict Press, 2018); and *Be Devoted: Restoring Friendship, Passion, and Communion in Your Marriage* (Notre Dame, IN: Ave Maria Press, 2020).

8. La belleza en lugar de cenizas

1. Véase Jay Stringer, *Unwanted: How Sexual Brokenness Reveals Our Way to Healing* (Colorado Springs: NavPress, 2018), para una discusión más detallada de cómo las imágenes pornográficas revelan nuestras heridas.

2. Véase Stringer, *Unwanted*, 44.

3. El arrepentimiento es el primer paso en un proceso de tres pasos: arrepentirse, renunciar y recibir, discutido por el terapeuta católico Jake Khym en nuestro pódcast *Restore the Glory* ("Episode 11: Faith or Fear: Part 3", 2 de septiembre de 2020, https://www.restoretheglorypodcast.com). También se presenta de una forma ligeramente diferente en el trabajo de Bruce y Jeannie Hannemann en el sitio web Reclaim Sexual Health como una forma de combatir las compulsiones sexuales; en William M. Watson, *Forty Weeks: A Journey of Healing and Transformation for Priests* (Seattle: Sacred Story Press, 2018); y en Neal Lozano, *Unbound: A Practical Guide to Deliverance* (Grand Rapids, MI: Chosen, 2010).

4. Jack Wellman, "What Is Repentance? Bible Definition of Repent and Repentance", Christian Crier (blog), 29 de mayo de 2014, https://www.patheos.com/blogs/christiancrier/2014/05/29/what-is-repentance-bible-definition-of-repent-and-repentance.

5. Véase el cardenal Robert Sarah, con Nicolas Diat, *The Day Is Now Far Spent*, traducido por Michael Miller (San Francisco: Ignatius Press, 2019), 51.

6. Russell Willingham, *Breaking Free: Understanding Sexual Addiction and the Healing Power of Jesus* (Downers Grove, IL: InterVarsity Press, 1999),

7. Juan Pablo II, *Hombre y mujer los creo: Una teología del cuerpo* (Boston: Pauline Books & Media, 2006).

8. Para obtener más información sobre cómo renunciar a las "siete heridas mortales" y las "mentiras de identidad", consulta el apéndice 3.

9. Véase John Eldredge, *Waking the Dead: The Secret to a Heart Fully Alive* (Nashville, TN: Nelson Books, 2016), 152, para una discusión sobre cómo nuestros acuerdos nos mantienen obligados.

10. See Lozano, *Unbound*, 49–54.

11. John Sandford y Paula Sandford, *The Transformation of the Inner Man* (South Plainfield, NJ: Bridge Publications, 1982), 193.

9. *La alegría en lugar de luto*

1. Véase Dan B. Allender, *The Wounded Heart* (Colorado Springs: NavPress, 1995), 20.

2. Véase Michael Scanlan, *Inner Healing: Ministering to the Human Spirit through the Power of Prayer* (Nueva York: Paulist Press, 1974), 50.

3. Bessel A. van der Kolk, *The Body Keeps the Score: Brain, Mind, and Body in the Healing of Trauma* (Nueva York: Viking, 2014), 121–22.

4. See Schuchts, *Sé sanado: Una guía para el encuentro con el poderoso amor de Jesús en tu vida* (Notre Dame, IN: Ave Maria Press), capítulos 8 y 10.

5. Payne, *The Broken Image*, 89–91.

6. Robert Barron, "Joy for the Brokenhearted" (sermón dominical), Word on Fire, 12 de diciembre de 2020, https://www.wofdigital.org.

7. Leanne Payne, *The Broken Image: Restoring Personal Wholeness through Healing Prayer* (Grand Rapids, MI: Hamewith Books, 1996), 54.

8. Elisabeth Kübler-Ross, *On Death and Dying* (Nueva York: Collier Books, 1993).

9. Andrew Comiskey, *Pursuing Sexual Wholeness* (Santa Monica, CA: Desert Stream Ministries, 1989 ed.), 120.

10. Comiskey, *Pursuing Sexual Wholeness*, 120.

10. *Robles de justicia*

1. John Riccardo, "Foreword: Sexual Integrity Is for Everyone", en *Sex and the Spiritual Life: Reclaiming Integrity, Wholeness, and Intimacy,* ed. Patricia Cooney Hathaway (Notre Dame, IN: Ave Maria Press, 2020), ix–xx, xi.

2. Janet E. Smith, "What Is Sexual Integrity?", en Hathaway, *Sex and the Spiritual Life*, 1–16, 3, 5.

3. Véase Bob Schuchts, *Restoring the Glory: Workbook and Journal* (Tallahassee, FL: Centro de Sanación Juan Pablo II), 75–76; Carrie Gress, *The Anti-Mary Exposed: Rescuing the Culture from Toxic Femininity* (Charlotte, NC: Tan Books, 2019), 29–44; Leanne Payne, *The Healing Presence: Curing the Soul through Union with Christ* (Grand Rapids, MI: Baker Books, 1995), 231–36.

4. James G. Friesen, E. James Wilder, Anne M. Bierling, Rick Koepcke y Maribeth Poole, *The Life Model: Living from the Heart Jesus Gave You* (Pasadena, CA: Shepherd's House, 2010), 31.

5. Sara Fairbanks, "Love and Intimacy as a Religious Sister", en Hathaway, *Sex and the Spiritual Life*, 129–30.

6. Friesen *et al., Life Model*, 29.

7. Benedicto XVI, *Deus caritas est* (Dios es amor), 17, Santa Sede, 25 de diciembre de 2005, http://www.vatican.va.

8. Dawn Eden, *My Peace I Give You: Healing Sexual Wounds with the Help of the Saints* (Notre Dame, IN: Ave Maria Press, 2012).

9. Larry Crabb y Dwight Edwards, "The Power of Connecting Conference Workbook" (Dallas, TX, 1998), 2.

10. Friesen *et al., Life Model*, 47.

11. Friesen *et al., Life Model*, 6.

12. Muchas personas no se han integrado completamente sexualmente ni se han vuelto puras antes de la muerte. Esta es la razón por la cual la Iglesia enseña la necesidad del purgatorio para los creyentes; necesitamos ser limpiados de toda impureza para compartir el amor más puro del cielo.

13. Pontificio Consejo para la Familia, "La verdad y el significado de la sexualidad humana", 17, Santa Sede, 8 de diciembre de 1995, http://www.vatican.va.

14. Jeff Jay, "Sexual Integrity and the Challenge of Addiction", en Hathaway, *Sex and the Spiritual Life*, 31–50, 33.

15. Russell Willingham, *Breaking Free: Understanding Sexual Addiction and the Healing Power of Jesus* (Downers Grove, IL: InterVarsity Press, 1999), 126.

16. Daniel Keating, "Growing in Sexual Integrity as a Consecrated Man", en Hathaway, *Sex and the Spiritual Life*, 111.

17. Payne, *The Healing Presence*, 82.

18. Benedicto XVI, *Spe salvi*, 47, Santa Sede, 30 de noviembre de 2007, http://www.vatican.va.

19. Robert A. Schuchts, "Security, Maturity, and Purity: Foundations for Chaste Celibacy", en *Chaste Celibacy: Living Christ's Own Spousal Love*, ed. Edward G. Mathews, Jr. (Omaha, NE: Institute for Priestly Formation, 2007), 71–81.

Apéndice 4. Sanar las heridas de identidad

1. Para más información sobre esto, véase Bob Schuchts, *Healing the Whole Person: Workbook and Journal* (Tallahassee, FL: Centro de Sanación Juan Pablo II), y charlas en jpiihealingcenter.org.

Bob Schuchts es el autor de *Sé sanado, Se transformado* y *Sé devoto*. Es el fundador del Centro de Sanación Juan Pablo II en Tallahassee, Florida, y coanfitrión del podcast *Restore the Glory* [Restaurar la gloria] con Jake Khym.

Después de recibir su doctorado en relaciones familiares de Florida State University en 1981, Schuchts se convirtió en maestro y consejero. Mientras estaba en la práctica privada, también impartió cursos de posgrado y pregrado en Florida State y Tallahassee Community College. Posteriormente, Schuchts se desempeñó como profesor en el Instituto de Teología del Cuerpo y en el Centro de Estudios Bíblicos, donde impartió cursos sobre la sanación, la sexualidad y el matrimonio, y fue instructor invitado del Instituto Agustín. Se ofreció como voluntario en el ministerio parroquial durante más de treinta años.

Se jubiló como terapeuta matrimonial y familiar en diciembre de 2014.

Schuchts tiene dos hijas y ocho nietos. Su esposa, Margie, murió en 2017.

jpiihealingcenter.org

www.restoretheglorypodcast.com

Twitter: @JPIIHealing

Facebook: JP2HealingCenter

La **Hermana Miriam James Heidland, S.O.L.T.**, es oradora católica, presentadora de pódcasts y autora de *Loved as I Am* [Amado como soy].

El **Reverendísimo Mark Toups, V.G.**, es vicario general de la Diócesis de Houma-Thibodaux y párroco de la iglesia católica Our Lady of the Isle en Grand Isle, Luisiana.

I0800965

IMAGES
of America
WIND POINT LIGHTHOUSE

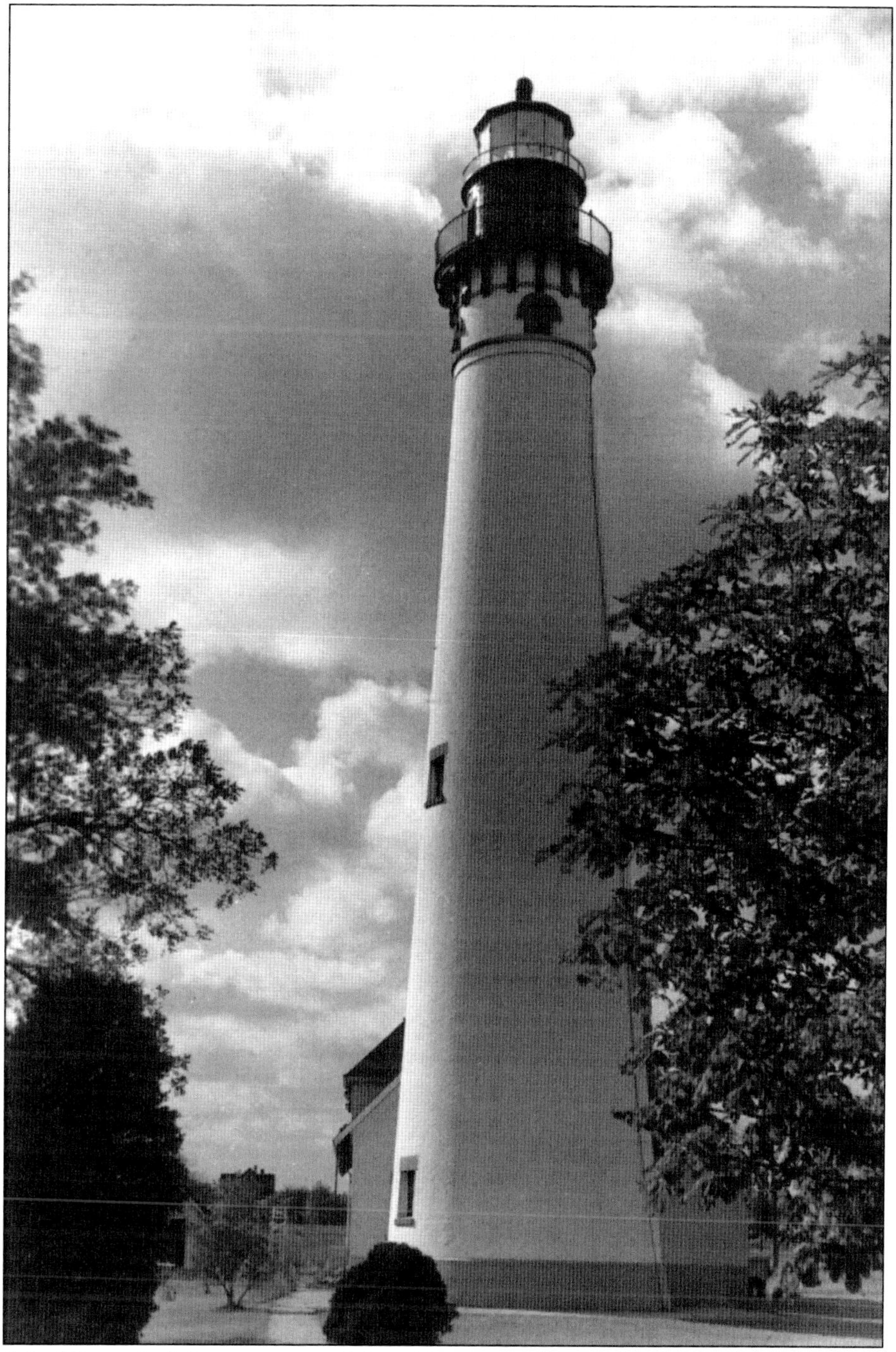

The Wind Point Lighthouse is one of the oldest and tallest still operating on Lake Michigan today. The spacious station is a success story among modern, remaining lighthouses, thanks to the efforts of many concerned groups. (Courtesy Joan and Dan Milaeger.)

On the cover: Please see page 75. (Courtesy USCG.)

IMAGES
of America

WIND POINT LIGHTHOUSE

Barb and Ken Wardius

ARCADIA
PUBLISHING

ISBN 978-0-7385-5063-3

Published by Arcadia Publishing
Charleston, South Carolina

Printed in the United States of America

Library of Congress Catalog Card Number: 2007932091

For all general information contact Arcadia Publishing at:
Telephone 843-853-2070
Fax 843-853-0044
E-mail sales@arcadiapublishing.com
For customer service and orders:
Toll-Free 1-888-313-2665

Visit us on the Internet at www.arcadiapublishing.com

To the keepers, assistants, caretakers, families, and the Friends of the Wind Point Lighthouse, for all their years of service to a magnificent lighthouse.

CONTENTS

ACKNOWLEDGMENTS

By far, this project was the most challenging of all of our various lighthouse adventures. Securing enough material, particularly vintage photographs, initially looked like an unattainable goal. Good old-fashioned persistence, detective work, and loads of help along the way made this book a reality. Without the support and kindness of countless other Wind Point enthusiasts, some of the lighthouse's history might have been left unknown. Of particular note are Mike and Liana Cooper, former caretakers at Wind Point, for a treasure chest of material; the Racine Heritage Museum, Dick Ammann, Chris Paulson, and Michele Levandoski; the Friends of the Wind Point Lighthouse, including Mary Wackerhagen, John Schmit, Carolyn Harvey, Bruce Stansil, and Barb Rigden; Hazel Wishau Franseen; Janet Van Alstine; Bob Jaeck; Ken and Elizabeth Bevry; Joan and Dan Milaeger; Helen Carlson; Jane Fadel Murphy; Connie Sena; Tom and Phyllis Tag of Great Lakes Lighthouse Research; Gerald Karwowski; Capt. Dan Johnson of Loves Park Scuba; Candace Clifford; the Racine Public Library; Bob Johnson; Lou Ham of the Delta County Historical Society; Debbie Thatcher; Sue Giaimo; Pam Cook; Melanie Susedik; Ralph Rose; Vera Johnson; the Great Lakes Lighthouse Keepers Association; the Wisconsin Maritime Museum in Manitowoc; June Larson and the Door County Maritime Museum and Lighthouse Preservation Society; the Kenosha County Historical Society; the Long Island Lighthouse Society; our Arcadia editor Jeff Ruetsche for his encouragement and positive direction; and as always, to our family, especially our daughter Sarah Lacey Wardius, and our best friends, Sue and Gary Zikmund, and Nikki Schaefer for their unfailing support and love. You are the best!

Many of the photographs in this book can be credited to and summarized by the following codes: Delta County Historical Society (DCHS), Door County Maritime Museum and Lighthouse Preservation Society (DCMM&LPS), Friends of the Wind Point Lighthouse (FOWP), Great Lakes Lighthouse Keepers Association (GLLKA), Kenosha County Historical Society (KCHS), Long Island Lighthouse Society (LILS), U.S. National Archives and Records Administration (NARA), National Aeronautics and Space Administration (NASA), National Oceanic and Atmospheric Administration (NOAA), Racine Heritage Museum (RHM), Racine Journal Times (RJT), Racine Public Library (RPL), and the United States Coast Guard (USCG).

INTRODUCTION

Lighthouses have served humankind for centuries. Since their earliest days in the ancient world, thousands of beacons have illuminated coastlines and harbors around the globe, guiding innumerable ships, people, and cargo to safe haven. Lighthouses stand for many different things to many different people. They can be symbols of dedication, bravery, duty, sacrifice, beauty, and history. Today most citizens think favorably when it comes to the subject of lighthouses.

The United States has always been a worldwide leader in the business of lighthouses. One of the initial priorities of our fledging country's opening Congress dealt with nautical commerce and safety, and logically, lighthouses. Originally, the president also made basic decisions regarding maritime beacons. As a result, hundreds of these sentinels ultimately dotted our shores and directed ships to various destinations. Eventually the entire East, Gulf, and West Coasts of the United States, as well as our inland seas, the Great Lakes, would be sprinkled with lighthouses. Today most lights still stand and they are icons of our nation's maritime legacy.

Great Lakes trade flourished in the 1800s as the developing nation expanded westward. These waterways have been responsible for conveying goods from the times of the first natives, through the course of European settlement, and continue to do so even today. Raw commodities of timber, mineral resources, foodstuffs, and other goods were economically transported well before our railway, road, and modern highway systems became more reliable and elaborate. Consequently, cities sprang up, harbors enlarged, river mouths were dredged, and considerably more lighthouse construction took place.

Lake Michigan, the only Great Lake entirely within the boundaries of the United States, is a massive body of water. With hundreds of miles of coastline, the big lake demanded many new lighthouses to mark ports, warn of hazardous areas, and increase safety on this freshwater sea that can be unforgiving when storms brew. Even with lighthouses, however, hundreds of vessels and mariners perished sailing on the oftentimes dangerous Lake Michigan waves.

Wisconsin is blessed with water connections to both Lakes Superior and Michigan as well as the mighty Mississippi and Wisconsin Rivers. The Badger State is bordered on three sides with abundant water, and much of its culture and history are centered around these nautical ties. Second only to the state of Michigan in the highest number of lighthouses on the Great Lakes, Wisconsin boasts nearly four dozen beacons.

The southeastern Wisconsin communities of Milwaukee, Kenosha, and Racine have been synonymous with Lake Michigan commerce for a long time. The Greater Racine area traditionally was an important hub of lake shipping since Native American canoes originally paddled here centuries ago. From its beginning days with connections to the Root River and Port Gilbert, through today with modern recreational and sport fishing vessels, scores of mariners have plied the surrounding waters. During this time, several Racine lighthouses were erected and have

safely guided sailors in their journeys to and from this port. As harbor improvements were made, the inaugural Root River Lighthouse gave way to pier and breakwater lights as well as a one-of-a-kind reef lighthouse, directly east of the city in Lake Michigan.

There is no lighthouse in Racine that is more synonymous with its extensive maritime traditions than Wind Point. Built in 1880, the lighthouse replaced a lone, windblown tree that history records warned vessels of the nearby shallow waters and shoals, as well as the protuberance of land that hides downtown Racine from southbound lake traffic north of the point. Appropriately named, there forever seems to be a breeze blowing at "Windy Point."

The Wind Point Lighthouse has always been one of our favorites, a striking, tall, grand beacon in a pleasant, parklike setting. Its long, storied past invited additional attention, exploration, and research, beckoning us to learn more of its story and especially the people who dedicated much of their lives here. This book is our attempt to give the reader as thorough a look as possible at the many facets of Racine's most famous and familiar landmark. From yesteryear, today, and into the future, we hope you enjoy the journey of the Wind Point Lighthouse. We gave extra attention and special effort to insure the accuracy of this publication. At times there was some conflicting information and dates. Please accept our apologies for any errors or omissions. Please feel free to contact us regarding this book.

Barb and Ken Wardius
2240 West Marne Avenue
Glendale, WI 53209
414-228-8947
E-mail: bkw@crestwoodcreek.com
Internet: www.crestwoodcreek.com

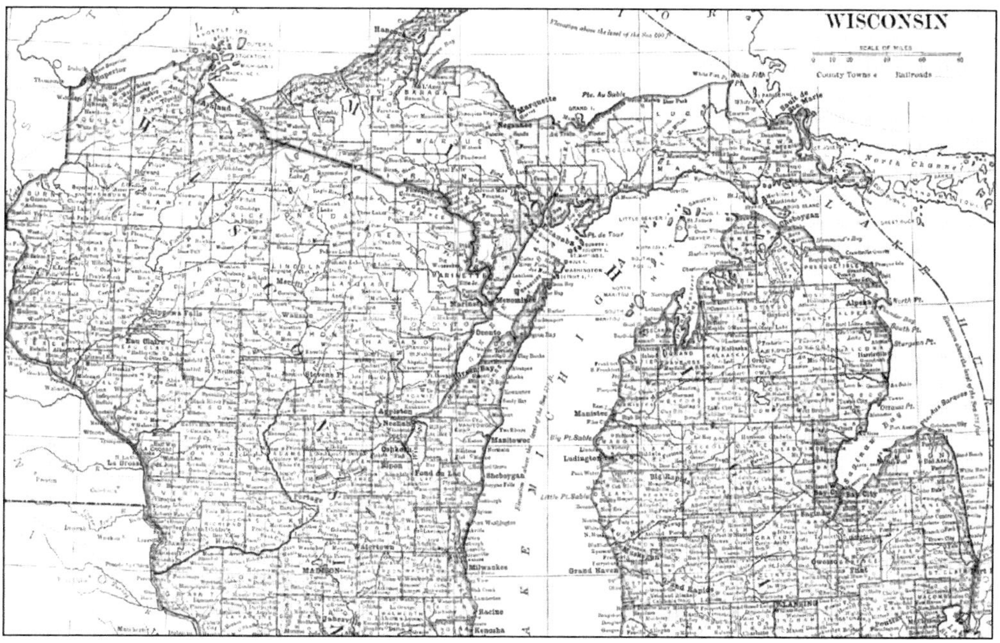

This late-19th-century map shows the states of Wisconsin and Michigan along with the majority of the western Great Lakes region. As the European expansion moved westward across the country, scores of lighthouses were built, and most ports in this vicinity flourished. Southern Wisconsin harbors, including the Greater Racine area, prospered from bustling maritime trade. (Courtesy U.S. Digital Map Library.)

One

Maritime Racine
Nautical History of the "Belle City"

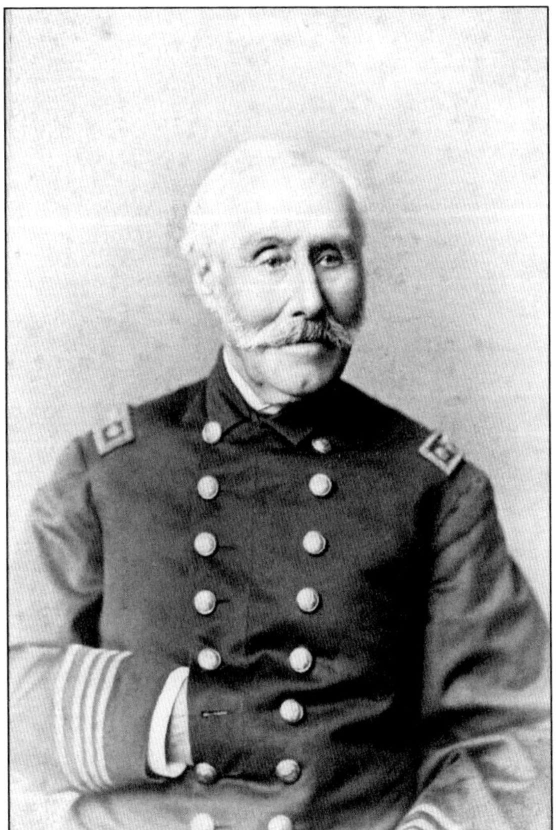

In 1828, Capt. Gilbert Knapp anchored his boat near the mouth of the Root River on Lake Michigan and took a long look at the surrounding countryside. He believed strongly that the area would be excellent for settlement. He later returned here in 1834 and a year later founded Port Gilbert. Later the area would be called Racine. (Courtesy RHM.)

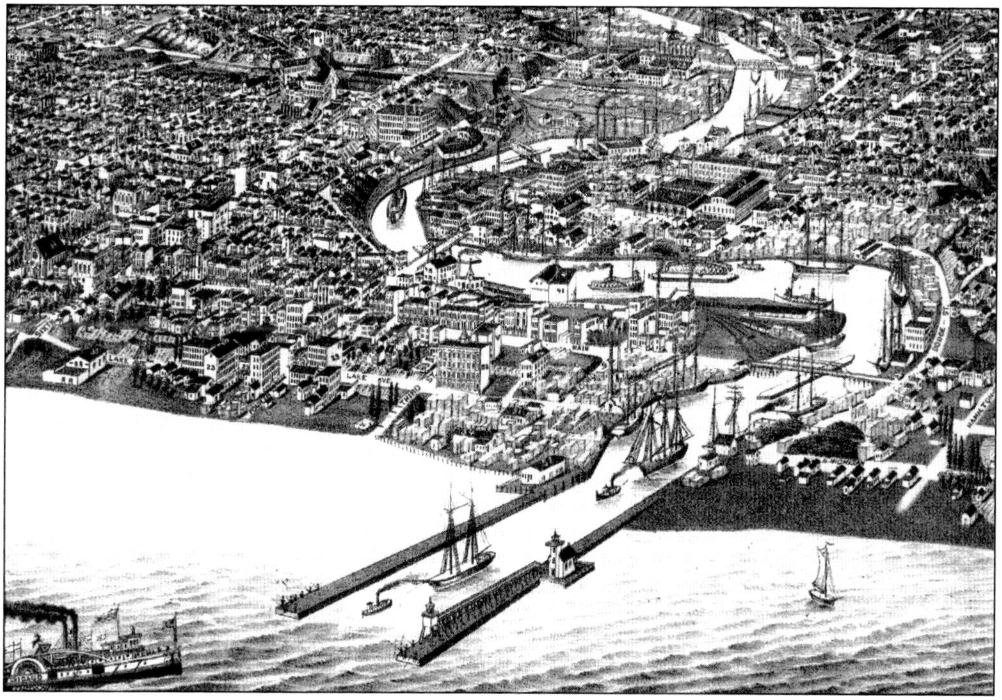

Racine's name comes from its early association with the Root River. Early French traders named it Les Racines, "the roots," due to the many roots that tangled the river. Later the nickname "the Belle City of the Lakes" took hold. *Belle* is another French word that means beautiful. Racine was known then for its natural beauty. That designation still holds true today. (Courtesy FOWP.)

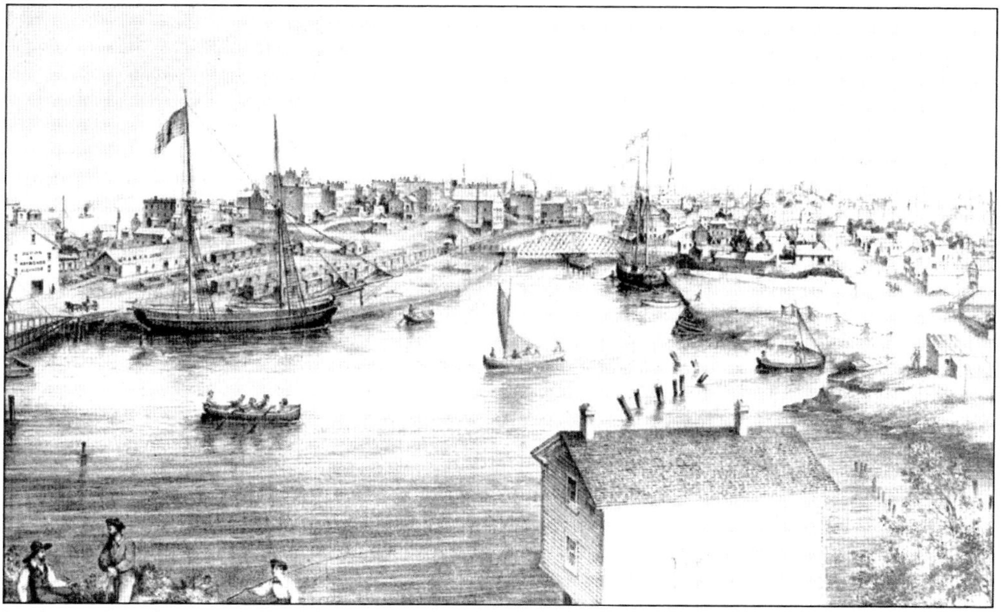

In the 1850s, the Racine harbor was a bustling place. The Great Lakes were the super highways of the time. Road systems were not yet reliable, and the fastest way to move goods was by water. The artist incorporated several different watercraft in this work: two- and three-masted schooners and a small sailboat as well as a rowboat. (Courtesy RHM.)

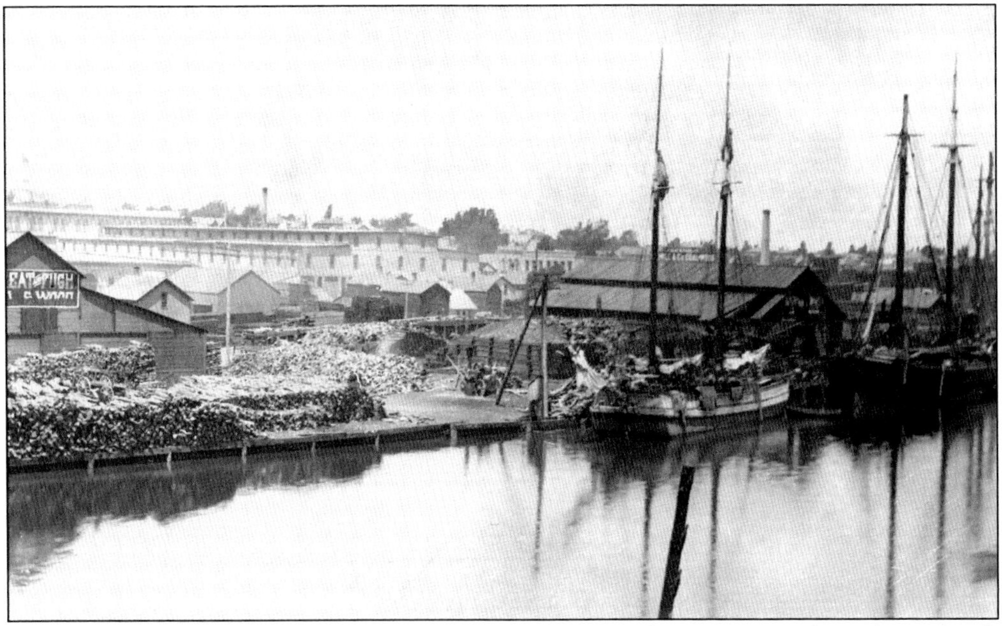

A busy and growing business would best describe Racine's early maritime trade in the mid-19th century. Wagons originally brought loads to the harbor. Principal products included lumber, bricks, wheat, oats, barley, flour, butter, meat, wool, and some basic machinery. Sailing and steam vessels consisted of schooners, brigs, and sloops. Hundreds of ships came to load and unload monthly. (Courtesy RHM.)

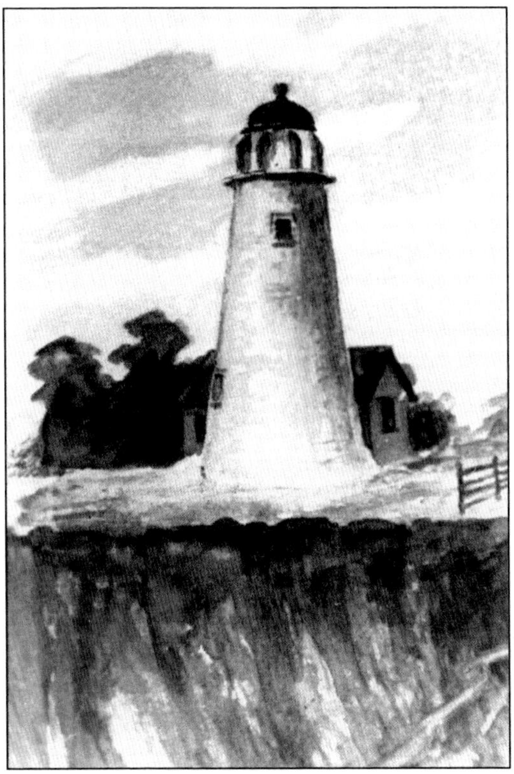

Racine's first lighthouse was built in 1839 at the end of what was then Seventh Street. The light was located at the mouth of the Root River, where the tributary empties into Lake Michigan. The cream city brick tower stood 40 feet tall with the keeper's quarters behind the lighthouse. The lighthouse was retired from service in 1865. Today the Racine Public Library occupies this site. (Courtesy RHM.)

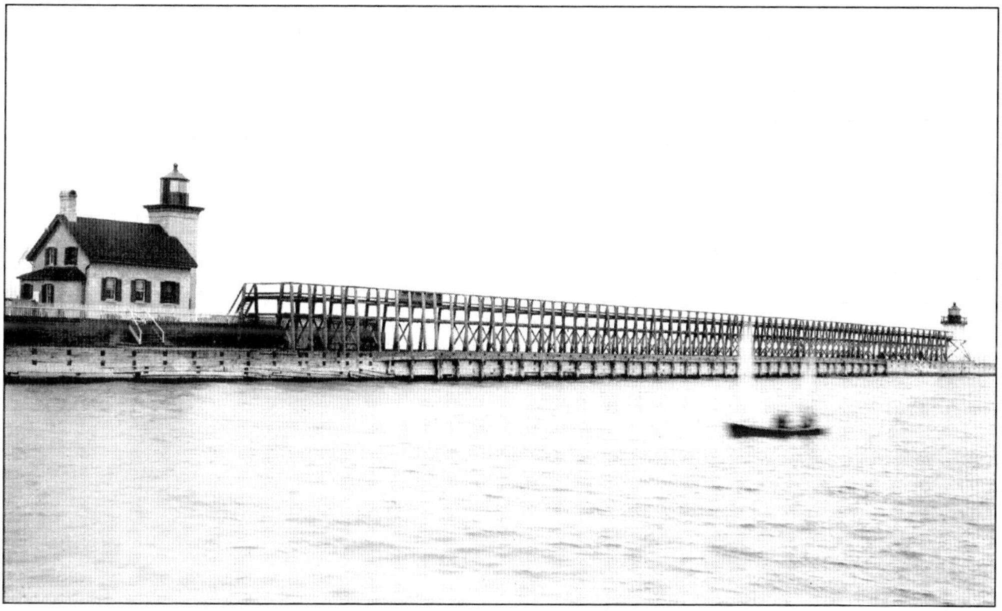

The breakwaters and piers in Racine's harbor have sported lighthouses since the late 1840s. The first pier light was a simple wooden frame, much like the lighthouse on the far right. The elevated catwalk allowed light keepers safer access to the pier's end during storms or icy conditions. The more permanent brick Racine Harbor Lighthouse stands on the left. The north pier light was demolished in 1859, when the schooner *Newman* ran into the pier and destroyed the lighthouse. (Courtesy RHM.)

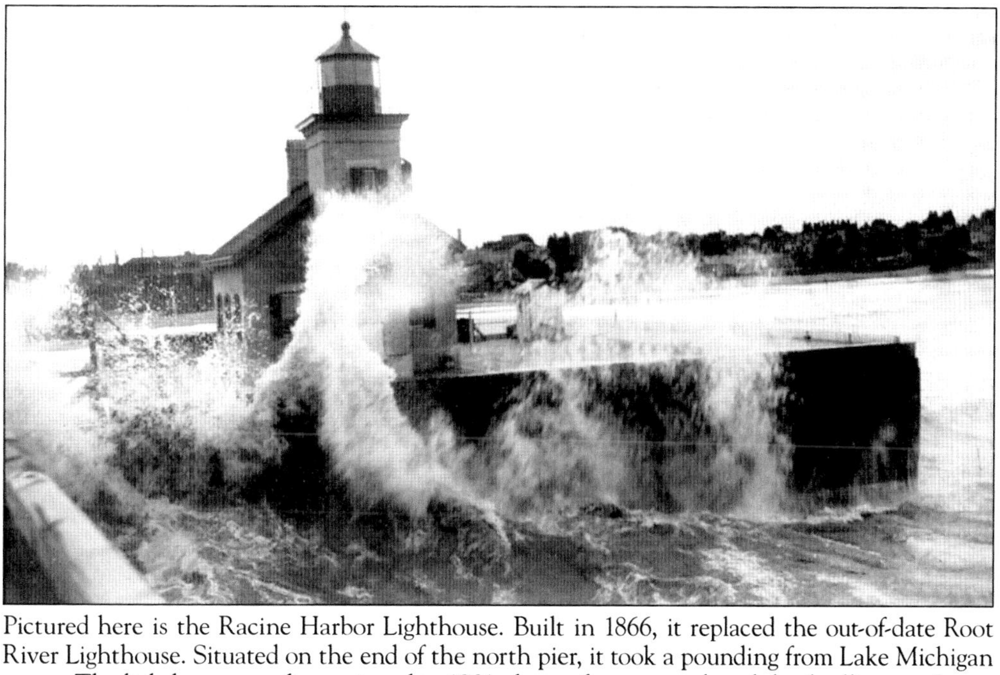

Pictured here is the Racine Harbor Lighthouse. Built in 1866, it replaced the out-of-date Root River Lighthouse. Situated on the end of the north pier, it took a pounding from Lake Michigan waves. The lighthouse was discontinued in 1901, the roof was capped, and the dwelling was home to keepers of the pier and breakwater lights. This image was captured in the late 1800s by Racine banker Edward B. Kilbourn, who was known to carry his camera with him. (Courtesy RHM.)

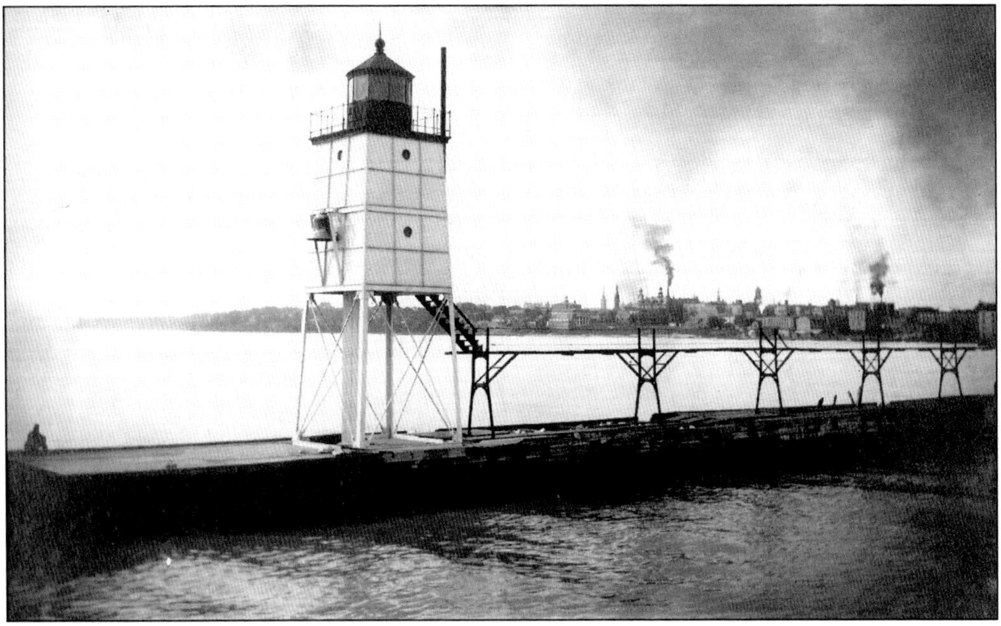

The Racine Pierhead light, on the end of a wooden wharf, is featured in this September 1914 photograph. An elevated metal catwalk allowed attendants safer passage on the pier and access to the beacon in inclement weather. A large signal bell was employed to warn sailors in foggy conditions. Part of Racine's skyline with billowing smokestacks appears in the background. (Courtesy USCG.)

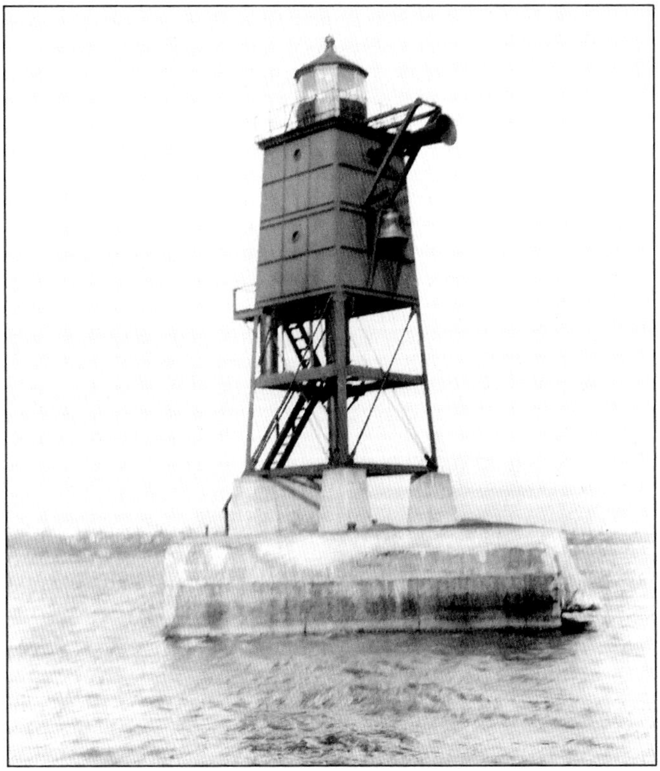

"Big Red," as the Racine Pierhead light was called, was relocated to the end of the city's concrete breakwater about 1910. This 1928 photograph, taken from Lake Michigan looking west, includes two prominent foggy-weather features on the spidery lighthouse. The heavy metal bell clanged and the long trumpetlike foghorn blew loudly when visibility diminished. (Courtesy USCG.)

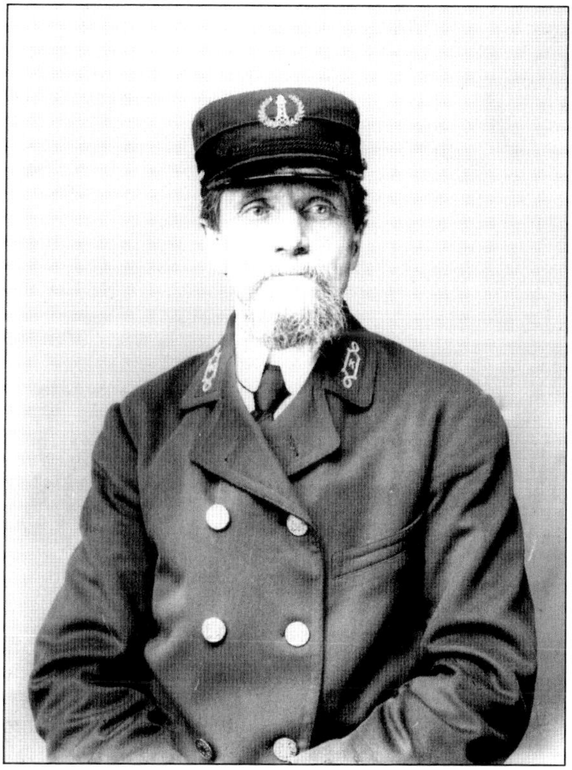

Martin Nicholai Knudsen had one of the most distinguished lighthouse careers on the Great Lakes. His connection to Racine includes his keeper duties at the Racine North Breakwater Lighthouse from 1899 to 1917. Prior to that, his fame stems from a daring 1892 rescue of six shipwrecked people near the Pilot Island Lighthouse in Door County's "death's door" strait. He served a total of 44 years in the Lighthouse Service. (Courtesy RHM.)

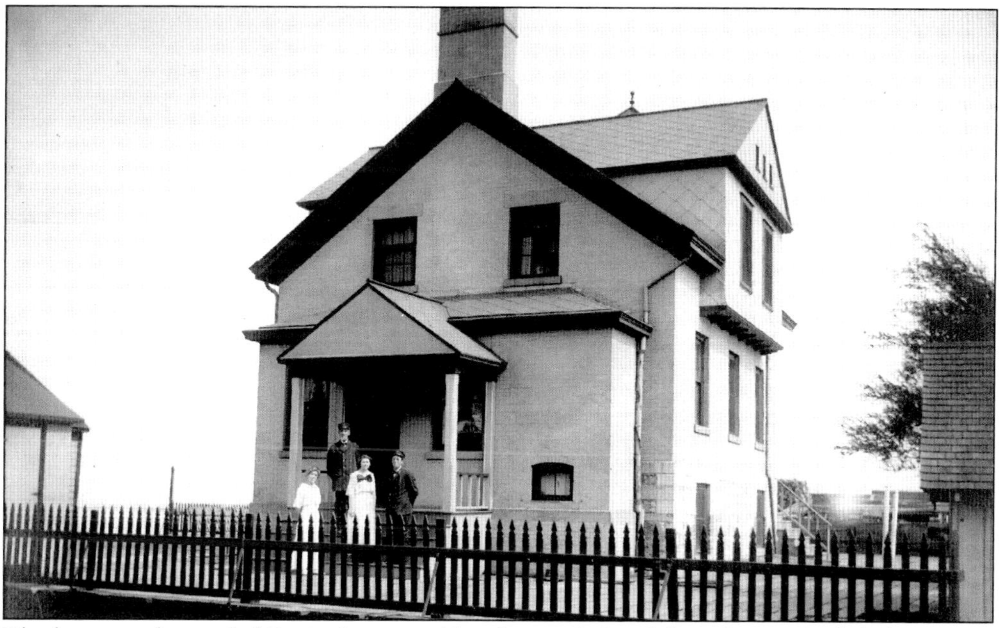

The keepers who tended Racine's pier and breakwater lights did not live at the lighthouses out on the piers. A separate dwelling nearer the shore provided their shelter. This 1914 photograph features keeper Martin Knudsen standing above an assistant keeper and two women. Extensive renovations of this building took place previously in the early 1900s, converting it from the Racine Harbor Lighthouse to the residence pictured here. (Courtesy USCG.)

As piers and breakwaters were enlarged and extended in the Racine harbor, lighthouses also evolved and improved. One of the breakwater lights would have been this interesting pagoda style. Built on the north breakwater around 1910, the unique-shaped building housed a smaller fifth- or sixth-order Fresnel lens. Similar styled lights would also be erected on early piers and breakwaters at Milwaukee and Sheboygan. (Courtesy RHM.)

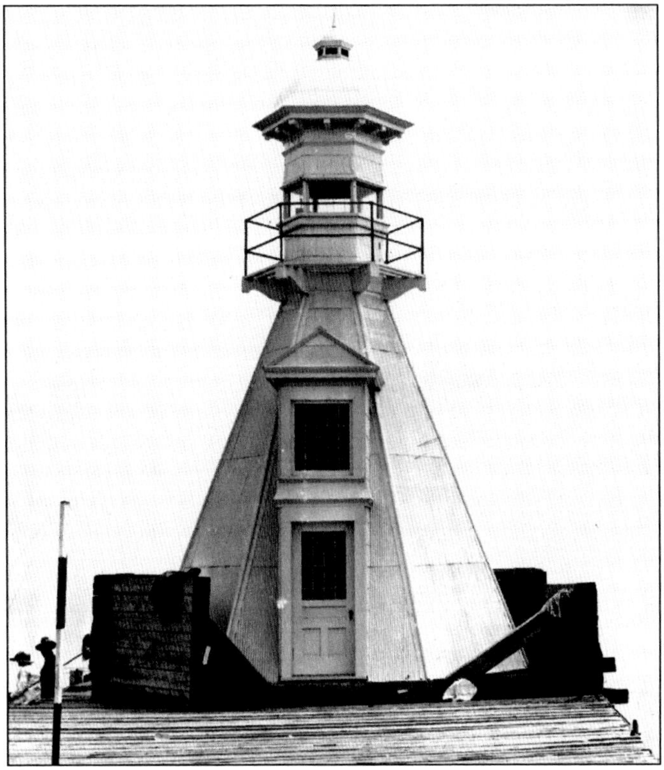

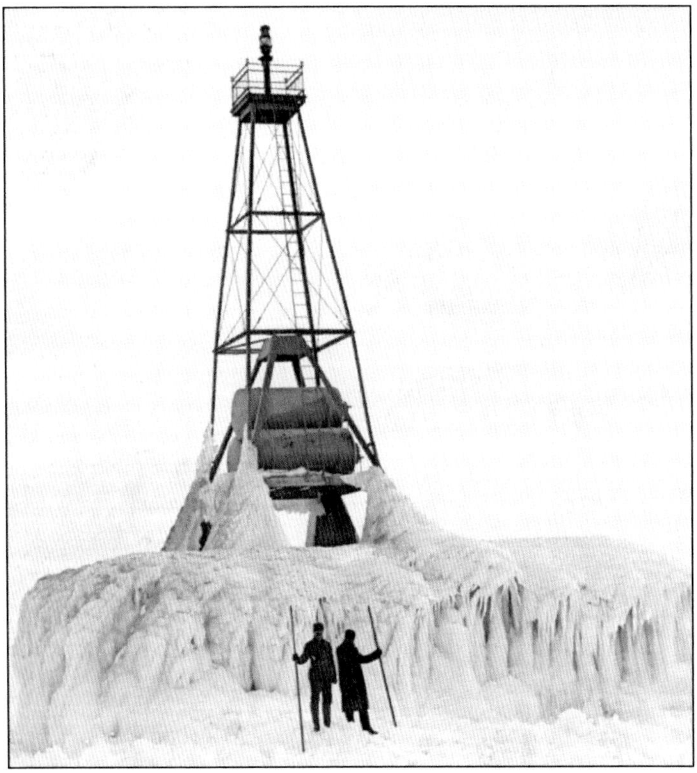

Several different buoys were used to warn of a dangerously shallow reef east of Racine. This Pintsch buoy was placed in 1899. A Pintsch gas-powered red light was positioned atop a steel structure and anchored to a concrete crib. This light was not sufficient to protect mariners and was taken out of service in 1906 when the Racine Reef Lighthouse went on line. (Courtesy RHM.)

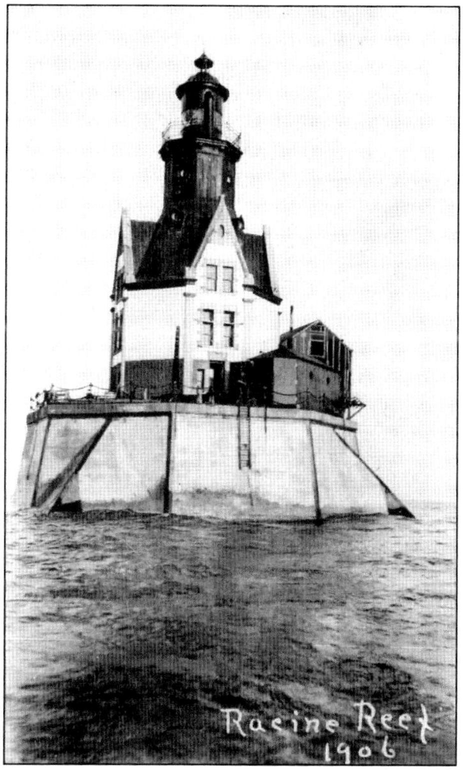

Several miles southeast of Wind Point in Lake Michigan lies a treacherous shallow limestone reef one and one-half miles long and three-quarters of a mile wide. Roughly two miles off the Racine harbor, the Racine Reef Lighthouse was built in 1906 in a unique Victorian style and stood 60 feet tall. A flashing red light was exhibited from a fourth-order Fresnel lens. The station was manned by members of the Coast Guard, who typically served four days of duty and then had two or three days off. (Courtesy Connie Sena.)

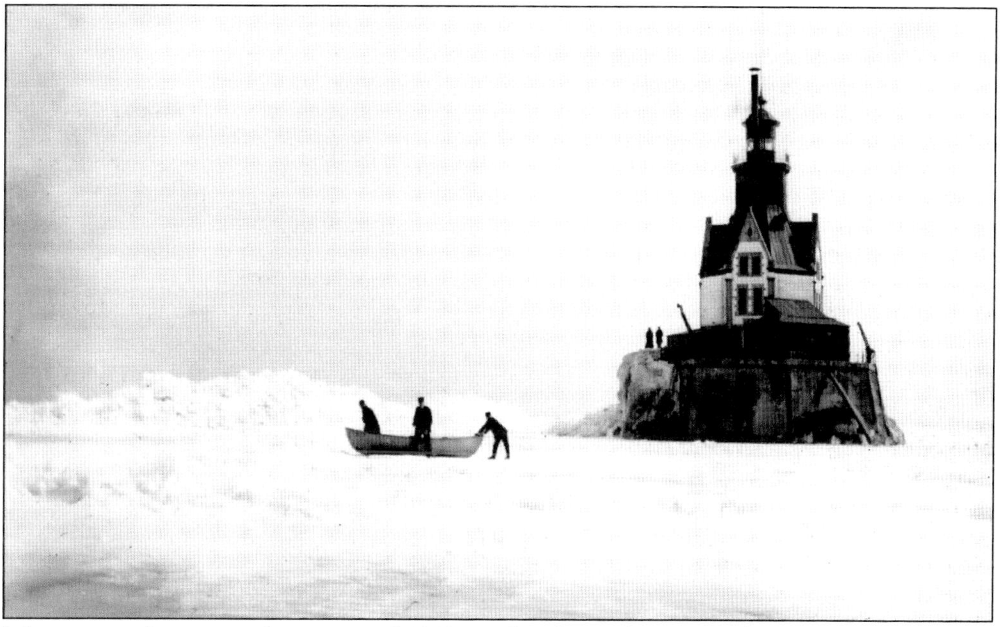

Like many other years, the winter of 1912 was harsh on the Racine harbor. Ice "mountains" on the Racine Reef could be 30 feet high due in part to strong northeasterly winds blowing across and down Lake Michigan. Many times the keepers were unable to return to the mainland because they were iced in at the station. Plenty of extra rations and fuel were kept on hand for these times. (Courtesy RHM.)

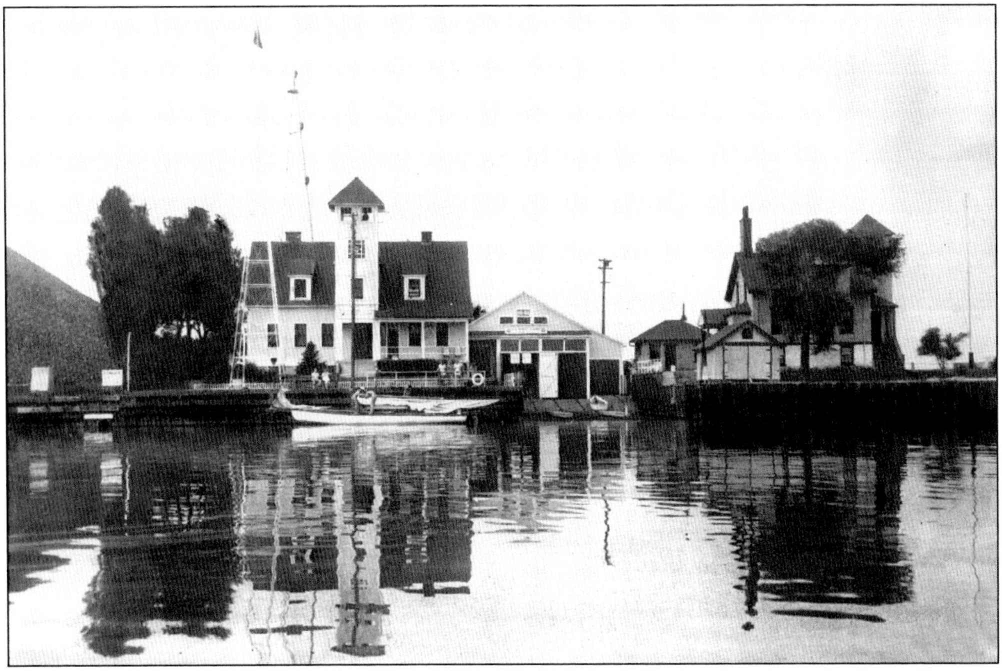

This *c.* 1935 photograph shows the United States Life-Saving Service station complex at Racine. Built in 1883, it is located where the mighty Root River empties into Lake Michigan at Racine's harbor. The building on the right is the former Racine Harbor Lighthouse, which was discontinued in 1901 and modified by removing the lantern and capping its roof. Presently the buildings are still part of Racine's modern marina area. (Courtesy RHM.)

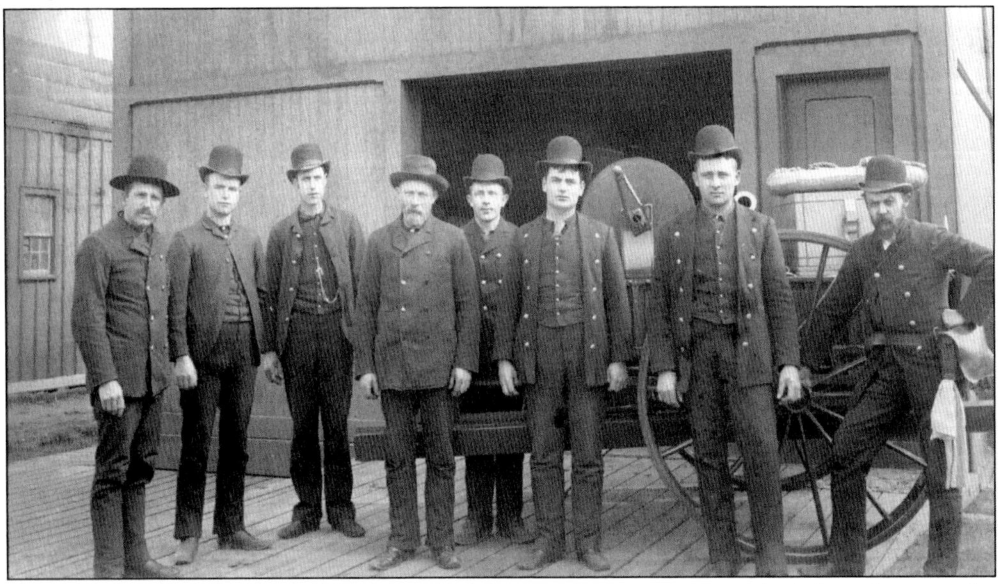

Some of the men who manned Racine's Life-Saving Service station, which later became the United States Coast Guard, are depicted in this *c.* 1900 photograph. Pictured from left to right are John Bittorf, Peter Solberg, John Oellerich (later became a policeman), Andrew Hansen, Peter Larsen, John McCarthy (became a fireman later), Niels Jorgenson, and Capt. George Breckenfeld. (Courtesy RHM.)

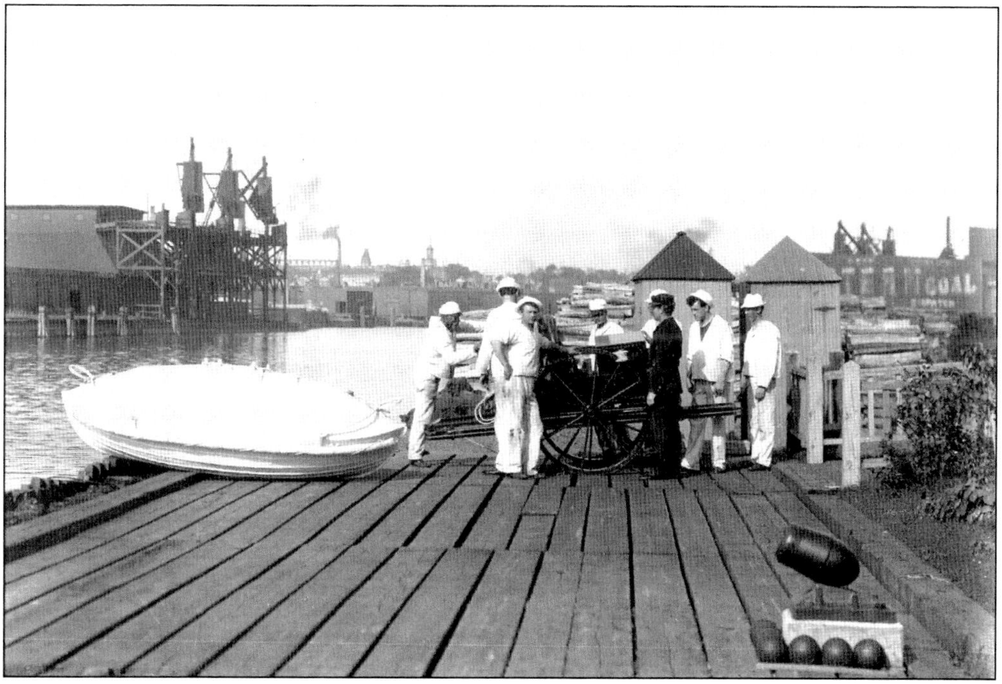

In addition to its lighthouses, the Racine area relied quite heavily on a Life-Saving Service station to improve maritime safety. The harbor area had been home to this complex for many decades. Here a crew gets in some training along the water's edge at their station where the Root River meets the Racine lakefront. (Courtesy RHM.)

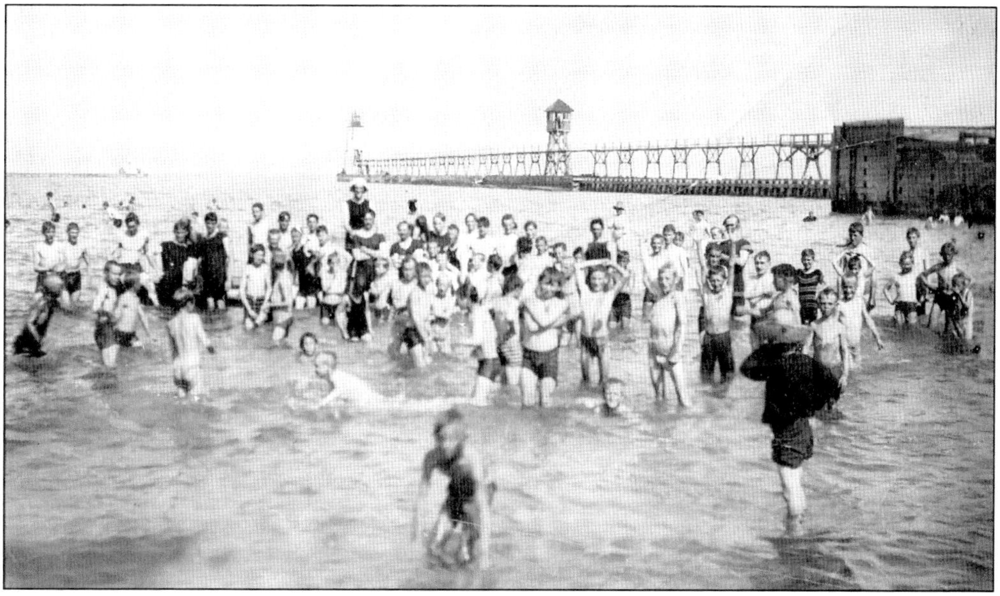

As in many Great Lakes cities, residents flocked to Lake Michigan beaches during the summer months for its cooling waters and recreation. This early-20th-century photograph features dozens of people enjoying Racine's waterfront at North Beach. In the background is one of Racine's earlier lighthouses, the Racine North Pierhead light with its distinctive long, elevated catwalk. (Courtesy RHM.)

Two

Wind Point Light Station
Jewel of the Great Lakes

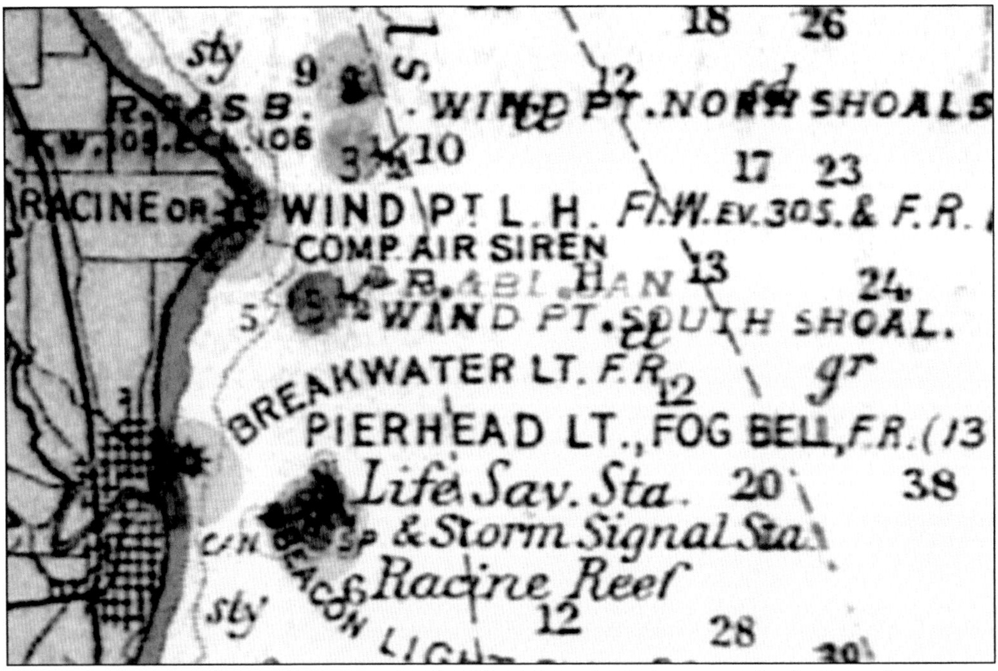

This *c.* 1903 nautical map illustrates why the Wind Point Lighthouse was built. Immediately east of this bulge of land lie two shallow shoals, north and south of Wind Point's tip. Captains knew to stay well out on Lake Michigan. With water depths of only 10 feet, ships routinely were snared by these hazards. The point also blocked southbound mariners' views of Racine's harbor and the nearby Racine Reef. (Courtesy NOAA.)

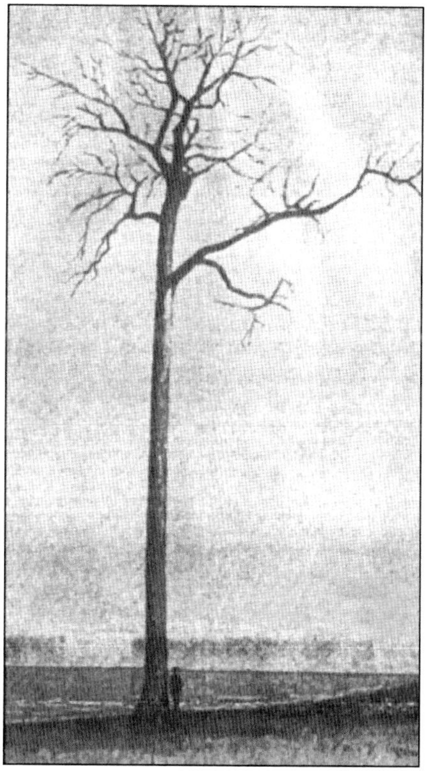

The history of the Wind Point area begins with a simple tree. Prior to the building of the lighthouse at this location, a lone cottonwood tree was used by sailors on Lake Michigan to identify this point of land. Old newspaper accounts mention this was the only tree on the point. The tree stood until about 1910. Over the years the point has also been referred to as North Point and Racine Point. (Courtesy RHM.)

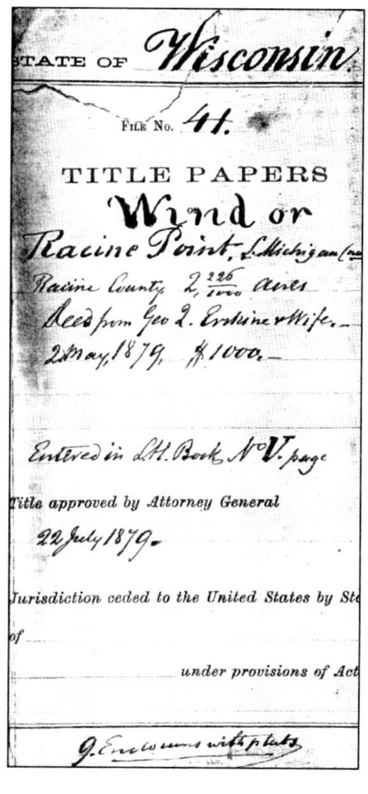

STATE OF Wisconsin

FILE No. 41.

TITLE PAPERS

Wind or

Racine Point, L. Michigan

Racine County 2 226/1000 acres

Deed from Geo 2. Erskine & Wife.

2 May, 1879, $1000.

Entered in L.H. Book N^o V. page

Title approved by Attorney General

22 July 1879.

Jurisdiction ceded to the United States by St

of

under provisions of Act

9. Enclosures with plats

The land that the Wind Point Lighthouse compound would eventually sit on had to be legally conveyed to the federal government before the lighthouse could be built. This document contains the title papers that transfer the property from George and Helen Erskine to the United States government. The title for Wind Point, also known as Racine Point, was approved on July 22, 1879. The construction of the lighthouse began shortly thereafter. (Courtesy Mike and Liana Cooper.)

Interested parties had petitioned for a coastal lighthouse at Wind Point for over a decade. This April 1879 drawing lays out the proposed site for the light station complex at Racine (Wind) Point. Situated on the most easterly portion of the point, the selected parcel was down a narrow road adjacent to the main public highway. Approximately two and one-quarter acres were set aside for the tower, associated buildings, and surrounding grounds. (Courtesy Mike and Liana Cooper.)

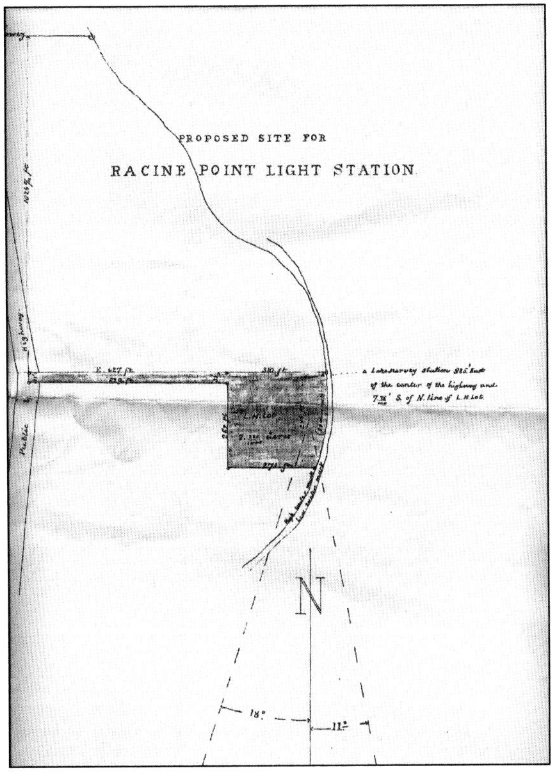

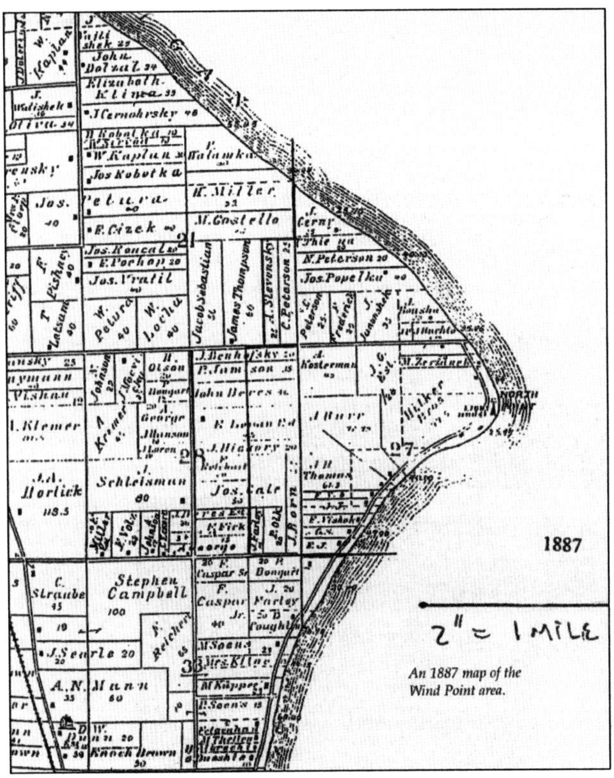

An 1887 map of the Wind Point area.

This early plat map, about 1887, of the area where the Wind Point Lighthouse resides illustrates the land protrusion that would later become known as Wind Point. The lighthouse had already been built in 1880 and is marked with a small triangle. At this time the region was termed North Point. In 1887, much of the area surrounding the point was farmland. It would remain agricultural for many decades, with very few nearby buildings. (Courtesy FOWP.)

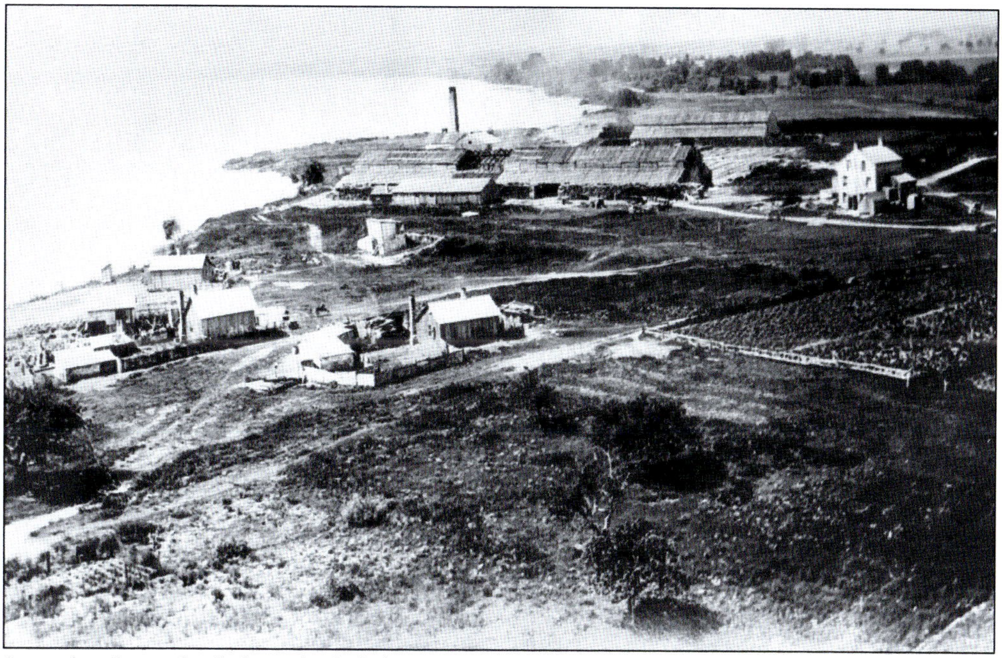

Immediately south of where the lighthouse would be erected stood the Hilker Brothers brickyard. Opened in 1872, it was the largest supplier of bricks in the Racine area two decades later. By 1914 the local clay used to make bricks was running out and the business was closed. Clarendon Shoop, M.D., purchased the land in 1916. In his will, Dr. Shoop left the property to the City of Racine for use as a public park. Today this is the Shoop Park golf course. (Courtesy RHM.)

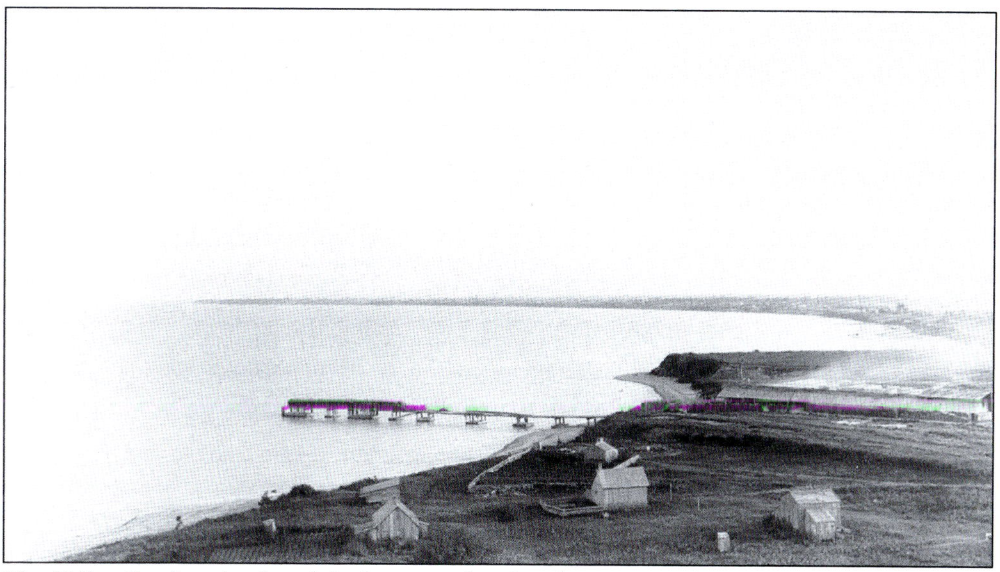

The Hilker Brothers brickyard facility was a bustling location. Early logbook entries from Wind Point specifically mention the unloading of volumes of timber to fuel the brickmaking process south of the lighthouse. A pier on the property served to dock ships, which would unload their wooden cargo. This 1889 photograph was taken from the top of the Wind Point Lighthouse tower. (Courtesy RPL.)

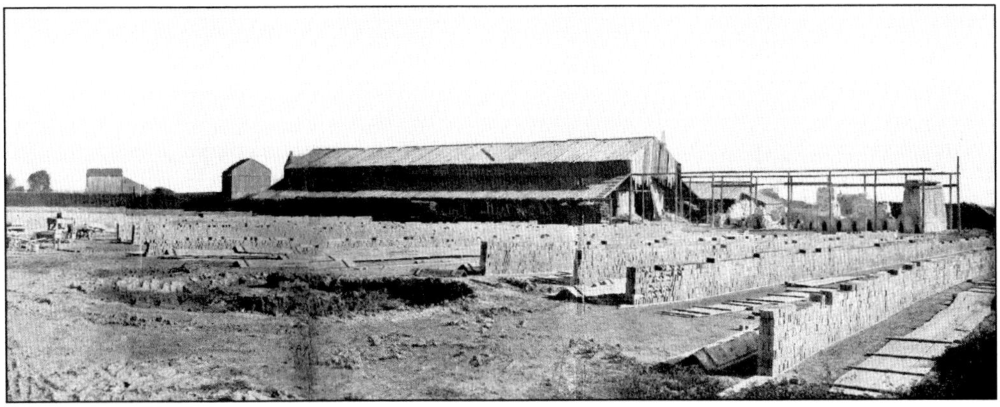

Brickmaking was an important trade during the late 1800s. The bricks were made by hand and had to be transported to town for building purposes. Other workers hauled wood that was used to keep the kilns fired to cure the bricks. Some of the families lived in small houses on the brickyard property, and others were farmers who worked part time. (Courtesy Gerald Karwowski.)

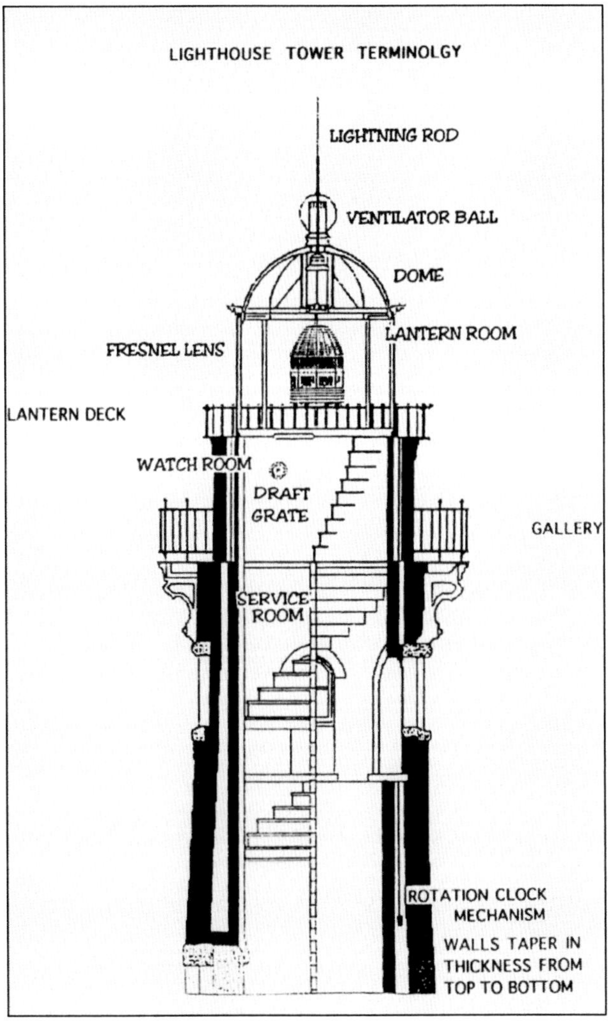

Tall lighthouses like Wind Point have similar features that all lofty towers share. Very thick at the base and tapering as they grow taller, a service room, watch room, and lantern room grace the upper portion of the light. The Fresnel lens was nestled below the very top, a dome, ventilator ball, and a grounded lightning rod. Wind Point's light rotated, and a mechanism involving weights and pulleys was located between the thick walls. (Courtesy GLLKA.)

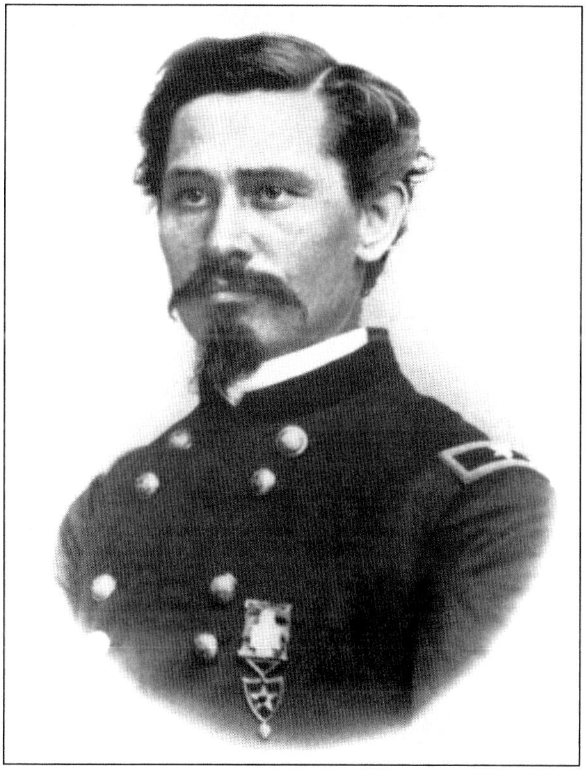

The design of the Wind Point tower is credited to Orlando Metcalfe Poe. He served in the Civil War as brigadier general. After the war he was named engineer secretary of the Lighthouse Board and was in charge of construction of lighthouses. Known as the "Poe style," his towers feature arched windows, graceful gallery supports, and tapered brick towers. (Courtesy U.S. Military History Institute.)

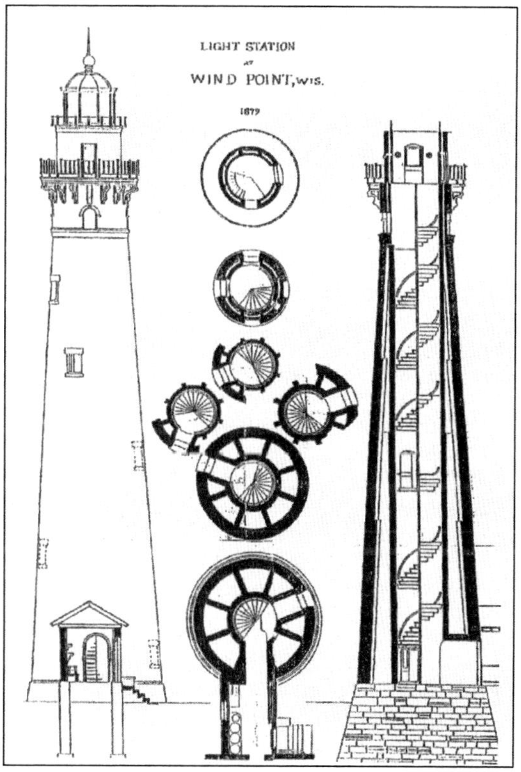

A schematic diagram from 1879 illustrates the plans for the Wind Point tower. Notice how the walls are much thicker at the bottom of the tower and then taper gently as they reach the top. This is one of Poe's distinct designs. The two hatches might be closed after the keeper passed through to avoid a wind tunnel effect that possibly could extinguish the flame that illuminated the light. (Courtesy FOWP.)

This antique document proclaims that the Wind Point Lighthouse in Racine will be lit for the first time on November 15, 1880, exhibiting a white light flashing every 30 seconds and visible in clear weather for 18 miles. Also mentioned is the red fixed (nonflashing) light that will be shown from a watch room window to aid mariners in avoiding the dangerous Racine Reef, four miles south of Wind Point. (Courtesy Bob Jaeck.)

NOTICE TO MARINERS.

(No. 33, of 1880.)

UNITED STATES OF AMERICA—NORTHERN AND NORTHWESTERN LAKES.

New Light on Wind Point, near Racine, Lake Michigan, Wisconsin.

Notice is hereby given that, on and after the ~~opening of navigation in the Spring of 1881~~ 15th day of November, 1880, there will be shown from the light-house recently erected on Wind Point, four miles north of Racine, Wisconsin, a light of the third order, showing a bright white flash every 30 seconds, each flash followed by a total eclipse. The illuminating apparatus is catadioptric, lighting the entire horizon. The focal plane is 102 feet above the ground and 112 feet above the level of the lake. The light is therefore visible in clear weather about 18 statute miles.

In addition, there will be displayed from the watch-room window of the same tower, immediately under the main light, a small FIXED RED light of the sixth order, with an arc of illumination covering Racine Reef, a dangerous ledge of rocks lying S. by E. ½ E., 4 miles distant from the light-house. This red light will be visible between the bearings of S. E. by S. ½ S. and S. ½ E.

The light-house structure is a conical tower connected by a covered way with a one-and-a-half-story dwelling; all of yellow brick. The lantern is white.

The approximate position of the light-house, as taken from the Lake-Survey Charts, is as follows:

Latitude 42° 46′ (51″) North.
Longitude 87° 45′ (30″) West.

Magnetic bearings and distances of prominent objects:

Milwaukee (North Point) light, N. N. W., 20½ statute miles.
Grosse Point light, S. ¾ E., 50½ statute miles.

During thick and foggy weather there will be sounded at this station a 10-inch steam fog-whistle giving a blast of 3 seconds, followed by an interval of 26 seconds, then a blast of 5 seconds, followed by an interval of 26 seconds—

Thus:	Blast,	Interval,	Blast,	Interval,
	3 seconds.	26 seconds.	5 seconds.	26 seconds.

BY ORDER OF THE LIGHT-HOUSE BOARD:

JOHN RODGERS,
Rear Admiral U. S. Navy,
Chairman.

OFFICE OF THE LIGHT-HOUSE BOARD,
Washington, D. C., October 6, 1880.

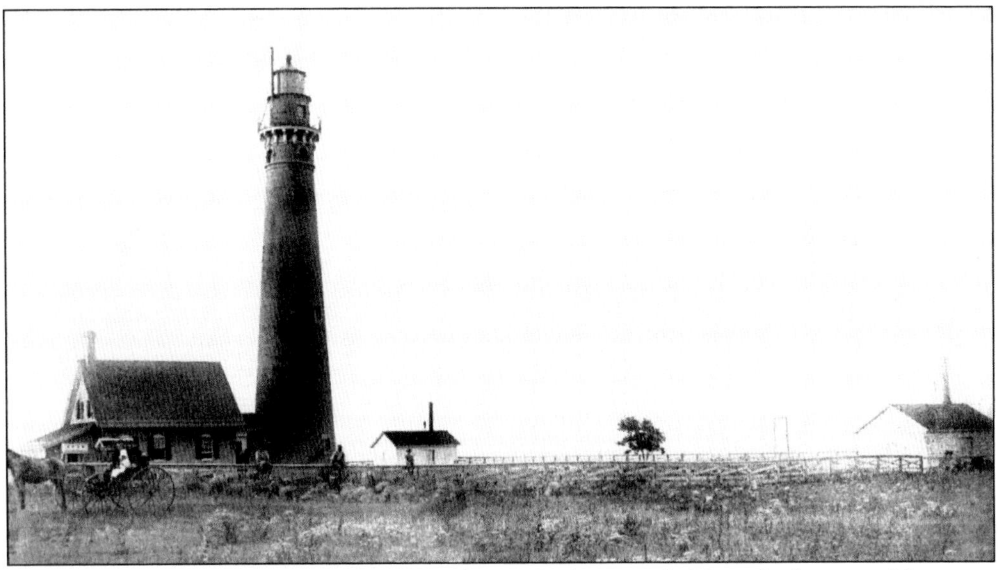

The oldest known image of Wind Point is this 1887 photograph. Note the horse and buggy as well as the stovepipe atop the tower. Wood-burning stoves were used in the tower for heating during the colder months. The original steam fog signal buildings lie closer to the shore. The structure to the immediate right of the tower is the north signal building, and the other was referred to as the south signal building. (Courtesy Mike and Liana Cooper.)

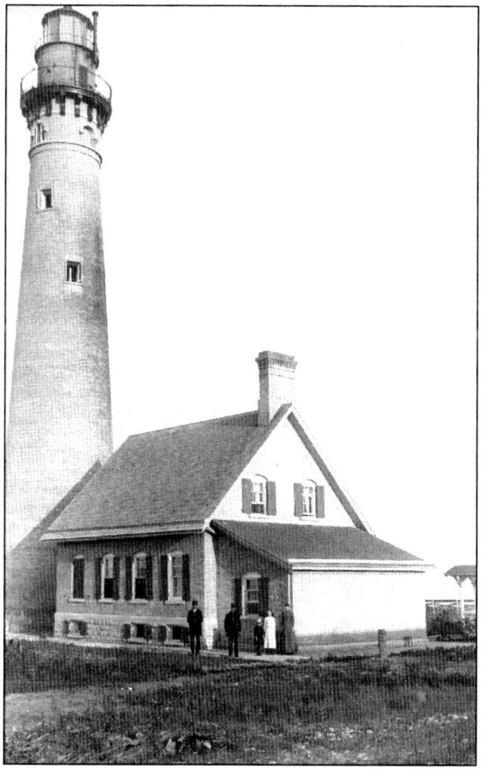

This August 6, 1889, photograph most likely shows keeper John Sandell and his assistant George A. Rose. The woman and two children are probably some of the keeper's family. The photographer, Edward B. Kilbourn, even included the time of day he took the snapshot, 6:05 p.m. Note the brickwork on the tower has not yet been painted or whitewashed and the dwelling has not been enlarged. (Courtesy RPL.)

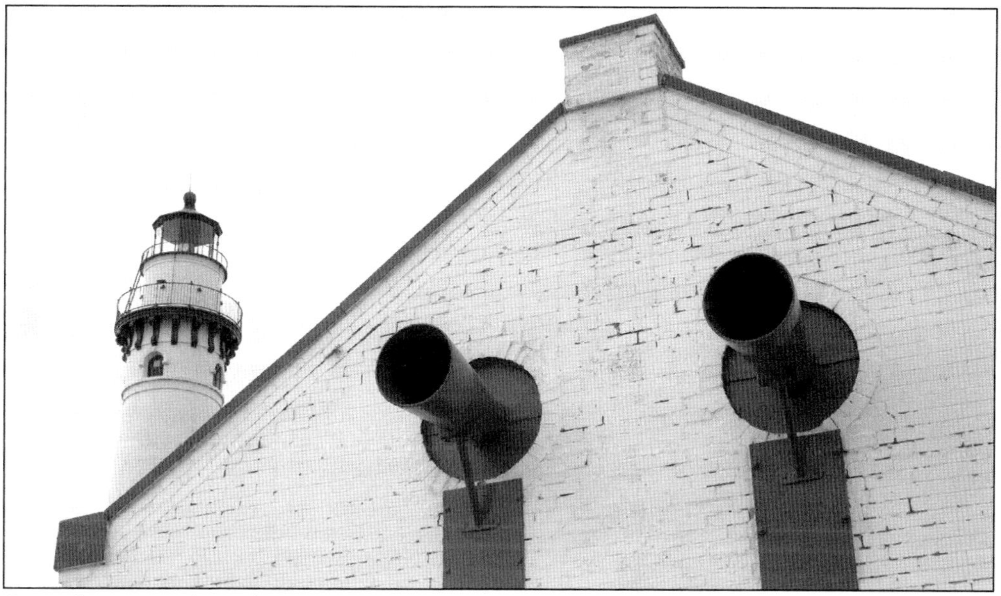

Over the years, three fog signals warned mariners near Wind Point, not only during foggy conditions, but in rain, snow, and haze. In 1880, the year the complex was built, two separate wood structures housed steam engines that bellowed. In 1900, those were replaced with a single buff-brick building, pictured here, containing duplicate compressed-air sirens. Later an oil engine, and eventually diesel fuel and electricity, powered the fog signal that could be heard roughly 10 miles out on Lake Michigan. (Authors' collection.)

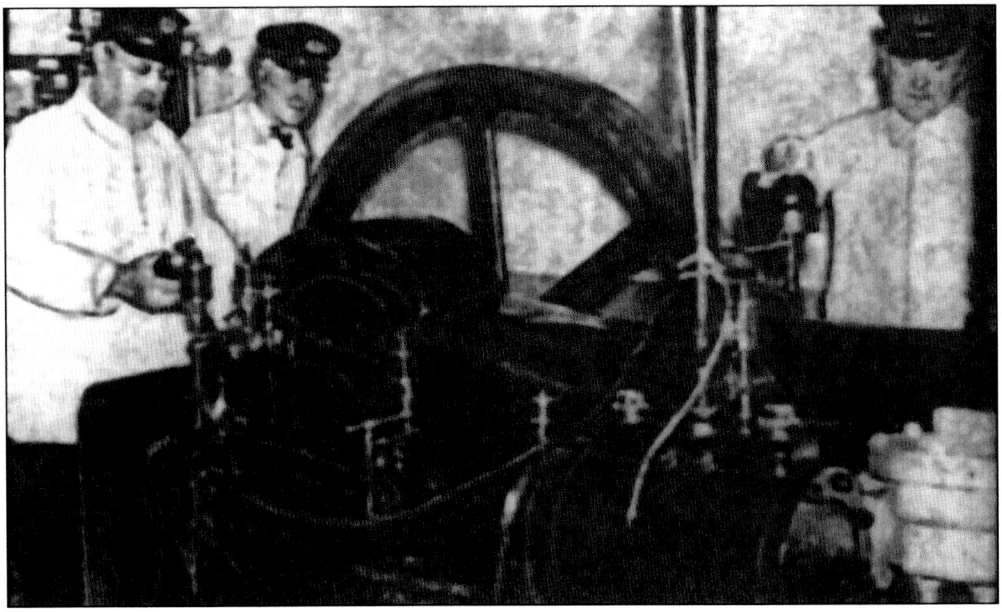

Very few photographs exist of the keepers tending the machinery inside the fog signal building at Wind Point. Pictured here in this extremely rare c. 1937 image is not only some of the apparatus used but also keeper Henry Bevry supervising assistants Julius Lonne and William Nash. They are oiling components of the equipment used to produce the characteristic loud sound. Wind Point's fog technology and sound duration changed over the years, but its dependability remained constant. (Courtesy Joan and Dan Milaeger.)

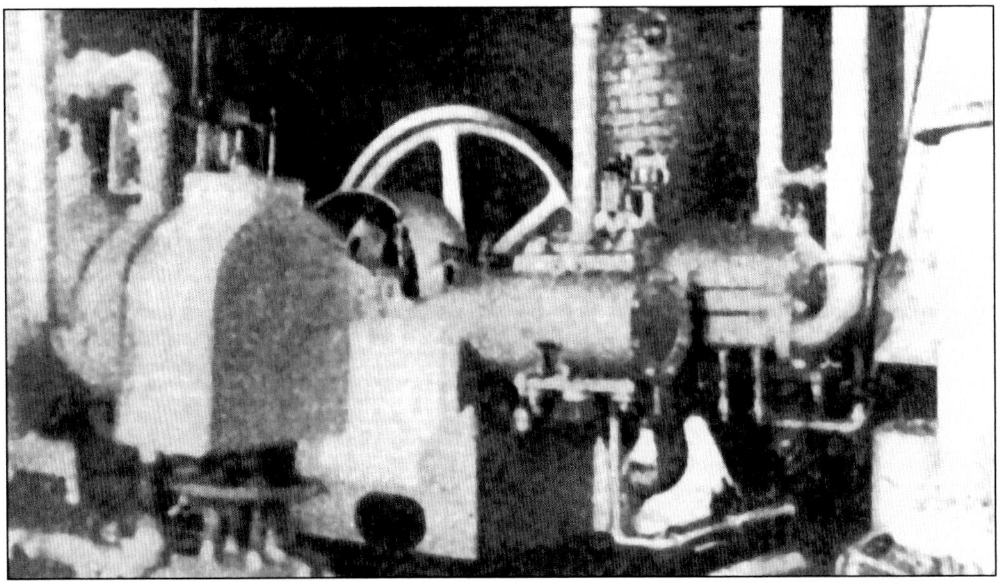

The engine room of the fog signal building at Wind Point is shown in this early-20th-century photograph. In 1910, the new masonry fog building contained an A&F Brown fog siren, timed with a Crosby automatic clock, an extremely simple and reliable Hornsby-Akroyd oil engine, and an Ingersoll and Sargent compressor. An oil lamp was used to heat a combustion chamber, and a mixture of air and vaporized oil ignited to power the engine. This dependable apparatus served Wind Point for several decades. (Courtesy Mike and Liana Cooper.)

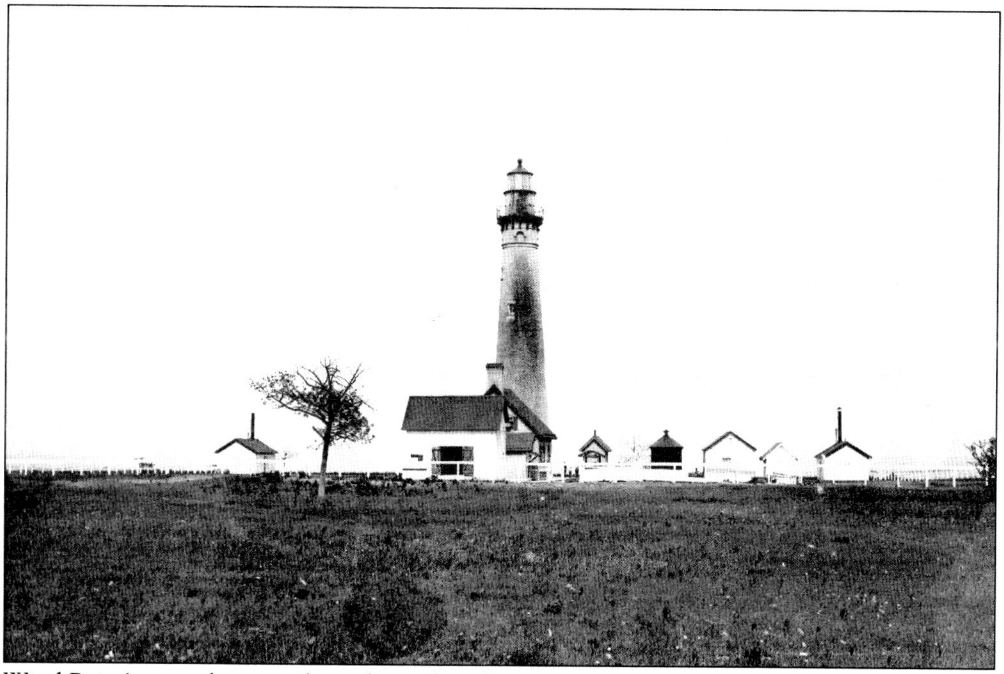

Wind Point's tower has not always been the white painted giant known today. When first built, its brick was a buff color and not coated with paint. It displayed the light cream color pictured here. A close examination of this photograph also reveals the original, smaller keeper's dwelling, prior to its expansion in 1898. (Courtesy RHM.)

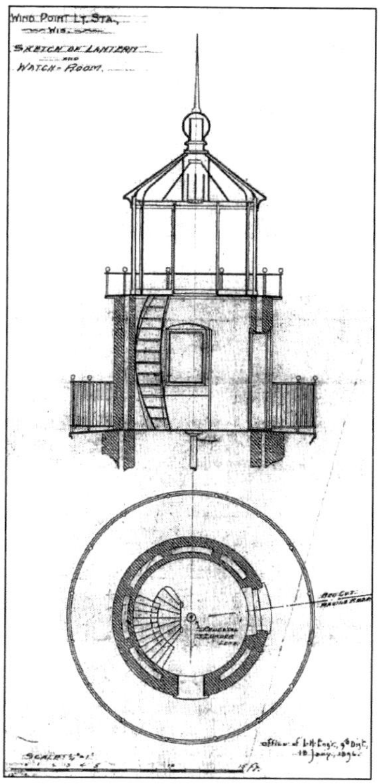

A schematic drawing, dated January 18, 1896, illustrates the lantern and watch room of the Wind Point Lighthouse. The window that would exhibit the red light to warn mariners of the Racine Reef is indicated, along with a notation that marks the place for the pedestal for the third-order lens. On the roof of the structure is the chimney capped by the ventilator ball. (Courtesy USCG.)

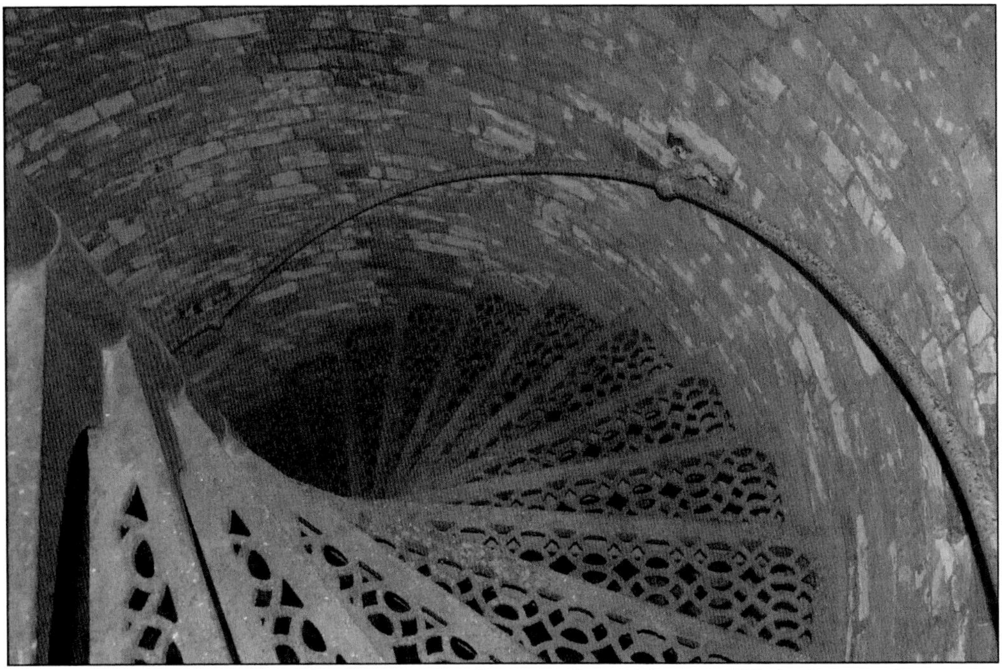

The winding, cast-iron, circular stairway in the tower has 144 steps. While the spiral steps are beautiful, and a delight to photograph, they were designed in this open-work pattern to reduce the actual weight of each step as they were being installed. When the keepers painted the steps, every other stair was painted to allow them access to the lantern room at night. The next day the unpainted steps would be completed. (Authors' collection.)

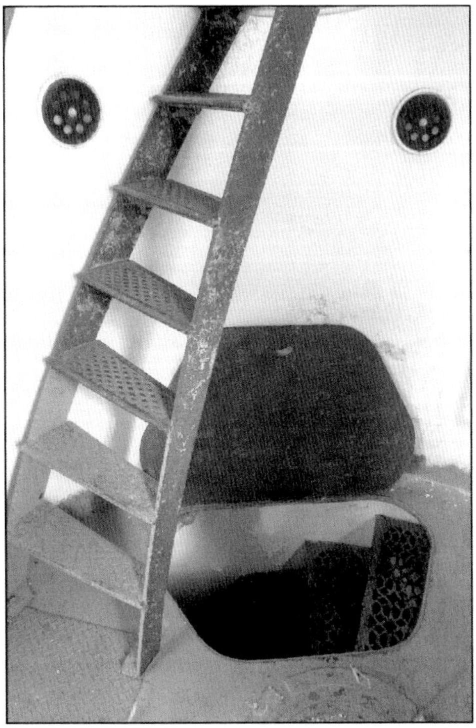

Wind Point's tower has two hatches. The one pictured here leads to the watch room and would have been closed once the keeper passed through it. Gusts of wind could blow out the flame in the lens's lamp. Circular wall vents allowed keepers to regulate air flow to keep the flame burning consistently. The stairway leads to the lantern room that historically would have held the third-order Fresnel lens. (Authors' collection.)

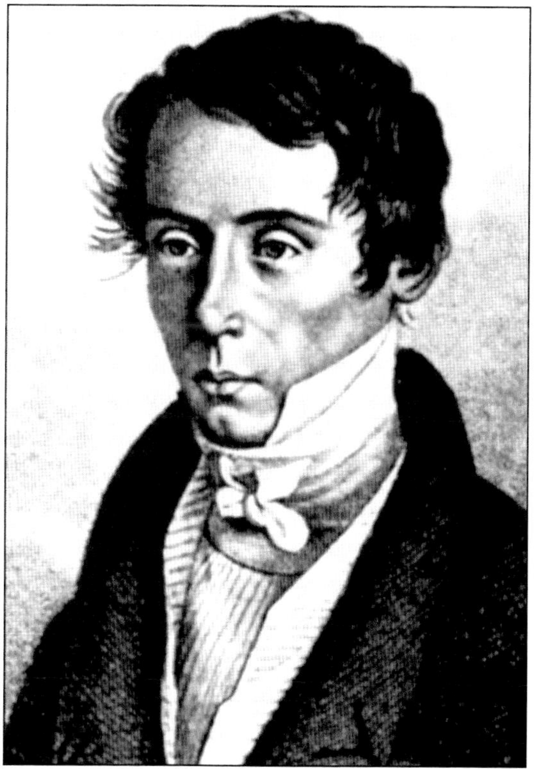

Augustin Jean Fresnel (pronounced fruh-nell'), a French physicist born in the late 18th century, is considered the father of the modern lighthouse lens. Much of his life was devoted to the study of optics. Fresnel lenses revolutionized lighthouses worldwide, with their beams being much brighter, allowing mariners to see them at considerably greater distances. Fresnel technology can still be found in many other applications today as well. (Courtesy FOWP.)

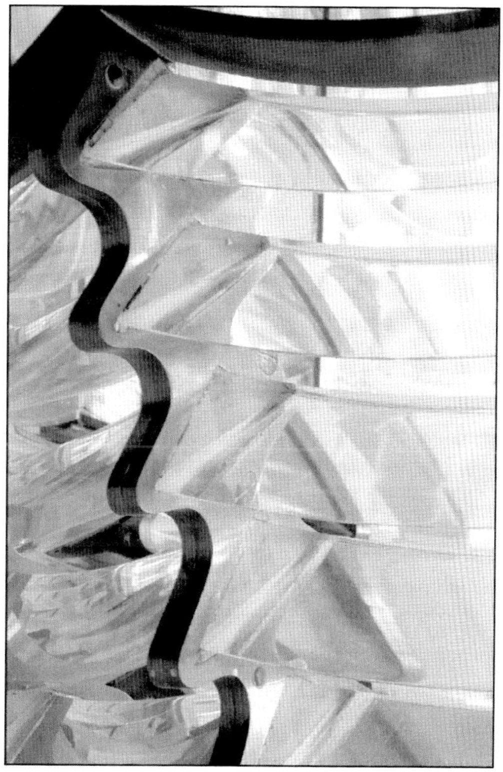

This close-up photograph highlights the brass framework that supports the dozens of prisms that make up the third-order Fresnel lens at Wind Point. Not just a thing of beauty, these lenses greatly improved lighthouses in the United States and around the world. The glass prisms had to be carefully cleaned to avoid scratching them. Keepers were required to wear aprons when working on the lenses. (Authors' collection.)

Twelve bull's-eye flash panels created the Wind Point Lighthouse's distinctive flashing light characteristic. The Fresnel lens rotated at a constant speed through a clockwork mechanism operated by a heavily weighted pulley system. Every 30 seconds a flash would be produced. The entire lens completed a full revolution once every six minutes. (Authors' collection.)

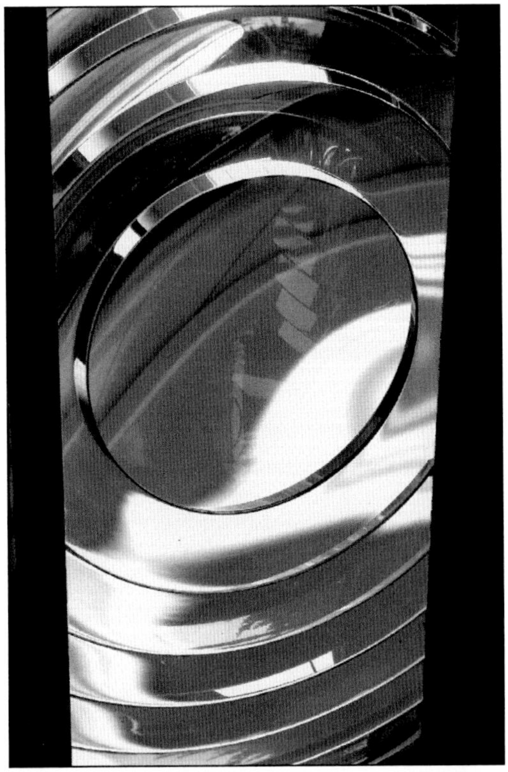

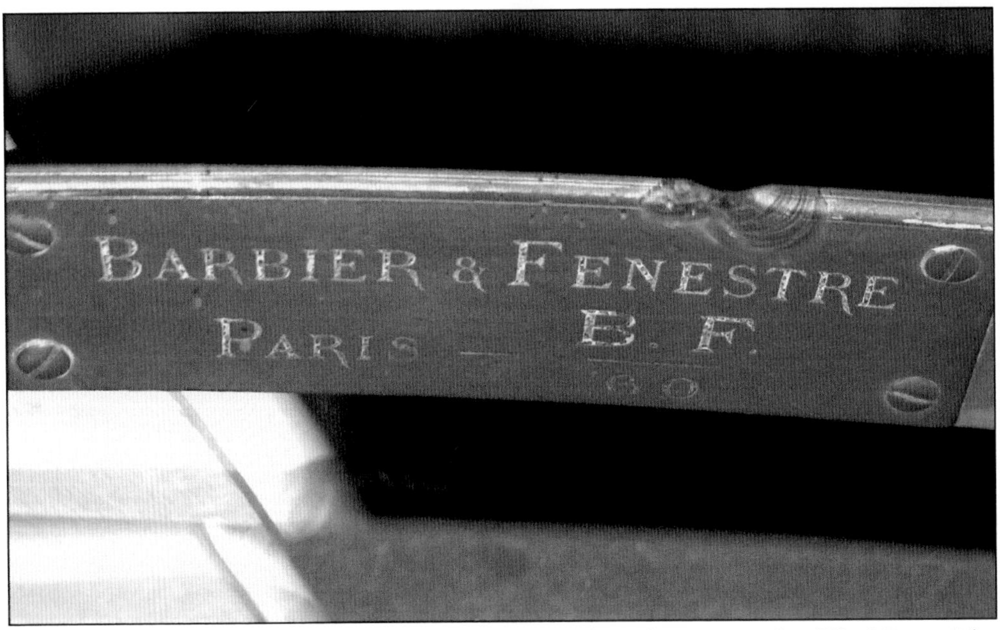

Barbier and Fenestre of Paris manufactured the Fresnel lens that was used at Wind Point. The lenses were built in France, disassembled, and shipped to the United States by boat. Once they were delivered to their lighthouse destination, a lampist would arrive to help assemble the lens and get it in working order. This nameplate is located on the very bottom of the right-hand door of the lens and was actually photographed through one of the prisms. (Authors' collection.)

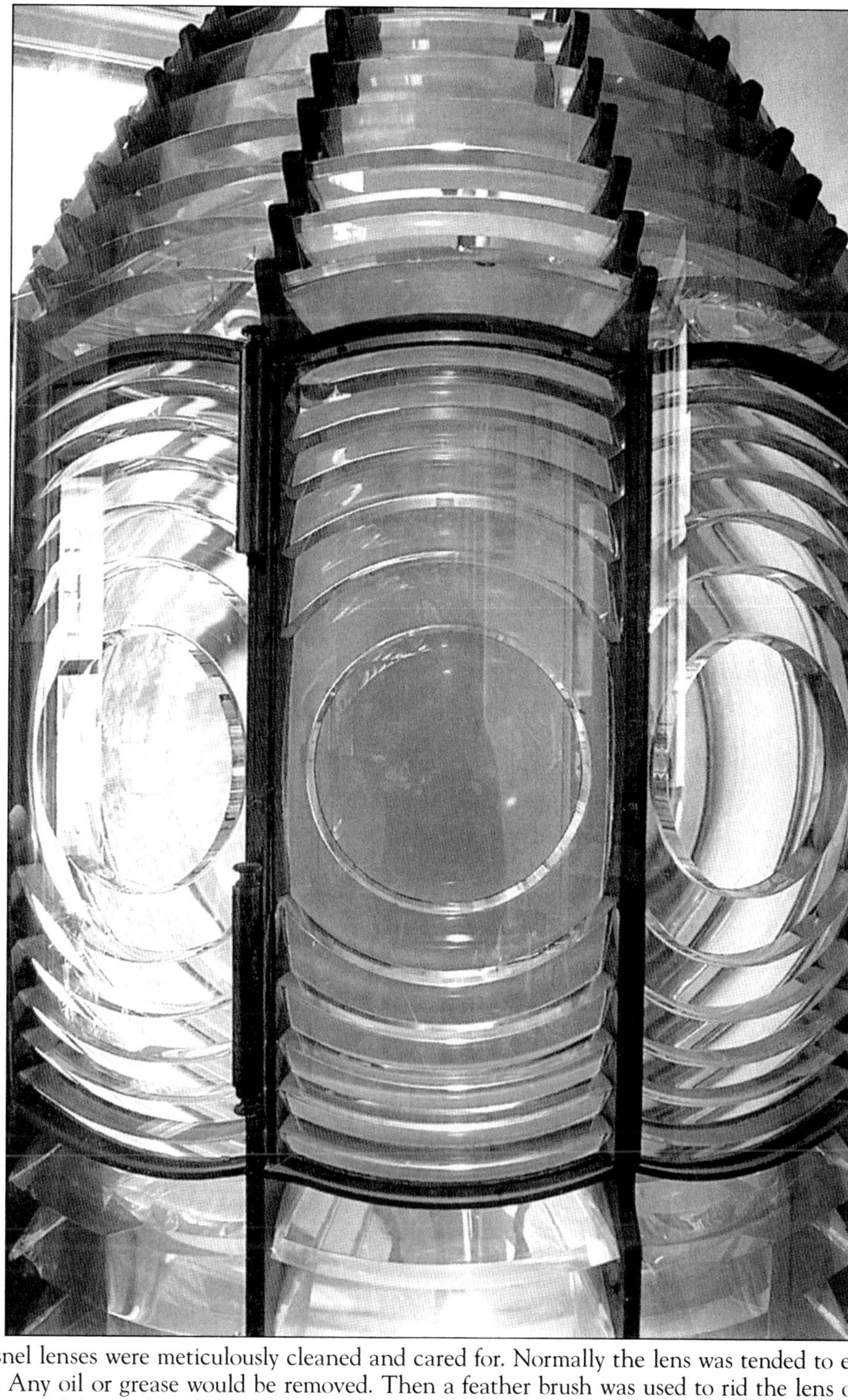

Fresnel lenses were meticulously cleaned and cared for. Normally the lens was tended to every day. Any oil or grease would be removed. Then a feather brush was used to rid the lens of all dust. A soft linen cloth followed, wiping all the glass surfaces and brass framework. Finally a buff skin gave the final polish to the apparatus. The finished lens sparkled. (Authors' collection.)

When broken down to its basics, Fresnel lens technology is really quite straightforward. The dozens of hand-polished glass prisms bend and focus all the various rays of light that travel in all different directions from a light source. The resulting beam is immensely more concentrated and powerful. Sailors clamored for these more efficient beacons. (Authors' collection.)

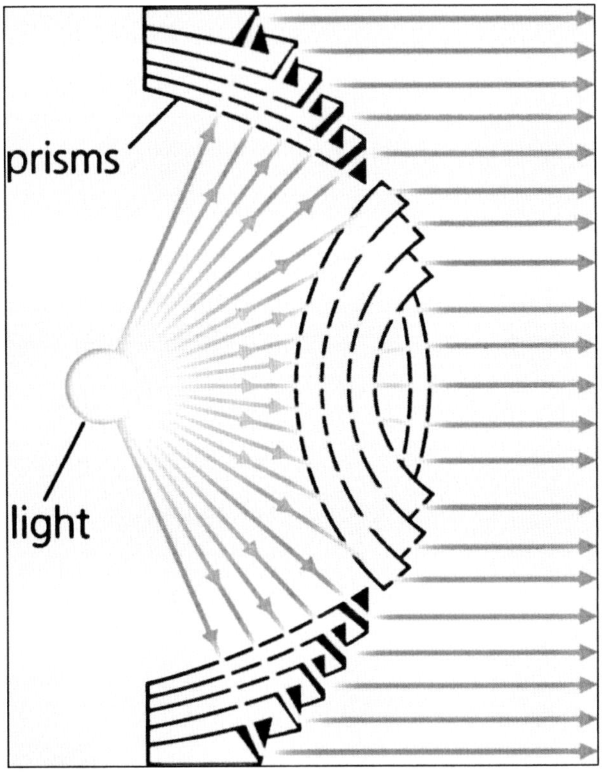

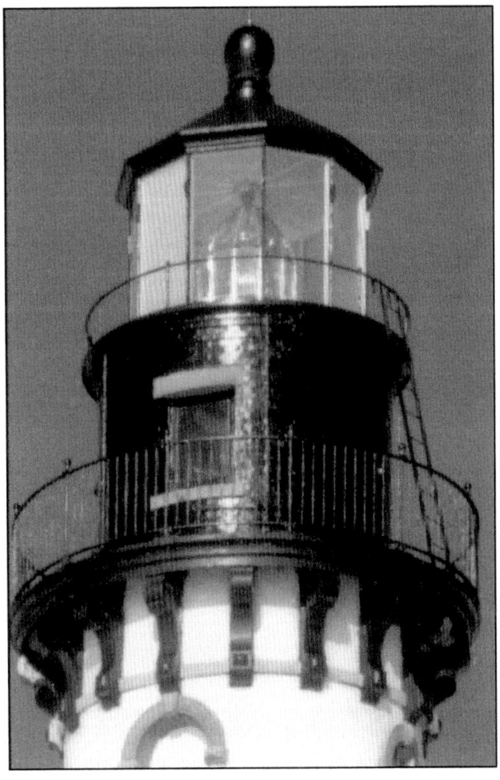

The Wind Point Lighthouse is classified as a coastal beacon, with accompanying massive tower and its large optic, a third-order French-made Fresnel lens. Dozens of hand-polished prisms concentrate the light, bend it, and project it out in a single direction. Fresnel lenses have been likened to glass beehives or crystalline potbellied stoves. Wind Point's original lens is priceless. Today it rests in the keeper's former living room. (Courtesy Mike and Liana Cooper.)

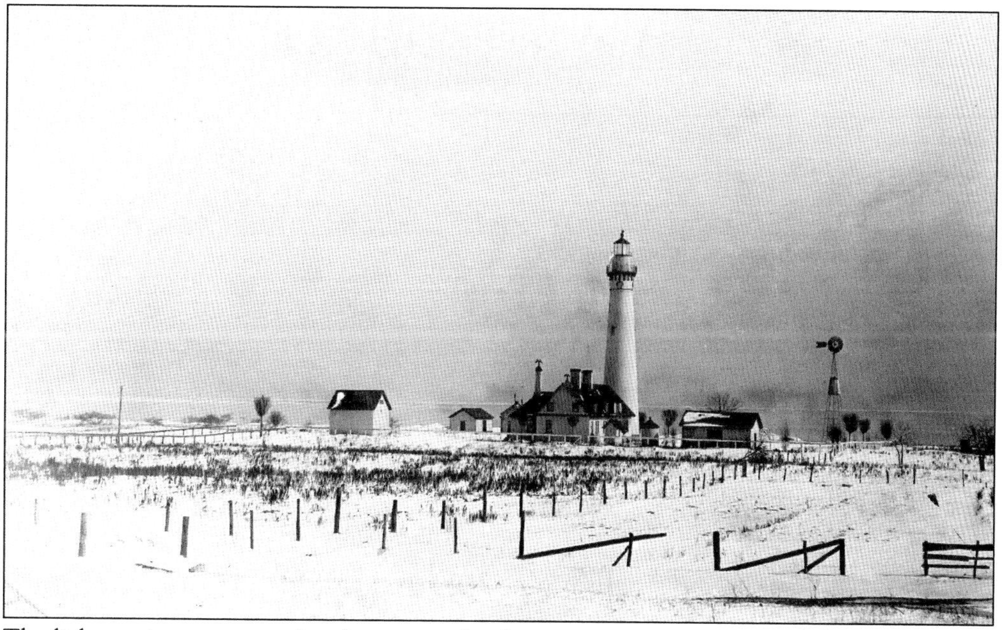

The light station was operational year-round as long as navigation continued during the winter months. While the logbooks do record the lake freezing over on several occasions, there was always work to be done to keep the light shining and the fog signal operational. The one-quarter-inch-thick glass of the lantern room windows was rubbed with glycerin to prevent "frosting of the windows." (Courtesy Bevry family.)

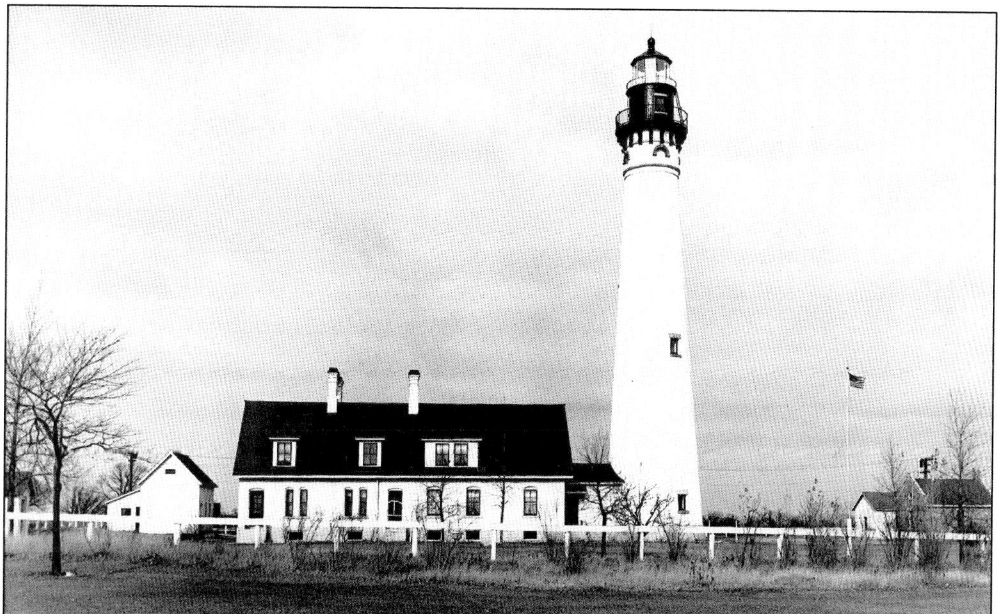

A United States Coast Guard photograph from 1952 depicts a stunning profile of the southern exposure of the Wind Point Lighthouse and its spacious residence. The sprawling complex housed three families. The head keeper's dwelling was closest to the tower, while the first assistant occupied the middle housing, and lastly the second assistant was the farthest away from the tower on the far left. (Courtesy USCG.)

This unknown Racine light keeper stands next to a Fresnel lens, probably a fourth-order size that may have been used in one of Racine's early lighthouses. He also holds a red lamp that is similar to one used in a side window of the Wind Point tower prior to 1905 that proved to be unreliable in warning mariners of the shallow Racine Reef hazard four miles southeast of Wind Point. (Courtesy RHM.)

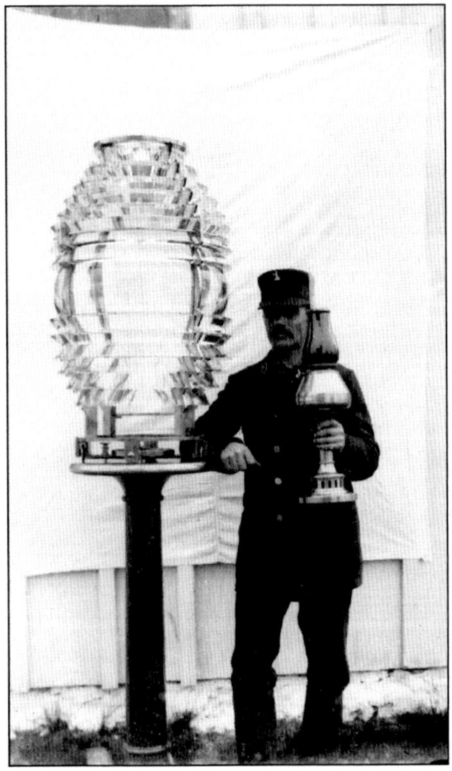

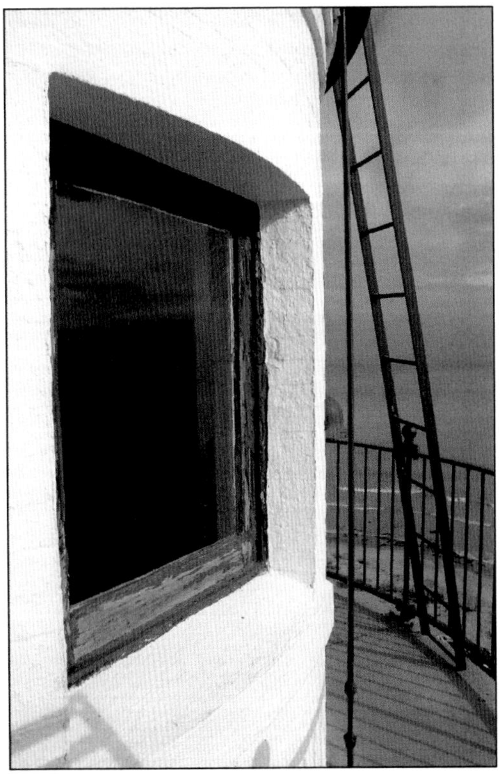

Before the construction of the Racine Reef Lighthouse in 1905, a red light in a small Fresnel lens was exhibited from a window below the lantern room at Wind Point. Viewed from the south, mariners could line up the light from a buoy on the reef with the red light from Wind Point, four miles to the north, and know they were on a safe course near this dangerous shoal. Wind Point's red light proved to be less than adequate though. (Authors' collection.)

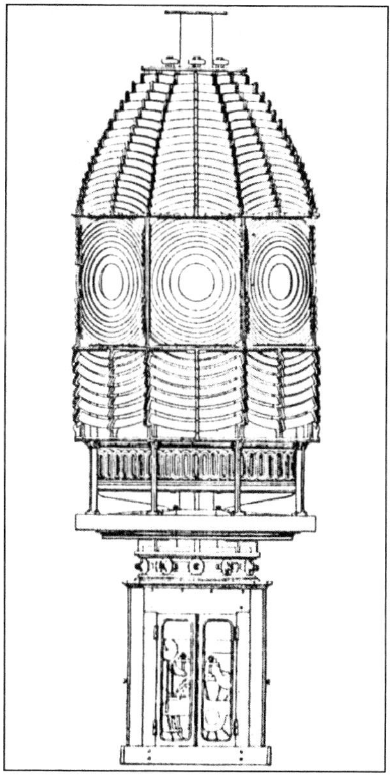

This diagram illustrates a mechanism similar to one used to rotate the Fresnel lens at Wind Point. A base houses ball bearings, and a pedestal helps support the weighty lens. A cabinet assembly contains a gear mechanism that was wound to operate a weight and pulley system that turned the lens at a precise speed. The ball bearings had to be kept extremely clean to avoid unnecessary wear. (Courtesy Mike and Liana Cooper.)

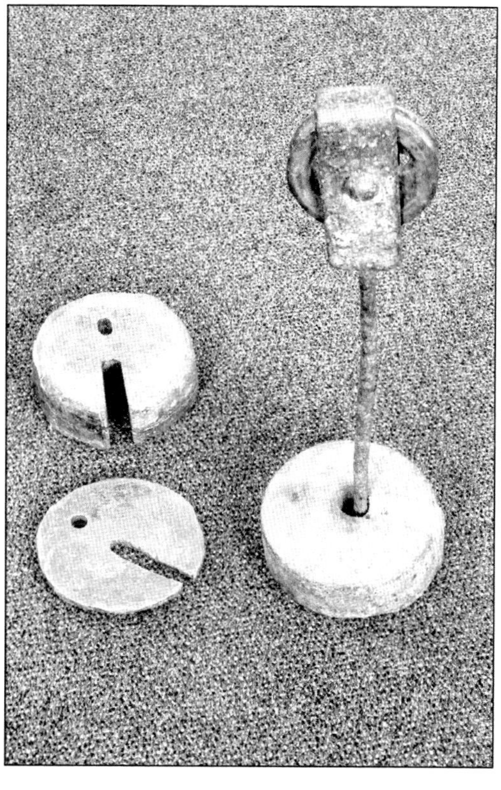

Pictured here are some of the weights that were part of the clockwork mechanism that turned the Fresnel lens to produce Wind Point's characteristic flash. The mechanism worked much like a giant cuckoo clock and was wound by hand every five hours. The lens rotated completely every six minutes. Because of the bull's-eye design of the lens, it created 12 flashes for every revolution. The flash duration was 6 seconds with 24 seconds between flashes. (Authors' collection.)

Today only a very small portion of the mechanism of weights, cables, and pulleys that rotated the enormous Fresnel lens to create its flashing characteristic remains. When the weights would reach near the bottom of the tower, about 80 feet below, the mechanism would need to be rewound, usually twice each night. The clockwork and gears were housed in the watch room directly below the lens. (Authors' collection.)

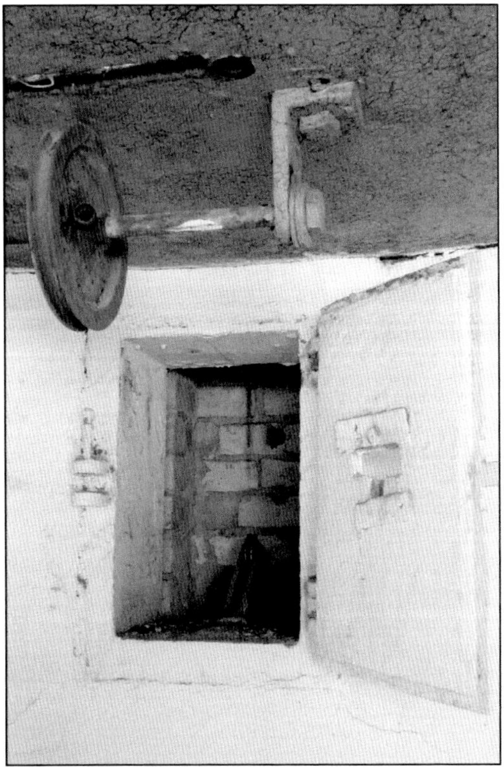

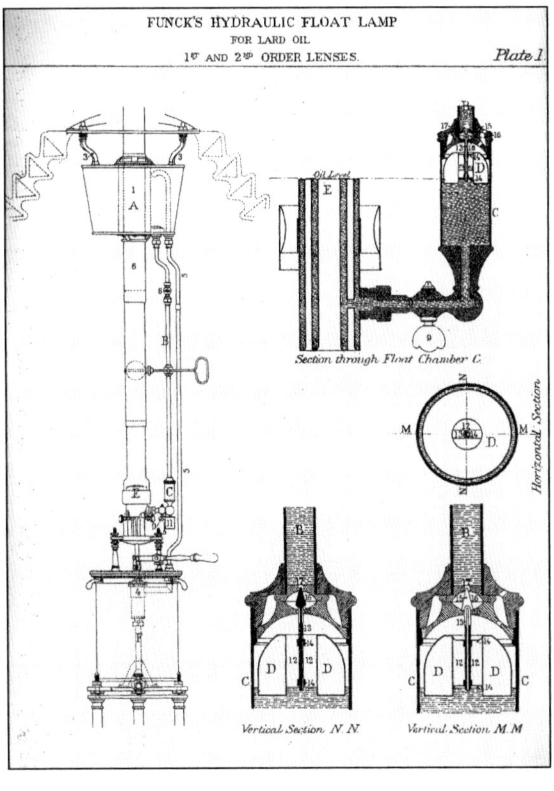

Little is known of the early lamps used at Wind Point to produce its valuable beam. A thorough government inventory report from 1910, however, does provide a glimpse of that era's machinery. Pictured here is a Funck's hydraulic float lamp mentioned in the report. An upper and lower reservoir held the liquid fuel. Several wicks and various valves and levers regulated fuel flow and flame quality. Lard oil would have originally been the first fuel used in this apparatus, and then later kerosene. (Courtesy Tom Tag.)

CIRCULAR.

CONSUMPTION OF OIL AND LUMINOUS INTENSITIES OF LAMPS IN THE LIGHT-HOUSE SERVICE.

1881.
Department No. 109.
L.-H. Board, No. 4, of 1881.

Treasury Department,

OFFICE OF THE LIGHT-HOUSE BOARD,

Washington, D. C., November 7, 1881.

The following table of consumption of oil has been adopted by the Light-House Board, and will take the place of that published July 1, 1880. It should be pasted on one of the blank leaves of the book of instructions to Keepers, at each light-station:

ORDER OF LAMP.	NAMES OF LAMPS.	No. of Wicks.	Diameter of Wicks, in Inches.				Intensity, in Candles.	Consumption.	
			No. 1.	No. 2.	No. 3.	No. 4.		Per Hour, in Gills.	Per Annum, in Gallons.
	LARD OIL.								
1st.	Funck Lamp	4	1 1/32	1 27/32	2 5/8	3 1/2	400.00	6.85	938
1st.	Mechanical and Moderator	4	1 1/32	1 1/4	2 11/16	3 9/16	188.00	6.60	900
2d.	Funck Lamp	3	1 1/32	1 27/32	2 5/8	....	164.00	4.10	560
2d.	Mechanical and Moderator	3	1 1/2	2	2 7/8	....	130.00	4.10	560
	MINERAL OIL.								
2d.	Funck Lamp	3	1 1/32	1 27/32	2 5/8	....	163.00	4.80	657
3d.	Funck Lamp	2	1 1/32	1 27/32	....	....	78.00	2.00	270
4th.	Hains Lamp	1	1 1/2	....	....	....	32.00	1.00	137
4th.	Locomotive Head-light	1	1 3/8	....	....	....	54.00	1.33	180
4th.	Do.	1	1 1/4	....	....	....	50.00	1.25	171
5th.	Hains Lamp	1	1 1/8	....	....	....	18.00	.63	86
5th.	Constant-level Lamp	1	1 1/8	....	....	....	20.00	.67	90
5th.	Light-vessel Funck Burner	1	1 1/8	....	....	....	18.00	.50	68
6th.	Flat-wick Lamp	1	1	....	....	....	12.54	.50	68
6th.	Mississippi River Lantern	1	7/8	....	....	....	12.22	.30	40

The foregoing are the largest quantities of oil that the respective lamps can consume when they are clean, properly and constantly attended, and their flames kept during the entire time at the prescribed heights. With lower flames and bad attendance, much less oil will be consumed, and consequently inferior lights produced.

Those keepers who come nearest to the actual consumption of the largest quantity of oil that the lamps can consume, will, as a rule, be found to keep the best lights; while those who report a larger quantity than the lamps are capable of consuming, must either waste or dispose of the excess; and those who do not consume nearly the maximum quantity, must necessarily keep bad lights.

BY ORDER OF THE LIGHT-HOUSE BOARD:

JOHN RODGERS,
Rear Admiral, U. S. Navy.

Fuel use at lighthouses was strictly monitored by the Lighthouse Board, a unit of the Treasury Department. A November 1881 circular lists recommended consumption rates of lard oil for various lenses and lamps. Both excessive use and under use of fuel was greatly discouraged. Wind Point's third-order Fresnel lens and Funck lamp should have utilized about 270 gallons of oil per year in 1881. (Courtesy LILS.)

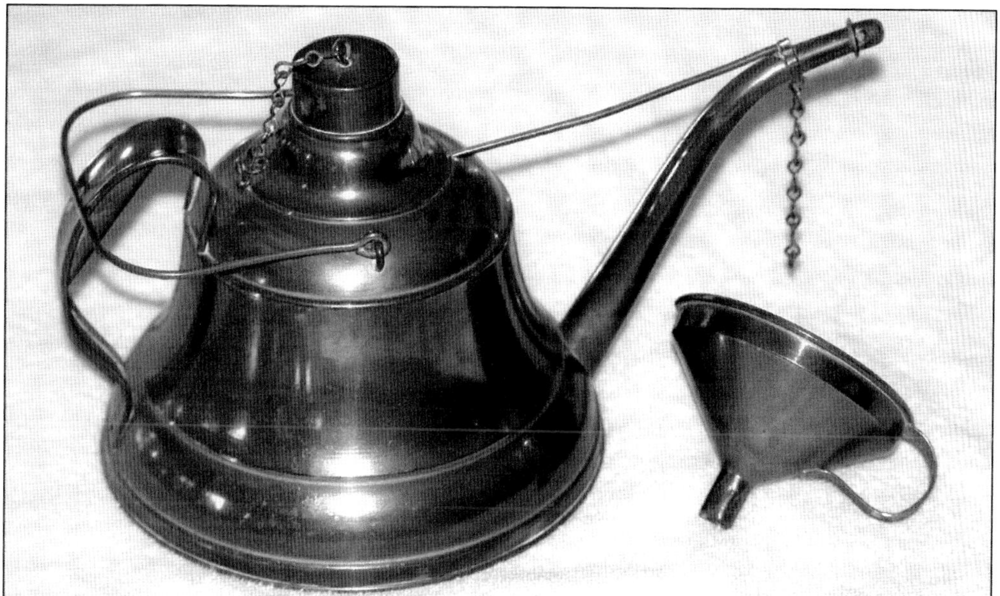

A United States Lighthouse Service oil can and funnel were used for filling the lamps that contained the wicks and provided the light source inside the Fresnel lens at Wind Point. Oil supplies were carefully regulated with instructions to illuminate the light 30 minutes before dusk and to darken the light no later than 30 minutes after sunrise. (Courtesy Joan and Dan Milaeger.)

As in other lighthouses on the Great Lakes, technology marched forward at Wind Point. A new incandescent oil vapor (IOV) lamp was installed in the lantern in 1915. Replacing an oil burner with a wick system, IOV lamps employed a mesh mantle, much like a Coleman lantern of today. A more dependable and considerably brighter light resulted. The Luchaire Company of Paris was the major supplier of IOV lamps in America. (Courtesy Tom Tag.)

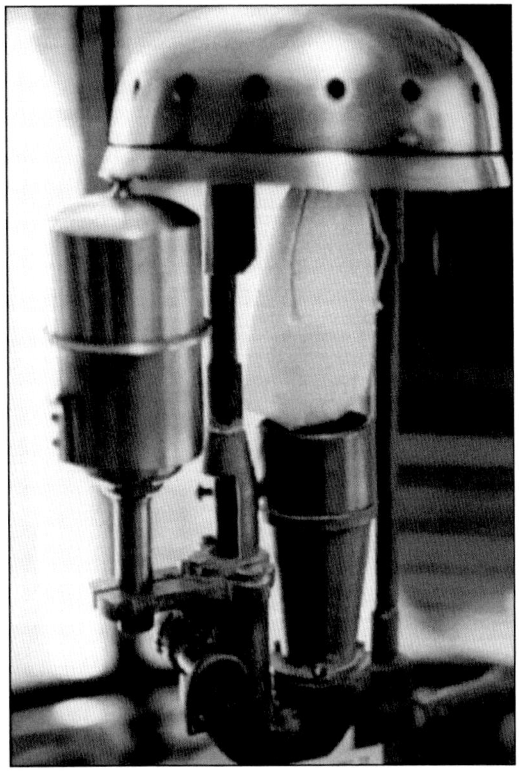

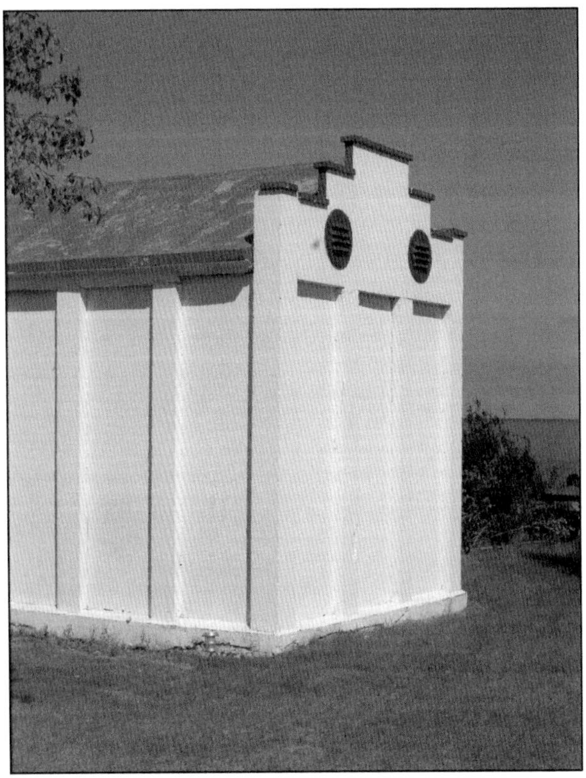

Built in 1910, a concrete fuel storage building at Wind Point was where certain materials, such as gasoline, paint, fuel oil, and other highly flammable liquids, were kept. For safety reasons, this separate, more fireproof building was necessary. Smaller amounts of flammables might be found in the tower itself. The circular objects are vents that allowed fresh air into the building to prevent vapors from accumulating and creating a potentially hazardous condition. (Authors' collection.)

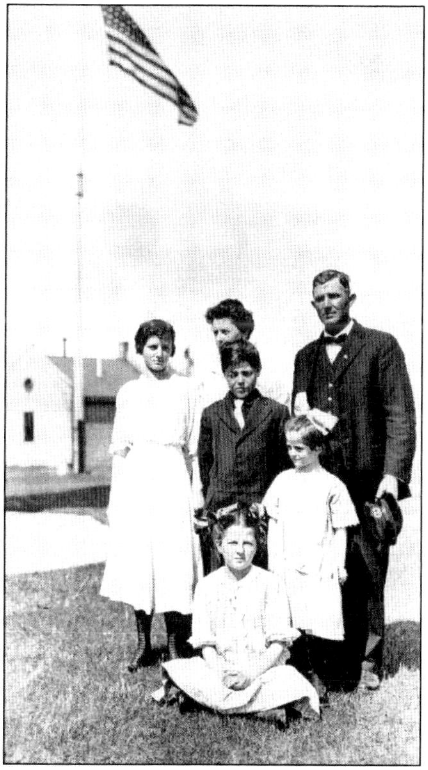

Since Wind Point was a government facility, the flag of the United States would have been flown every day. Regulations stated that the flag be raised after sunrise and be taken down prior to sunset. Here keeper Henry Bevry and his family pose for a portrait in Wind Point's spacious yard near Old Glory. (Courtesy Bevry family.)

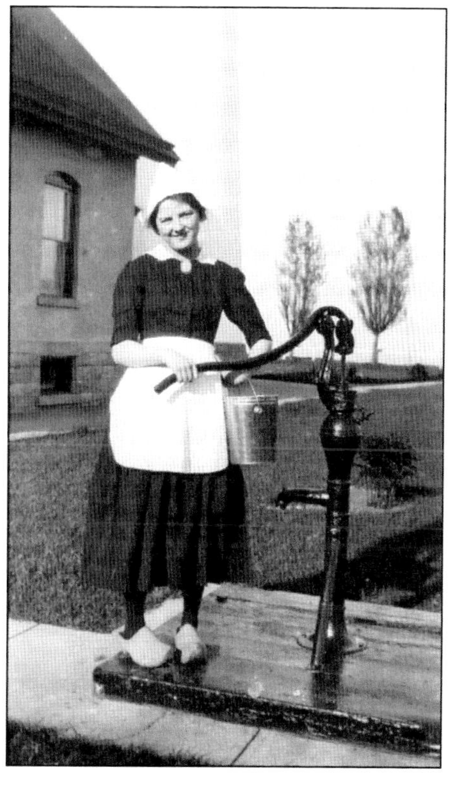

Water was an especially important commodity at Wind Point. In addition to the personal needs of the folks living here, large quantities of water were used in the fog signal buildings when they were steam driven. Separate dug wells were assigned that essential chore. Here Dorothy Bevry dressed in Dutch attire, water bucket in hand, prepares to use the hand pump outside the south side of the living quarters. (Courtesy Bevry family.)

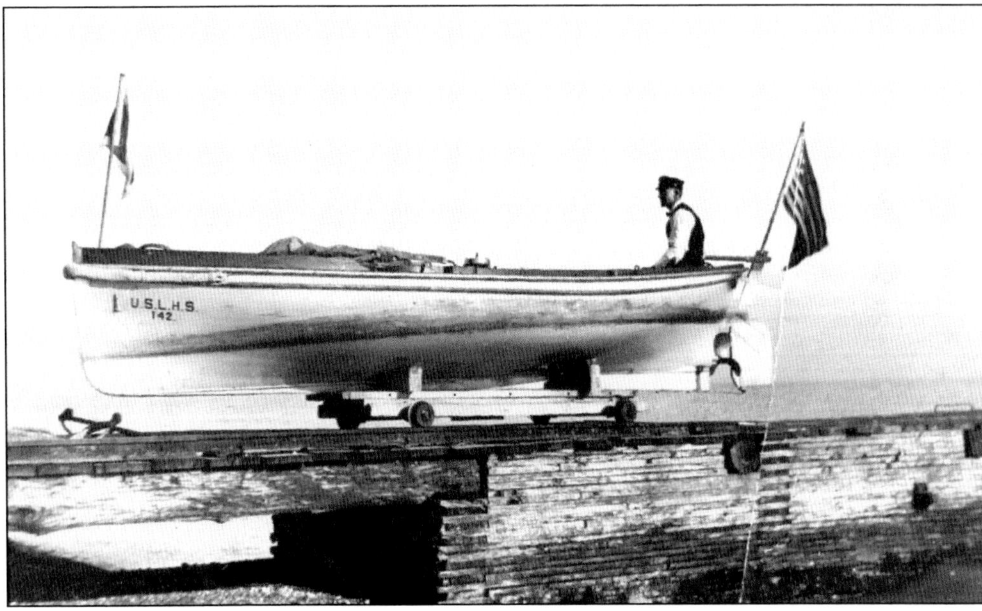

Keeper Henry Bevry sits in the lighthouse launch, United Stated Lighthouse Service boat No. 142. The boat rests on a tram on the wooden pier. At the bow is the U.S. Lighthouse Service flag, and the stern holds the American flag. The surfboat is ready to be launched into the lake. A motorboat provided a dependable means of transportation to town for supplies as early as about 1910. (Courtesy Bevry family.)

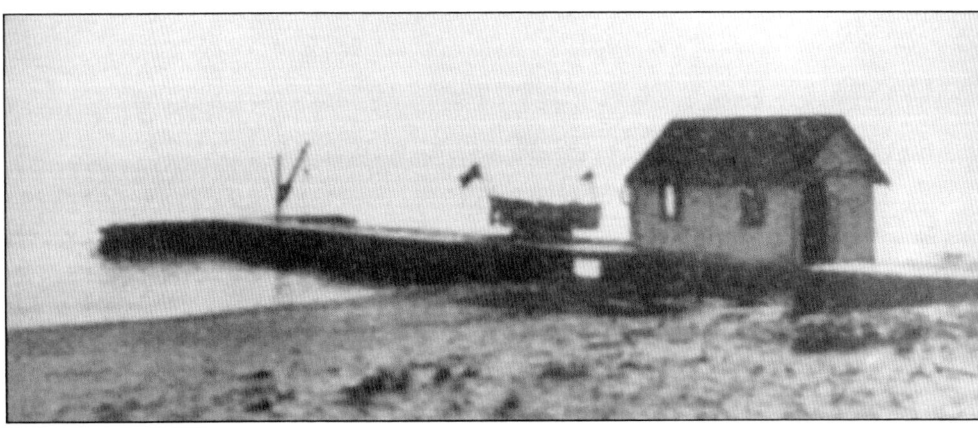

A pier and boathouse existed at Wind Point for many decades. This historic photograph illustrates the tram and hoist system that assisted with the government boat as well as the delivery and handling of tons of supplies. Due to the oftentimes rough weather conditions on Lake Michigan, the dock frequently took a beating. (Courtesy FOWP.)

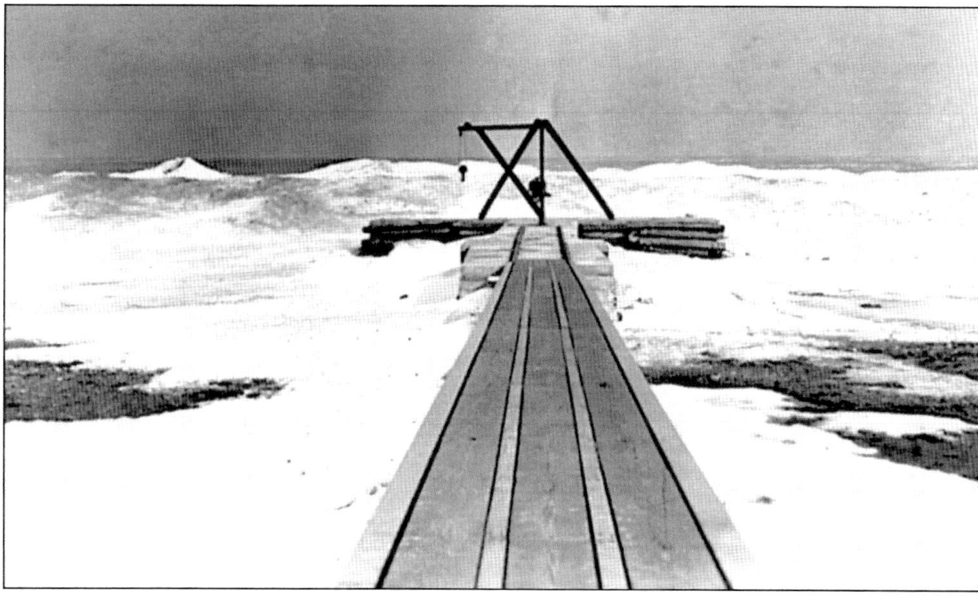

Wind Point had a wooden pier shortly after it was built. An 1889 appropriation mentions a new 100-foot boat landing. Renovations of the pier and dock took place in 1910 and 1930. Many boat trips and countless loads of materials made their way from these piers. A rail and hoist system was most efficient and served the station well for decades. (Courtesy Hazel Wishau Franseen.)

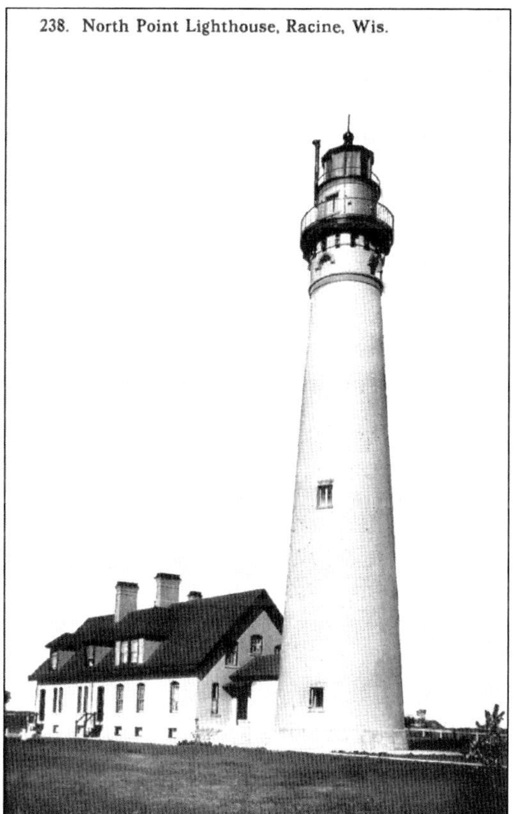

This classic postcard image of Wind Point is actually an old photograph. Years ago, photographs were made into postcards and were mailed and collected just as tourists do today. The view here shows the complex after it was enlarged in the 1890s to provide housing for the keeper, his two assistants, and their families. Rank had its privileges, the keeper had the largest apartment and direct, inside access to the tower. (Courtesy Pam Cook.)

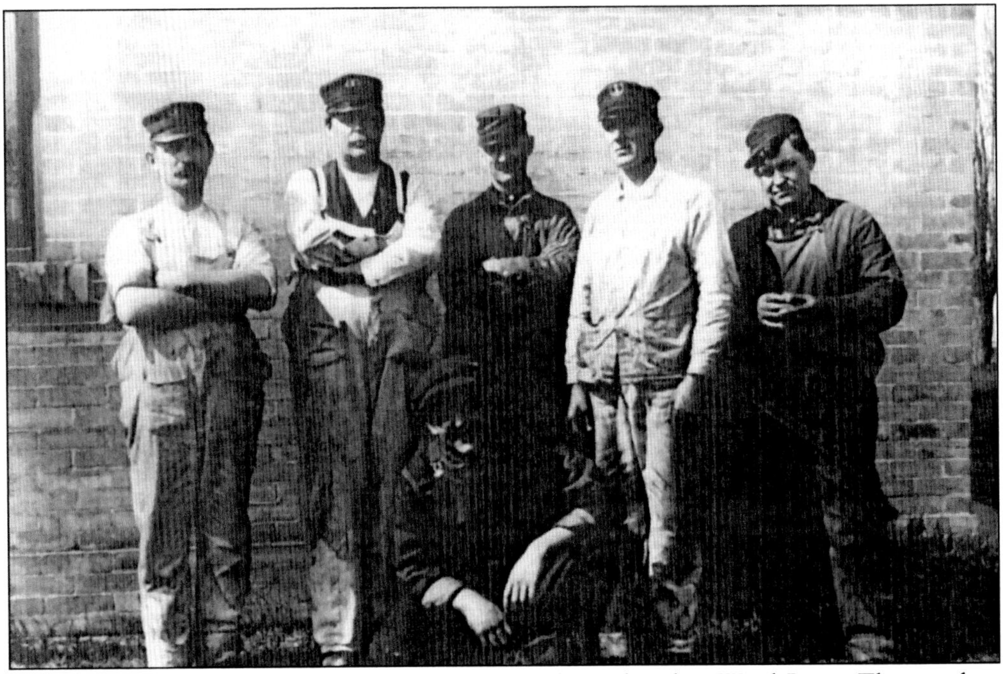

Numerous logbook entries mention the endless hauling of coal at Wind Point. This grueling work was done primarily by the keeper and assistants. Additionally, there are references to laborers supplementing the heavy workload. Assistant keepers (from left to right) Julius Lonne and William Nash as well as keeper Henry Bevry are in the back row in lighter clothing. The men in the dark, soiled work attire are laborers. Hauling coal was likely their chore when this photograph was taken. (Courtesy Joan and Dan Milaeger.)

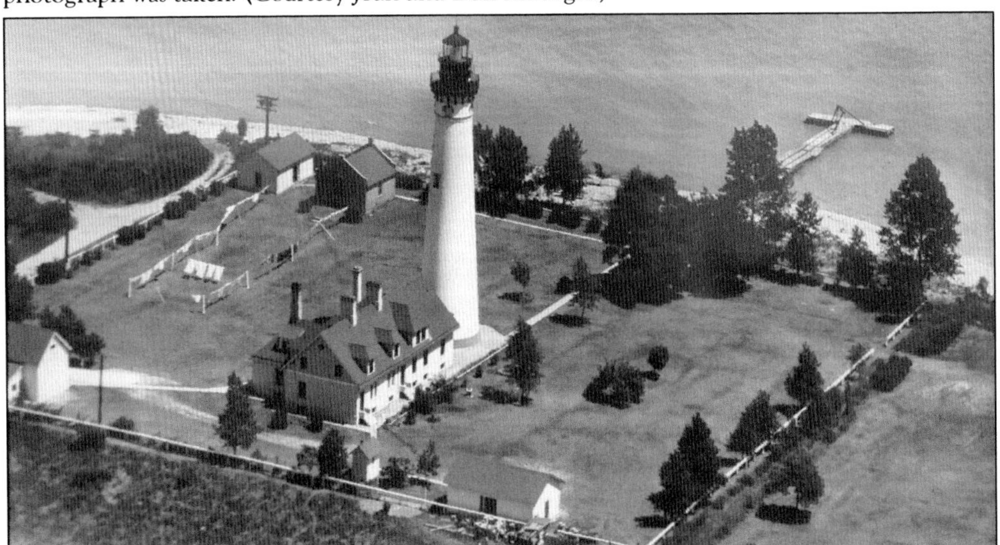

The Fresnel lens is easily seen in the lantern room in this aerial view at Wind Point. The barn is visible near the bottom right, next to it is the privy (outhouse). Two fog signal buildings, one a storage shed and the other the current working foghorn, can be seen near the top left along with several clotheslines swaying in the breeze. Sometimes coal dust from the station soiled the freshly cleaned laundry. (Courtesy Joan and Dan Milaeger.)

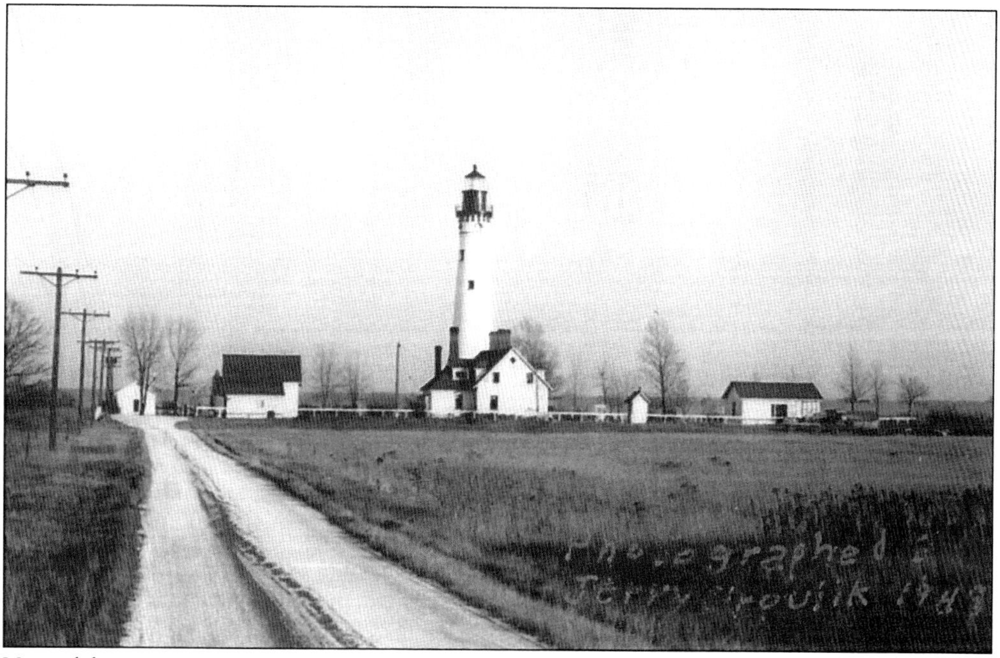

Viewed from a western vantage point, utility poles are featured in this 1949 photograph, lining the left side of the road. Telephone service arrived at Wind Point in the early 1900s, while electricity became available in 1924. The lone dirt road, referred to as "the lane," connects the light station to the main highway. Today this road is paved. (Courtesy Bob Johnson.)

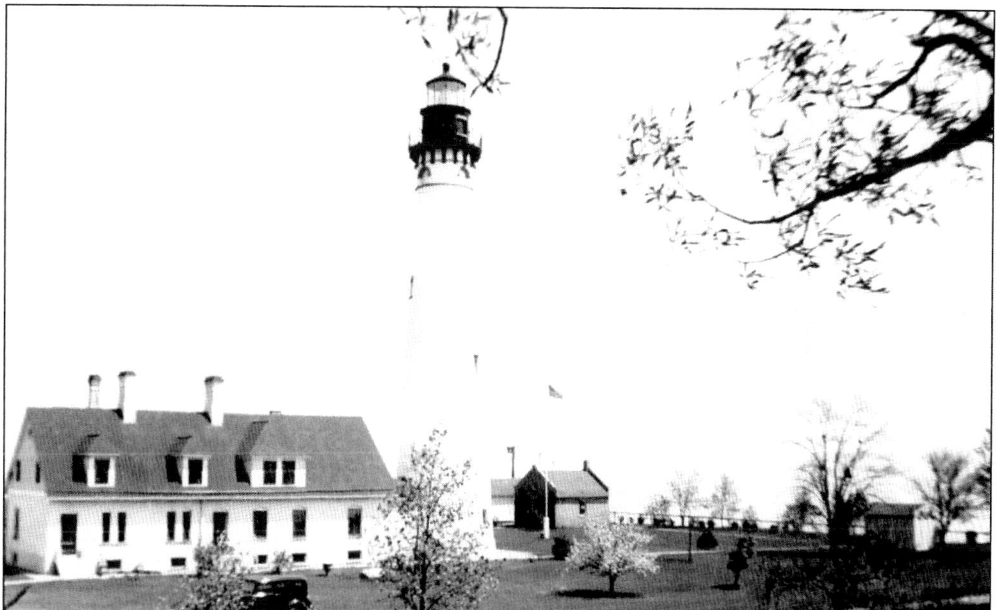

The different seasons of the year and its associated weather transformed the grounds at the Wind Point Lighthouse. This springtime photograph illustrates the change from the end of wintertime to spring with the new life of budding trees, bushes, and grass. The Fresnel lens glistens atop the tower. The older automobile might be poised for a country ride. (Courtesy Joan and Dan Milaeger.)

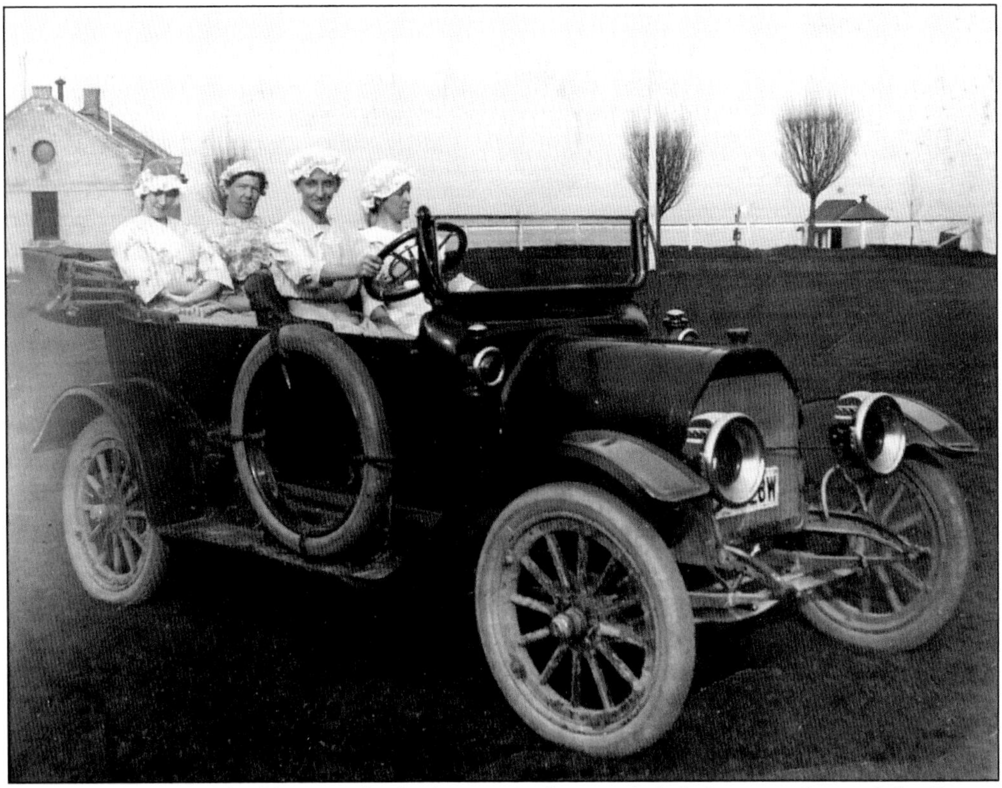

With the fog signal building in the background, these stylish ladies, members of the Bevry, Nash, and Lonne families, pose for this picture in a 1913 Studebaker Model 25. On the right side of the photograph is an old round fuel storage building and the boathouse located closer to the lake. Perhaps they were headed to Racine, four miles to the south. (Courtesy Bevry family.)

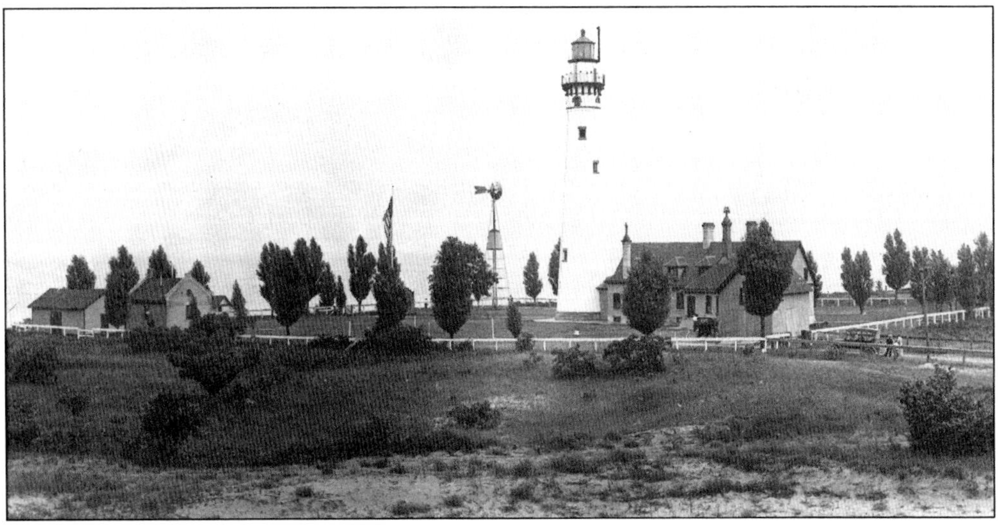

Eventually automobiles became more commonplace at Wind Point. This photograph from 1919 clearly shows two cars at the lighthouse. One is parked inside the lighthouse complex by the side of the garage, the other rests along the road just outside the fencing surrounding the grounds. Adults and children can be seen near each vehicle. (Courtesy Jane Fadel Murphy.)

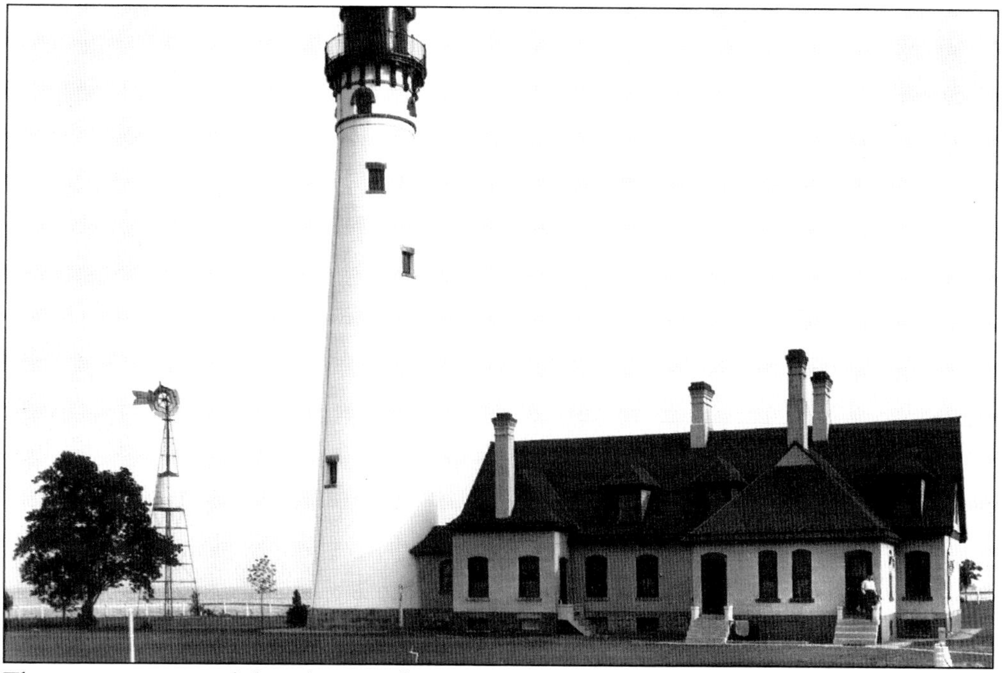

The vantage point of this photograph prominently features the windmill at Wind Point. A fixture at the lighthouse from about 1910 to 1931, windmills are simply wind-driven water pumps. Replaced by more reliable wells, repeated maintenance may have been an issue as there are references in the official logbooks of problems with this equipment. The tail of the windmill indicates the wind direction was south to southwest. (Courtesy RHM.)

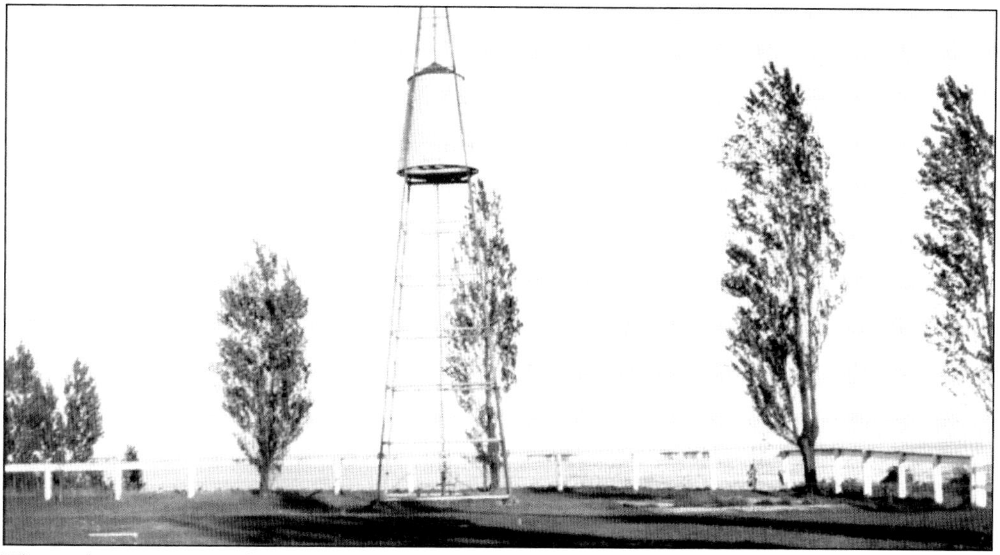

There always seems to be a breeze blowing at Wind Point. What an appropriate location for a windmill. Harnessing the power of the wind, the mill helped supplement other wells, a cistern, and later running water in the house. At the base of the windmill in the center, is a hand pump. Halfway up the tower is a water storage tank. Several companies manufactured windmills, and Sears, Roebuck and Company and Montgomery Ward distributed them through their catalogs. (Courtesy Bevry family.)

Located just southwest of the living quarters along a narrow sidewalk was the privy or outhouse. Many lighthouses used these structures for their human waste disposal for numerous decades before indoor plumbing became more commonplace. This small, sturdy building was still used at Wind Point into the 1950s. Modern indoor facilities had already been available at Wind Point for decades, but visitors oftentimes used the outhouse. (Courtesy Hazel Wishau Franseen.)

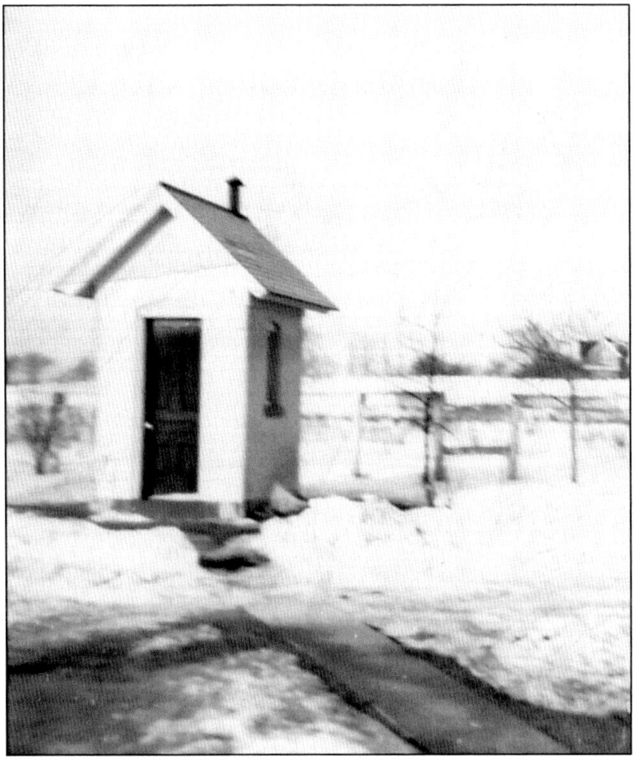

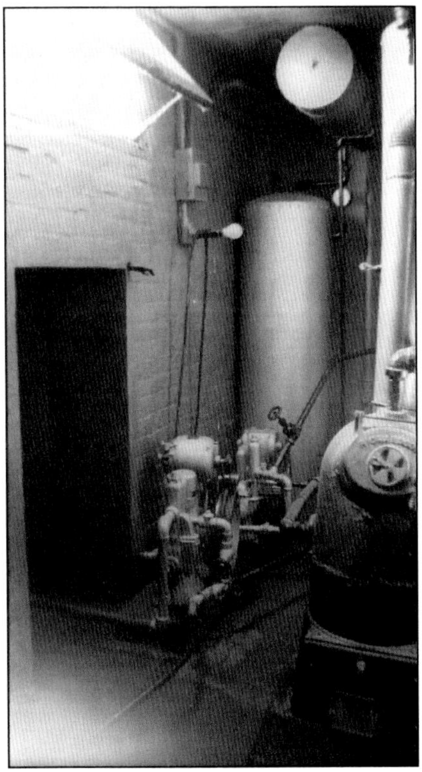

A rare look into the basement at Wind Point in the 1930s reveals some of the machinery involved with the day-to-day utilities at the lighthouse. Pictured here are some of the pumps and tanks for the water system as well as a portion of one of the boilers. One of the larger lighthouse facilities on the Great Lakes, Wind Point certainly needed its share of resources. (Courtesy Bevry family.)

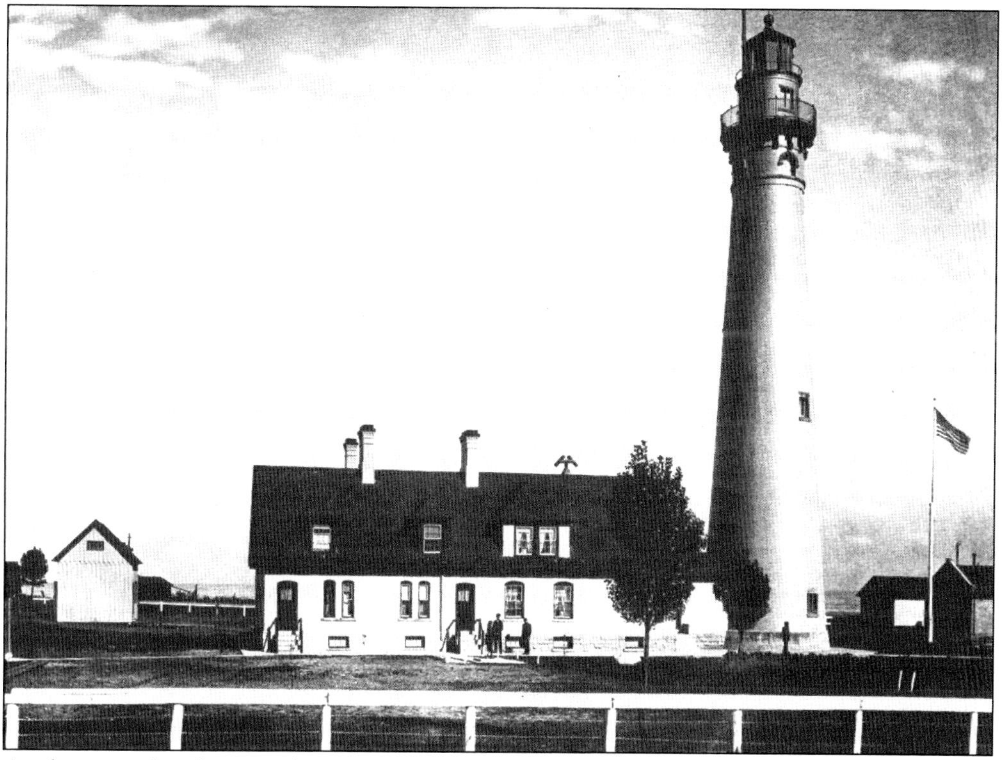

A white wooden fence with wires surrounded the lighthouse grounds for many of its years. In addition to keeping all the buildings and tower painted, varnished, and spotless inside and out, the fence also needed attention with repairs as well as painting. Several storms damaged the fence over the years. Maintenance was a never-ending task as the weather took its toll on anything exposed to the elements. (Courtesy Bevry family.)

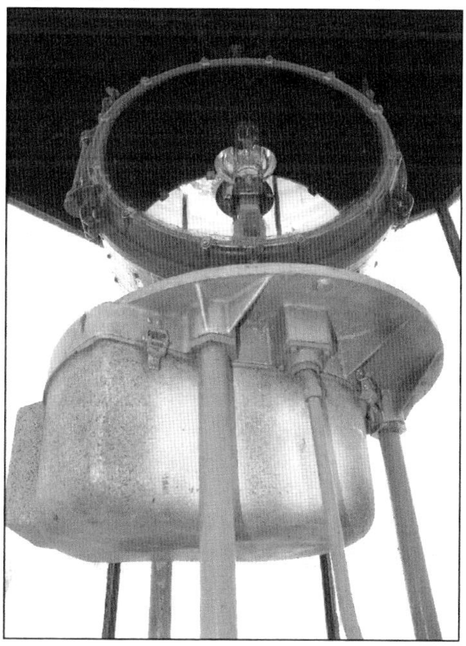

The Wind Point Lighthouse was converted to electricity in 1924, the second one on the Great Lakes to be switched over. In 1964, the Fresnel lens was removed from the lantern room and replaced with this rotating aerobeacon with two million candlepower. A 1,000-watt bulb, with an automatic bulb changer, provides the light, and a parabolic reflector still shines the beam 18 miles over Lake Michigan. (Authors' collection.)

Three

Keepers, Assistants, and Caretakers
More than a Century of Service

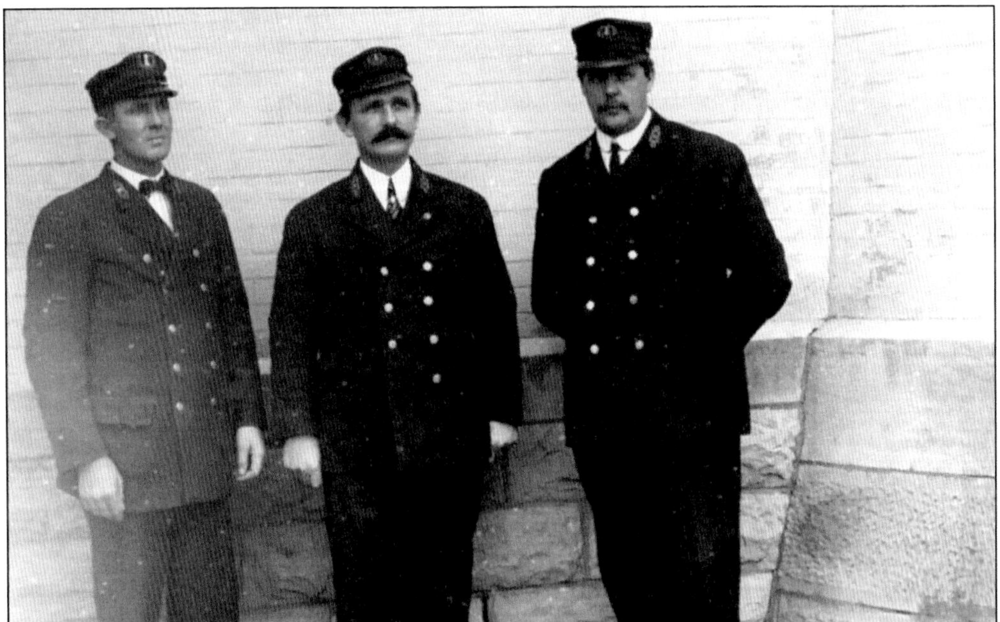

This extraordinary photograph from around 1915, taken at the base of the Wind Point tower, features (from left to right) keeper Henry Bevry, first assistant Julius Lonne, and second assistant William Nash. They served at Wind Point for a combined total of over 90 years, 25 of which were together. Since they are all in dress uniform, perhaps the lighthouse inspector was on his way! The keepers changed watch every six hours, which included two trips up and down the tower stairs. Many times they carried two five-gallon cans of oil. (Courtesy Bevry family.)

WIND POINT LIGHTHOUSE KEEPERS AND ASSISTANTS		
NAME	POSITION	DATE
ALFRED FINCH	KEEPER	1880 - 1881
ASA FINCH	ASSISTANT	1880 - 1881
LAWRENCE EASSON	KEEPER	1881 - 1883
JAMES EASSON	ASSISTANT	1881 - 1883
JOHN SANDELL	KEEPER	1883 - 1891
LEWIS A. ROSE	ASSISTANT	1883 - 1886
JOHN SULLIVAN	ASSISTANT	1886 - 1887
GEORGE W. ROSE	ASSISTANT	1886 - 1891
PETER PETERSEN	KEEPER	1891 - 1913
GABRIEL ARIANSEN	ASSISTANT	1891 - 1895
CHARLES BOSHKA	ASSISTANT	1895 - 1897
EDWARD ELLEFSEN	ASSISTANT	1896 - 1897
ALBERT BENSON	ASSISTANT	1897
JAMES MATZEN	ASSISTANT	1897 - 1899
EMIL MUELLER	ASSISTANT	1898 - 1901
FREDERICK RAETHER	ASSISTANT	1899 - 1902
ALVIN CORNELL	ASSISTANT	1901 - 1902
GEORGE GILBERT	ASSISTANT	1902
HENRY BEVRY	ASSISTANT	1902 - 1907
ALBERT SPEELMAN	ASSISTANT	1902 - 1905
SAMUEL DODD	ASSISTANT	1905 - 1907
GEORGE MEENGS	ASSISTANT	1907 - 1910
JOHN O'DONNELL	ASSISTANT	1907 - 1908
JULIUS LONNE	ASSISTANT	1908 - 1942
JOSEPH KILGORE	ASSISTANT	1910
WILLIAM NASH	ASSISTANT	1910 - 1938
HENRY BEVRY	KEEPER	1913 – 1945
OSCAR FRANSEEN	ASSISTANT	1938 - 1954
IRVING CARLSON	ASSISTANT	1942
HERMAN ERICKSON	ASSISTANT	1942 - 1952
THEODORE GROSSKOPF	KEEPER	1945 – 1954
ANTON JESSEN, JR.	ASSISTANT	1941-1942
OSCAR FRANSEEN	KEEPER	1954 - 1964
HERBERT FADEL	ASSISTANT	1952 – 1963
VARIOUS USCG	ASSISTANTS	1954 – 1964

The soul of any lighthouse most assuredly revolves around the hardworking people who dedicated their lives to these beacons of safety. The Wind Point Lighthouse includes just seven head keepers in its history. Additionally, over 30 assistant keepers also served here during the lighthouse's more than eight decades of manned operation. (Courtesy Phyllis Tag and Mike and Liana Cooper.)

The Wind Point Lighthouse was built in 1880 for about $100,000. Inaugural keeper Alfred B. Finch, a Civil War veteran, lit the oil lamp for the first time on November 15, 1880. Finch and his dedicated assistant keeper, his son Asa, dutifully turned the balky lens apparatus manually for five frigid nights when after only a few days of use, the revolving machinery failed to work properly. These logbook entries document their struggles. Finch telegraphed his superiors, as there were no telephones yet. (Courtesy Mike and Liana Cooper.)

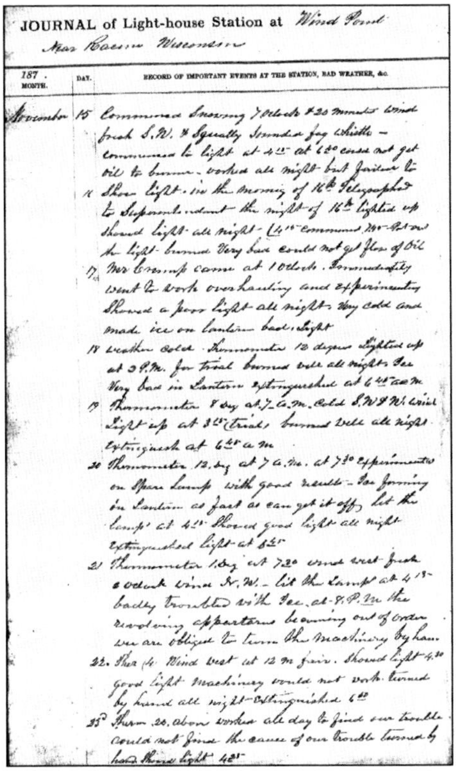

JOURNAL of Light-house Station at Wind Point
Near Racine Wisconsin

187 . MONTH.	DAY.	RECORD OF IMPORTANT EVENTS AT THE STATION, BAD WEATHER, &c.
November	15	Commenced Snowing 7 Oclock & 20 minutes Wind fresh S.W. & Squally Sounded fog Whistle – commenced to light at 4 15 at 6 20 could not get oil to burner – worked all night but failed to
	16	Show light – in the morning of 16th Telegraphed to Superintendent the night of 16th lighted up showed light all night – (4 15 commenced [illegible] put out the light – burned very bad could not get flow of oil
	17	Mr Crump came at 10 Oclock – Immediately went to work overhauling and experimenting Showed a poor light all night – Very cold and made ice on lantern bad – light
	18	weather cold – Thermometer 12 degrees Lighted up at 3 P.M. for trial burned well all night – Ice Very bad in Lantern extinguished at 6 45 a m
	19	Thermometer 8 deg at 7 a.m. Cold S.W & W. Wind Light up at 3 15 (trial) burned well all night extinguished at 6 45 a m
	20	Thermometer 12 deg at 7 a.m. at 7 30 experimented on Spare Lamp with good results – Ice forming in Lantern as fast as can get it off, lit the lamp at 4 15 Showed good light all night extinguished light at 6 45
	21	Thermometer 1 deg at 7 30 wind west fresh 6 Oclock Wind N.W. – lit the Lamp at 4 15 badly troubled with Ice – at 8 P.M. the revolving apparatus becoming out of order we are obliged to turn the machinery by hand
	22.	Ther 14 Wind West at 12 m fair – Showed light 4 30 good light machinery would not work turned by hand all night – extinguished 6 40
	23	Therm. 20 above worked all day to find our trouble could not find the cause of our trouble turned by hand Shined light 4 25

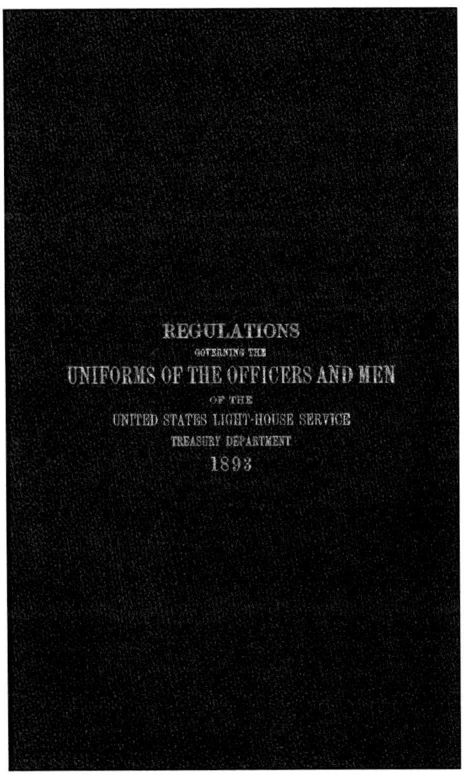

The United States Lighthouse Service primarily was a government agency that did things "by the book." Consequently many volumes of written instructions for light keepers were printed and distributed to all stations. Considered "the Bible" of the facility, booklets contained information that ranged from very basic to quite specific. This 1893 pamphlet governed uniforms worn by lighthouse personnel. (Courtesy FOWP.)

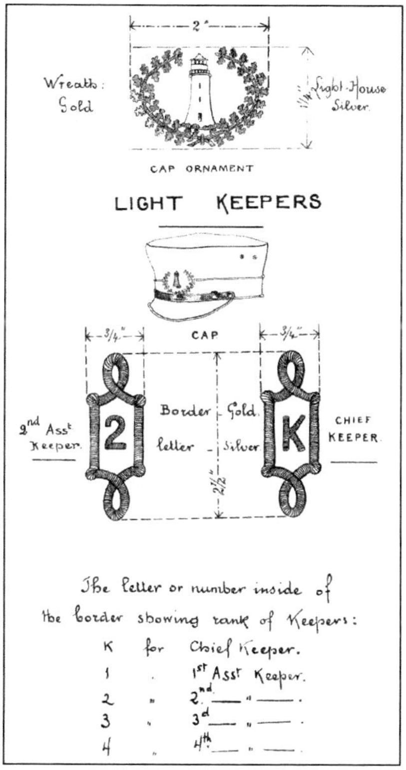

Policies governing the wearing of an official uniform by the keepers and assistants were instituted by the United States Lighthouse Service. A cap contained an ornamental wreath with a lighthouse that was secured above the bill of the hat. A letter or number on the lapel of an outer jacket designated the rank that the keeper held. Head keepers sported a *K*, first assistants were given the number 1, second assistants had the number 2, and so on. (Courtesy FOWP.)

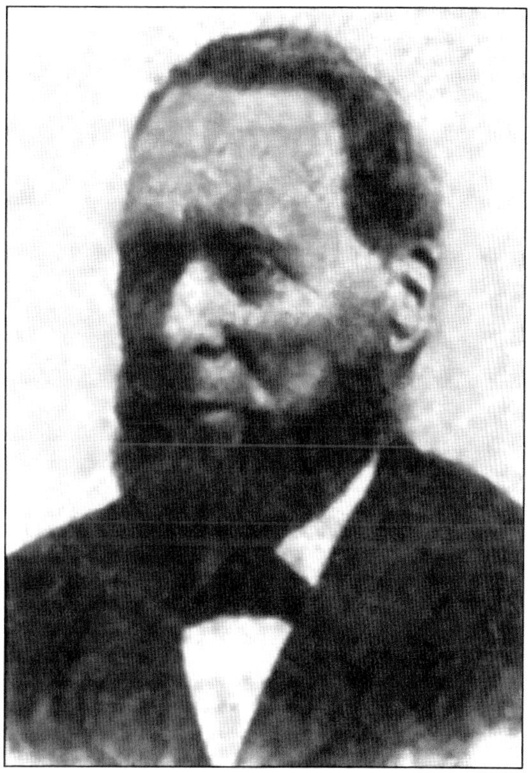

Lawrence Easson was the second head keeper at Wind Point from 1881 through 1883. Born in Scotland, he also later served at the Racine Breakwater Light. Previously Captain Easson sailed the Great Lakes for many years and commanded several vessels, including the schooner *J. I. Case* for seven seasons. He died at age 84 in 1911. (Courtesy Bob Jaeck.)

James Easson, younger brother of Capt. Lawrence Easson, followed in his sibling's footsteps, both in the lighthouse service and as a captain on the Great Lakes. James was assistant keeper at Wind Point while his brother Lawrence was head keeper. James once set a record sailing run of 3 days and 14 hours from Chicago to Buffalo with a load of corn. (Courtesy Bob Jaeck.)

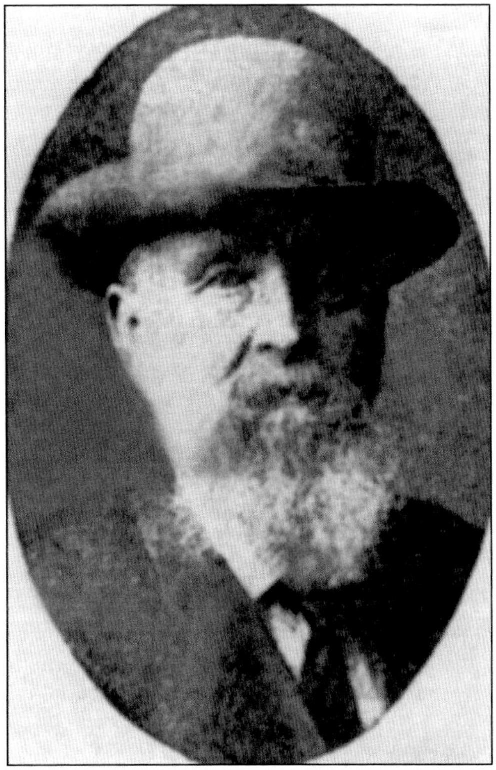

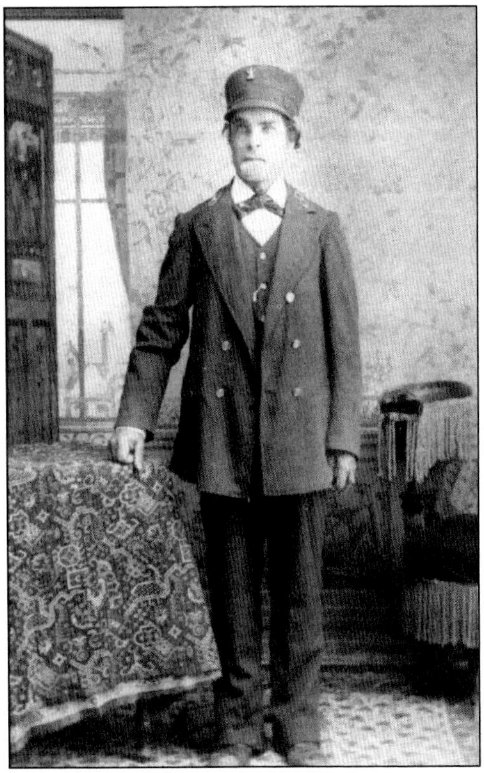

John Victor Sandell poses for his official portrait in his government-issued keepers uniform. He was born in 1839 in Obo, Finland. "Sailor Sandell," as he was called because of his nautical background, served at lighthouses in Detroit, Evanston, and Racine. He became Wind Point's third head keeper in 1883 and held that position until 1891. He died in 1919 a few days before he would have turned 80. (Courtesy Ralph Rose and Mike and Liana Cooper.)

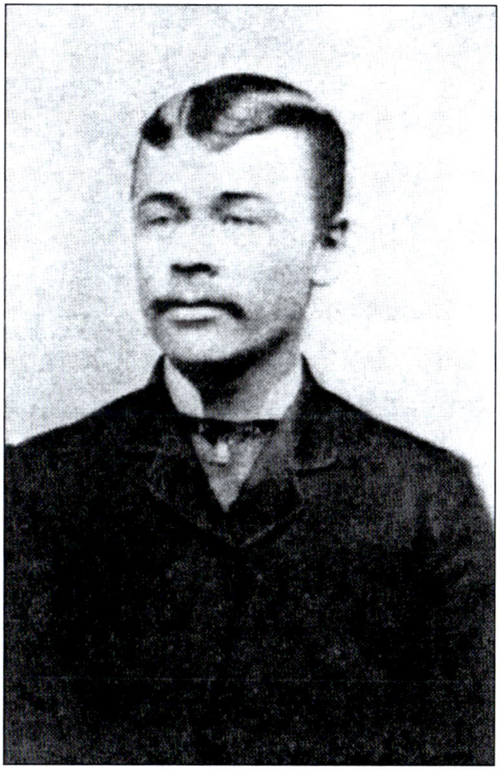

George Anton Rose was born in Scandinavia in 1826. A seafaring man, he married Anna Louise Johnson in Sweden in 1848. The Roses had six children, four girls and two boys. Both boys, Lewis Anton Rose and George William Rose, became assistant keepers at Wind Point. George Anton Rose died young, at age 37. (Courtesy Ralph Rose and Mike and Liana Cooper.)

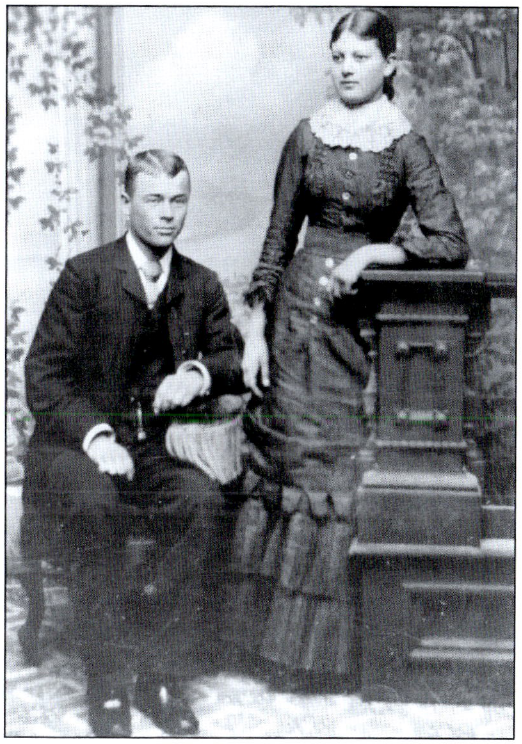

Lewis Anton Rose and his wife, Mary Potter Rose, are pictured in this *c.* 1883 photograph. Lewis Rose was another assistant with his brother George William Rose under their stepfather, keeper John Sandell, at Wind Point. Lewis and Mary were newlyweds there in 1883. Lewis Rose served at Wind Point from 1883 to 1886 before being reassigned to Sand Point Lighthouse in Escanaba, Michigan, where he spent 27 years. (Courtesy Ralph Rose and Mike and Liana Cooper.)

Anna Louise Johnson Rose Sandell was born in 1835. She married George Anton Rose as a teenager. Rose died at a young age and Anna later married John Victor Sandell, who became a keeper at Wind Point. She bore 12 children, six with each of her husbands. Pictured with Anna in this 1885 image, taken in Racine, is her daughter Emma Sandell. (Courtesy Ralph Rose and Mike and Liana Cooper.)

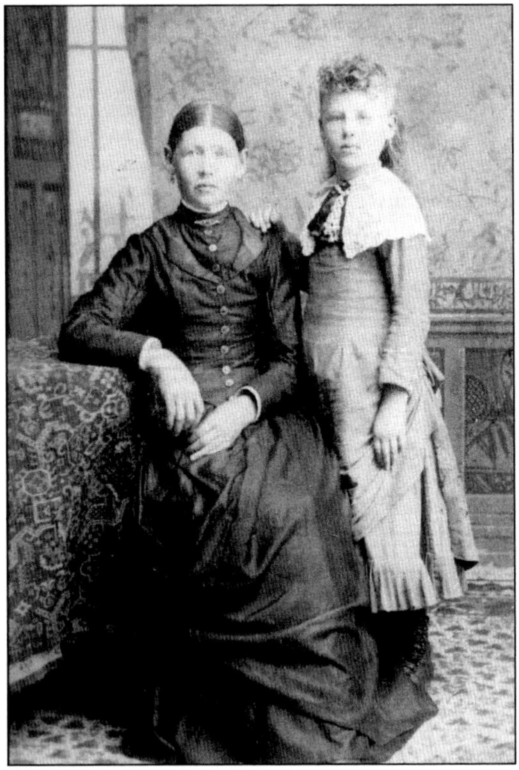

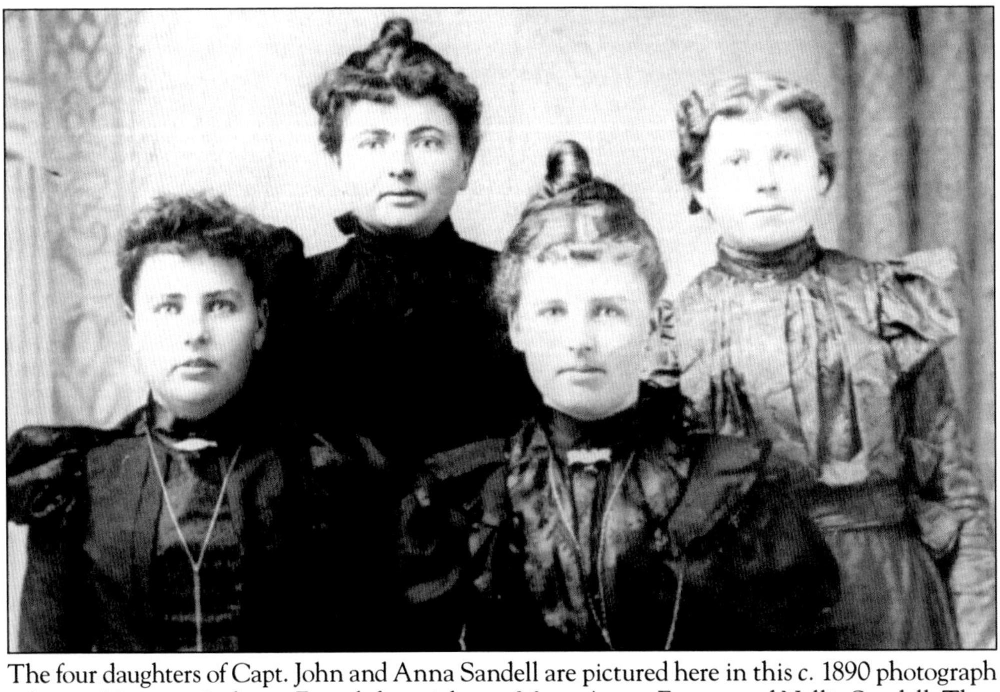

The four daughters of Capt. John and Anna Sandell are pictured here in this *c.* 1890 photograph taken in Morocco, Indiana. From left to right are Mary, Anna, Emma, and Nellie Sandell. They would have spent some of their young lives at the Wind Point Lighthouse when their parents tended the light from 1883 through 1891. (Courtesy Ralph Rose and Mike and Liana Cooper.)

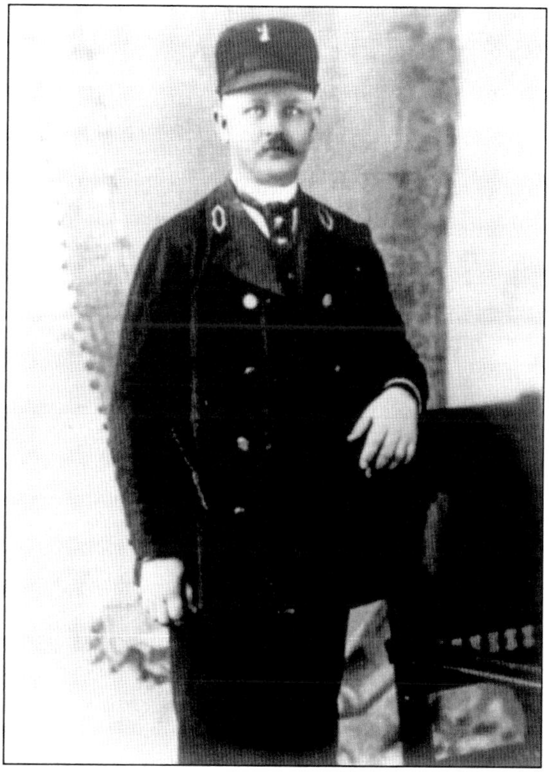

This photograph, taken around 1900, shows 30-year-old George William Rose. Rose was named assistant keeper at Wind Point under his stepfather, John Sandell, in 1883. They would serve together for eight years until 1891. Rose was eventually transferred to a lighthouse in Chicago and was an assistant there until 1907. After that he seemingly disappeared. (Courtesy Ralph Rose and Mike and Liana Cooper.)

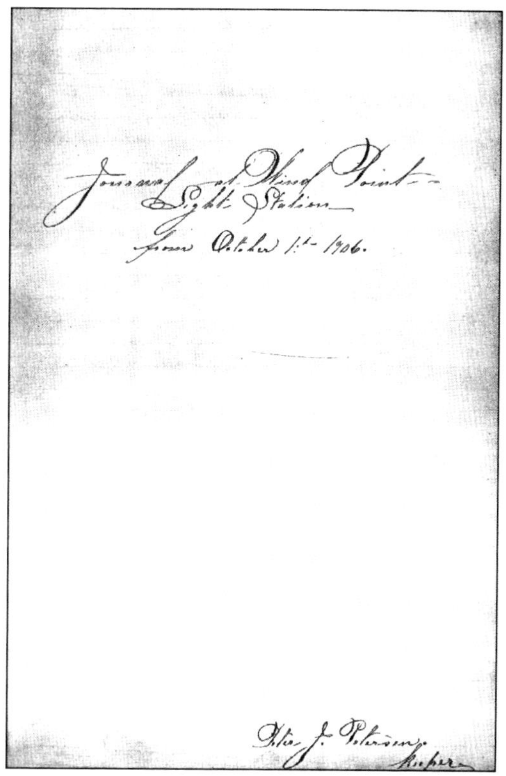

Journal at Wind Point
Light Station
from October 1st 1906.

Peter J. Petersen
Keeper

Peter Julius Petersen served as head keeper at the Wind Point Lighthouse for 22 years from March 1891 until April 1913. Prior to that, he had been awarded a gold medal by the British for a courageous rescue in the Atlantic Ocean. His distinctive logbook script is featured here on this 1906 logbook document. Petersen lost a finger to the foghorn machinery at Wind Point. (Courtesy Mike and Liana Cooper.)

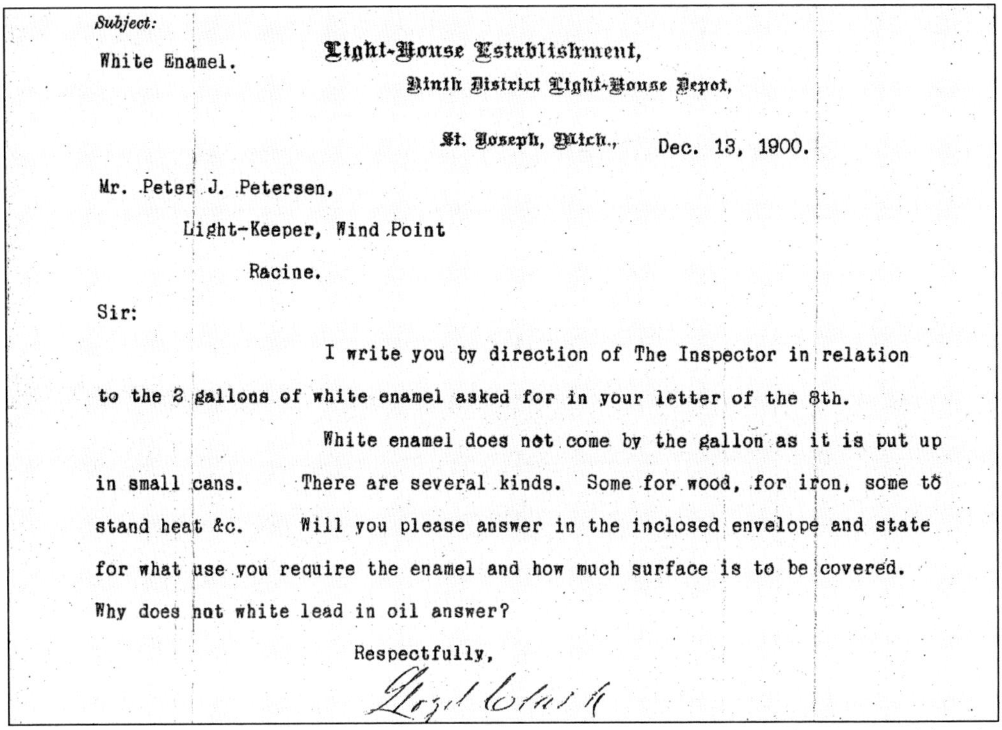

Subject:

White Enamel.

Light-House Establishment,

Ninth District Light-House Depot,

St. Joseph, Mich., Dec. 13, 1900.

Mr. Peter J. Petersen,

Light-Keeper, Wind Point

Racine.

Sir:

I write you by direction of The Inspector in relation to the 2 gallons of white enamel asked for in your letter of the 8th.

White enamel does not come by the gallon as it is put up in small cans. There are several kinds. Some for wood, for iron, some to stand heat &c. Will you please answer in the inclosed envelope and state for what use you require the enamel and how much surface is to be covered. Why does not white lead in oil answer?

Respectfully,

Lloyd Clark

The United States Lighthouse Service could sometimes have its hands in the tiniest of details. Normally involved with much larger priorities, they sometimes made decisions that today might seem petty. This 1900 document from keeper Peter Petersen regarding small amounts of white enamel needed at Wind Point illustrates the government's scrutiny. (Courtesy DCHS.)

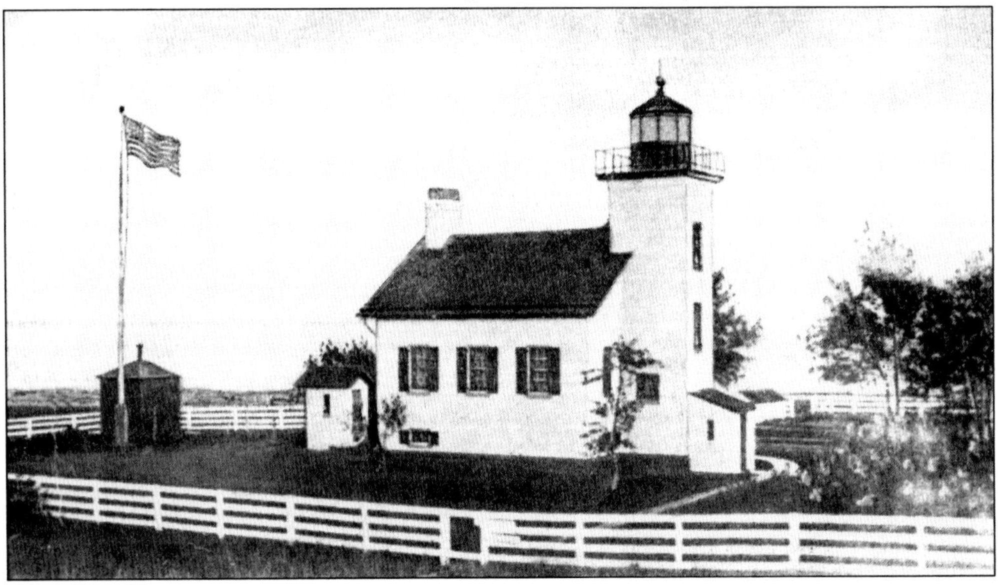

Peter Petersen was transferred to the Sand Point Lighthouse in Escanaba, Michigan, in 1913. The townspeople were quite impressed with his Wind Point light-keeping credentials. Captain Petersen died rather suddenly at Sand Point about a month after leaving Wind Point at only 60 years of age. (Courtesy DCHS.)

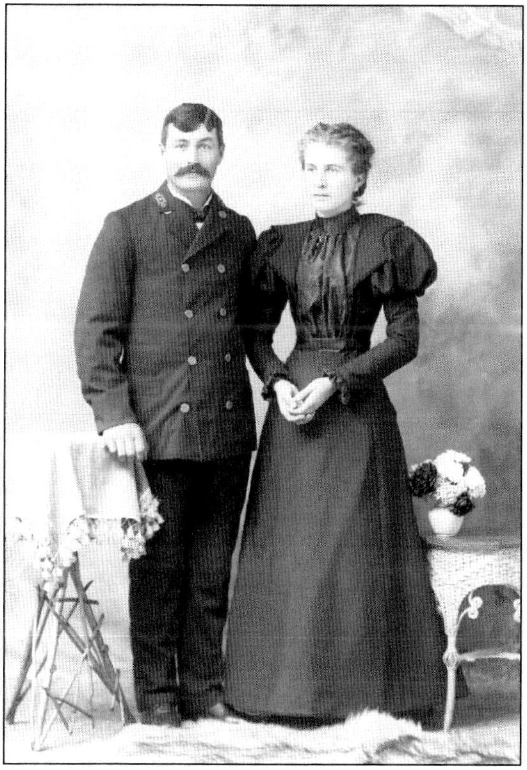

Charles Boshka and Mollie Friis pose for their wedding picture in 1898. Married on Pilot Island in Door County where he was stationed as assistant keeper, Boshka began his lighthouse service at Wind Point in 1895 and resided there for only a few years. Logbook entries also mention him as a laborer there. He later served at Grand Haven, Michigan, and at the Pottawatomie Light on Wisconsin's Rock Island. He retired in 1925 after his tenure on Plum Island in Door County. Mollie Boshka was an official assistant at Pottawatomie in 1907 as well. (Courtesy Connie Sena.)

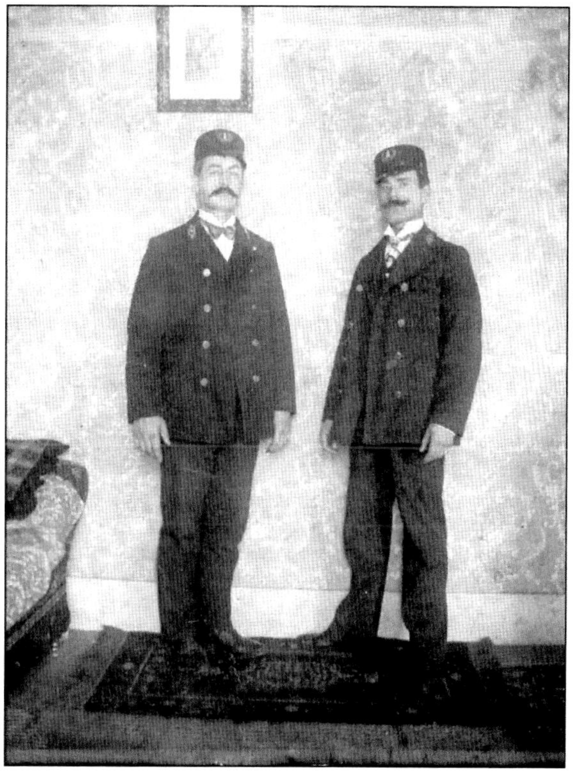

It was fairly common years ago to have several family members in the United States Lighthouse Service, sometimes at the same lighthouse. Pictured here in their official government-issued lighthouse keepers uniforms are Charles (Charley) Boshka (left) and his older brother Joseph. The Plum Island Range Lights in Door County's "death's door" strait were Joseph and Charles Boshka's home in the early 1900s. Joseph also served at several other Lake Michigan lights. (Courtesy Connie Sena.)

Assistant keeper Julius Lonne holds a young child on the grounds of the Wind Point Lighthouse in this 1914 photograph. He is wearing his official lighthouse cap. In the background is the brick fog signal building, built in 1900. Lonne served here from 1908 until 1910 as second assistant and then was promoted to first assistant. Lonne died unexpectedly at the station on December 23, 1940. (Courtesy Mike and Liana Cooper.)

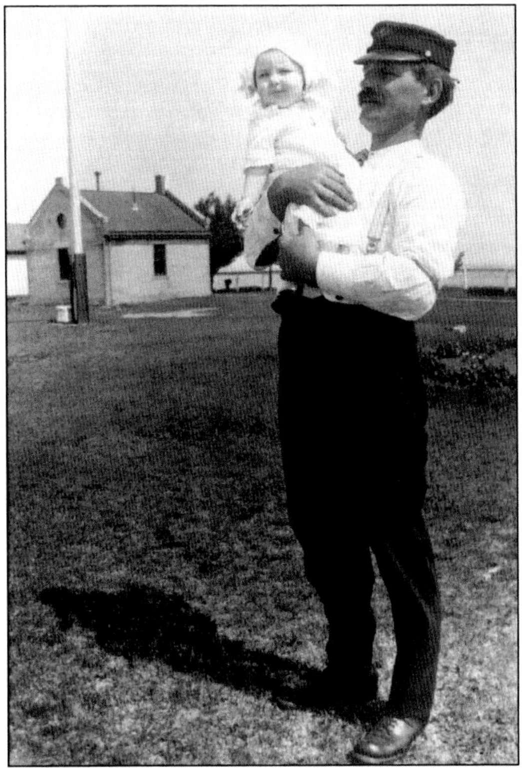

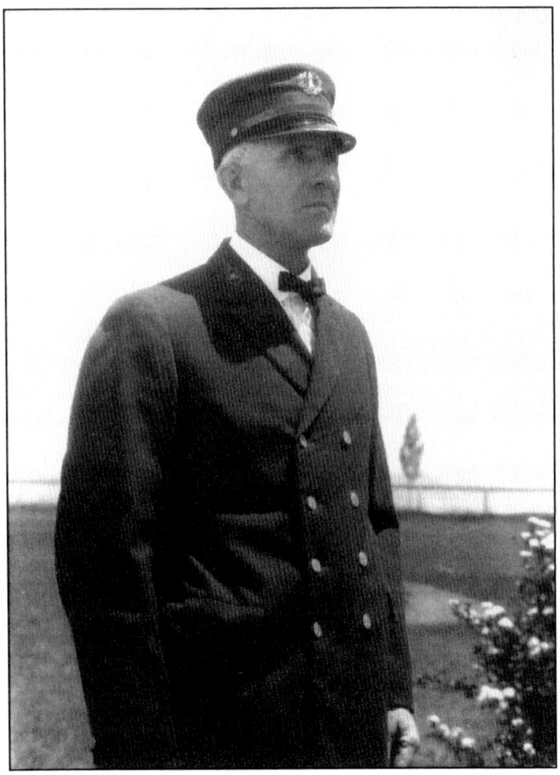

Henry Bevry was one of the most devoted keepers of the Wind Point Lighthouse. His tenure began in 1902 when he was named second assistant under keeper Peter Petersen. Following a promotion, Bevry was transferred to the Cana Island Lighthouse in Door County. In 1913, Bevry returned to Wind Point and was appointed head keeper. He spent all of his remaining lighthouse keeping years here. (Courtesy Bevry family.)

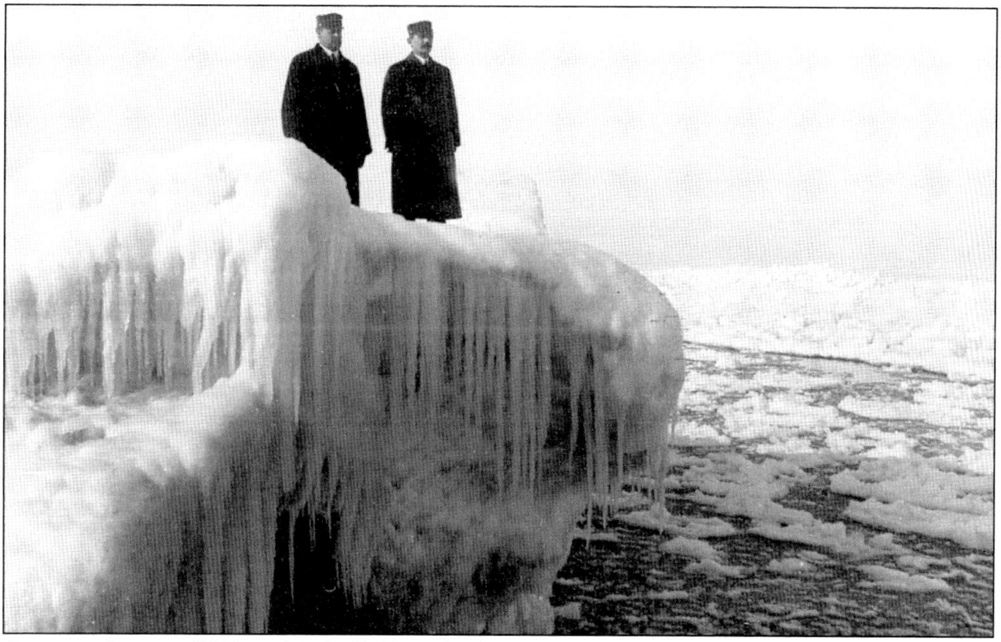

Assistant keepers William Nash (left) and Julius Lonne look out from a large ice shelf on the Lake Michigan shoreline at Wind Point. The towering icicles resemble gleaming stalactites. The winters at Wind Point could be harsh, and snow removal was an ongoing job with the winds usually blowing at this location. These two assistants were together at Wind Point for almost three decades. (Courtesy Bevry family.)

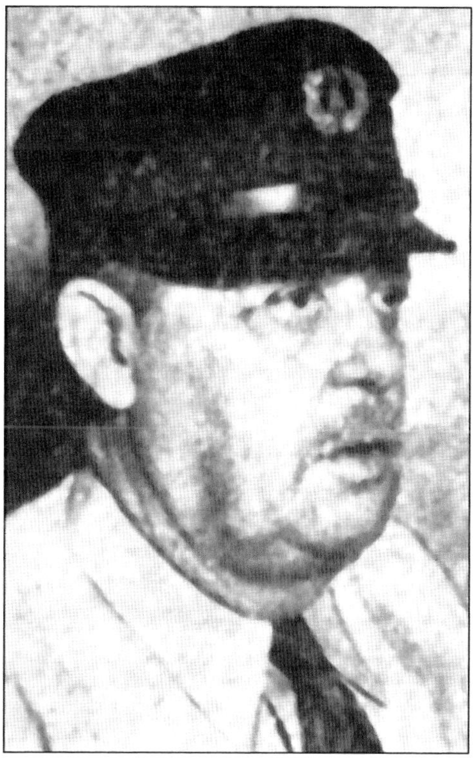

William H. Nash was an extremely loyal second assistant at Wind Point. He served under keeper Peter Petersen for almost three years and with keeper Henry Bevry for two and a half decades, a total of 28 years. This photograph features him in his official lighthouse uniform and hat in 1938 at age 70. At retirement he spoke of wanting to do some traveling and fishing. (Courtesy RJT, from RHM.)

Henry Bevry retired from Wind Point at age 70. He proudly stands tall at the base of the tower. Bevry had the longest tenure of any head keeper at this station, 32 years. During his lighthouse career he also served as second and first assistant before being named chief keeper of the Wind Point Lighthouse in 1913. Bevry estimated that he climbed over three million lighthouse steps during his years at Wind Point. (Courtesy Helen Carlson.)

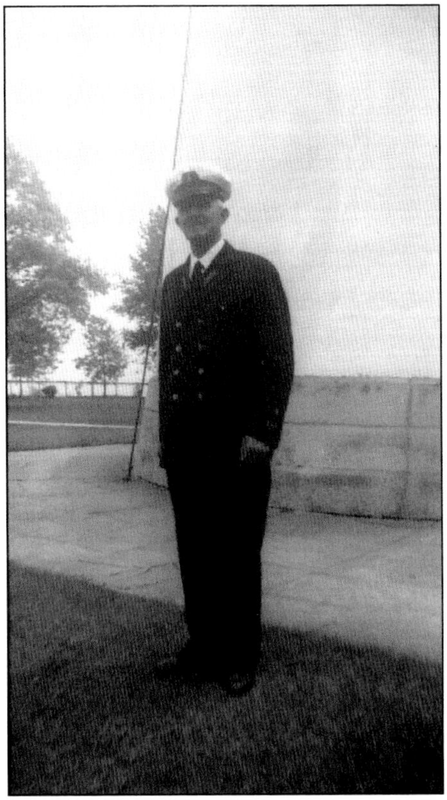

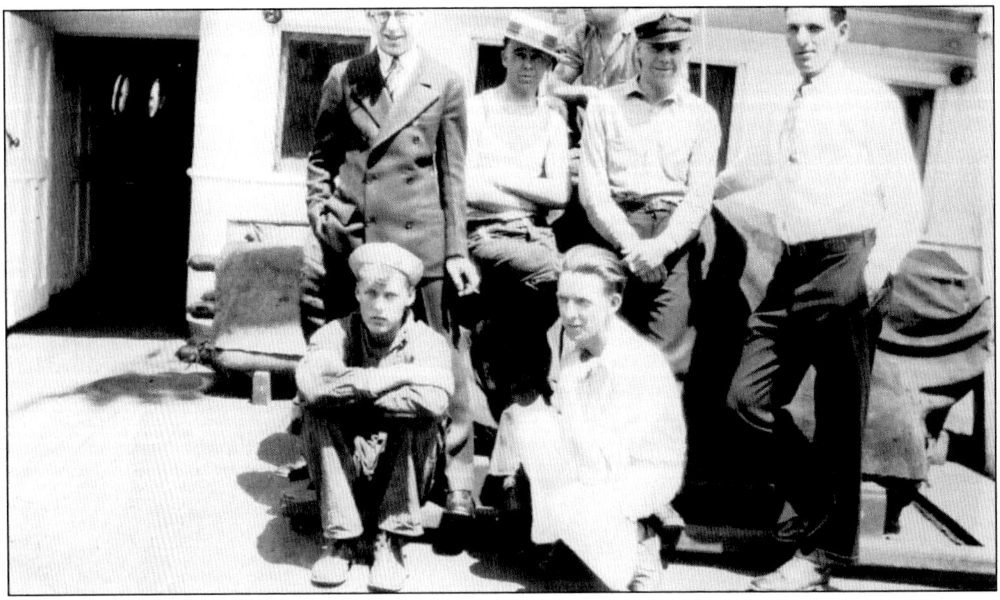

Oscar Lloyd Franseen's heritage was connected to sailing. In the 1920s, his father worked on a lighthouse tender ship out of Milwaukee. When Oscar (front row, on left) was 16, he went to work on the same ship, the *Sumac*. He was named quartermaster and held that position until the ship was decommissioned. He then transferred to the tender *Hyacinth* that stopped at Wind Point and the Racine Reef Lighthouses. (Courtesy Hazel Wishau Franseen.)

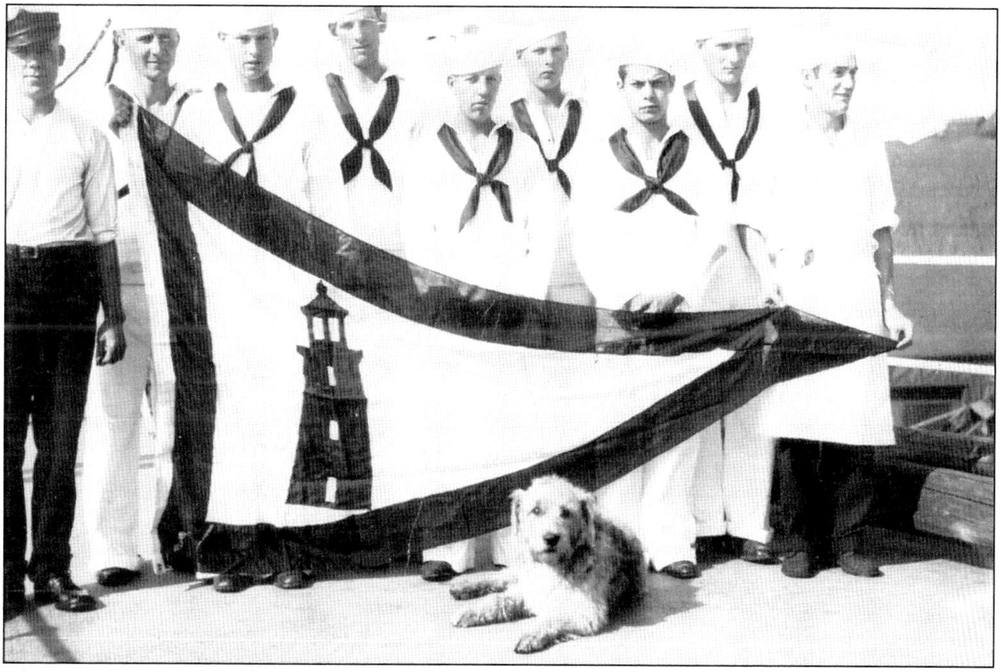

This c. 1927 photograph features the crew of the lighthouse tender ship *Sumac* proudly displaying the official United States Lighthouse Service flag. Crew members are flanked on the left by the captain and on the right by the cook, while a mascot pooch looks on. Oscar Franseen, fourth from the right, a future lighthouse keeper at the Wind Point Lighthouse, got his maritime start on these vessels as a teenager. (Courtesy Hazel Wishau Franseen.)

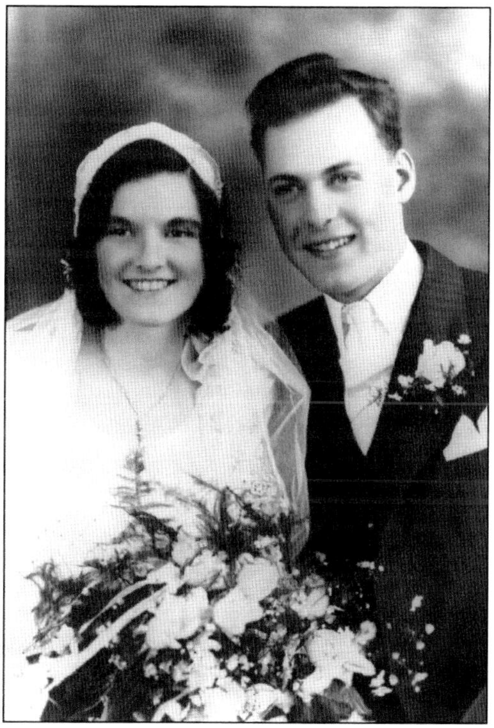

Eleanor Marie Hannon, age 22, married Oscar Lloyd Franseen, age 21, on April 2, 1932, in Milwaukee at St. Paul's Episcopal Church. Their wedding picture depicts a very happy young couple. The adult lives of the Franseens revolved around service to their family, lighthouses, and their country. They were married for over 58 years. Oscar spent about 25 total years at Wind Point, including being assistant keeper from 1938 until 1954 and chief keeper from 1954 until 1964. (Courtesy Hazel Wishau Franseen.)

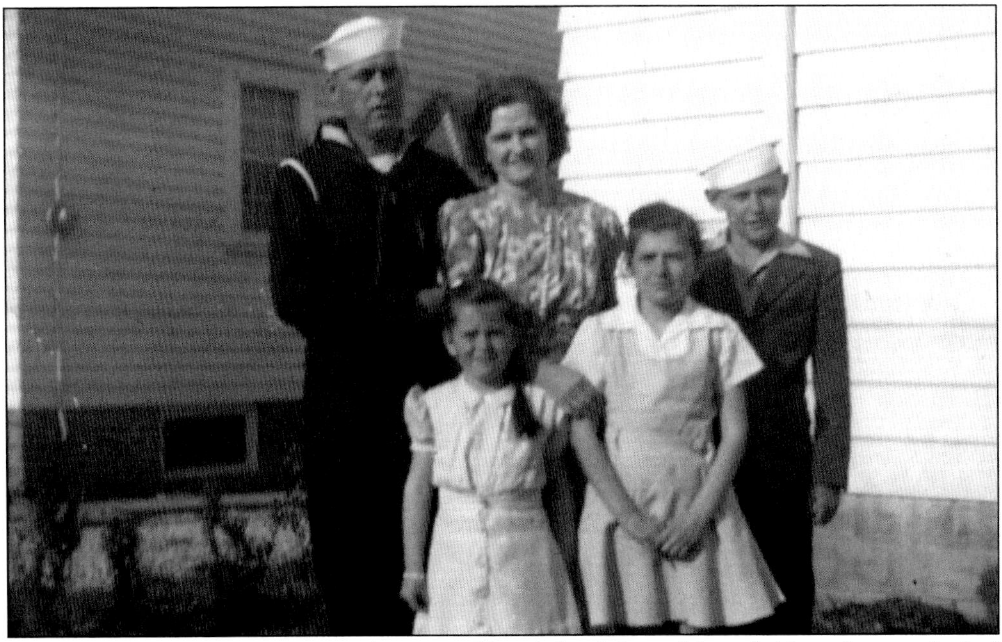

Even though Oscar Franseen was 34 years old and the father of four children, he was drafted during World War II. His family left Wind Point and moved into an apartment in Milwaukee in 1945. Franseen served in the United States Navy from February to December 1945. Following his discharge, the Franseens returned to their familiar lighthouse life at the Wind Point Lighthouse. (Courtesy Hazel Wishau Franseen.)

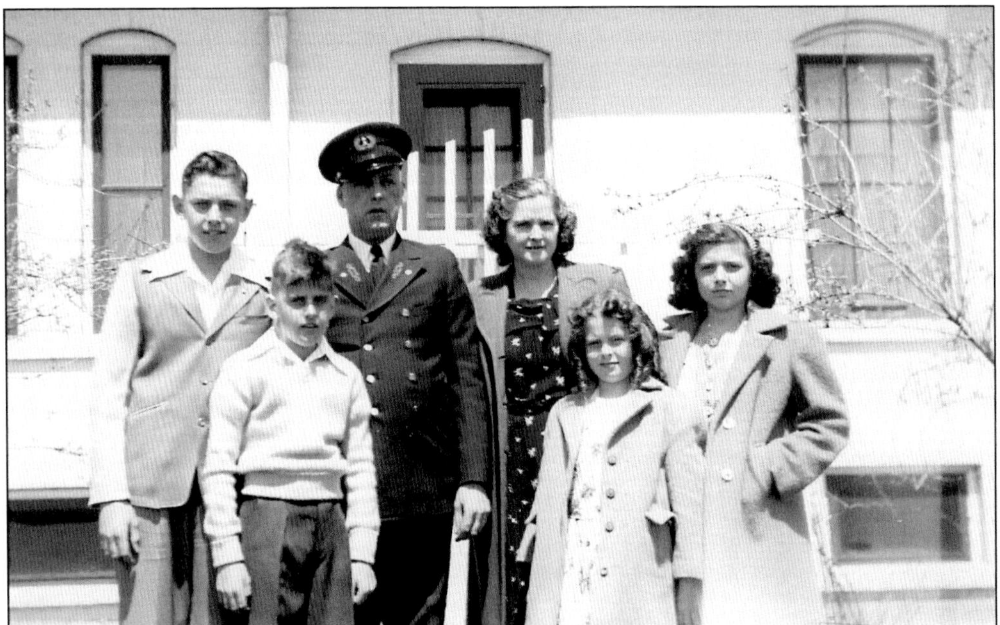

This c. 1947 photograph shows (from left to right) Jerry, Tom, Oscar, Eleanor, Nancy, and Janet Franseen posing outside the keepers residence at Wind Point. Oscar was drafted during World War II and served in the United States Navy in 1945. The Franseens were very happy to return to Wind Point later that year. (Courtesy Hazel Wishau Franseen.)

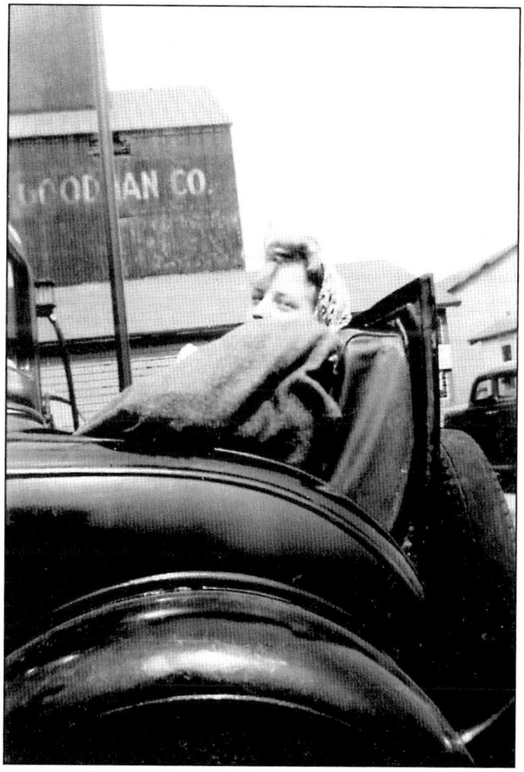

Herman Erickson was an assistant keeper at the Plum Island Lighthouse in Door County from 1938 to 1942. Erickson was then transferred to Wind Point, and his daughter Joan is pictured in the rumble seat of the family car making its way to the Racine area. One can imagine that the ride at times was chilly, long, and uncomfortable. (Courtesy Joan and Dan Milaeger.)

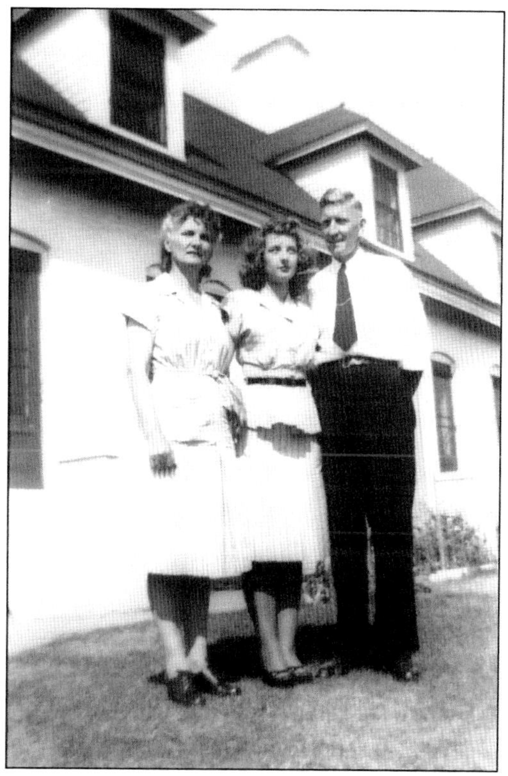

In this early 1940s photograph, assistant keeper Herman Erickson poses for a family portrait outside the Wind Point Lighthouse keeper's home with his wife, Mayme, and daughter Joan. During this era it was customary for ladies to wear dresses all the time. When the men were not wearing their official lighthouse uniforms or their work clothes, ties were still frequently the proper attire. (Courtesy Joan and Dan Milaeger.)

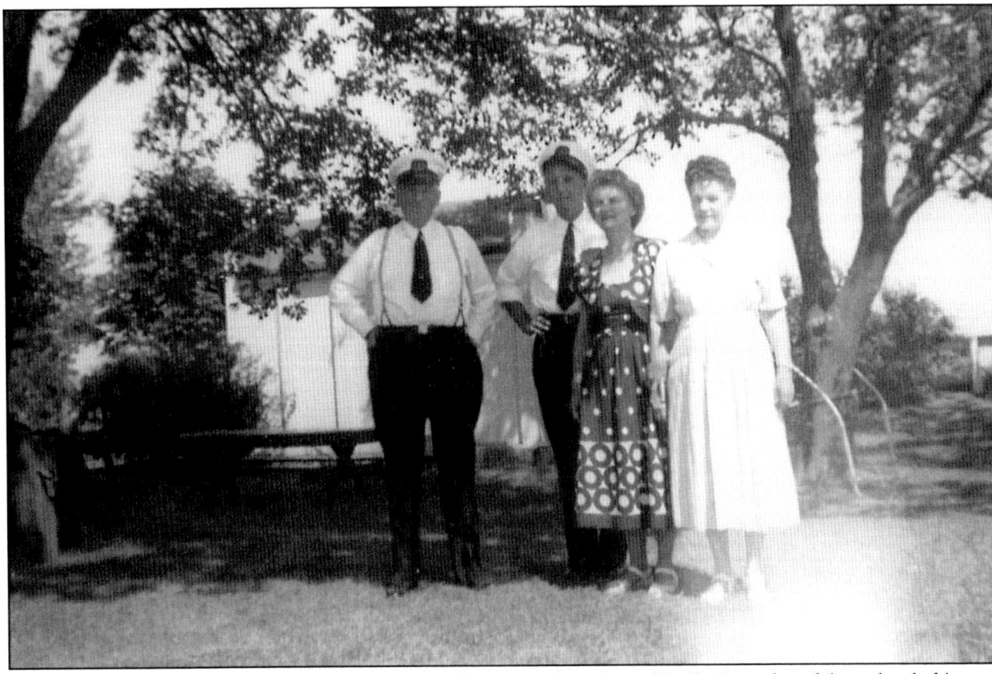

Under the shade trees near the fuel house, keeper Theodore (Ted) Grosskopf (on the left) and his wife, Mary (on the far right), pose with assistant keeper Herman Erickson and his wife, Mayme, in the early 1950s. Erickson and Grosskopf served together at Wind Point for nine years. When the light station was fully staffed, a head keeper and two assistants and their families lived at the station. (Courtesy Joan and Dan Milaeger.)

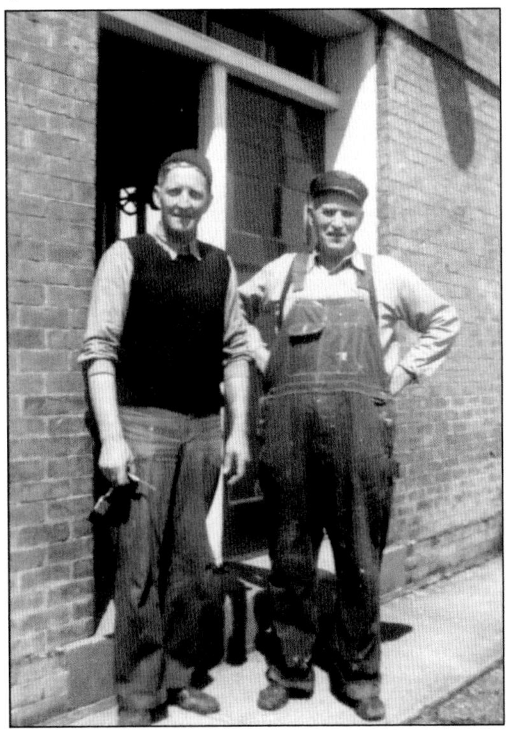

Outside the current fog signal building are keeper Ted Grosskopf (on right) and his assistant Herman Erickson. They are dressed in work clothes, and Erickson has rolled-up sleeves and is holding a paint brush. One of the chores that keepers seemed to be always doing was constantly painting. The amount of routine day-to-day work done at the light station was sizable. Logbook entries sometimes stated, "Done a little bit of everything around the station today." (Courtesy Helen Carlson.)

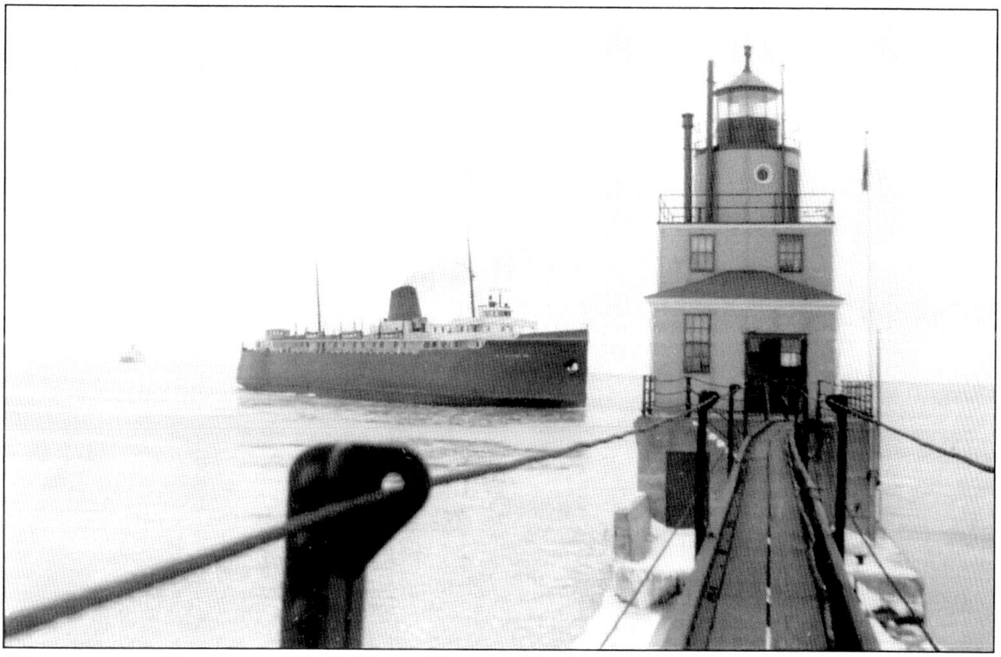

After serving 10 years at Wind Point, Herman Erickson was transferred to the Manitowoc Breakwater Light as an assistant. He would later retire from that post in 1958. All told, Erickson spent over 20 years tending lighthouses. Manitowoc was a bustling town with maritime traffic coming and going day and night. This 1950s view is from the elevated catwalk approaching the lighthouse. The ship *City of Flint* is seen entering the Manitowoc harbor. (Courtesy Joan and Dan Milaeger.)

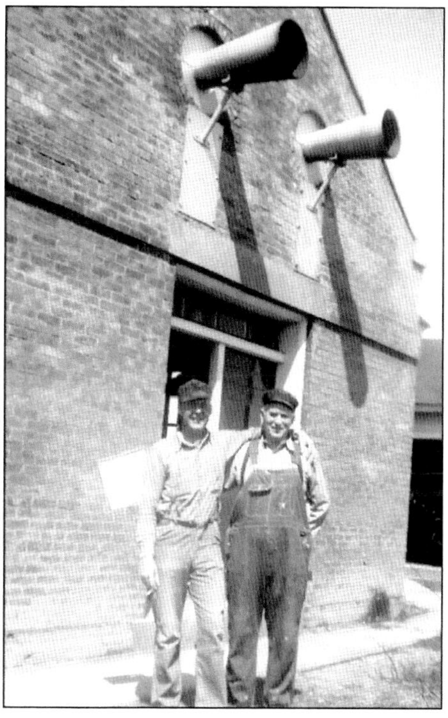

It must have been picture taking day at Wind Point when this photograph was snapped. Nearly identical portraits of the keeper and assistants were taken. Assistant keeper Oscar Franseen (on the left) cajoles with keeper Ted Grosskopf. Franseen would eventually be named head keeper at Wind Point in 1954, when Grosskopf retired. Looming above the men are the booming Wind Point foghorns. (Courtesy Hazel Wishau Franseen.)

Keeper Ted Grosskopf retired at the end of March 1954 after serving 36 years not only at various lighthouses (Wind Point, Green Bay Harbor Entrance Light, Lansing Shoal, Sturgeon Bay Ship Canal, and Cana Island) but also four years in the Marine Corps and two years in the U.S. Army. Grosskopf received the Albert Gallatin Award for distinguished service to the Coast Guard. (Courtesy RJT, from RHM.)

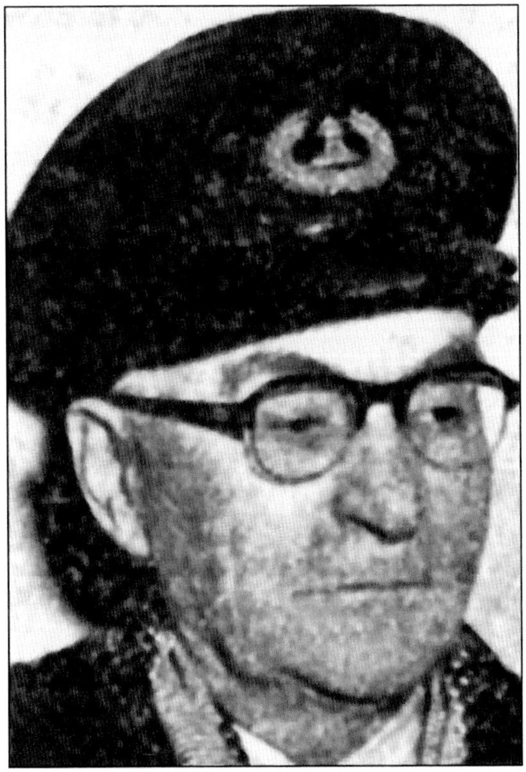

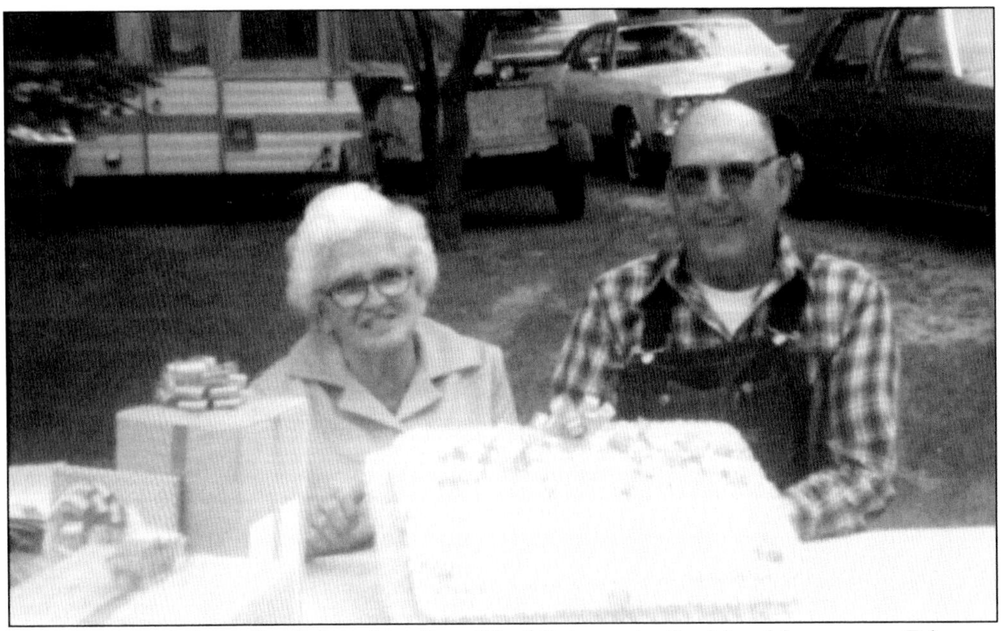

Oscar Franseen's last official day of work at Wind Point as its final head keeper was February 28, 1964. He retired at age 55 with over 37 years of service on lighthouse tenders and at Wind Point. Franseen and his wife, Eleanor, relocated to Dunham Lake in northwestern Wisconsin in April 1965. Here they celebrate their 50th wedding anniversary in 1982. (Courtesy Hazel Wishau Franseen.)

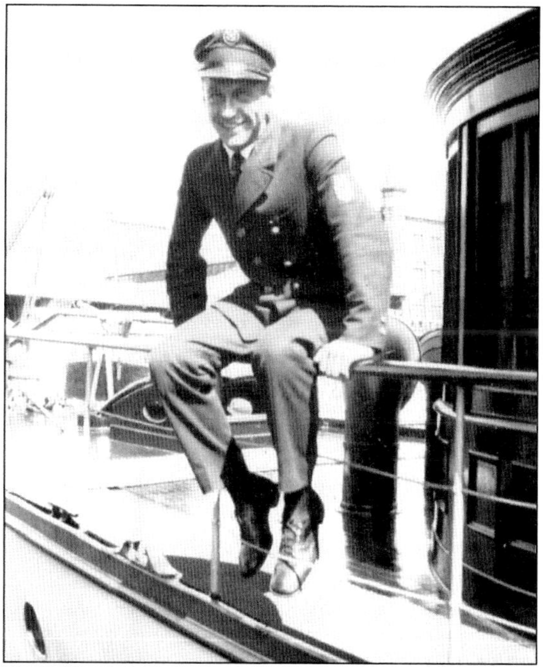

As the daily operations at Wind Point Lighthouse became more routine, it would only be a matter of time before the facility became fully automated. Many Coast Guard personnel were stationed here and assisted the keepers during these transitional years, including Anton (Tony) Jessen Jr., pictured here with his official lighthouse cap. Jessen also worked at several other Great Lakes lights. His father was in the United States Life-Saving Service as well. (Courtesy DCMM&LPS.)

UNITED STATES COAST GUARD

ADDRESS REPLY TO:
COMMANDANT
U. S. COAST GUARD
HEADQUARTERS
WASHINGTON 25, D. C.

PC 4 NOV 1954

Mr. Anton M. Jessen, Jr.
P. O. Box 571
Sturgeon Bay, Wisconsin

Dear Mr. Jessen:

My attention has been called to the fact that you will retire from the position of Keeper in the Coast Guard at the close of 30 November 1954 after having rendered more than twenty-five years of honorable service in the former Lighthouse Service and the Coast Guard.

I take pleasure in congratulating you on your long and efficient service and entertain the hope that you may long enjoy the leisure afforded by relief from active duty.

Sincerely yours,

A. C. Richmond
A. C. RICHMOND
Vice Admiral, U. S. Coast Guard
Commandant

Most light keepers spent a good portion of their adult lives in service to lighthouses. It was not uncommon for them to retire after several decades of hard work. This 1954 Coast Guard document, signed by the vice admiral commandant, wishes Anton Jessen a long and enjoyable retirement for a job well done. (Courtesy DCMM&LPS.)

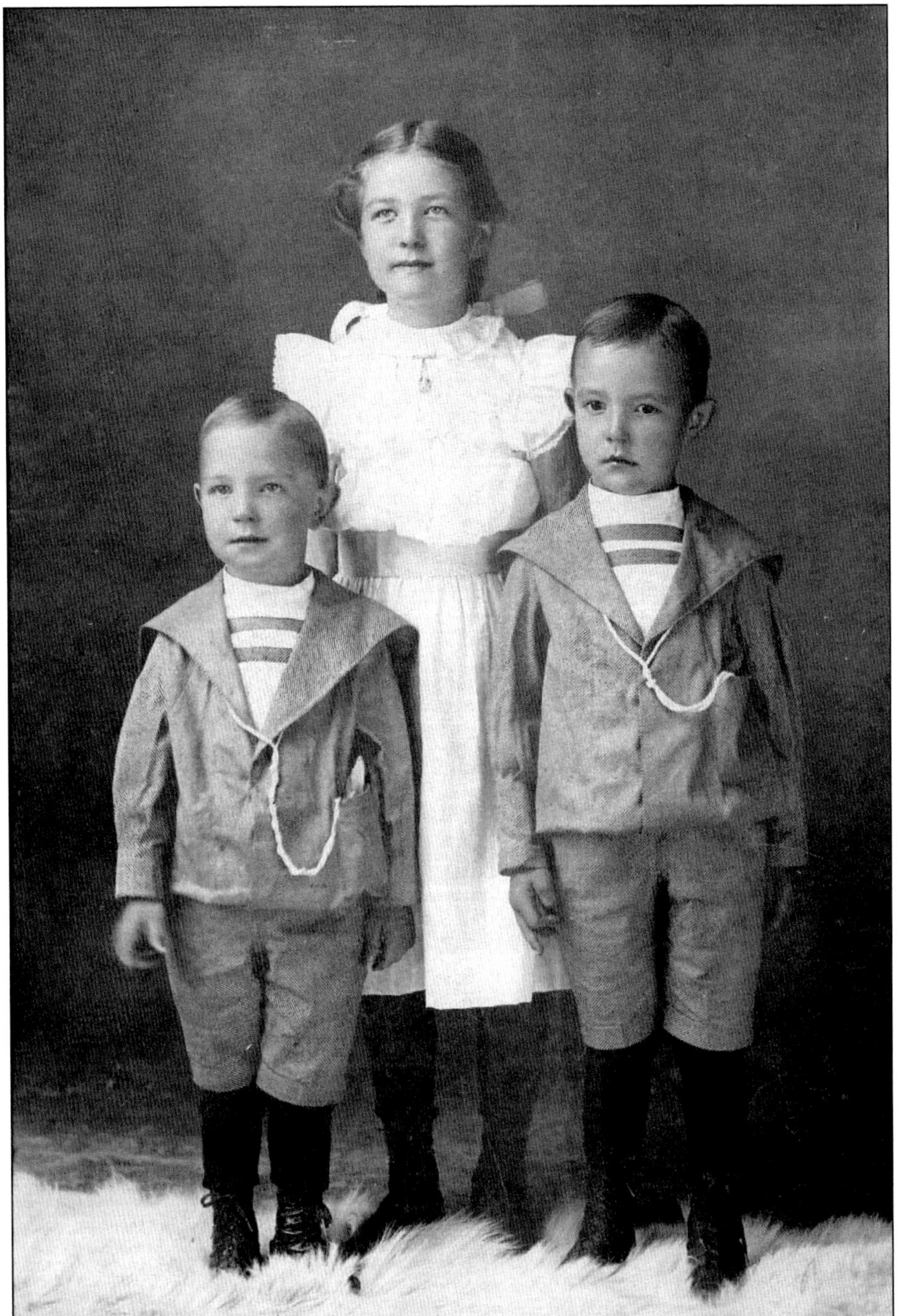

This priceless photograph, from about 1902, shows future lighthouse keeper Herbert William Fadel (on the left), his older sister Elma, and brother Allen. The Fadel children's mother, Caroline, died early in their lives. Two aunts helped care for the youngsters. Later in life Herbert became an electrician. When the Great Depression of the 1930s hit, he was unemployed. After taking and passing civil service tests, he chose to begin working as a lighthouse keeper in 1936. (Courtesy Jane Fadel Murphy.)

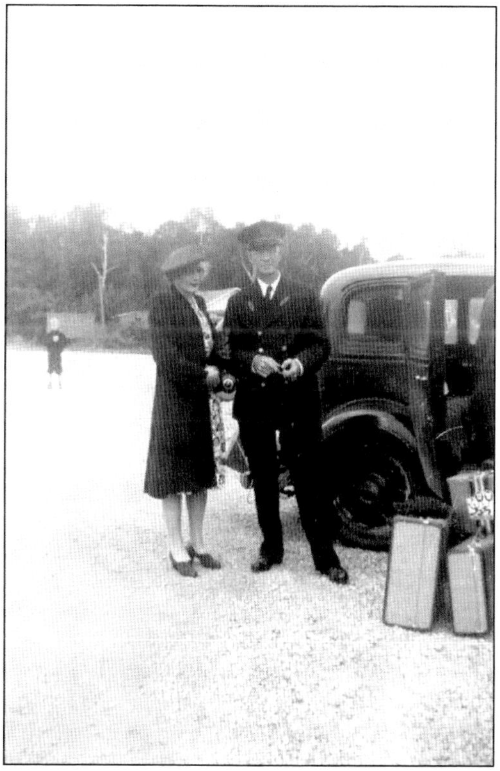

Herbert Fadel served as assistant keeper at Wind Point for 11 years. Fond memories included family gatherings, flying model airplanes off the tower with his grandson, and letting him know that only errant golf balls from neighboring Shoop Park could be collected, not the ones that nearby golfers were still using. Fadel also served at lighthouses in Milwaukee and Door County, as well as St. Martin's Island in Michigan and Waukegan, Illinois. He and his wife, Eva, are shown here in 1944 leaving Wisconsin's Rock Island. (Courtesy Jane Fadel Murphy.)

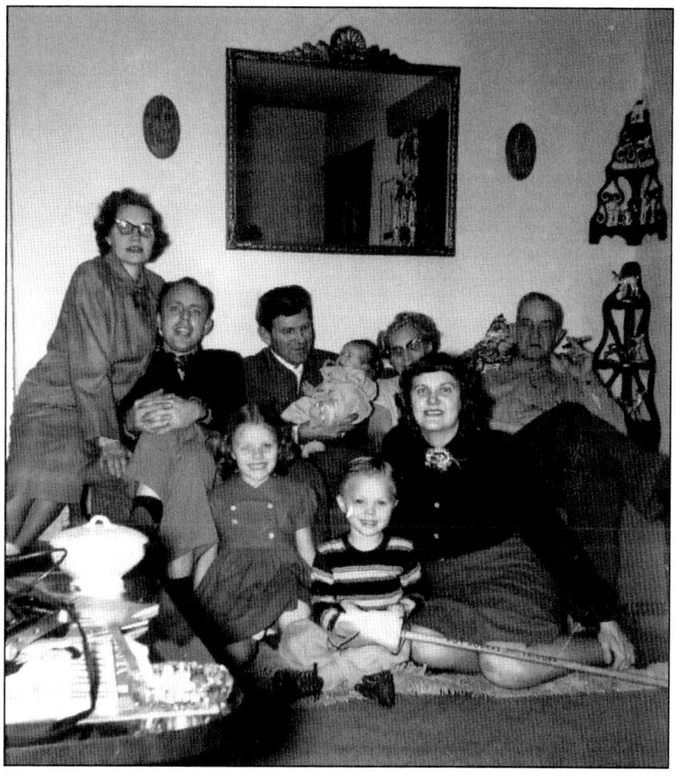

The Fadel family gathers at Wind Point for the holidays in this *c.* 1955 photograph. Pictured from left to right are (first row) Kathy Murphy, Chuck Murphy, and Lois Fadel Cornale; (second row) Jane Fadel Murphy, her husband Charles Murphy, Bob Cornale, baby Shelly Cornale, Eva Fadel, and keeper Herbert Fadel. (Courtesy Jane Fadel Murphy.)

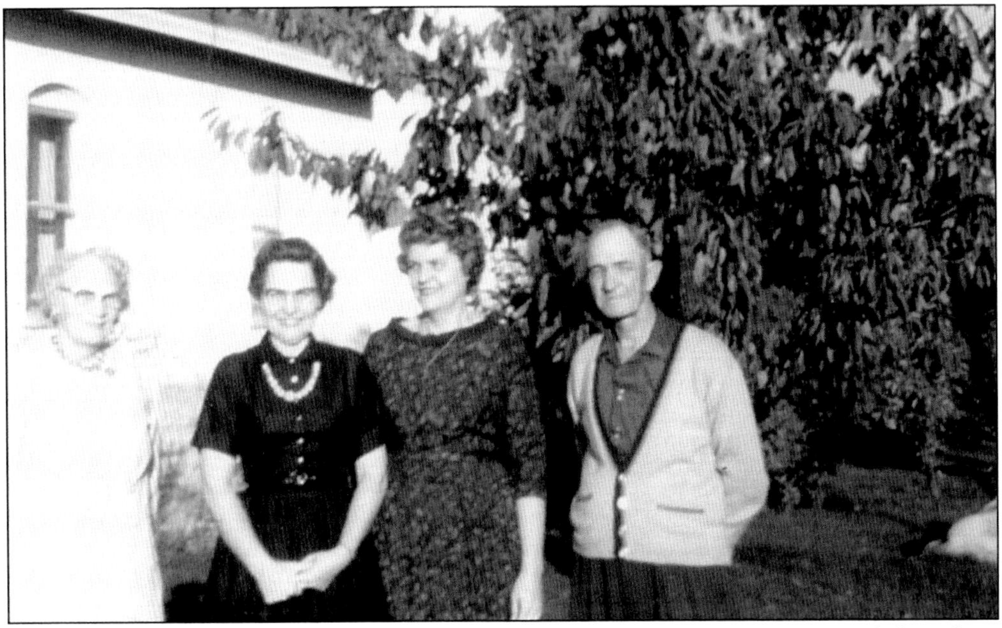

Herbert Fadel was one of the last official assistant keepers at Wind Point. He served there from 1952 until his retirement in 1963. In this *c.* 1965 photograph, Fadel returns to the lighthouse along with some of his family. From left to right are his wife, Eva Sims Fadel, and their daughters Jane and Lois. Fadel recollected that his years at the station were quite enjoyable. (Courtesy Melanie Susedik.)

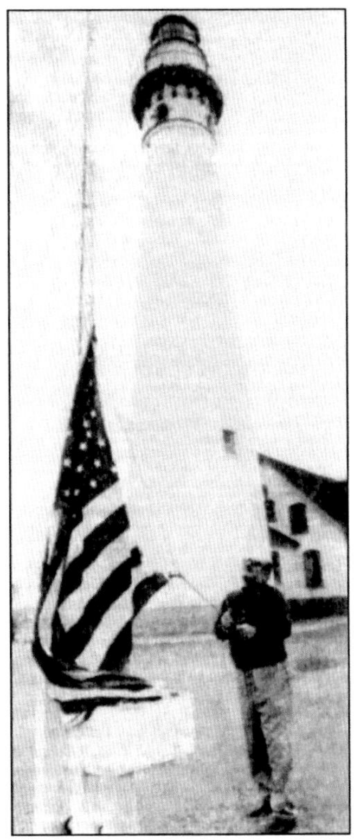

After the Coast Guard no longer had personnel stationed at the lighthouse, the Village of Wind Point appointed a custodian to oversee some of the upkeep and maintenance of the station, as well as to give tours. Al Klinkhammer served in that capacity from 1965 to 1981. Village residents also assisted with annual spring cleaning chores on the grounds. Here Klinkhammer displays the United States flag near the light tower. (Courtesy RJT, from RHM.)

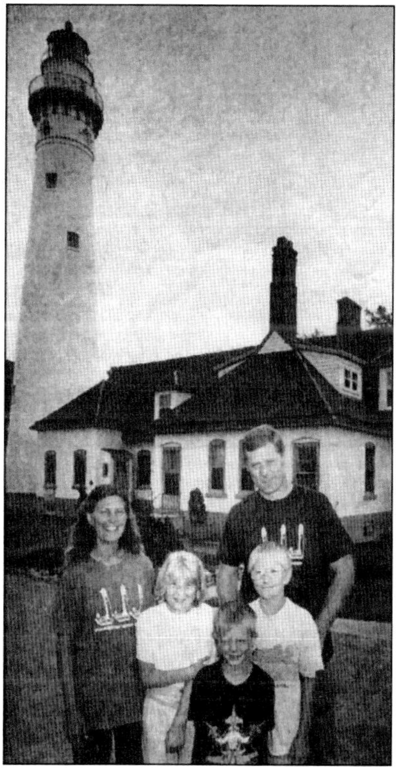

Caretakers Barbara and Mike Cooper pose with their children Michelle, Christopher, and Cameron in front of their Wind Point Lighthouse home in 1989. Chosen as custodians by the Village of Wind Point Lighthouse Board in 1981, the family was responsible for maintenance of the grounds, which included yard work, gardening, painting, and snow shoveling, as well as many other projects involving the lighthouse. (Courtesy Mike and Liana Cooper.)

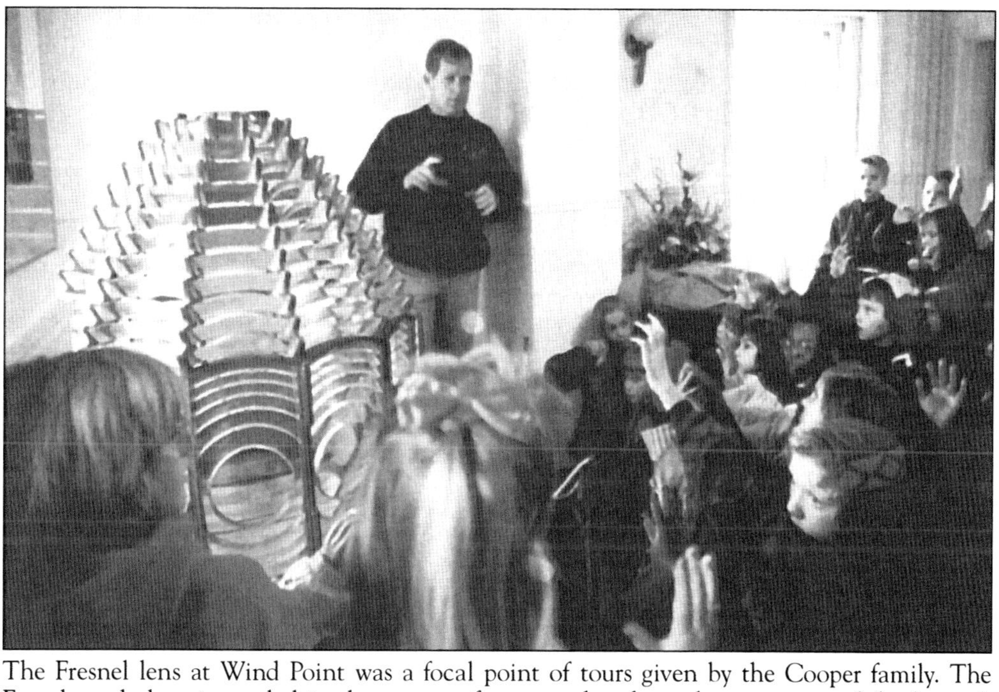

The Fresnel lens at Wind Point was a focal point of tours given by the Cooper family. The French-made lens is nestled in the corner of a room that formerly was a part of the keeper's home, now the Wind Point Village Hall. Here Mike Cooper speaks to a group of children from Jefferson Elementary School. (Courtesy RJT, from Mike and Liana Cooper.)

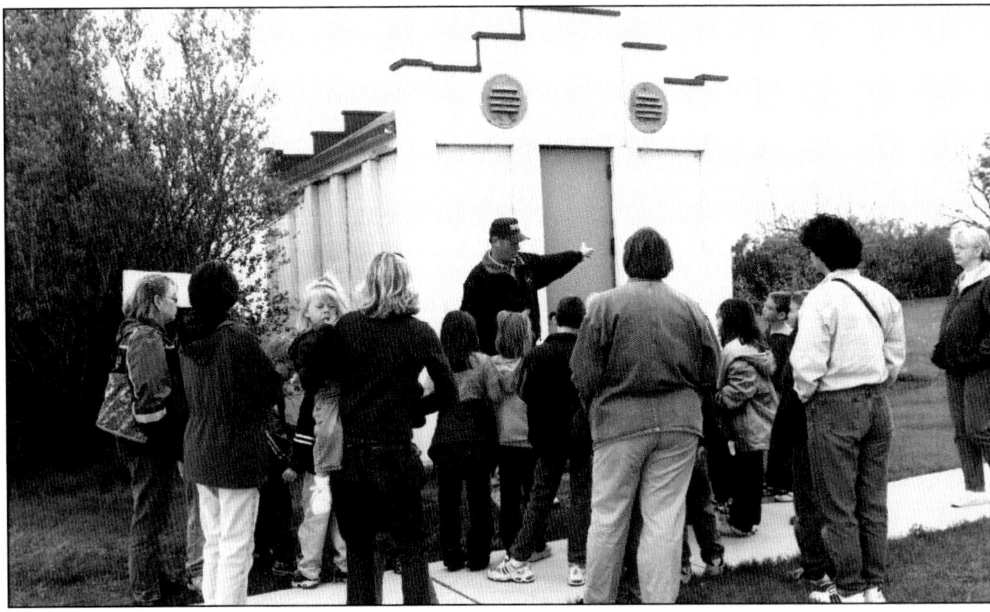

Caretaker Mike Cooper gave many tours to a wide variety of people during his long tenure (1981–2002) at Wind Point. He especially enjoyed speaking to young people about the history of the lighthouse. Here he instructs a group of youngsters and their chaperones outdoors near the old fuel storage building. Kerosene (mineral oil) was the liquid fuel used for decades to power the light at Wind Point. (Courtesy Mike and Liana Cooper.)

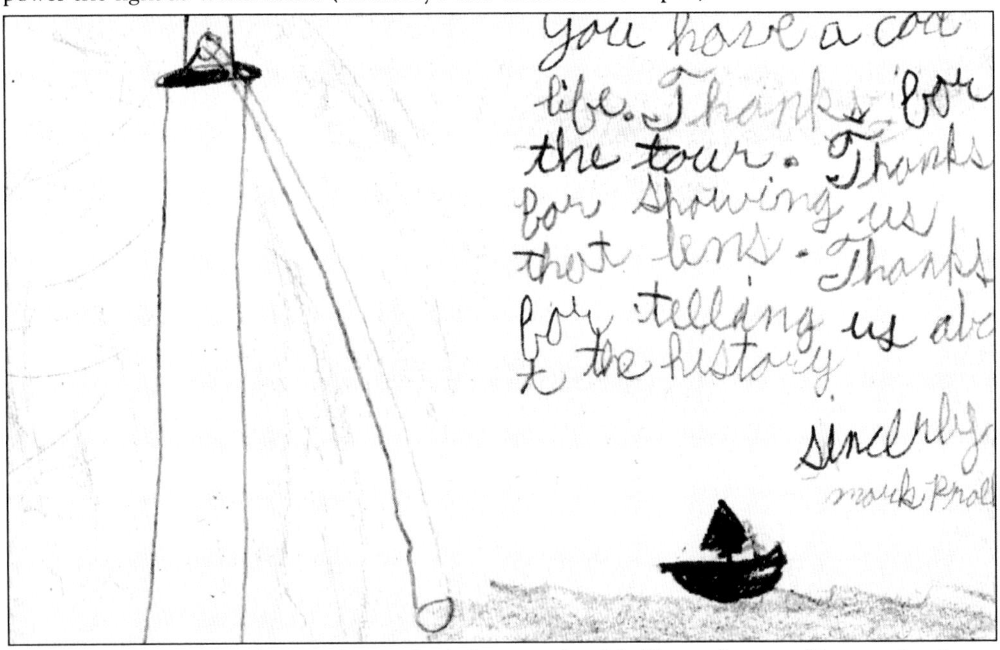

You have a coo
life. Thanks for
the tour. Thanks
for showing us
that lens. Thanks
for telling us abc
t the history
sincerly
mark Kroll

Following their visit to the Wind Point Lighthouse, schoolchildren often would write thank-you notes to caretaker Mike Cooper. Children drew pictures for Cooper of their impressions of the lighthouse and mentioned some of the items they learned. This message gave the opinion that the caretaker had a "cool life" and the writer enjoyed seeing the lens and learning some history. (Courtesy Mike and Liana Cooper.)

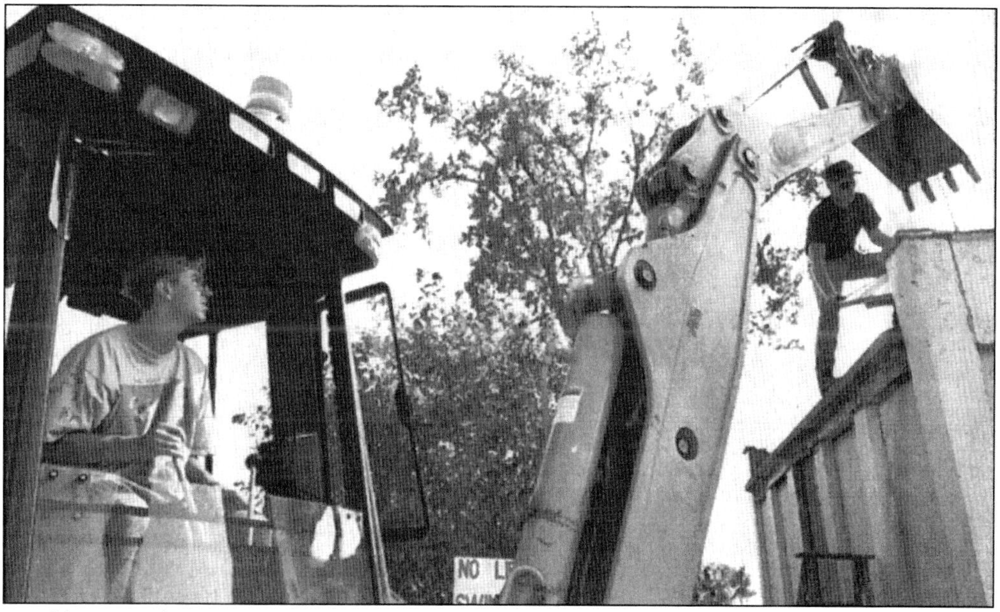

In addition to the routine grass cutting, wedding set-ups, painting, and everyday chores at Wind Point, the Cooper family was involved with an assortment of other maintenance tasks. Various roofs needed replacing, and there were woodworking projects and many more lighthouse fix-it duties. Here Mike and his son Cameron use a backhoe to repair a portion of the old concrete fuel storage building on the grounds. (Courtesy RJT, from Mike and Liana Cooper.)

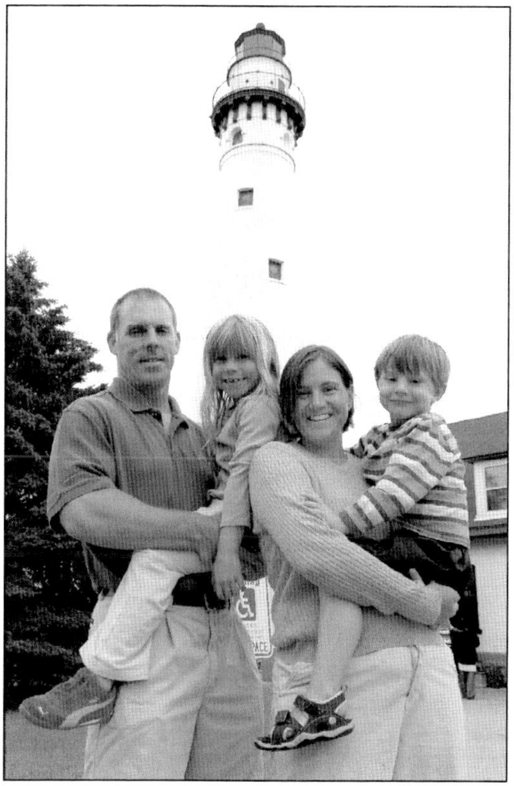

Mike and Liana Cooper left the caretaker position at Wind Point in 2002. Jeff and Missy Peterson, pictured here with their children, became the next caretaker family and called the lighthouse home for five years. In exchange for living at the lighthouse, the Petersons were responsible for many of the same duties that the Coopers were. The caretakers are also considered the Village of Wind Point's ambassadors. (Courtesy Mark Hertzberg ©The Journal Times.)

Four

Life at the Lighthouse
Ordinary to Extraordinary

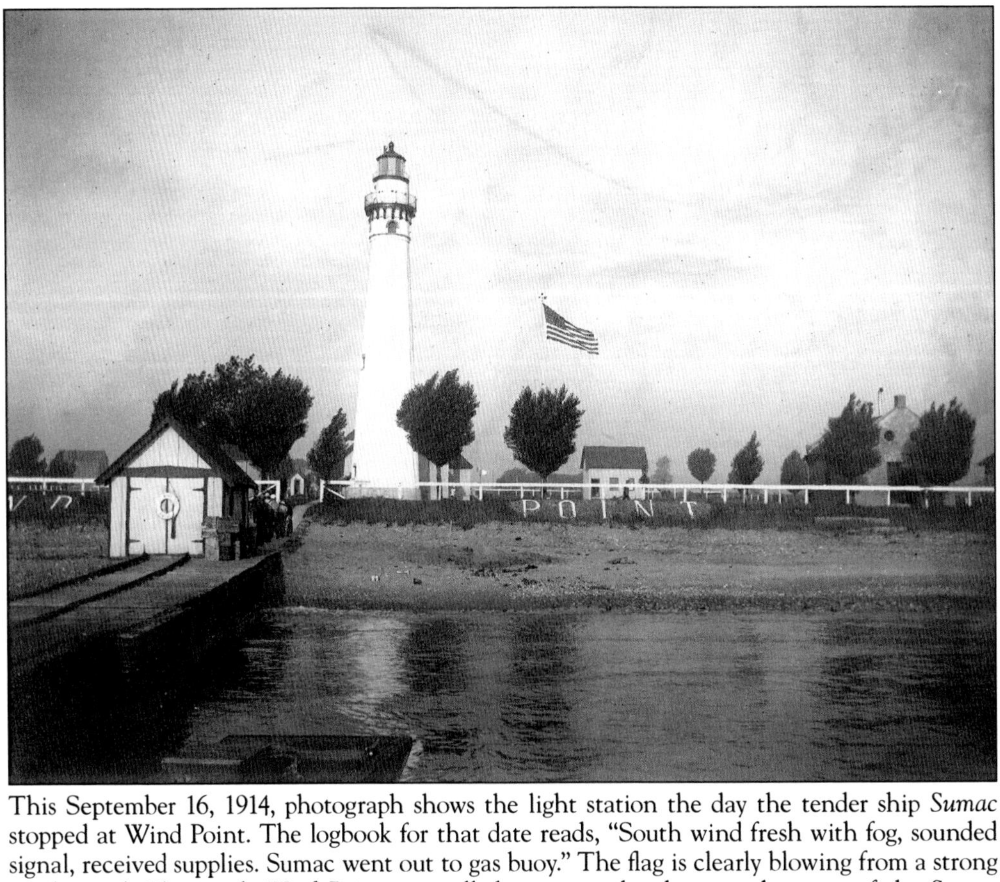

This September 16, 1914, photograph shows the light station the day the tender ship *Sumac* stopped at Wind Point. The logbook for that date reads, "South wind fresh with fog, sounded signal, received supplies. Sumac went out to gas buoy." The flag is clearly blowing from a strong south wind. The words *Wind Point* are spelled out near the shore as the crew of the *Sumac* unloads supplies. (Courtesy USCG.)

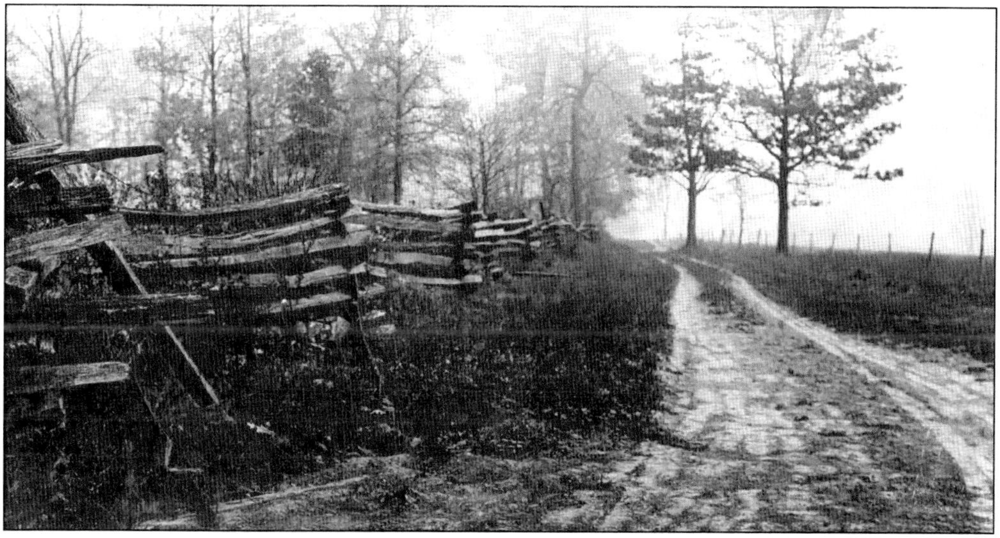

In the late 1800s and early 1900s, the roads in Racine County were very poor. Nearly all of them were not paved, and oftentimes ruts and mud made travel laborious. In its earliest days, supplies for the lighthouse were delivered by horse-drawn wagons or by a lighthouse tender ship. The keepers usually took the lighthouse launch into town since it was an easier way to travel. As roads improved, the lighthouse would receive supplies by truck. (Courtesy RHM.)

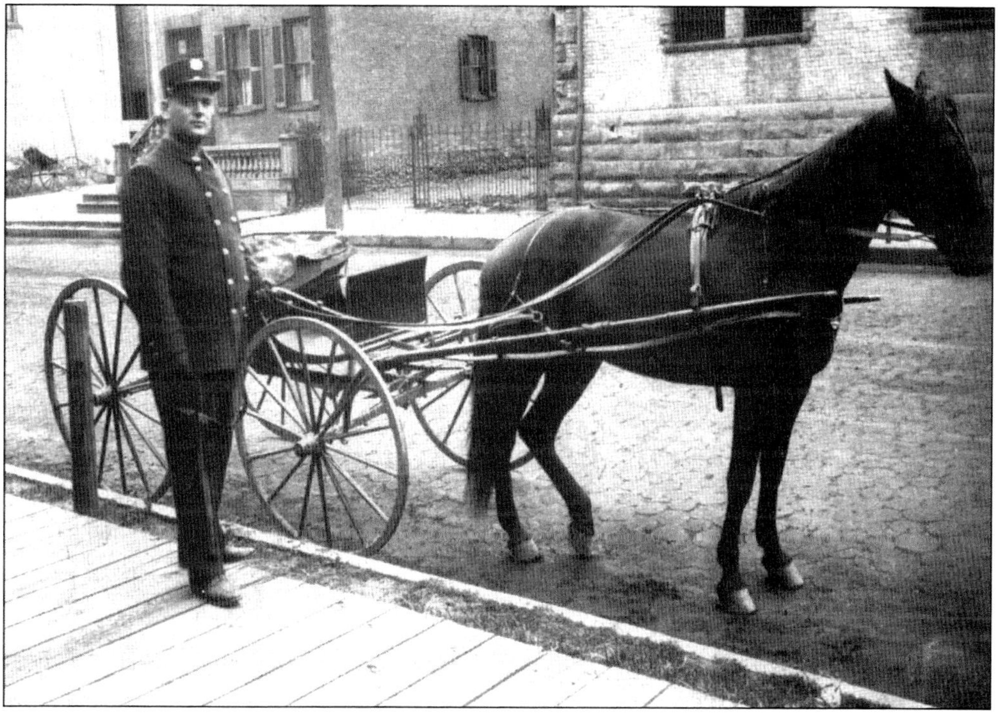

Prior to road improvements and the widespread use of the automobile, transportation in southeastern Wisconsin relied heavily on water vessels as well as the use of horses. Early in its history, basic supplies for Wind Point frequently came via boats to the lakeside dock. Horses also routinely hauled shipments of coal, fuel oil, and other essential goods. Here a Racine fireman poses with his mount. (Courtesy RHM.)

The Wind Point Light Station was an official government facility, and as such a logbook became an essential task required by regulations for the light keepers to fill out daily. No other people were allowed to write in the books. The head keeper normally was the one responsible for the log writings. In his absence, this duty was handled by the assistants. (Courtesy Mike and Liana Cooper.)

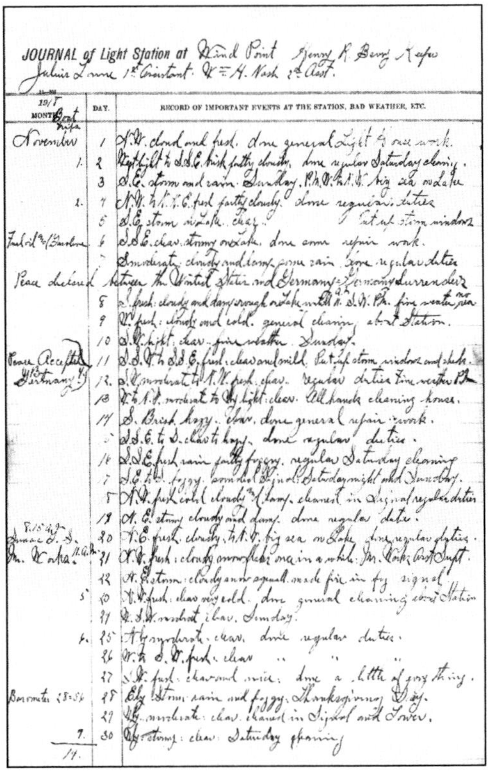
JOURNAL of Light Station at Wind Point

MONTH	DAY.	RECORD OF IMPORTANT EVENTS AT THE STATION, BAD WEATHER, ETC.

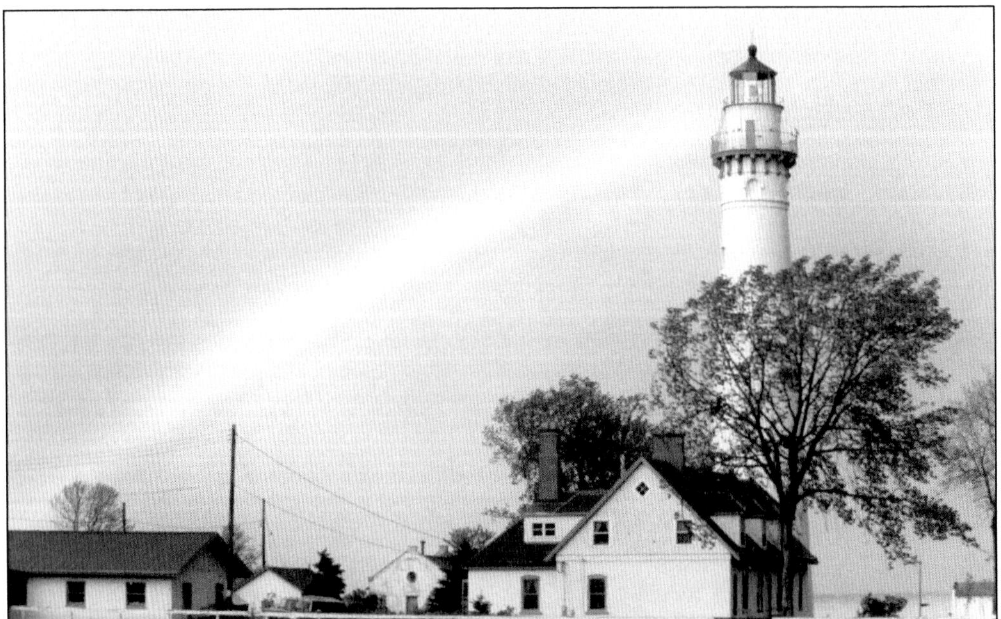

Keeper's logbook writings from the Wind Point Lighthouse frequently mention fog, storms, and bad weather. Poor lake conditions seemed to be a fairly regular occurrence in the vicinity of the point. Many times squall lines moved through very quickly, likely being replaced occasionally with gorgeous rainbows that strikingly framed the lighthouse. (Courtesy Mike and Liana Cooper.)

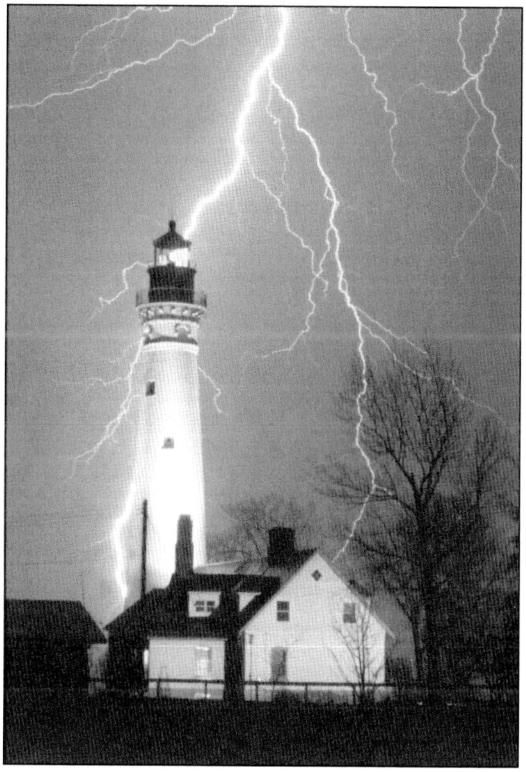

There are numerous logbook entries that speak about violent lightning storms at Wind Point. For example, "January 1, 1916, south wind with fog, rain, hail, thunder and lightning." Occasionally the tower was hit. Many times these fierce storms damaged the fence or windmill that was used to pump water. After storms subsided, cleanup of the station grounds and needed repairs were a necessary chore. (Courtesy Mike and Liana Cooper.)

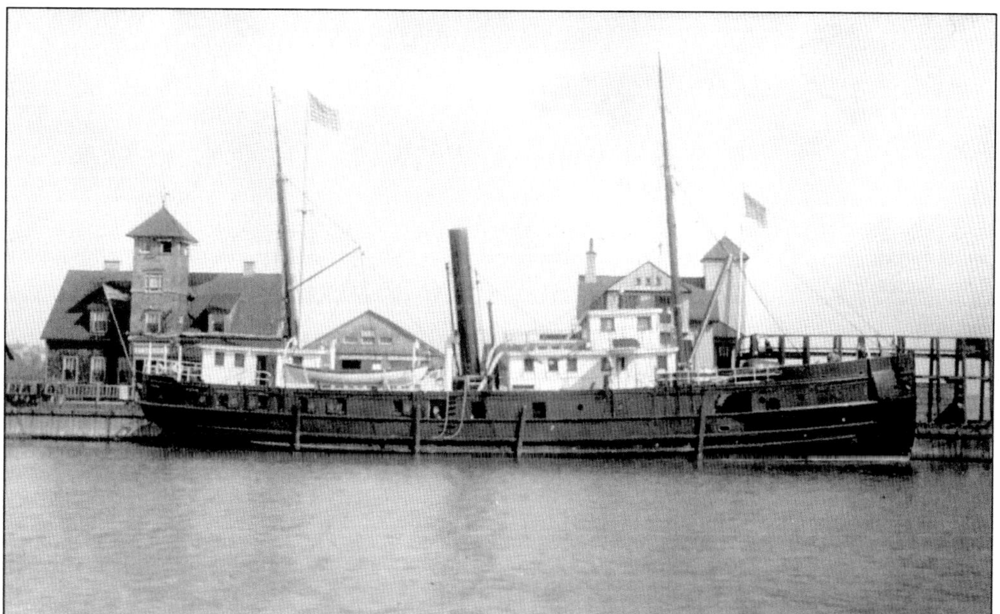

A lighthouse supply vessel, known as a tender, rests alongside the Racine Life-Saving Station complex in this early-1900s photograph. Tenders frequently are mentioned in the logbooks from Wind Point. If they did not actually stop at Wind Point, the ships cruised by the station regularly and the keeper noted their journeys. Lighthouse tenders crisscrossed the Great Lakes, keeping hundreds of lighthouses stocked with supplies. (Courtesy Gerald Karwowski.)

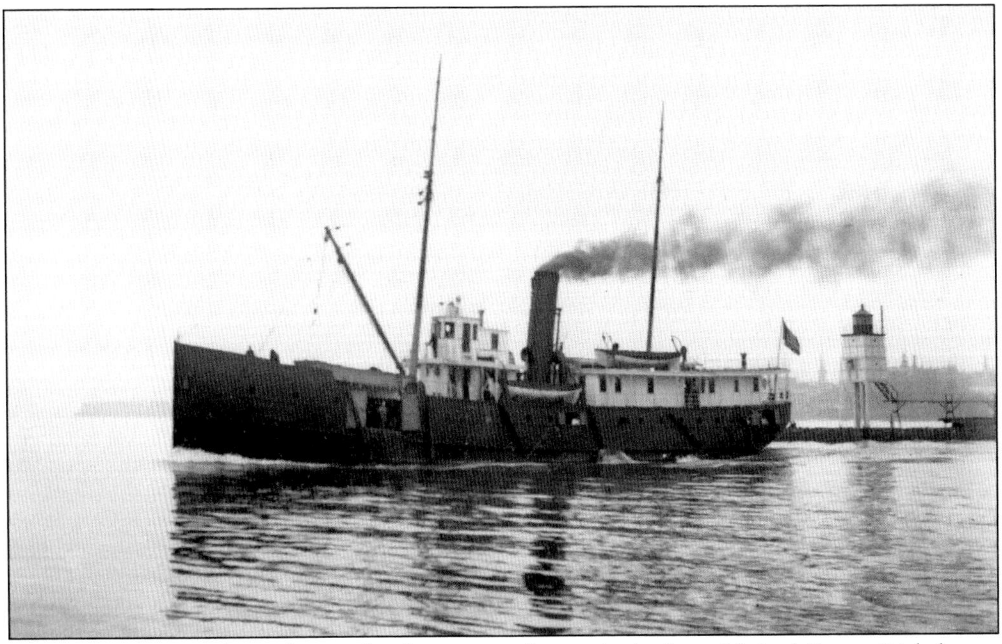

Wind Point received supplies and other materials routinely from United States Lighthouse Service tenders. These boats normally were christened after flowers or other plants. The *Sumac*, *Hyacinth*, *Dahlia*, and *Hollyhock* all called at Wind Point. Here the *Hyacinth* chugs out of the Racine harbor passing one of the early pierhead lighthouses. The *Hyacinth* serviced many other Wisconsin lighthouses as well. (Courtesy RHM.)

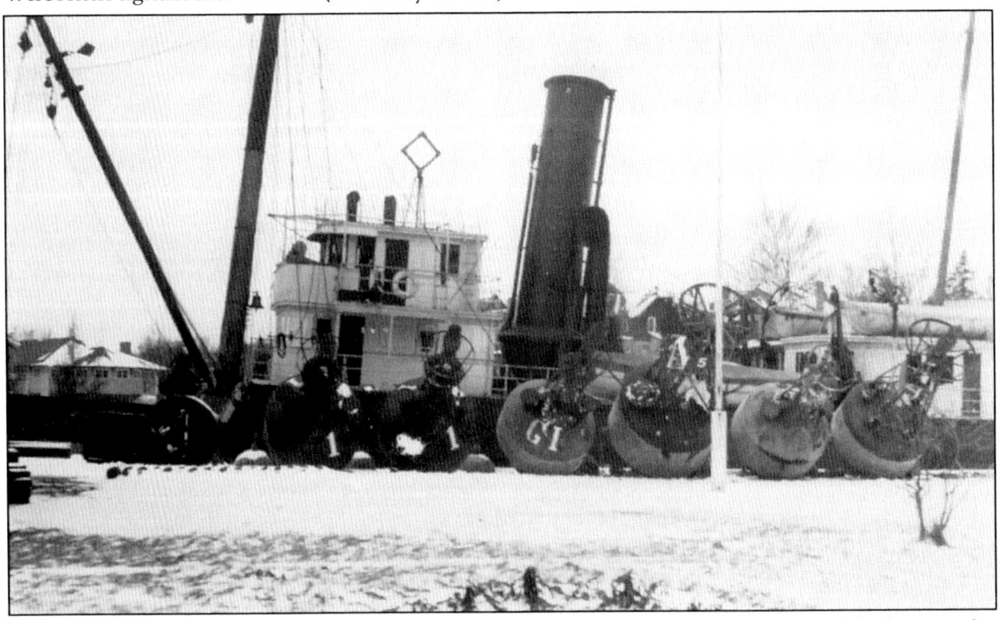

One of the many duties that crewmen on lighthouse tender ships were responsible for was the care and maintenance of navigational buoys. These markers were placed to warn of shoals north and south of Wind Point just prior to 1900 through the 1940s. Here the *Sumac* is docked for the winter with several buoys similar to those that were positioned offshore of Wind Point. Gas buoys are mentioned frequently in the lighthouse's logbooks. (Courtesy Hazel Wishau Franseen.)

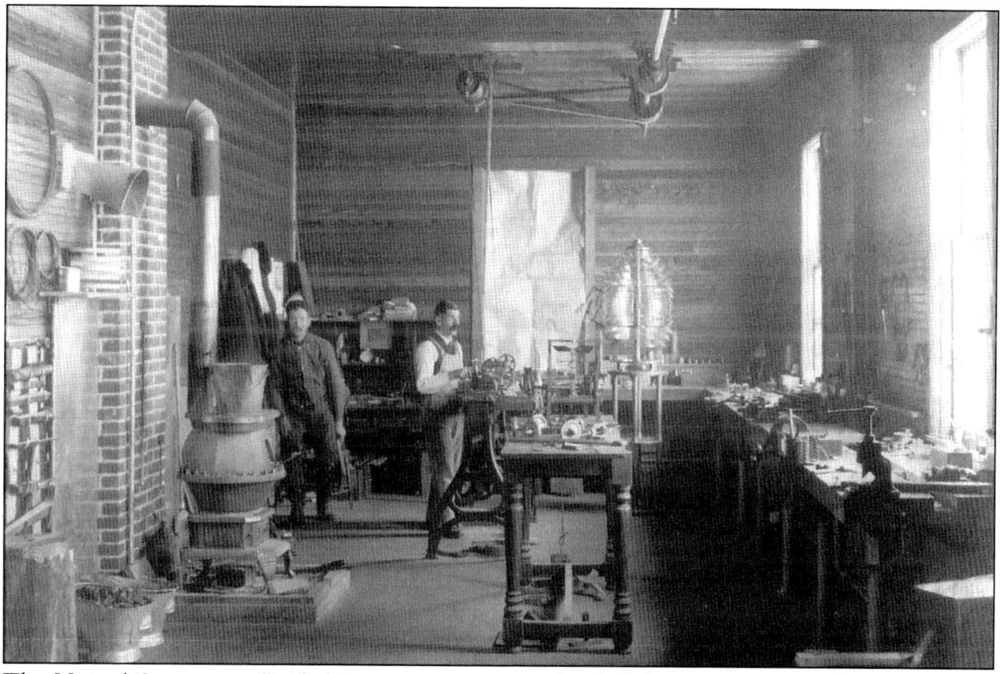

The United States was divided into various geographic lighthouse regions. Lighthouse depots were warehouses and supply centers that furnished needed materials. These locations also refurbished and repaired lighthouse equipment. Great Lakes depots included Milwaukee, Detroit, Duluth, Benton Harbor, Toledo, and others. Lighthouse tender ships called depots their home. This *c.* 1901 photograph depicts the interior of a portion of the Buffalo, New York, depot. (NARA photograph courtesy Wayne Sapulski.)

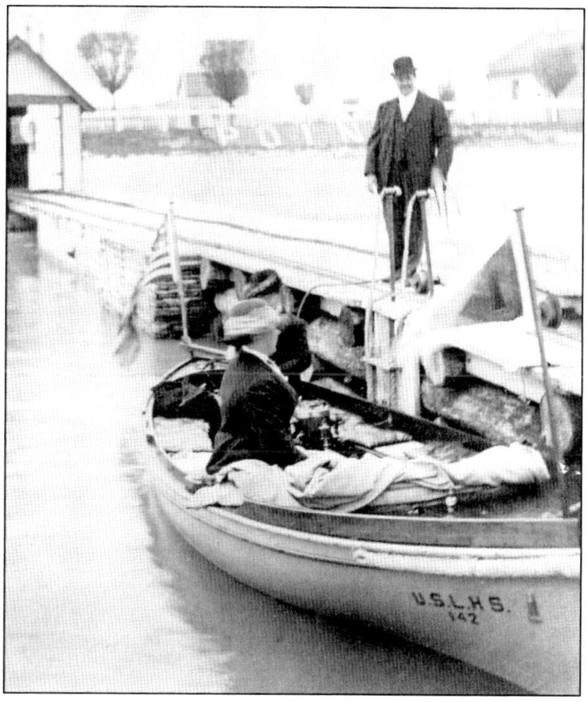

Taking the government lighthouse boat to Racine for supplies and perhaps the latest news, assistant keeper William Nash and two ladies are all dressed up and ready to head into town. Nash stands on the sturdy pier near the boathouse. In the background behind Nash, notice the word *Point* spelled out just below the fence. The word *Wind* would have appeared to the left of the boathouse on the adjoining beach area. (Courtesy Bevry family.)

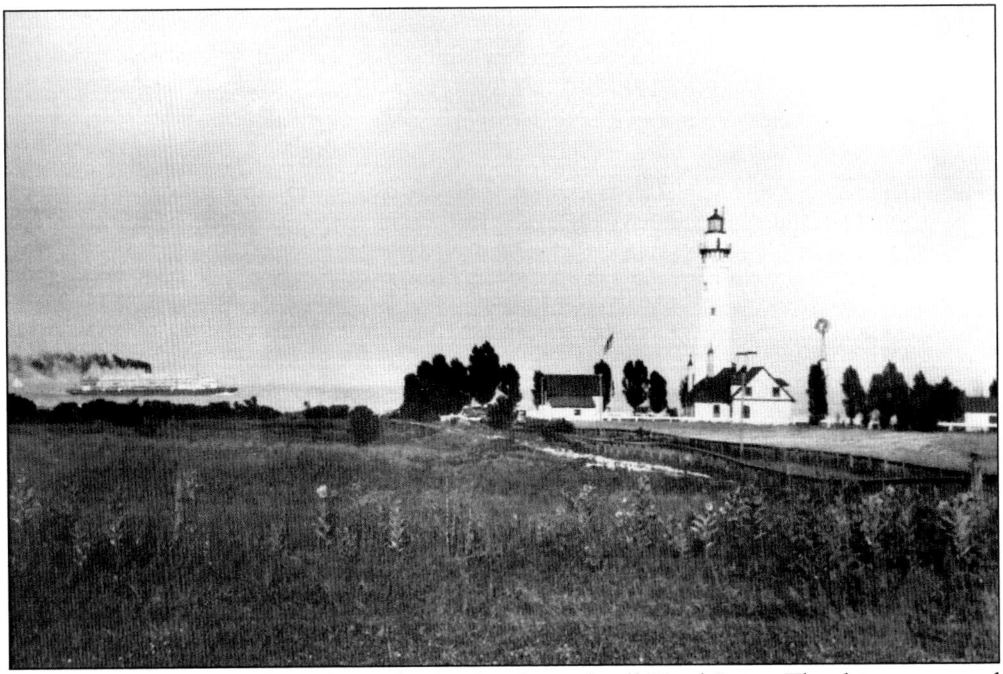

The whaleback vessel *Christopher Columbus* heads south off Wind Point. The ship was owned by the Goodrich Transit Company, and folks recall that they could set their watch to the ships because they always ran on schedule. The *Christopher Columbus* was used to carry passengers to the Columbian Exposition in Chicago in 1893. It was also used extensively for pleasure trips on Lake Michigan. (Courtesy Joan and Dan Milaeger.)

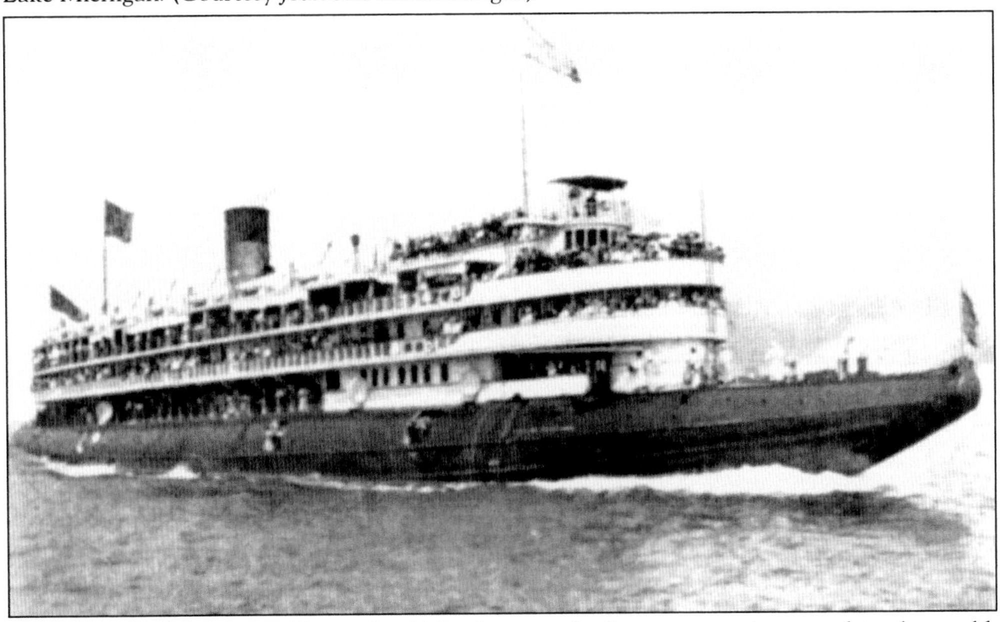

In its heyday, the steamer *Christopher Columbus* was the largest excursion vessel in the world. Eventually a triple-decked ship, it made regular trips from Milwaukee to Chicago until 1933, passing the Wind Point Lighthouse daily. Occasionally the city of Racine was a stopping point. Hundreds of people got a lakeside view of the lighthouse. (Courtesy FOWP.)

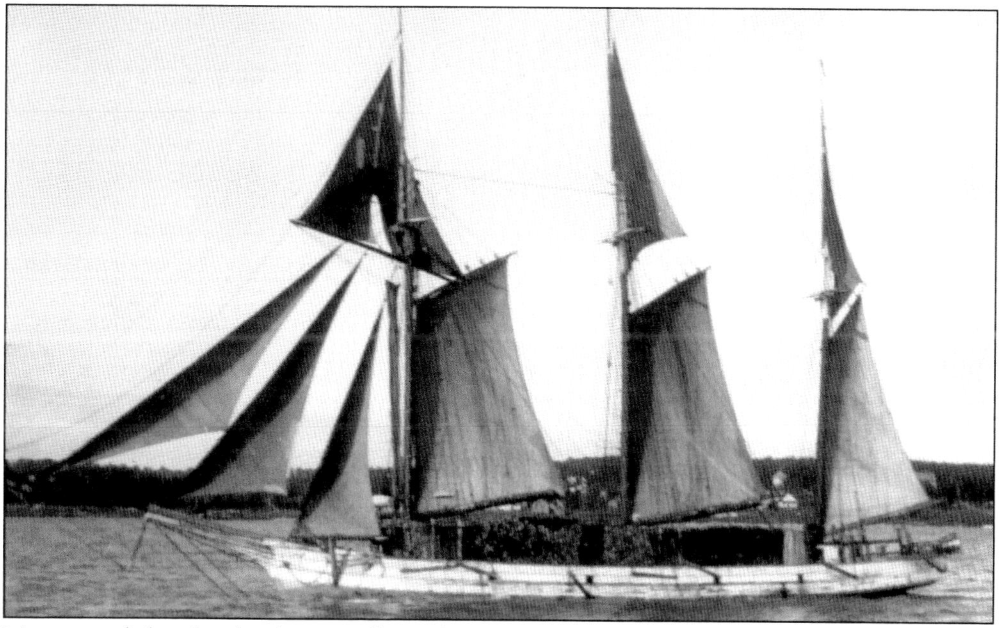

Many vessels hit the shoal areas off Wind Point. An important sinking off the point involved the three-masted *Lumberman*. Much like the vessel pictured here, the 128-foot wooden schooner was making its first trip of the season on April 7, 1893. The empty ship, bound for Kewaunee, encountered a spring storm and quickly sank north of Wind Point. A passing steamer rescued the six-member crew as they clung to the *Lumberman*'s masts protruding above water. (Courtesy Capt. Dan Johnson.)

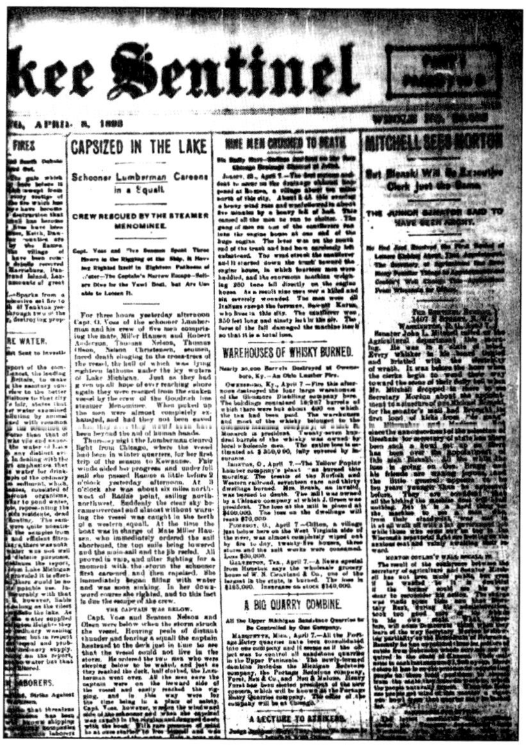

kee Sentinel

CAPSIZED IN THE LAKE

Schooner Lumberman Careens in a Squall.

CREW RESCUED BY THE STEAMER MENOMINEE.

For three hours yesterday afternoon Capt. O. Voss of the schooner Lumberman and his crew of five men comprising the mate, Miller Hansen and Robert Anderson, Thomas Nelson, Thomas Olson, Nelson Christensen, seamen, faced death clinging to the cross-trees of the vessel, the hull of which was lying eighteen fathoms under the icy waters of Lake Michigan. Just as they had given up all hope of ever reaching shore again they were rescued from the sunken vessel by the crew of the Goodrich line steamer Menominee. When picked up the men were almost completely exhausted, and had they not been saved [illegible] been beyond the aid of human hands.

Thursday night the Lumberman cleared light from Chicago, where the vessel had been in winter quarters, for her first trip of the season to Kewaunee. Fair winds aided her progress and under full sail she passed Racine a little before 2 o'clock yesterday afternoon. At 3 o'clock she was about six miles northwest of Racine point, sailing north-northwest. Suddenly the clear sky became overcast and almost without warning the vessel was caught in the teeth of a western squall. At the time the boat was in charge of Mate Miller Hansen, who immediately ordered the sail shortened, the top sails being lowered and the main-sail and the jib reefed. All proved in vain, and after fighting for a moment with the storm the schooner first careened and then capsized. She immediately began filling with water and was soon sinking. In her downward course she righted, and to this fact is due the escape of the crew.

THE CAPTAIN WAS BELOW.

Capt. Voss and Seamen Nelson and Olsen were below when the storm struck the vessel. Hearing peals of distant thunder and fearing a squall the captain hastened to the deck just in time to see that the vessel could not live in the storm. He ordered the two men who were sleeping below to be waked, and just as they reached the deck, half clothed, the Lumberman went over. All the men save the captain were on the leeward side of the vessel and easily reached the rigging, and in this way were for the time being in a place of safety. Capt. Voss, however, was on the windward side of the schooner and when she capsized was caught in the rigging and dragged down with the boat. [illegible]

WAREHOUSES OF WHISKY BURNED.

A BIG QUARRY COMBINE.

The *Milwaukee Sentinel* newspaper from April 8, 1893, proclaims to its readers the sinking of the schooner *Lumberman*. A sudden western squall rapidly capsized the ship in Lake Michigan, north of Wind Point. Luckily the nearby Goodrich line steamer *Menominee* helped save Capt. O. Voss and his five crewmen, who had clung to the sunken ship's rigging. (Authors' collection.)

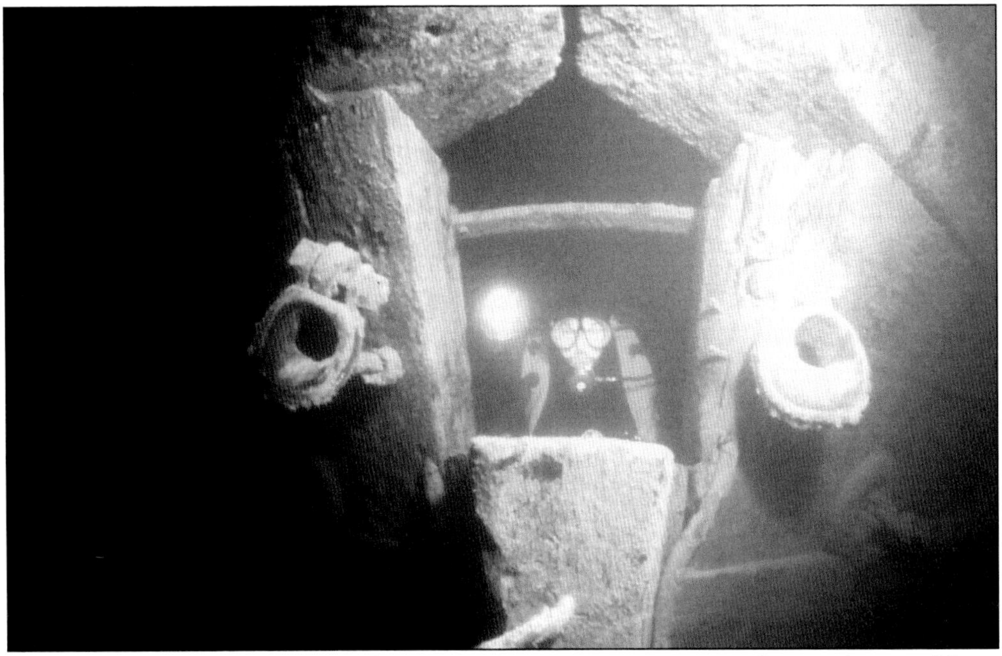

With the many ship sinkings in the Greater Racine area, numerous shipwrecks are of keen interest to divers. Capt. Dan Johnson has surveyed a variety of important wrecks in this area. Here he is seen visiting the *Lumberman*, peering through where the bow sprit of the vessel would have been. The ship's remains are intact, sitting upright in about 66 feet of water off Wind Point. (Courtesy Capt. Dan Johnson.)

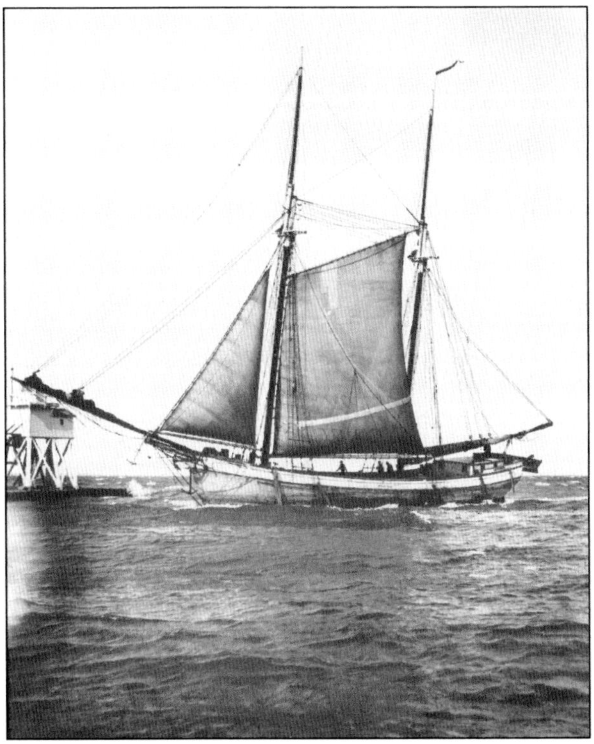

Wind Point's most famous shipwreck involves the two-masted schooner *Kate Kelly*. Built in 1867, the vessel is similar to the one shown here. Loaded with thousands of railroad ties, the *Kate Kelly* was buffeted by raging 65-mile-per-hour gale force winds. Seven crew members perished when the ship sank on May 13, 1895. (Courtesy Capt. Dan Johnson.)

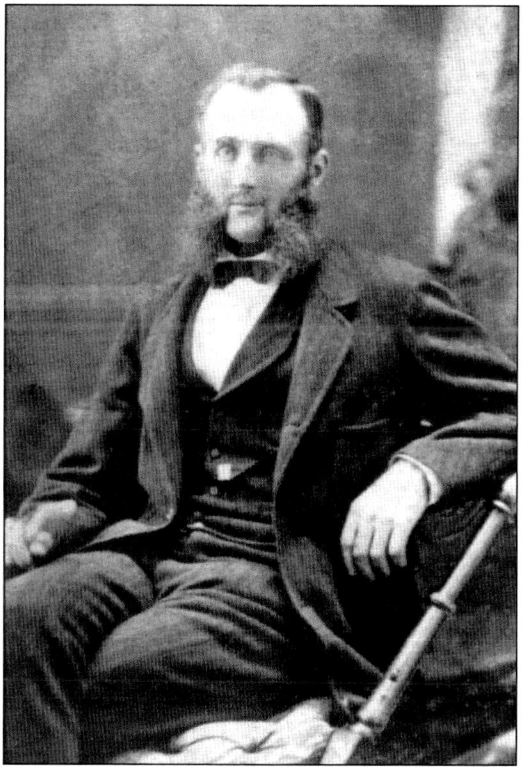

Pictured here is Capt. Hartley J. Hatch, owner of the schooner *Kate Kelly*. A most respected sailor on the Great Lakes and an experienced skipper, Hatch died at age 49 when the ship sank after striking shoals off Wind Point during a blinding snowstorm. The captain had been on the lakes since age 19. He and his six crewmen could not be rescued in time and perished. (Courtesy Capt. Dan Johnson.)

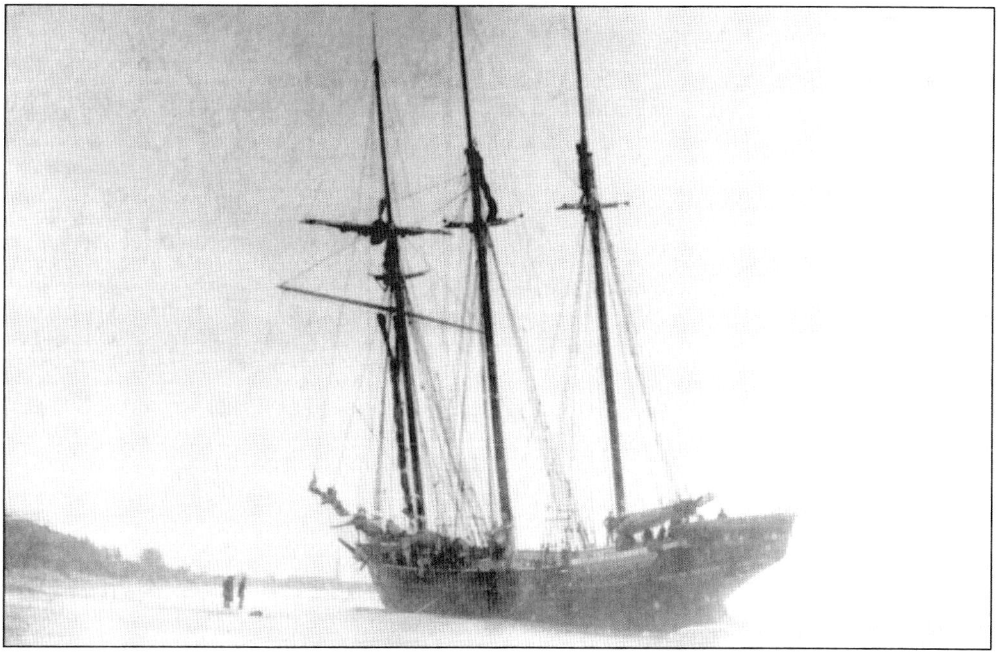

It is very rare to have a photograph that includes a shipwreck from the 19th century and also a lighthouse. The three-masted schooner *Bertha Barnes* ran aground south of Wind Point on April 20, 1893, during a terrific storm. The tiny vertical structure in the background just to the left of the bow of the stranded ship is the Wind Point Lighthouse. (Courtesy RHM.)

Racine has been the site of many a shipwreck. A U.S. Life-Saving Service station crew located near the harbor entrance was responsible for coming to the aid of vessels in distress. This document is the wreck report that chronicles the schooner *Bertha Barnes* going ashore near Wind Point in April 1893. The ship was bound from Chicago to Marinette and grounded in a gale. (Courtesy Bob Jaeck.)

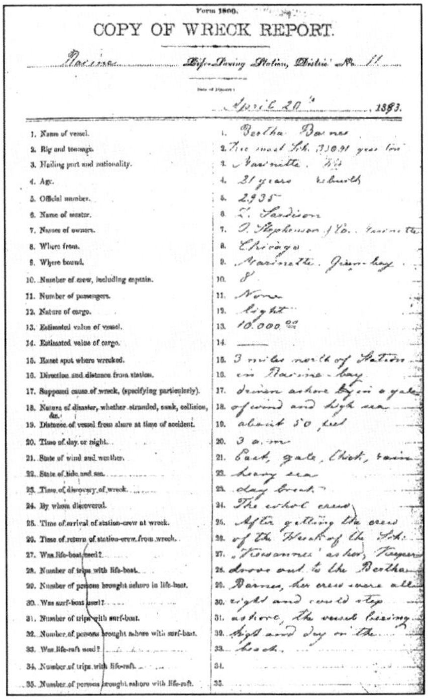

Form 1800.

COPY OF WRECK REPORT.

Racine Life-Saving Station, District No. 11

April 20th, 1893.

1. Name of vessel.	1. Bertha Barnes
2. Rig and tonnage.	2. Two mast Sch. 330.91 gross tons
3. Hailing port and nationality.	3. Marinette. Wis
4. Age.	4. 21 years rebuilt
5. Official number.	5. 2935
6. Name of master.	6. [illegible] Sandison
7. Names of owners.	7. [illegible] Stephenson & Co. Marinette
8. Where from.	8. Chicago
9. Where bound.	9. Marinette. Green-bay
10. Number of crew, including captain.	10. 8
11. Number of passengers.	11. None
12. Nature of cargo.	12. light
13. Estimated value of vessel.	13. 10.000.00
14. Estimated value of cargo.	14. ——
15. Exact spot where wrecked.	15. 3 miles north of Station
16. Direction and distance from station.	16. in Racine-bay
17. Supposed cause of wreck, (specifying particularly).	17. driven ashore in a gale
18. Nature of disaster, whether stranded, sunk, collision, &c.	18. of wind and high sea
19. Distance of vessel from shore at time of accident.	19. about 50 feet
20. Time of day or night.	20. 3 a.m
21. State of wind and weather.	21. East, gale, thick, rain
22. State of tide and sea.	22. heavy sea
23. Time of discovery of wreck.	23. day break
24. By whom discovered.	24. The whole crew
25. Time of arrival of station-crew at wreck.	25. After getting the crew
26. Time of return of station-crew from wreck.	26. of the Wreck of the Sch.
27. Was life-boat used?	27. "[illegible]" ashore, [illegible]
28. Number of trips with life-boat.	28. drove out to the Bertha
29. Number of persons brought ashore in life-boat.	29. Barnes, her crew were all
30. Was surf-boat used?	30. right and could step
31. Number of trips with surf-boat.	31. ashore, the vessel being
32. Number of persons brought ashore with surf-boat.	32. high and dry on the
33. Was life-raft used?	33. beach.
34. Number of trips with life-raft.	34.
35. Number of persons brought ashore with life-raft.	35.

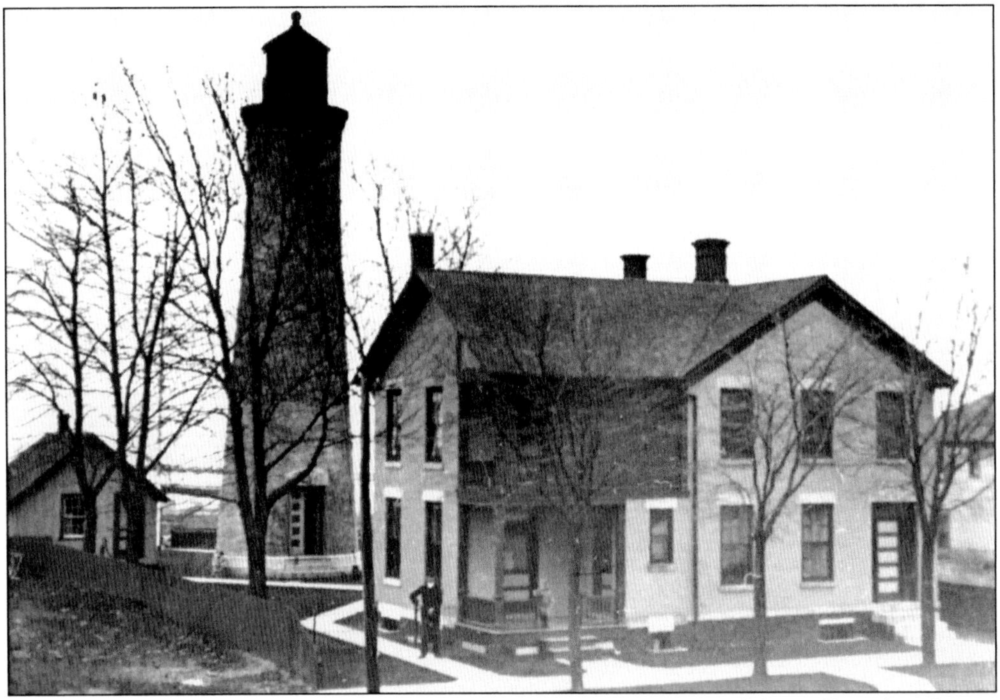

Built in 1880, the Wind Point Lighthouse was so lofty and powerful it affected a shorter lighthouse to the south at Kenosha. The Kenosha Southport Lighthouse, constructed in 1866, saw its usefulness and importance significantly diminished by the Wind Point Light as well as the soaring Grosse Point Lighthouse in Evanston, Illinois. Consequently the Kenosha Southport beacon was taken out of service in 1906. (Courtesy KCHS.)

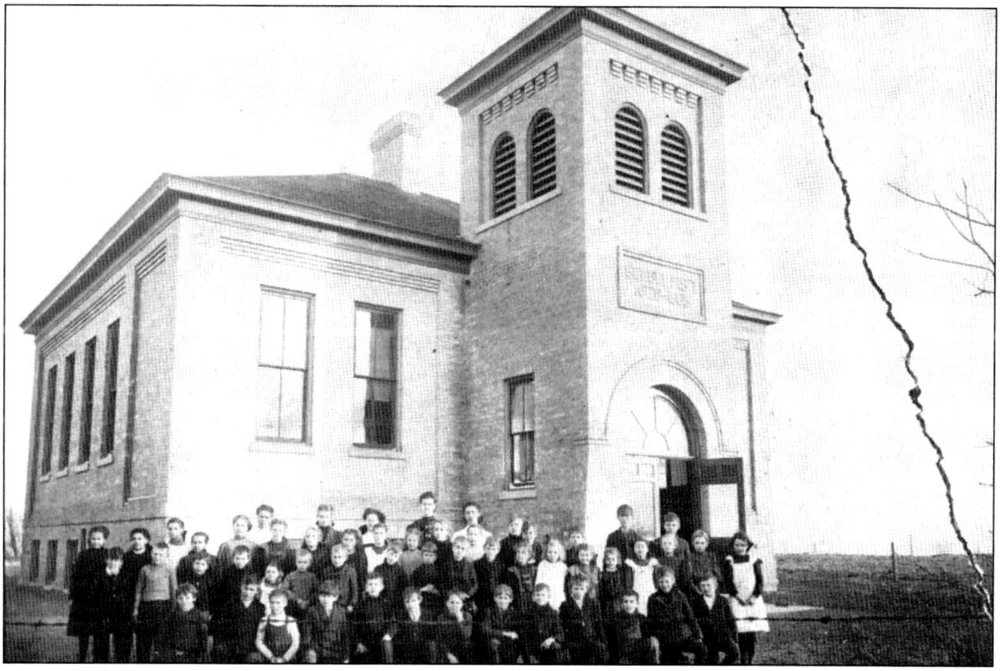

Many lighthouse children attended the nearby Wind Point School located south of the lighthouse. Originally a one-room schoolhouse, this building replaced one built in 1860. There were approximately 60 students enrolled in 1903, which necessitated a new school building at that time. This building had two classrooms and overlooked Lake Michigan. Twenty-seven years later, indoor toilets were installed! (Courtesy Hazel Wishau Franseen.)

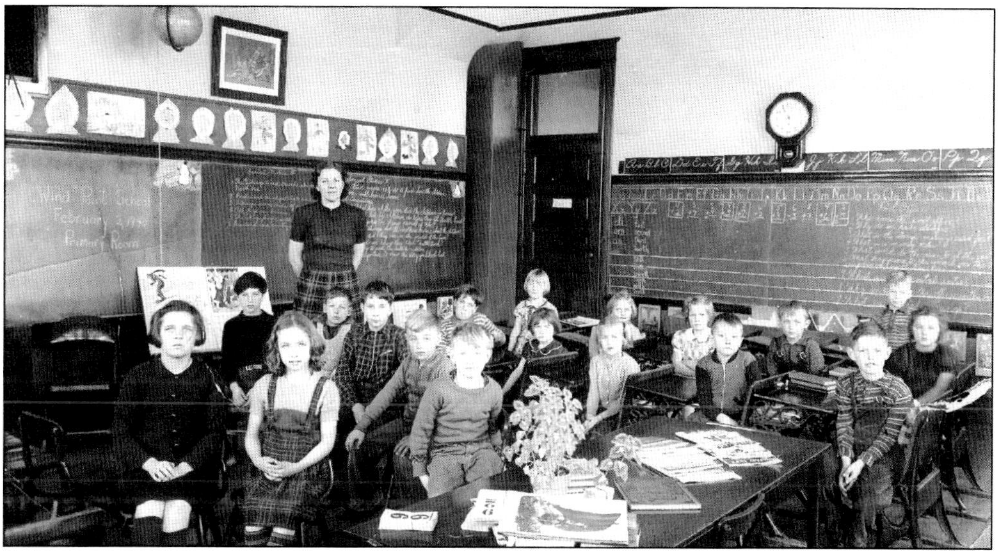

This 1940 photograph features the primary room at the Wind Point School. Seen from left to right are (first row) Ruby Jameson, Hazel Wishau, and Floyd Wishau; (second row) Ralph Rosa, Ronald Schumacher, Roger Thompson, and Ken Wishau (all seated in front of teacher Evelyn Sieverkropp); (third row) Clarence Rosa, Joan Rosa, Marilyn Horner, Don Meyer, and Jerry Franseen; (fourth row) Audrey Lepow, Betty Jameson, Mae Lepow, Bill Wishau, and Jane Rosa. Standing in the rear to the right is Tom Surendonk. (Courtesy Hazel Wishau Franseen.)

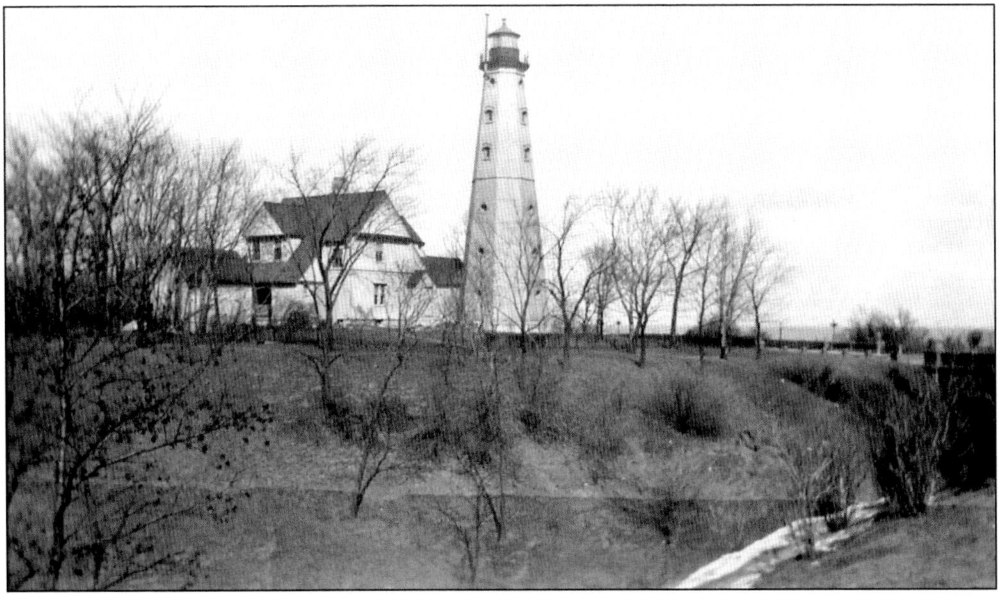

A Wind Point logbook entry from September 18, 1882, states "Milwaukee North Point visible." North Point Lighthouse, approximately 22 miles to the north, is located in Milwaukee's scenic Lake Park. The park was designed by nationally known landscape architect Frederick Law Olmsted, who also conceived New York Central Park. The keepers could also hear the fog signal from the Milwaukee Pierhead light. (Courtesy Bevry family.)

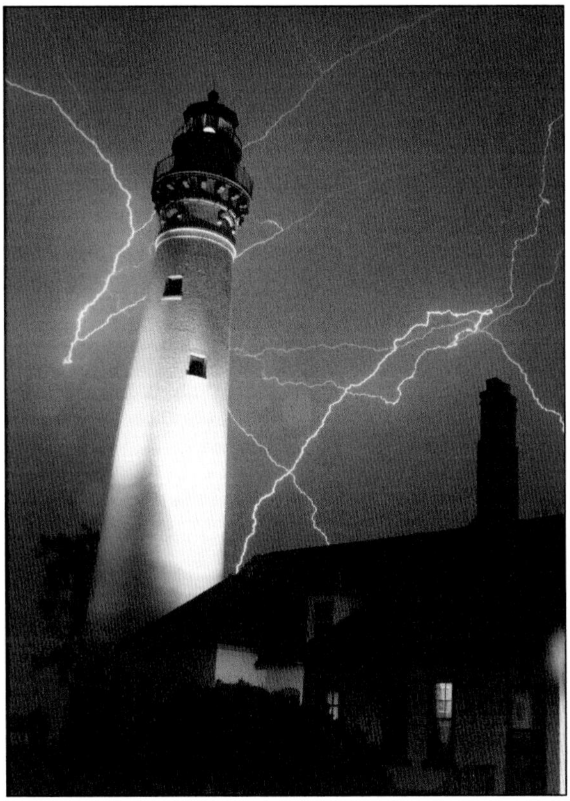

The majority of logbook entries from Wind Point do not make for exciting reading. Routinely, daily weather observations such as wind speed and direction, temperature, barometer, and precipitation were noted. Additionally the main work chores of the day were chronicled. A storm such as this probably would have received some special mention in the logbooks though. A deadly 1883 Racine tornado and an earthquake at Wind Point in 1947 also made the logbooks. (Courtesy Mike and Liana Cooper.)

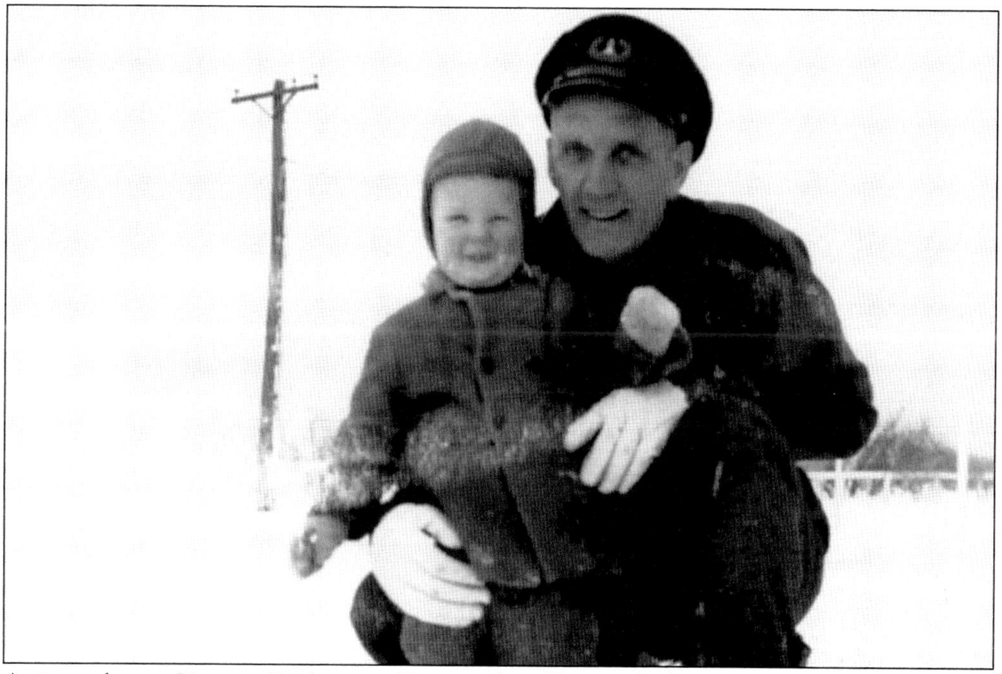

Assistant keeper Herman Erickson and his grandson Tommy Carlson enjoy each other's company in this winter photograph taken at Wind Point in 1945. The young child is bundled up quite well for this cold romp in the snow. Erickson's attire clearly shows he's in the lighthouse business, as he sports the official light keeper's hat and its accompanying lighthouse insignia. (Courtesy Helen Carlson.)

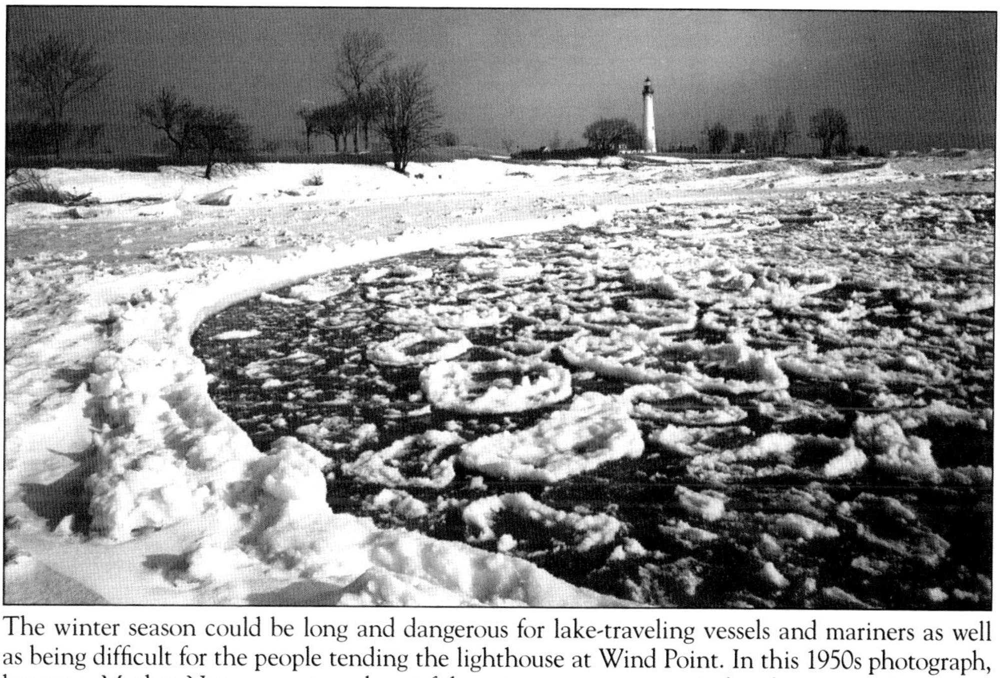

The winter season could be long and dangerous for lake-traveling vessels and mariners as well as being difficult for the people tending the lighthouse at Wind Point. In this 1950s photograph, however, Mother Nature creates a beautiful winter panorama as wind and waves produce snow islands in the bay just south of the Wind Point Lighthouse. (Courtesy Hazel Wishau Franseen.)

While winters could be harsh at Wind Point, outdoor winter activities did not necessarily stop. Keeper Oscar Franseen froze a part of the yard at Wind Point in 1950 and made an ice rink. His daughters Janet (left) and Nancy seem to be enjoying themselves. Behind the girls are the fog signal building and an oil house. (Courtesy Janet Van Alstine.)

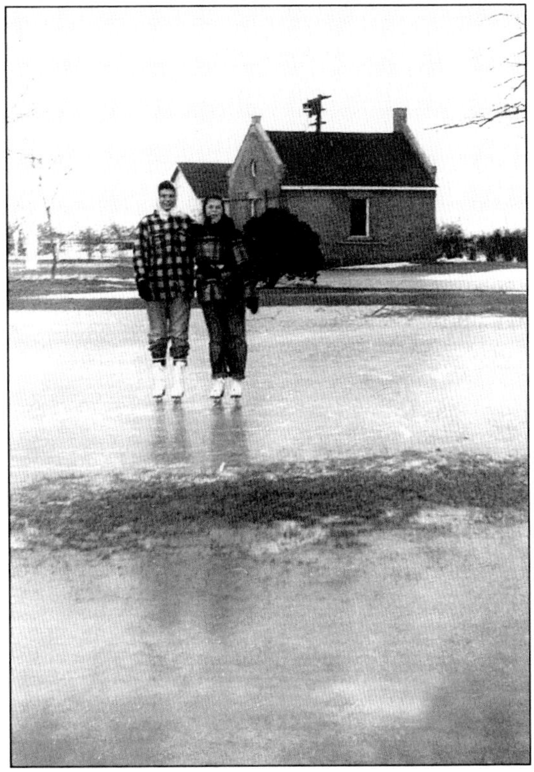

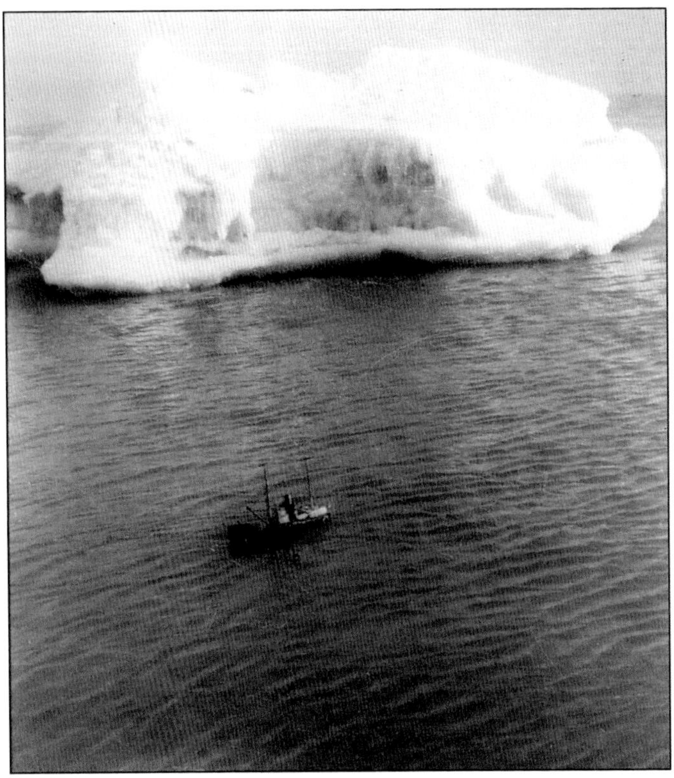

Lake Michigan ice formations resemble icebergs at Wind Point and seem to dwarf the ship that appears near its shoreline. Actually this is a model ship and a replica of the lighthouse tender *Sumac* that delivered supplies here. Keeper Oscar Franseen made this model, and assistant keeper Herman Erickson helped him float it in front of the lighthouse one winter. (Courtesy Janet Van Alstine.)

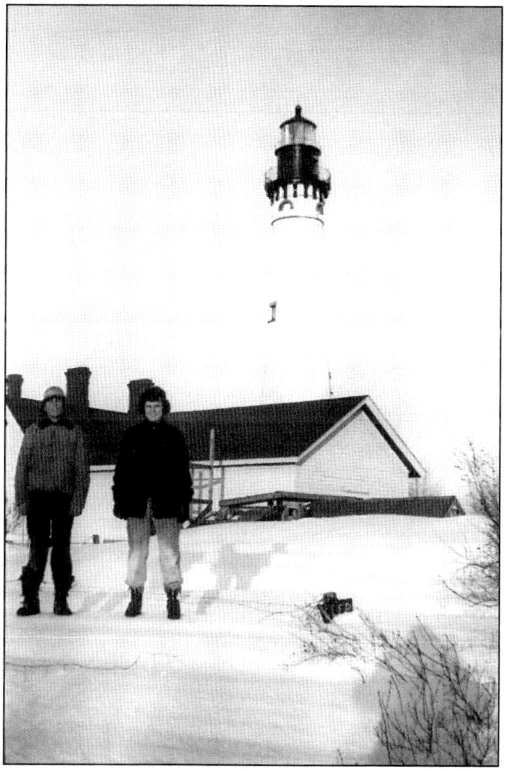

This photograph from around 1950 is another example of wintertime at the Wind Point Lighthouse. Here Tom Franseen (left) and his sister Janet stand atop a large snowdrift that would be typical due to the open areas surrounding the lighthouse complex. Note the buried sign partially protruding through the snow near the young people. (Courtesy Janet Van Alstine.)

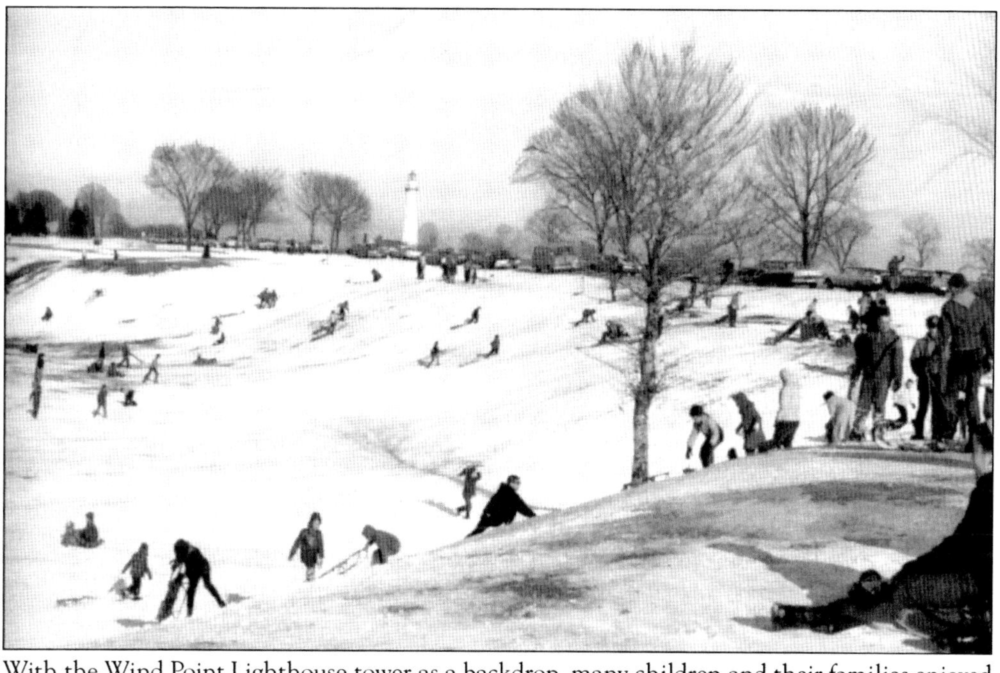

With the Wind Point Lighthouse tower as a backdrop, many children and their families enjoyed a winter day of sledding at nearby Shoop Park. In the 1950s, this was a popular destination and activity, judging by the number of people on the hills and all the cars lined up on the road. Children living at the lighthouse frequently played here. (Courtesy Hazel Wishau Franseen.)

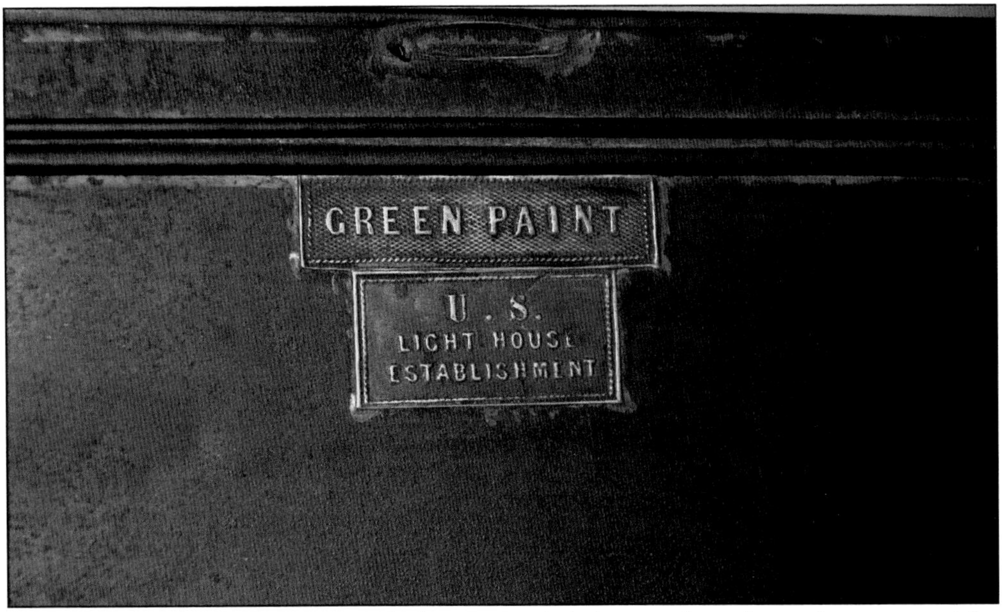

The U.S. Lighthouse Service supplied paint to lighthouses throughout the country. The keepers were not allowed to choose the color; it was simply provided to them. Helen Erickson Carlson recalls that at Wind Point, the color was generally "clay colored paint." At her mother's urging, her father lighted this color as much as he dared, even painting the kitchen white! (Authors' collection.)

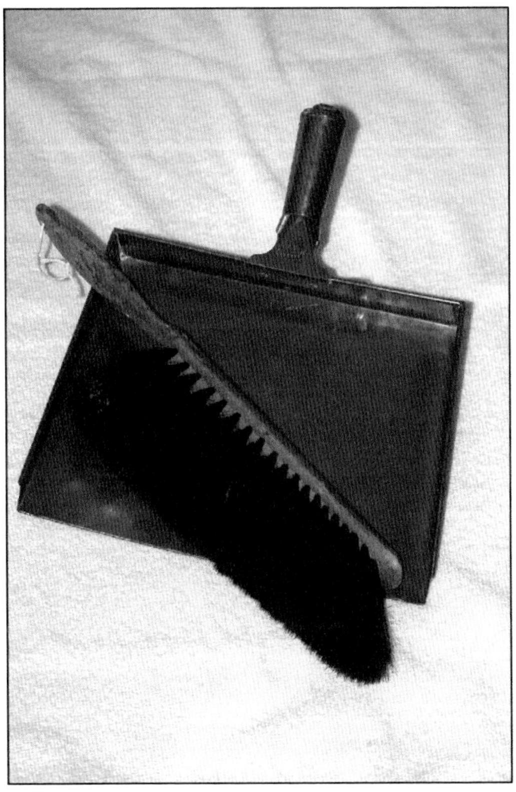

Pictured here are a U.S. Lighthouse Service dustpan and fox tail brush used at Wind Point. These were hung in the entrance to the Erickson family's kitchen. The lighthouse, living quarters, fog signal buildings, and everything else had to be kept in immaculate condition at all times. The keeper and his assistants cleaned different areas of the light station on a daily basis. (Courtesy Joan and Dan Milaeger.)

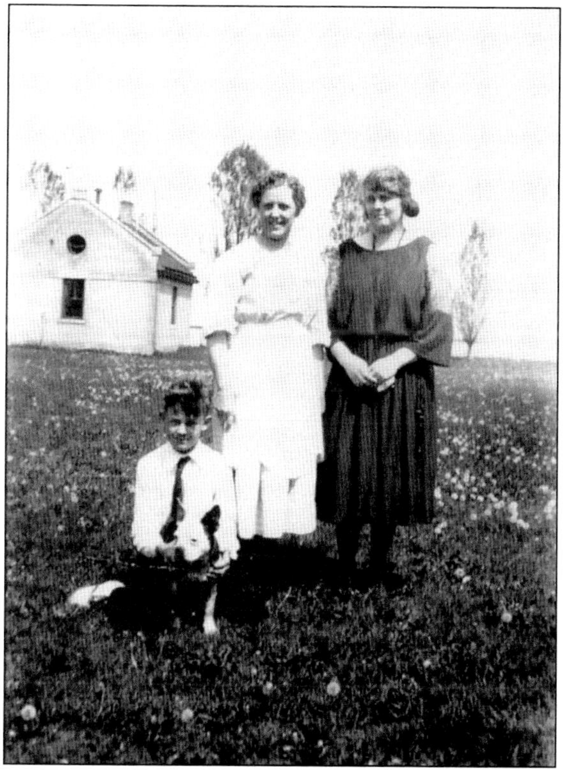

Jesse Bevry (middle) takes a break from housekeeping duties to pose in the yard in the early summer. Note all the grass and its many dandelions. The keeper's logbooks record that keeping the grass neatly trimmed and other yard work was a large-scale job since the area was so expansive. Many times, these tasks took more than an entire day to complete. (Courtesy Bevry family.)

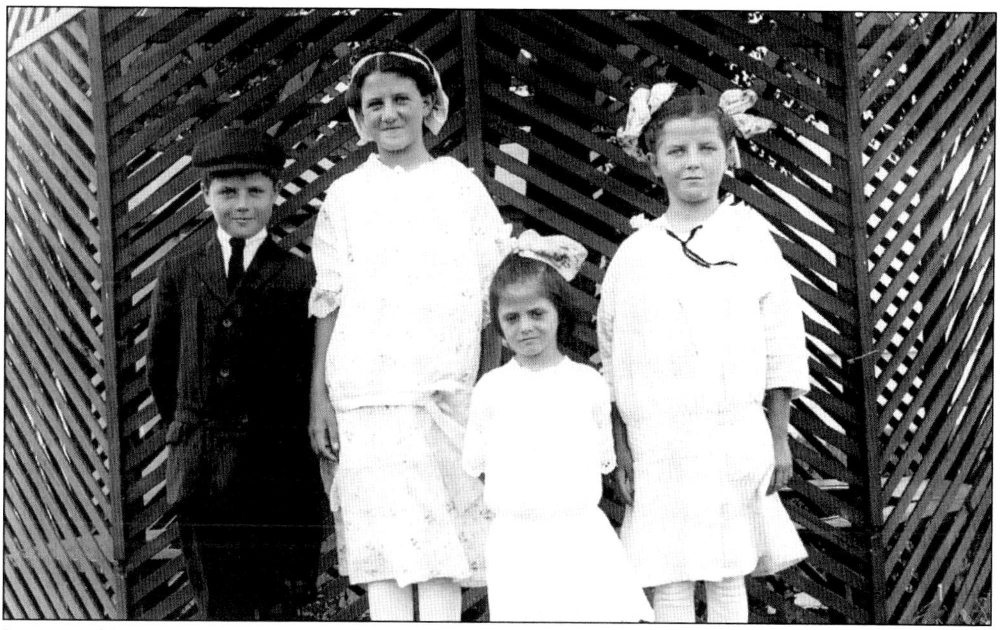

Jesse Meikle Bevry and Henry Bevry were married in 1899 and were blessed over the years with several children. This outside portrait, about 1915 on the grounds at Wind Point, features, from left to right, Donald, Grace, Marie, and Dorothy Bevry. Donald and Dorothy were born at the Wind Point Lighthouse. Today some descendants of the lighthouse Bevrys still have fond memories of life at Wind Point and continue to live in the Racine area. (Courtesy Bevry family.)

Marie Bevry, age six, stands near the base of the lighthouse tower, about 1914. Her dress was probably sewn by her mother. Perhaps this was a special day or family gathering since she is quite dressed up. Marie would one day be married at Wind Point. In various interviews as an elderly woman, Marie Bevry Hering related stories of lighthouse life and recounted some of the daily happenings at Wind Point. (Courtesy Bevry family.)

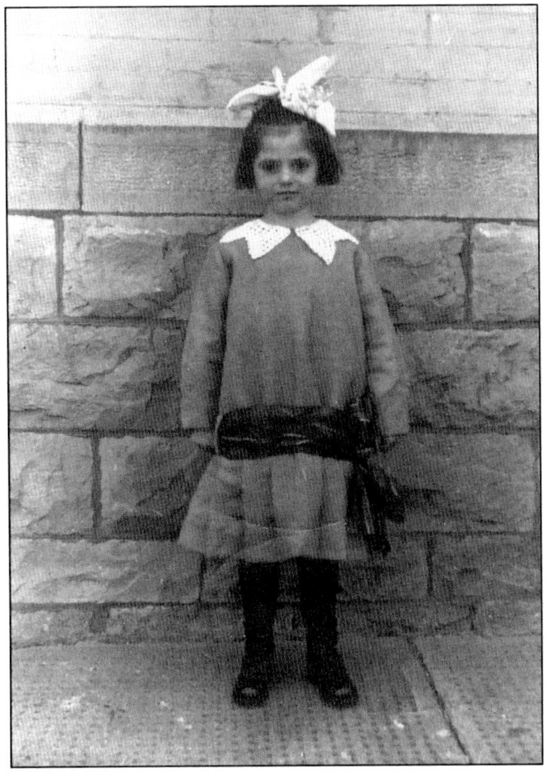

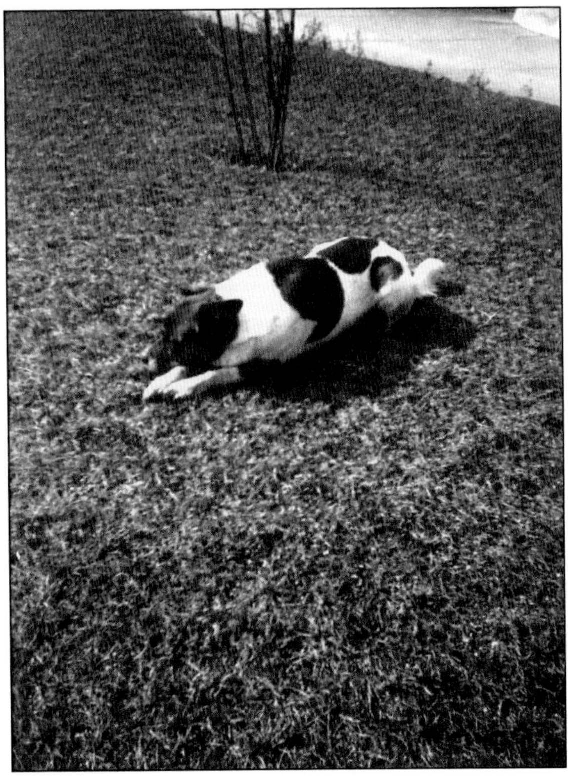

Many of the people who lived at the Wind Point Lighthouse had pets, such as dogs and cats. Spot, the pooch pictured here lounging in the yard on the grass, belonged to keeper Henry Bevry and his family. Over the years other animals, including horses, pigs, turkeys, and chickens, were also kept on the grounds. (Courtesy Bevry family.)

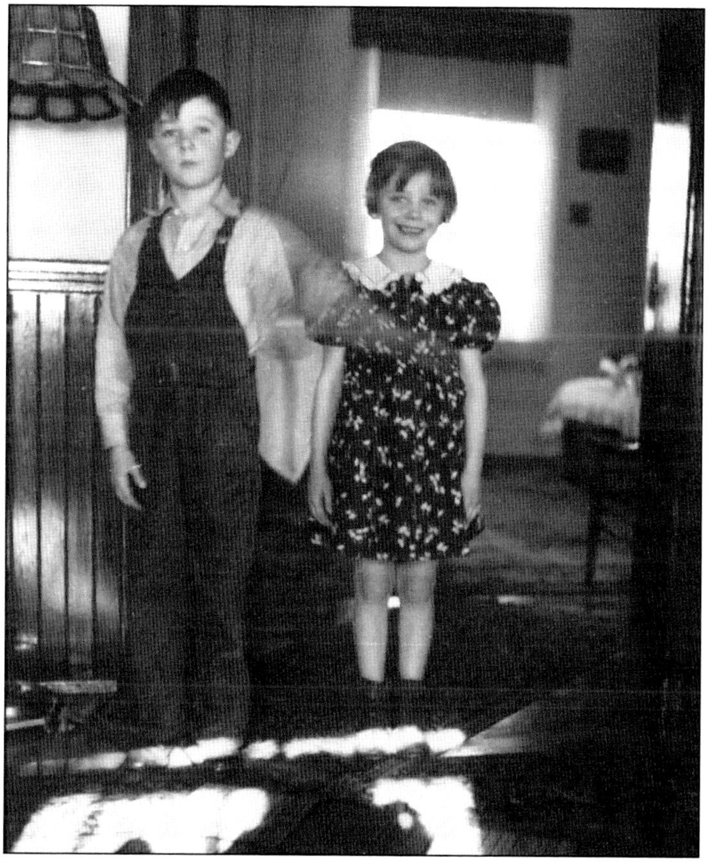

Inside the keeper's home, Ken Bevry and his sister Judy, grandchildren of keeper Henry Bevry, pose for the camera. Note the wainscoting on the walls and how glossy it is. The keepers and their families were required to maintain their living quarters to the same high standards that were expected at the entire lighthouse facility. (Courtesy Bevry family.)

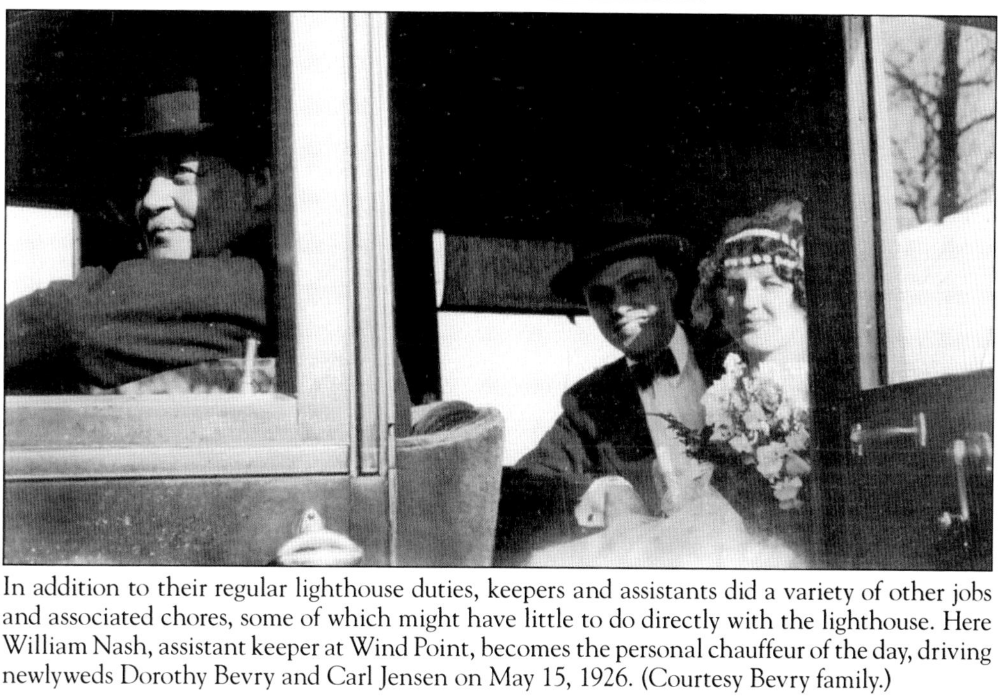

In addition to their regular lighthouse duties, keepers and assistants did a variety of other jobs and associated chores, some of which might have little to do directly with the lighthouse. Here William Nash, assistant keeper at Wind Point, becomes the personal chauffeur of the day, driving newlyweds Dorothy Bevry and Carl Jensen on May 15, 1926. (Courtesy Bevry family.)

The keeper's home and the lighthouse were oftentimes used as a backdrop for picture taking. In this 1938 photograph, Lewis Lonne, son of assistant keeper Julius Lonne, stands with his wife, Betty. He is holding their daughter Sharon. One of the children of Oscar and Eleanor Franseen, Janet Franseen, stands next to Lonne. (Courtesy Janet Van Alstine.)

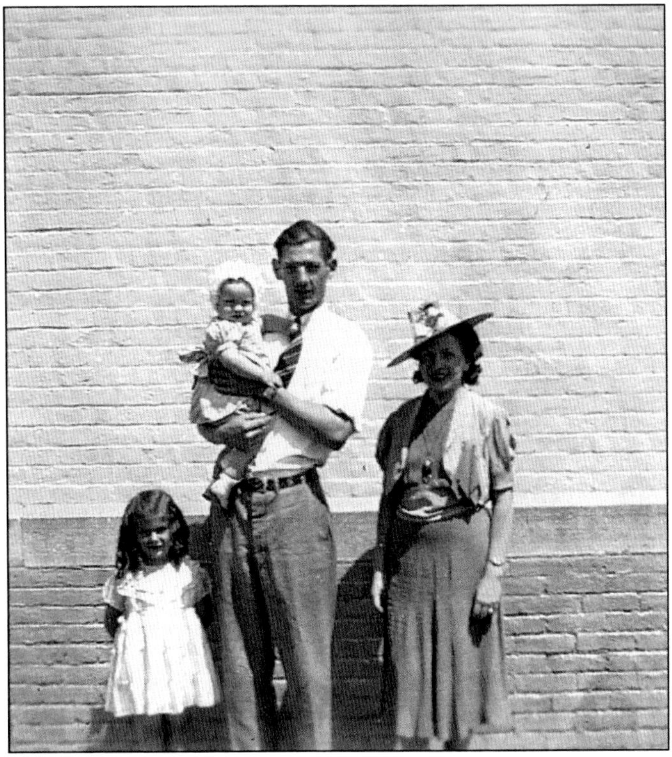

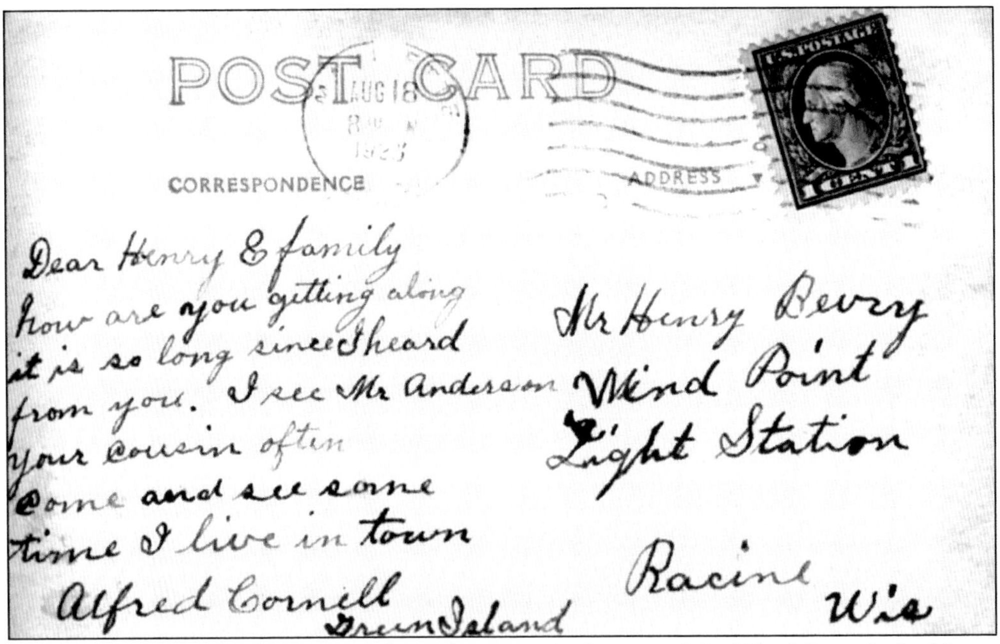

A 1920s postcard records correspondence between the keeper of the Wind Point Light Henry Bevry and keeper Alfred Cornell, stationed on Green Island in the bay of Green Bay, five miles offshore from Marinette. While communications were far from advanced, the keepers and their families did stay connected via the United States mail and word brought by the crews of lighthouse tender ships. (Courtesy Bevry family.)

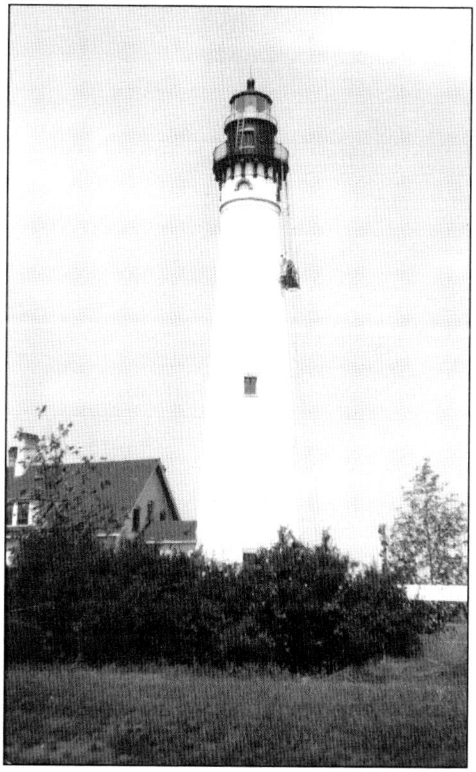

In July 1944, the tower was whitewashed by Henry Bevry, Herman Erickson, and Oscar Franseen. This laborious task began on July 5, 1944, as the logbooks relate, "Put scaffold up at top of tower ready to white wash. Mixed white wash." The next day, half of the tower was whitewashed. The July 7, 1944, entry simply says, "Finished white washing tower." (Courtesy Hazel Wishau Franseen.)

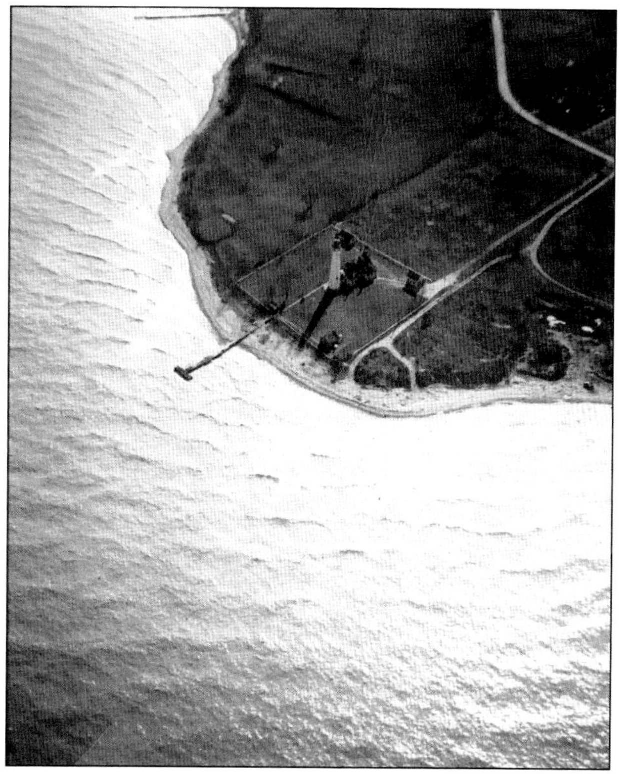

This aerial photograph clearly illustrates how the land surrounding the lighthouse compound was not yet as developed as it is today. The white fence encloses the entire government property, and the T-shaped pier extends out into Lake Michigan. It is easy to see from this vantage point what an exposed area Wind Point is. (Courtesy Bob Johnson and Hazel Wishau Franseen.)

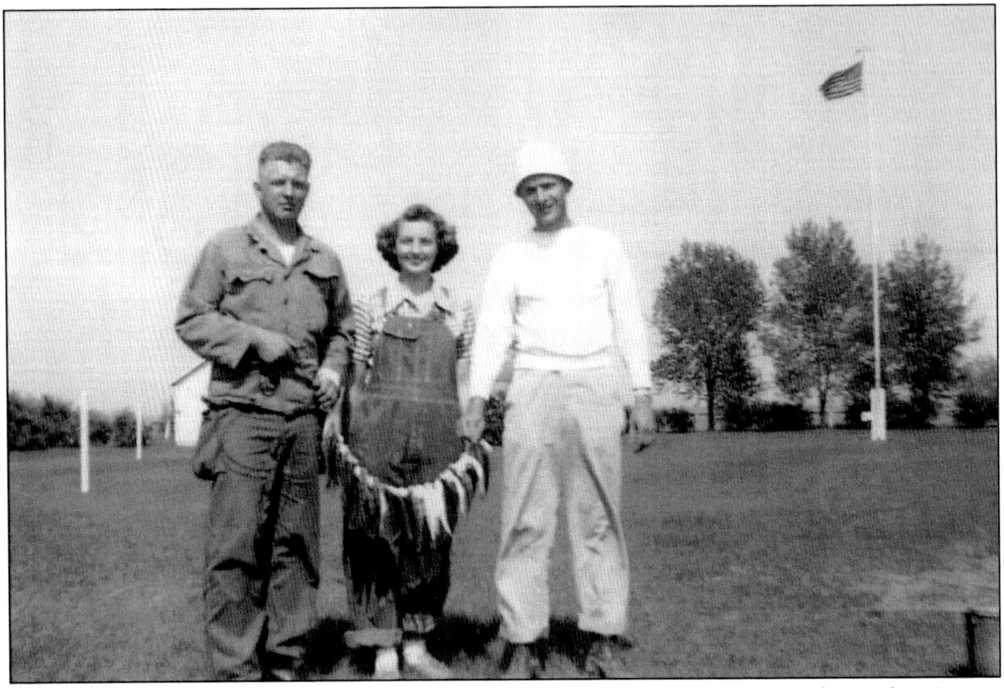

Joan Erickson Milaeger, daughter of assistant keeper Herman Erickson and his wife, Mayme, poses in coveralls between her brother Charles (left) and husband Dan Milaeger (right) at Wind Point. They proudly display a stringer of lake perch caught in the waters of Lake Michigan. Fishing has traditionally been an important sport and recreational activity in the Greater Racine area, a pastime that continues today. (Courtesy Joan and Dan Milaeger.)

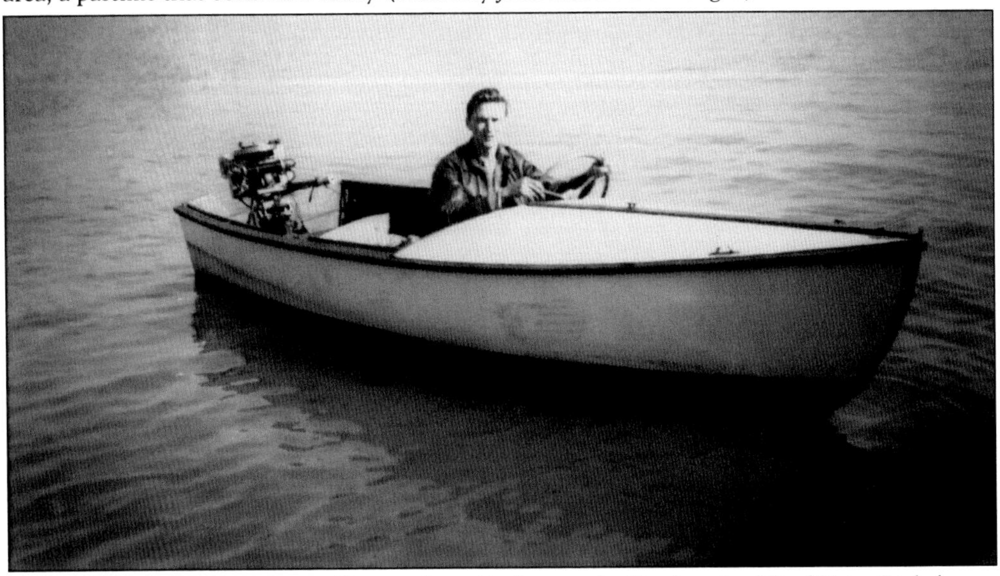

In 1946, Dan Milaeger comes calling on Joan Erickson, who lived at the Wind Point Lighthouse with her assistant keeper family. The handmade wooden boat that Milaeger purchased secondhand was equipped with a 22-horsepower Evinrude motor. Milaeger recalls picking Erickson up for dates in the craft. Milaeger came from the Root River area north to Wind Point. (Courtesy Joan and Dan Milaeger.)

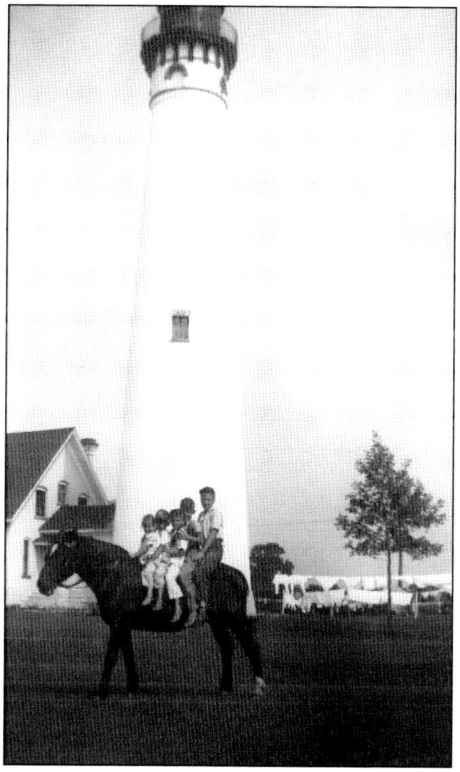

Dozens of youngsters enjoyed growing up at the Wind Point Lighthouse, and many have fond memories of childhood activities there. In this c. 1940 picture, a horse named Dolly worked overtime to give a ride to Nancy, Tommie, Janet, and Jerry Franseen and their cousin Don Santo. The horse belonged to a neighbor family that lived near the lighthouse. (Courtesy Hazel Wishau Franseen.)

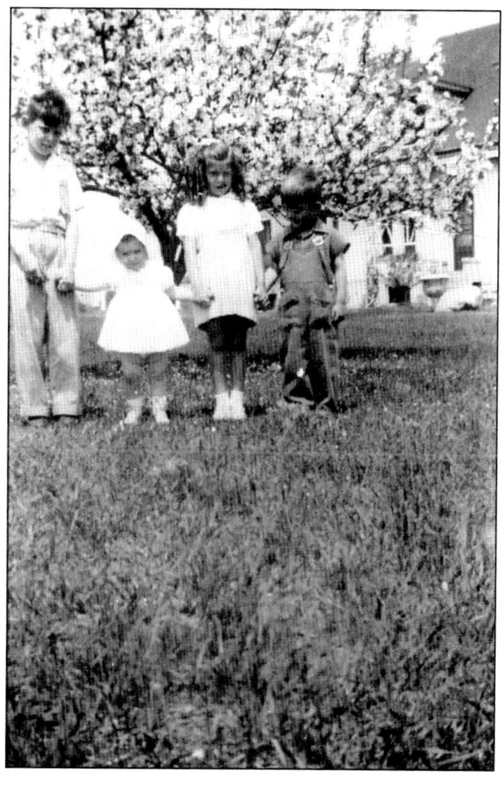

With an apple tree in full spring bloom as a background, from left to right, Jerry, Nancy, Janet, and Tom Franseen are captured in the yard at Wind Point in this c. 1940 photograph. Jerry displays a ribbon pinned to his shirt that he won playing jacks at the local Racine County Fair, against girls! (Courtesy Hazel Wishau Franseen.)

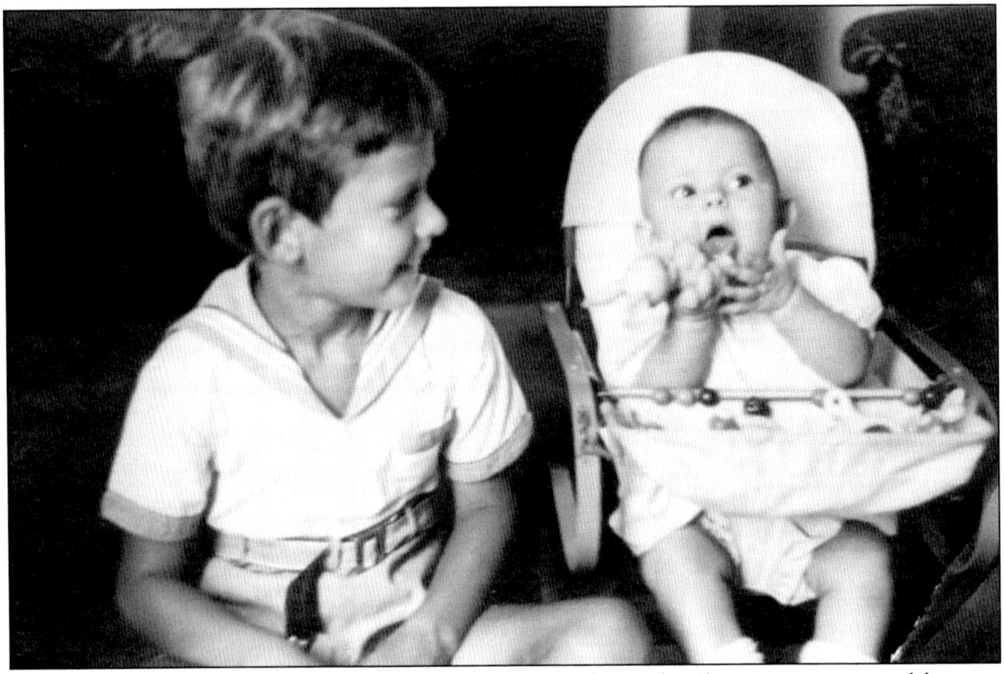

Two children of assistant keeper Oscar Franseen and his wife, Eleanor, are pictured here in this 1940 photograph. The Franseen family lived in the middle apartment of the three living quarters that comprised the large residence at Wind Point. On the left, Jerry Franseen, age 6, smiles at his sister Nancy, 6 months, as she frolics in a bouncy baby seat with her toys. (Courtesy Hazel Wishau Franseen.)

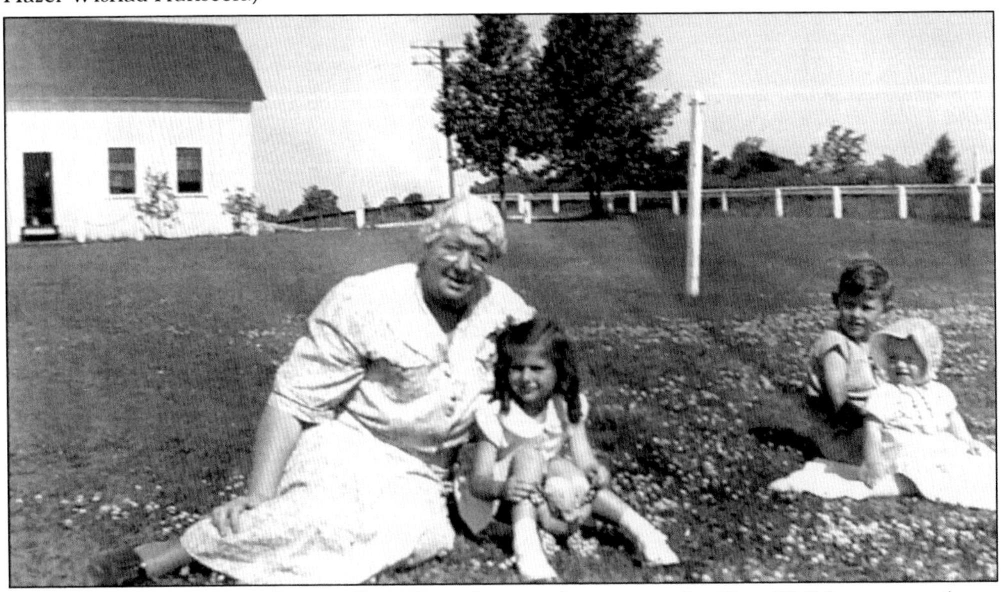

The spacious yard at Wind Point allowed ample room for growing families. Children spent plenty of time outside. Mrs. Lonne, wife of assistant Julius Lonne, oversees two older youngsters (Janet and Jerry Franseen, part of assistant keeper Oscar and Eleanor Franseen's family). The youngest child is Sharon Lonne, granddaughter of the Lonnes. Note the mat of clover as well as the garage in the background of this 1938 photograph. (Courtesy Janet Van Alstine.)

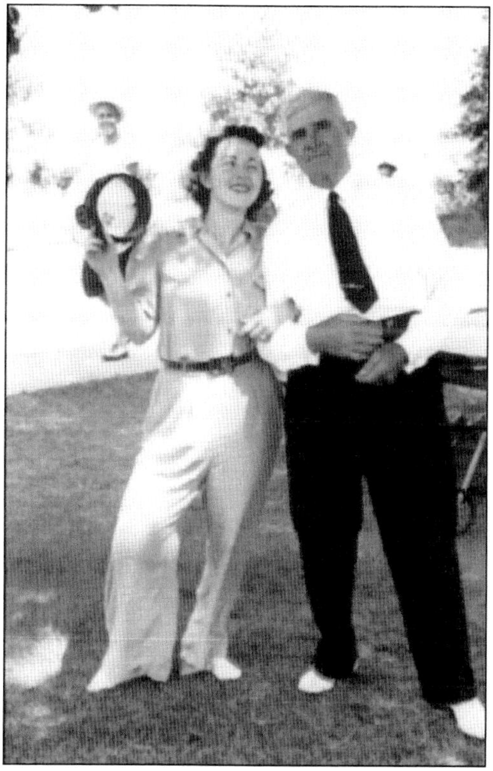

Picnics and family get-togethers were common at Wind Point. Descendants of keeper Henry Bevry tell stories of those who visited the lighthouse asking to try his keeper's hat on. Bevry was usually quite willing to oblige. Here a woman winks at the good keeper. Bevry recalled that on some weekends hundreds of people would visit the station and most would climb to the top of the tower accompanied by the keeper or an assistant. (Courtesy Bevry family.)

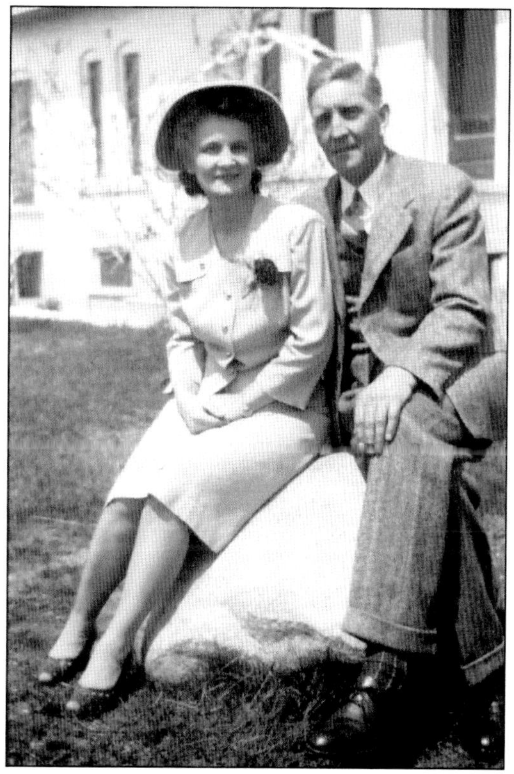

Herman and Mayme Erickson sit on "the rock," a popular photograph spot for lighthouse families as well as those who visited the lighthouse, around 1944. Herman came to Wind Point in March 1942 as second assistant. Their daughter Helen Erickson Carlson recalls her mother always reminding the children to keep their things in an orderly fashion because the inspectors might come at any moment. (Courtesy Joan and Dan Milaeger.)

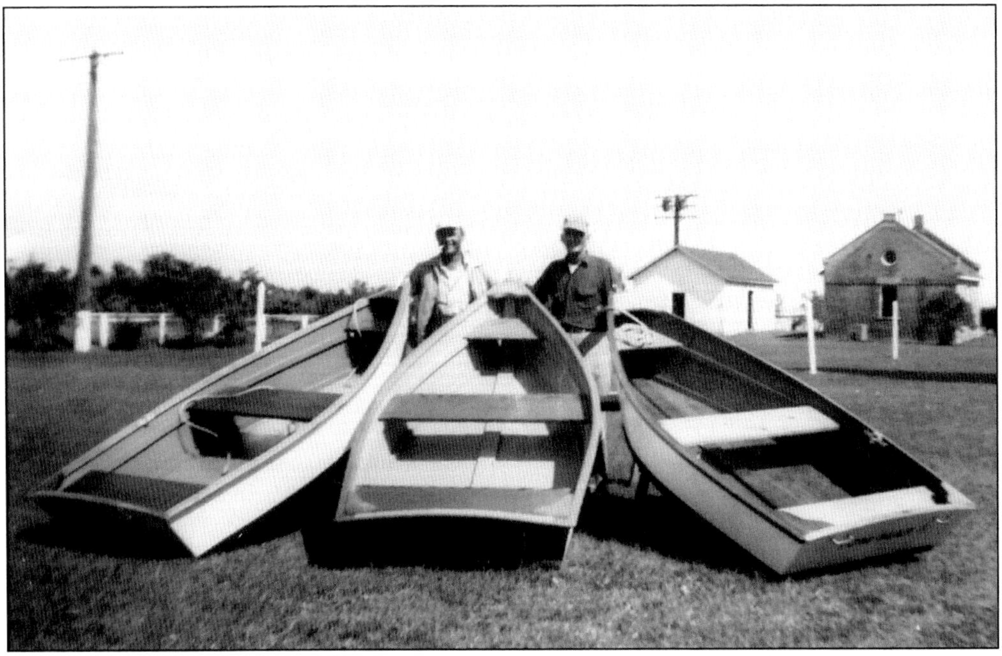

Keepers Oscar Franseen and Herman Erickson stand with some of the boats they built while stationed at Wind Point. Erickson's daughter Helen Erickson Carlson remembers that these boats were constructed in the oil storage building just north of the fog signal building. At first the men were not certain the boats would fit through the doors. (Courtesy Helen Carlson.)

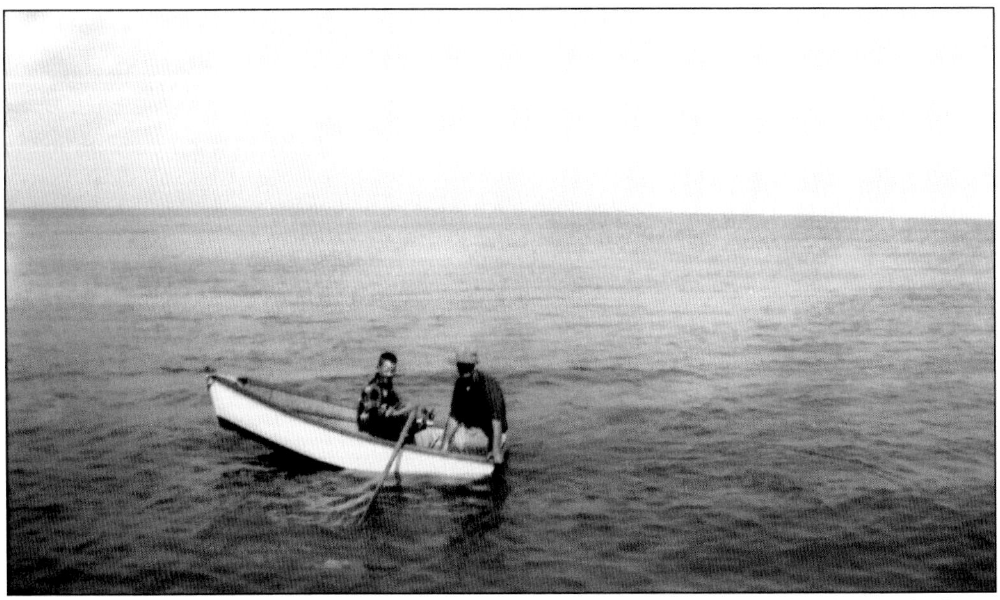

The seaworthiness of the handmade wooden boats built at Wind Point had to be checked out. What better place than in Lake Michigan. Assistant keeper Herman Erickson sits in the rear of the craft and supervises his grandson Tommy Carlson. The young boy rows his way around the lakefront at Wind Point in this *c.* 1952 picture. (Courtesy Helen Carlson.)

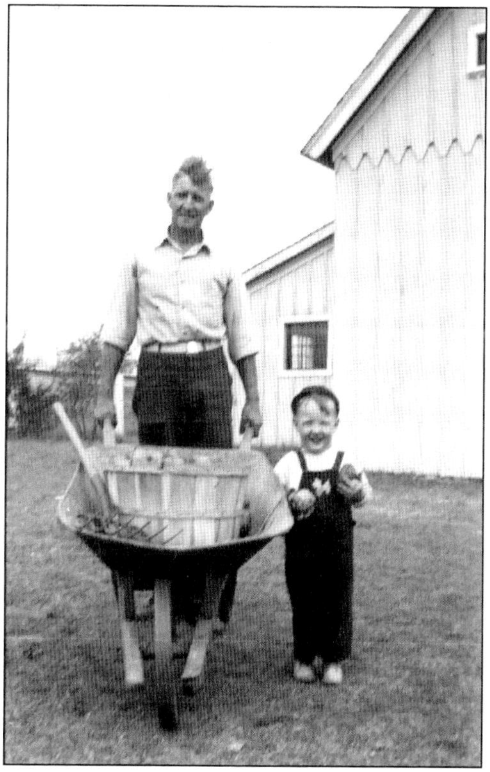

This *c*. 1946 photograph is titled "Potato Harvest." Assistant keeper Herman Erickson holds a wheelbarrow, bushel basket, and pitchfork, essential tools for potato harvesting. Next to him is his grandson Tommy Carlson clutching two potatoes recently dug from the soil at a World War II victory garden near Wind Point. From the smiles on their faces, it is safe to say they both probably had a memorable time. (Courtesy Helen Carlson.)

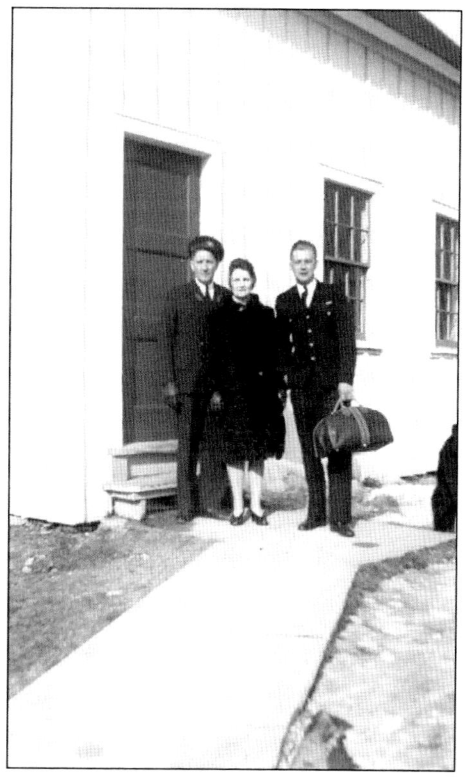

Assistant Wind Point keeper Herman Erickson and his wife, Mayme, stand all dressed up next to their son Charles Erickson. The younger Erickson was in the United States Coast Guard at the time, and his duffle bag indicates that he is just visiting. The garage at Wind Point provides the background. (Courtesy Helen Carlson.)

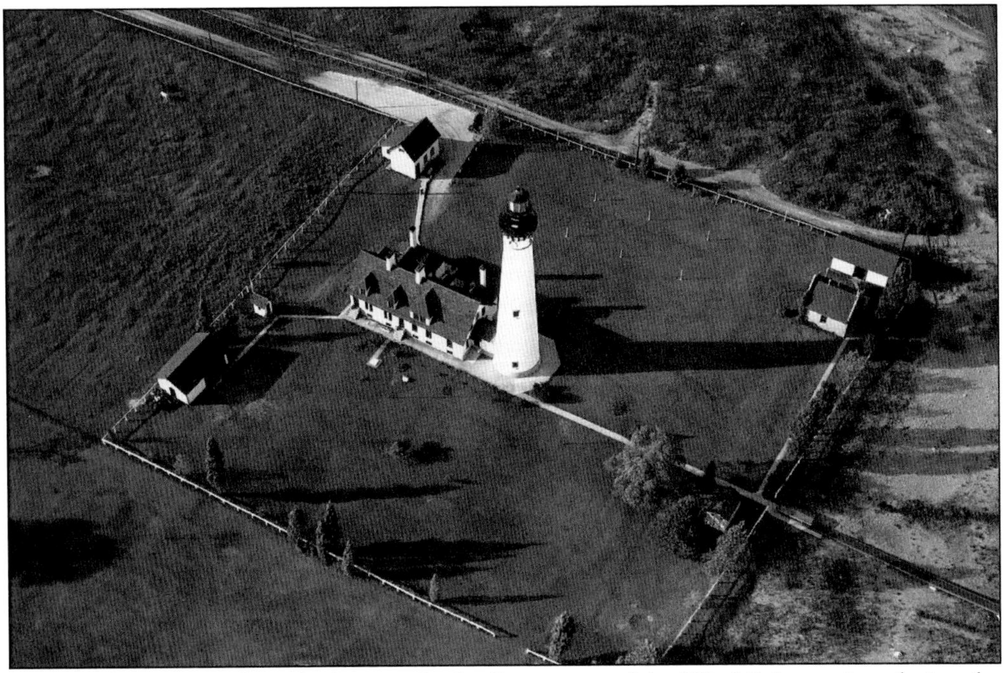

The late day sun casts long shadows in this bird's-eye view of the Wind Point station, during the 1940s. Two horses graze in the open field of the upper-left portion of the photograph. Another interesting detail seen from the air is the footprint left by the old dismantled windmill, located near the bottom, just to the right of center. (Courtesy Mike and Liana Cooper.)

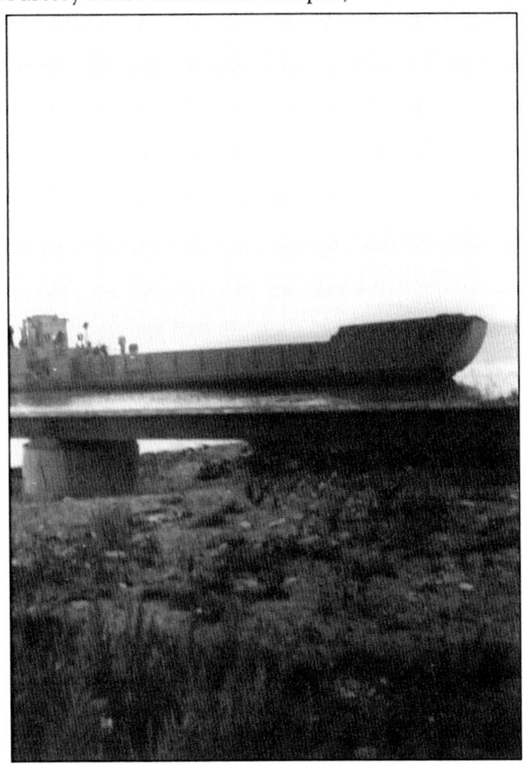

The beach at Wind Point was the site of a very uncommon occurrence in 1945. Pictured here is a landing barge that was intentionally beached by the military near the station's pier. The shallow water off the point, only a few feet deep, allowed servicemen to practice maneuvers that simulated actual landings the armed forces needed to conduct elsewhere in the world. (Courtesy Hazel Wishau Franseen.)

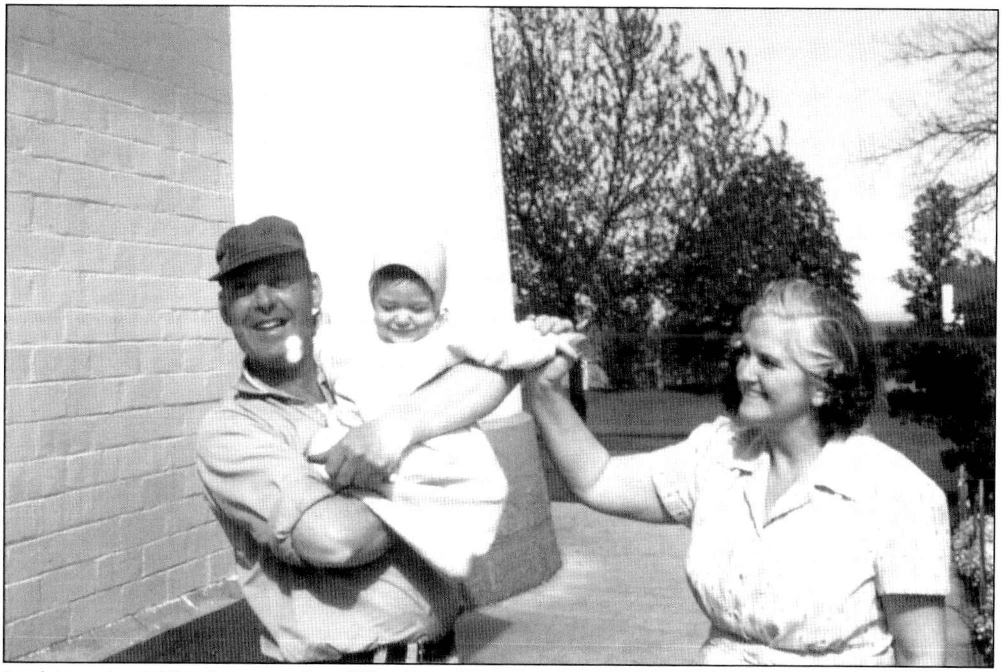

In this spring 1959 photograph at Wind Point, everyone is smiling as head keeper Oscar Franseen and his wife, Eleanor, take time to celebrate their first grandchild, David, age seven months. The trio is standing alongside a flower garden and the base of the mammoth light tower, which provides an appropriate backdrop. Sun reflections from Franseen's watch provide the glaring highlights. (Courtesy Hazel Wishau Franseen.)

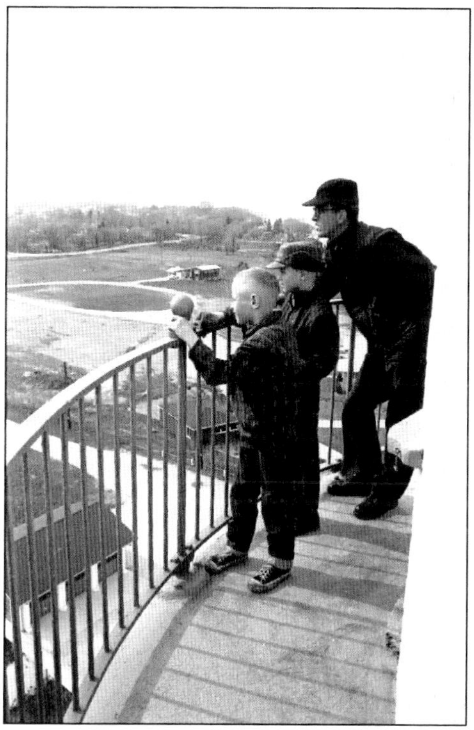

Throughout its history, it was quite common for the keepers and assistants at Wind Point to give guided tours to the top of the tower. Thousands of people took advantage of this and climbed for a bird's-eye view of the countryside. Here Coast Guardsman Wayne Keller escorts two young boys to the top railing, around 1964. It is likely everyone remembered this stunning panorama for many years. (Courtesy Mike and Liana Cooper.)

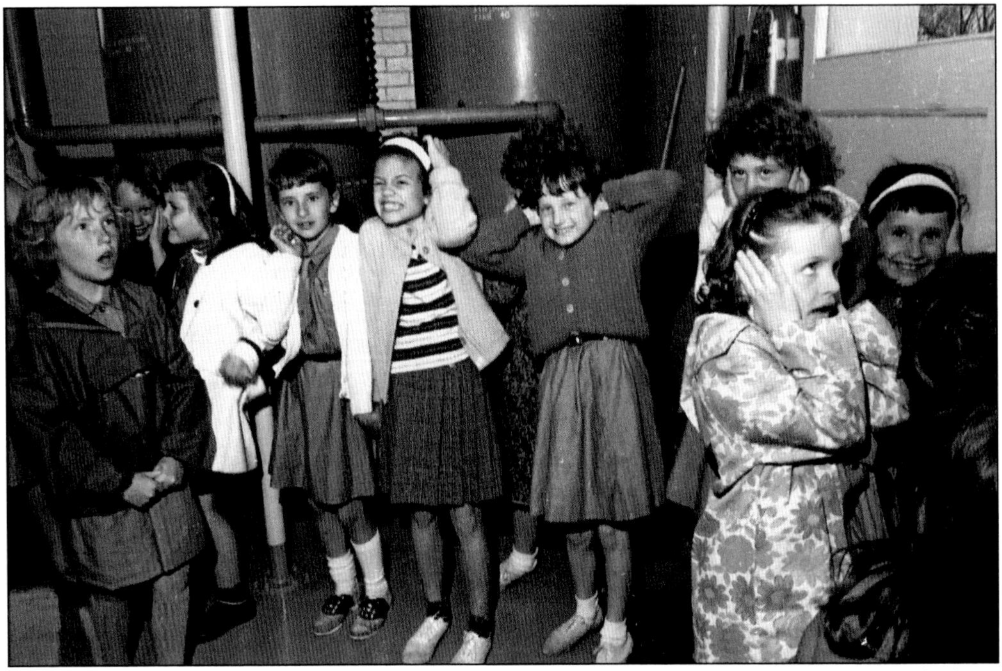

After being given some basic information on how the foghorn at Wind Point operated, these young Brownies from a local school were treated to the actual piercing sounds produced by the machinery. Appropriately, many chose to cover their ears as the horn bellowed. It was one of the last times the booming fog signals would reverberate. Some of Wind Point's neighbors probably were saddened, while others relished the quiet. (Courtesy Mike and Liana Cooper.)

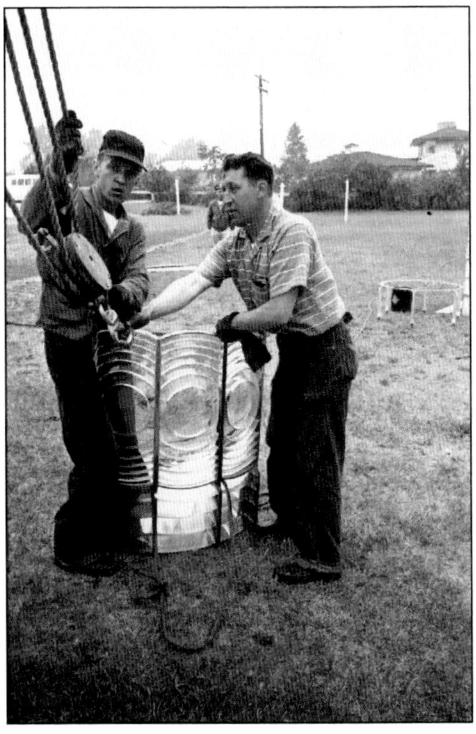

When the Fresnel lens was replaced in the tower at Wind Point in 1964, great care was taken to avoid breaking this invaluable engineering masterpiece. Here two workmen secure a portion of the lens safely on the ground. Piece by piece and without breaking a single bit of glass, the workers successfully brought down the entire lens from the 108-foot tower. (Courtesy Mike and Liana Cooper.)

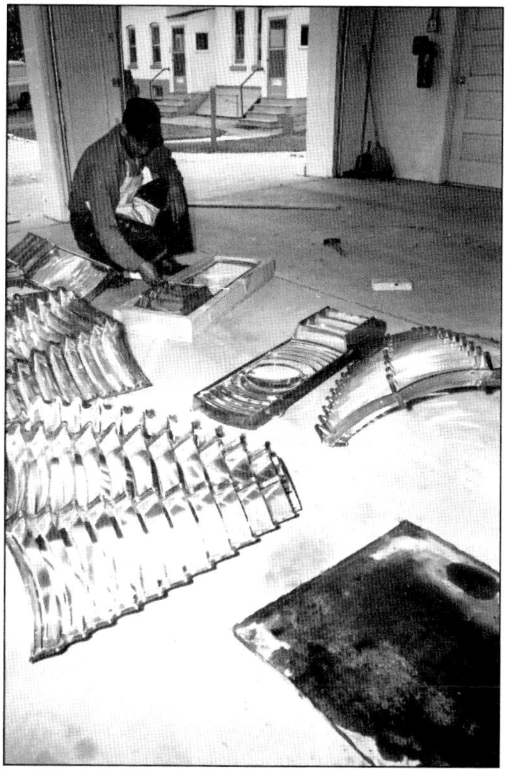

After removal of the lens from the tower, the sections were carefully numbered so it could be reassembled correctly later. Each section was packed to avoid damage, and the entire lens was transported to the Racine Historical Museum. Today the lens is on loan from the museum and resides in the head keeper's living room at Wind Point. When Fresnel lenses were shipped to the United States in the 1850s, they would have been crated similarly. (Courtesy Mike and Liana Cooper.)

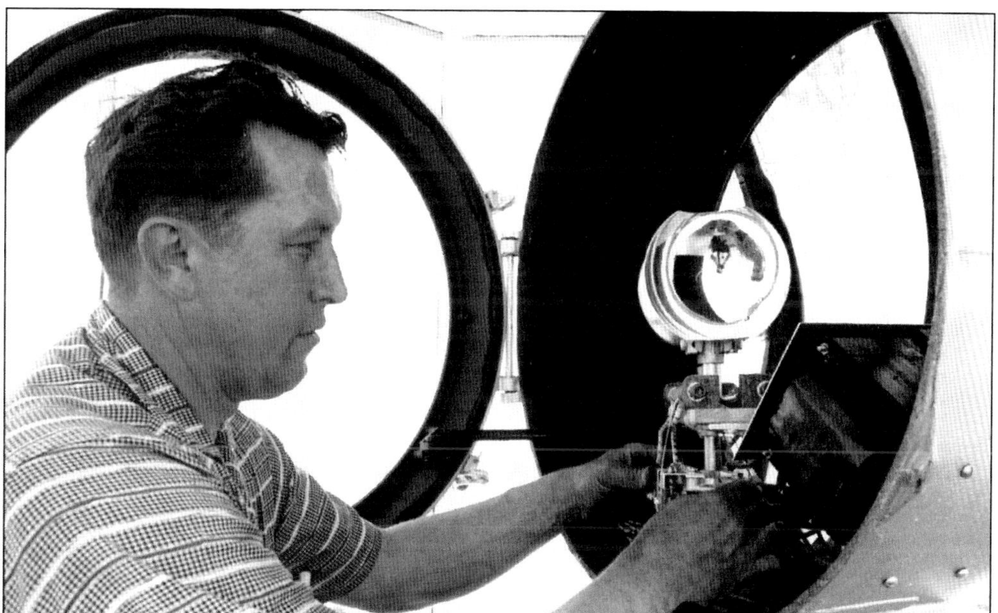

Technology steadily advanced at Wind Point. Although the light was electrified in 1924, the Fresnel lens remained in use for 40 more years. Eventually the lighthouse was fully automated and the Fresnel lens was removed. Here a rotating aerobeacon is installed in the lantern room to replace the French lens. This modern beacon still provides the light today. (Courtesy Mike and Liana Cooper.)

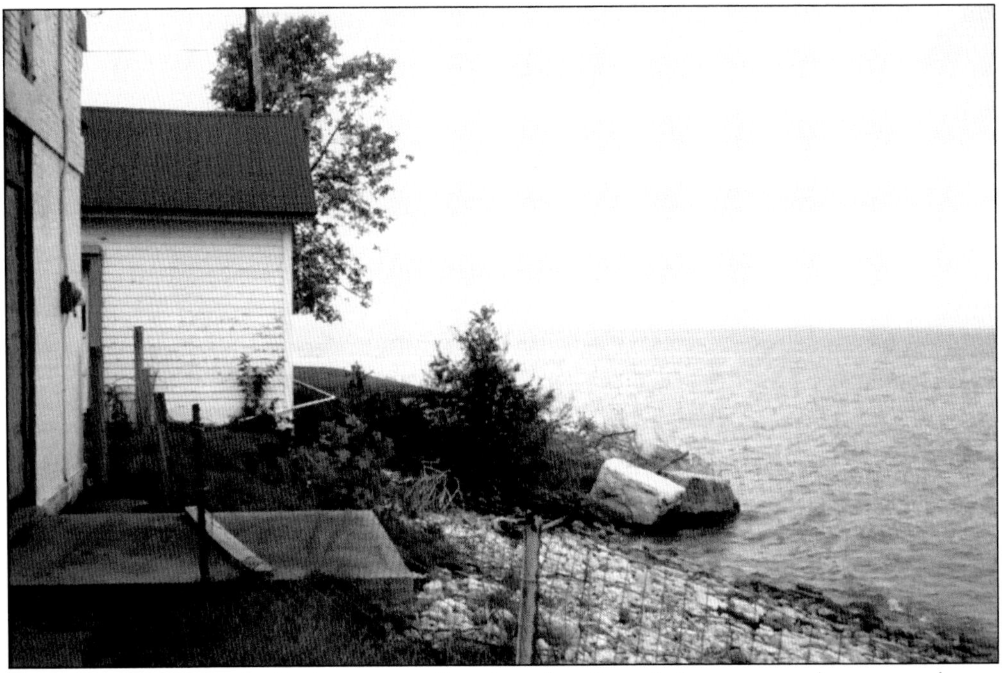

The water levels on Lake Michigan as well as the other Great Lakes can vary by mere inches or by several feet. In August 1987, very high water caused erosion to come dangerously close to the concrete slab outside the fog signal building at Wind Point. Today the lake is considerably lower and farther away from the facility. (Courtesy Hazel Wishau Franseen.)

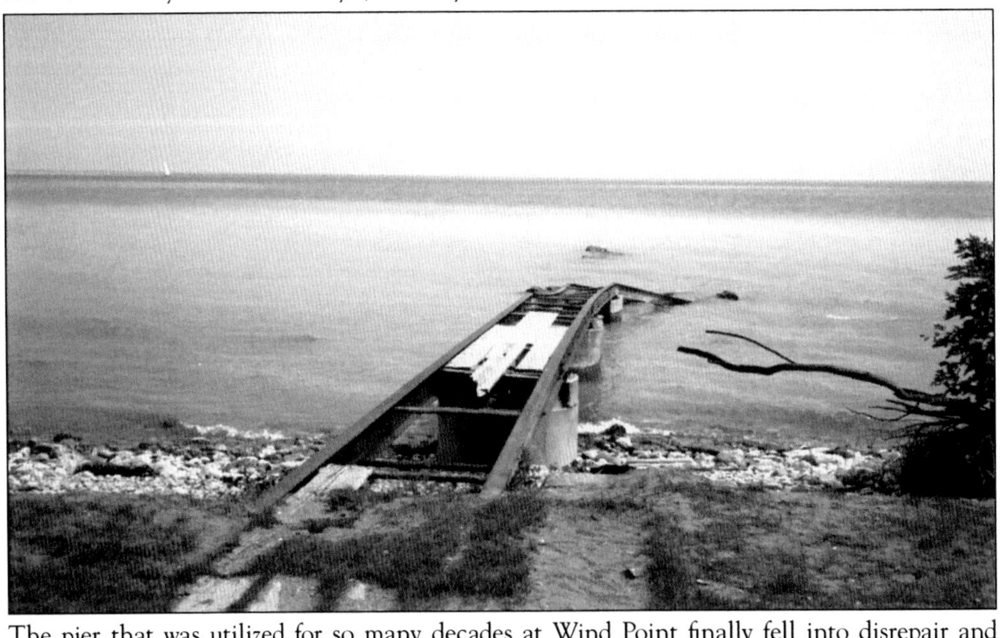

The pier that was utilized for so many decades at Wind Point finally fell into disrepair and succumbed to the elements. This 1987 photograph clearly shows the toll the structure took from Lake Michigan as well as from a change in its use. Some of the cement piling foundation is intact, but the metal frame and wood decking have been contorted by waves, wind, and stormy weather. (Courtesy Hazel Wishau Franseen.)

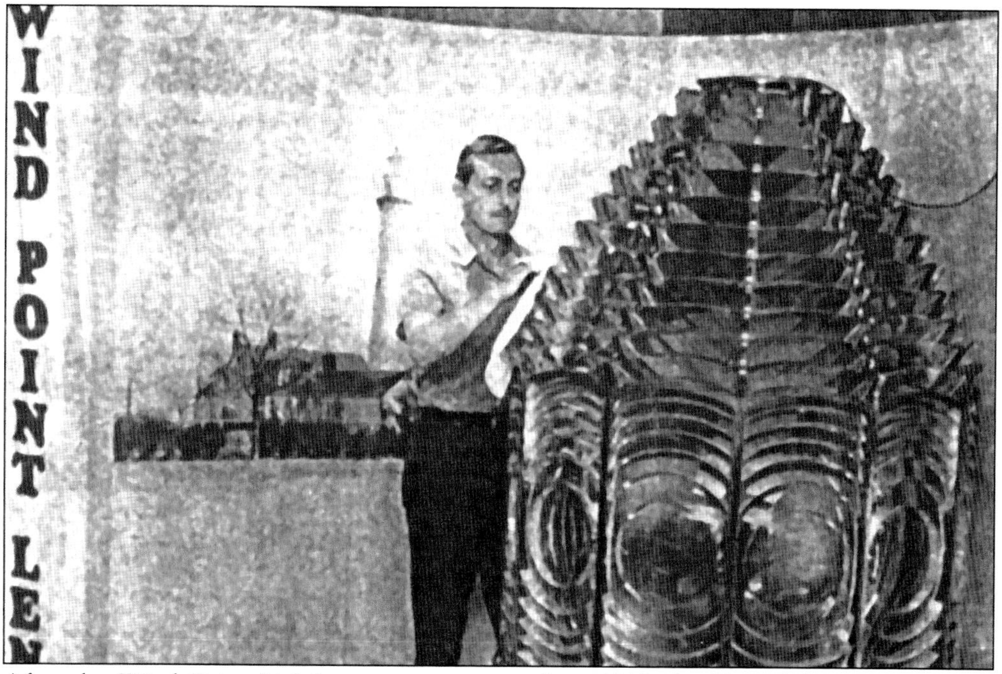

After the Wind Point Lighthouse was automated in 1964, the Fresnel lens was carefully dismantled and removed from the tower. Later it was painstakingly put back together and placed on public display at the Racine Historical Museum. This 1966 photograph shows Robert Vogel of the museum cleaning the lens. The lens would later return home to the lighthouse, resting in the former keeper's quarters. (Courtesy RJT, from Hazel Wishau Franseen.)

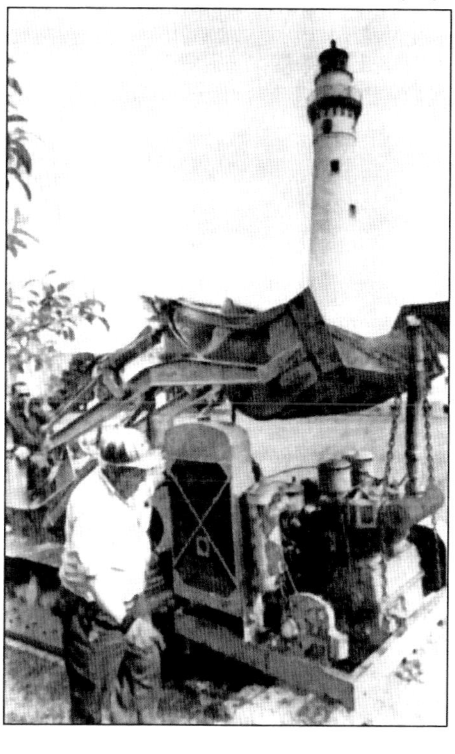

Although the foghorns at Wind Point had been silent for several years, the generators and supporting apparatus were not physically removed until the summer of 1970. Here workmen with a bulldozer and front-end loader carry the obsolete equipment past the automated tower. No longer would the distinctive "arr-oomph-aaa" sound, produced by harmonica-like reeds and air pressure, warn mariners in foggy conditions near the point. (Courtesy RJT, from RHM.)

Five

SAFEGUARDING THE FUTURE FRIENDS OF THE WIND POINT LIGHTHOUSE

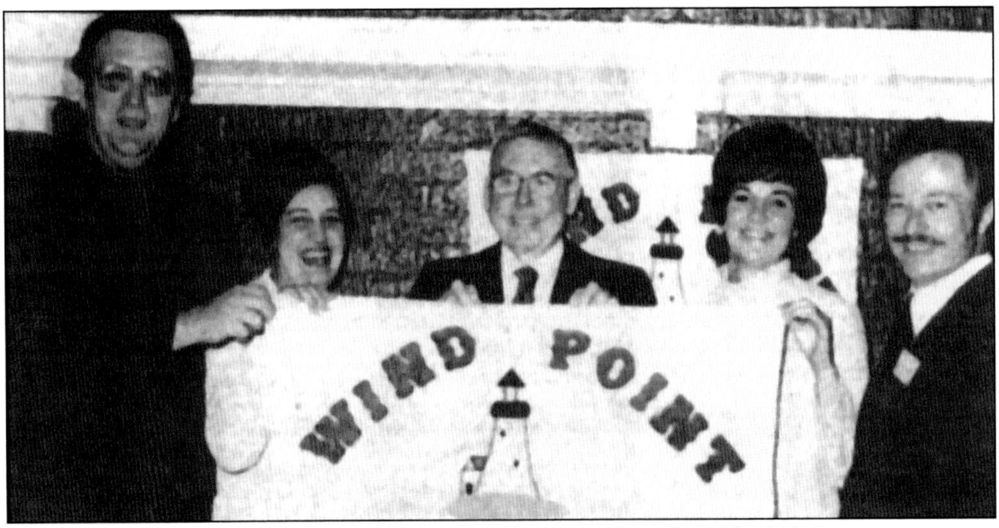

Wind Point was incorporated as a village in 1954. The village formed a lighthouse committee and began a lease with the Coast Guard in 1964. The Coast Guard remained responsible for the beacon. Some of the keeper's quarters became part of the village's offices, and the land became a park and was used for recreational purposes. The lighthouse was placed on the National Register of Historic Places in 1984. The Coast Guard transferred the lighthouse from the National Park Service to the Village of Wind Point in 1997, requiring them to maintain it as a historic site and landmark. The Friends of the Wind Point Lighthouse group formed in 1999. (Courtesy FOWP.)

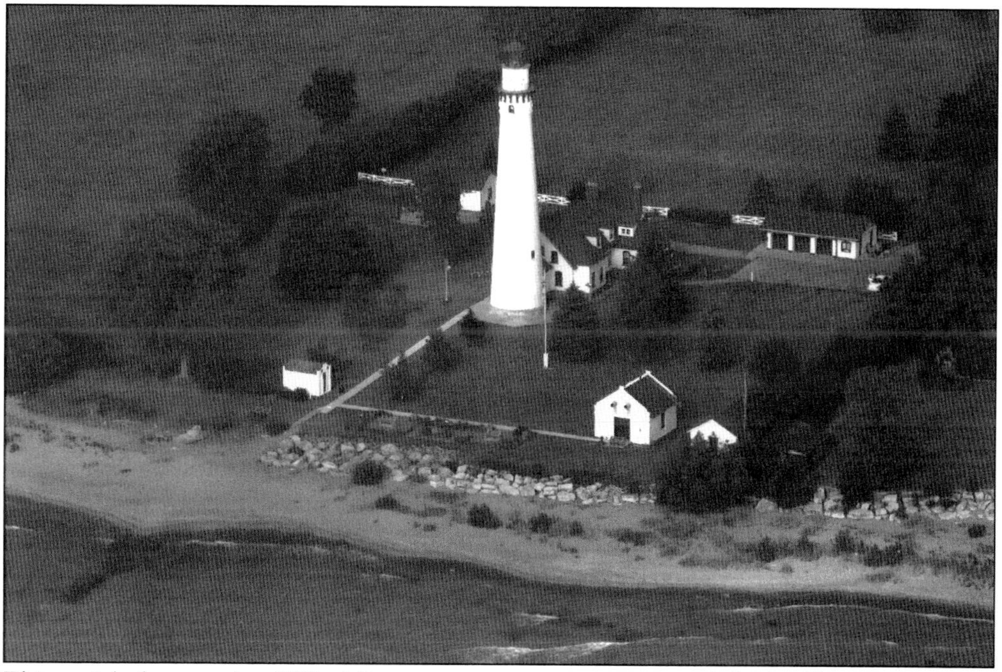

This aerial photograph of Wind Point is a great vantage point of the buildings currently at the complex. The light tower dominates the grounds. Along the lakeshore is the fuel storage building on the left and the 1900 cement foghorn structure to the right. Immediately to the right of that is a shed that was one of the original 1880 fog buildings, converted for oil storage and a workshop. The grand keeper's house, another barn, and a garage area round out the sprawling station. (Courtesy Joan and Dan Milaeger.)

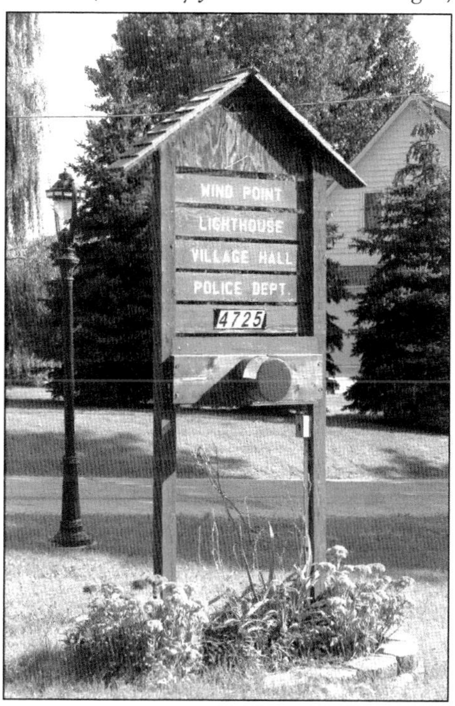

Today this simple sign marks the way to the Wind Point Lighthouse along Lighthouse Drive. A brief jaunt down a driveway leads to the beautiful parklike setting and the majestic tower. The former keeper's and assistant's living quarters now house the Wind Point Village Hall and police department as well as the lighthouse caretaker. (Authors' collection.)

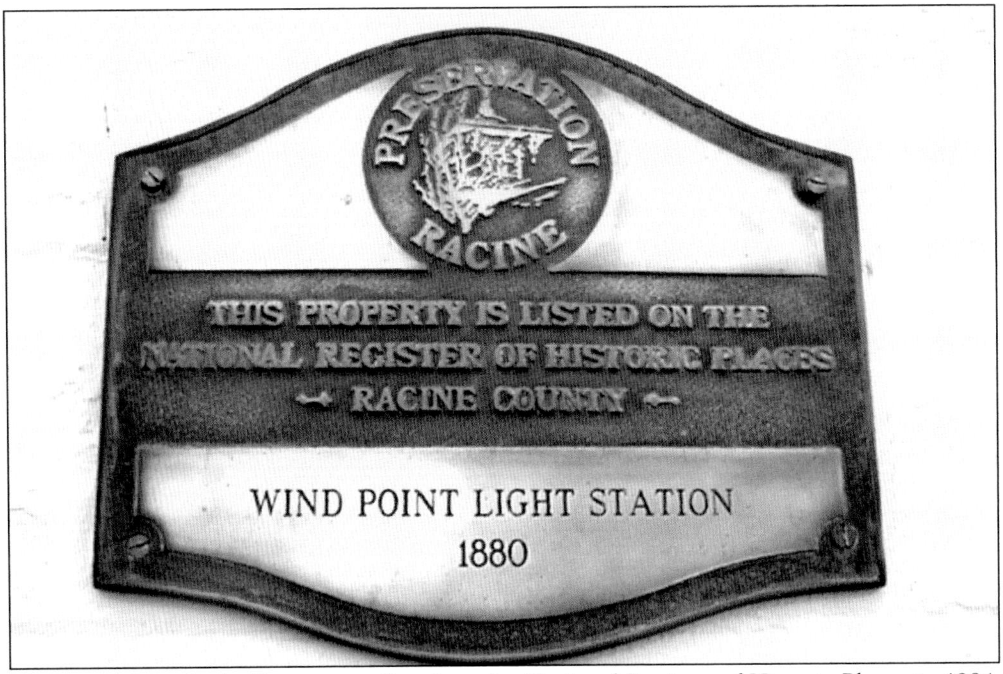

The Wind Point Light Station was listed on the National Register of Historic Places in 1984. This designation indicates a cultural resource worthy of preservation in American history. The lighthouse was certainly instrumental in Racine's favorable maritime fortunes. The plaque is affixed to the side of the former keeper's residence. (Courtesy FOWP.)

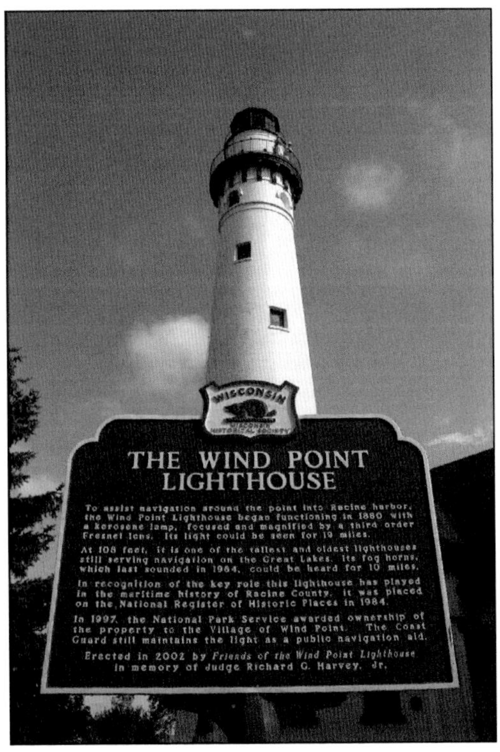

This Wisconsin Historical Society marker, replacing an old sign at Wind Point in 2002, gives visitors a brief summary of the history of the light station. The stately tower stands proudly in the background. Historical markers identify important locations that have contributed to the state's rich heritage. Wind Point certainly meets that standard! (Authors' collection.)

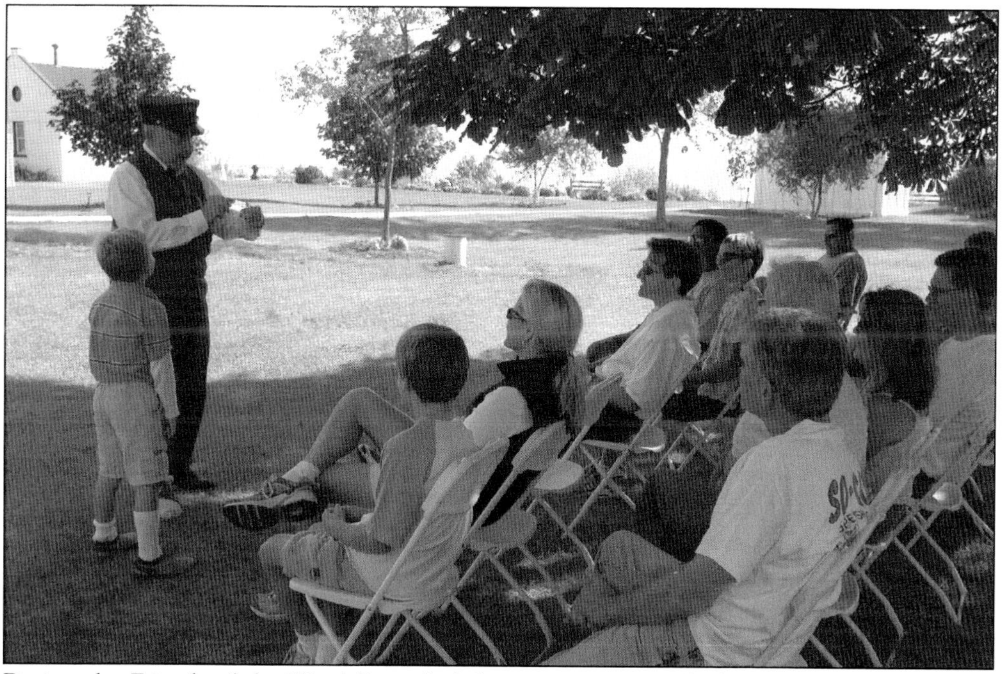

During the Friends of the Wind Point Lighthouse open tower climbs, volunteer John Schmit explains how prisms work to magnify and bend light in a Fresnel lens. This friends group considers education to be a most important part of lighthouse preservation. Interpretive history is always included as part of the open tower days and is enjoyed by people of all ages. (Authors' collection.)

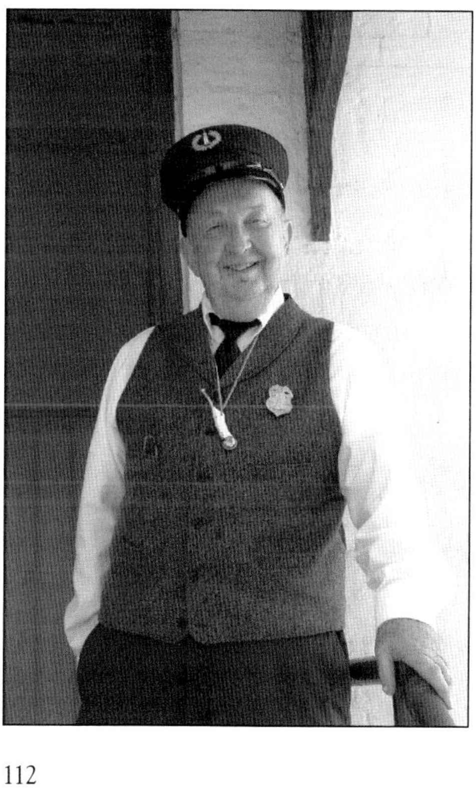

Friends officer John Schmit portrays Wind Point keeper Peter Petersen as he poses for this photograph during a recent open tower event. Prior to climbing, participants are given a brief history of the Wind Point Lighthouse and its historical importance. Everyone is welcome to ask questions. Today volunteers and a caretaker family keep the history of the lighthouse alive. (Authors' collection.)

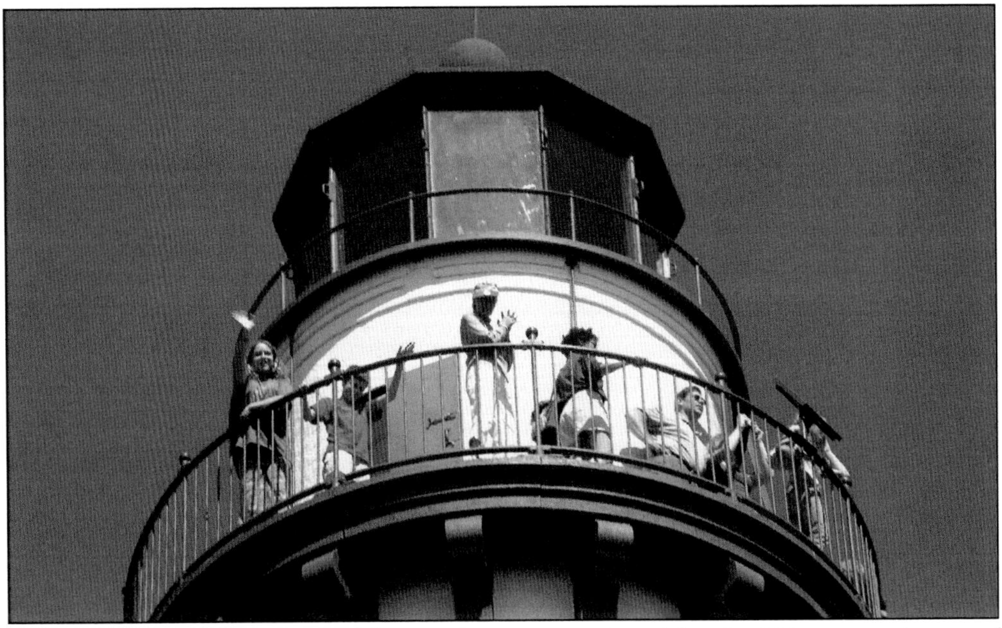

During open tower dates at Wind Point, what a treat it is to hike the 144 steps to the top of the lighthouse. Ample time is allowed for climbers to step outside the watch room for a photo opportunity and enjoy the view from the top. Since only a certain number of people are allowed to go up at one time, advance reservations are required. (Authors' collection.)

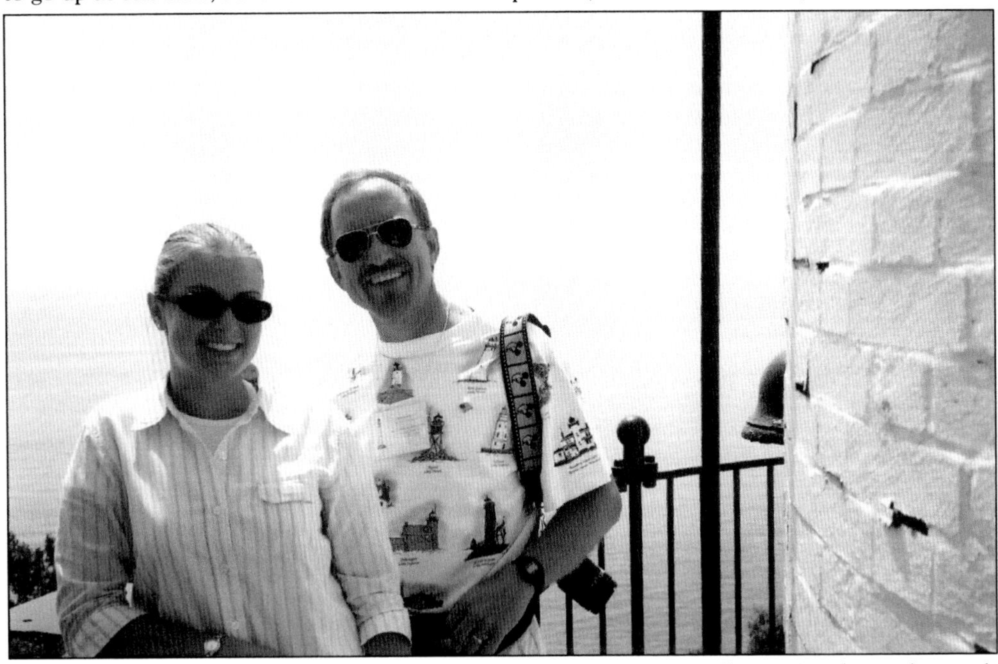

Advance reservations for the open tower climbs at Wind Point, generally one Sunday each month during the summer, are consistently sold out. Climbers learn about the history of the lighthouse and then begin the long trek up the steps to the watch room. This father and daughter enjoyed the view of the grounds and Lake Michigan and took a photograph to document they made it to the top. (Authors' collection.)

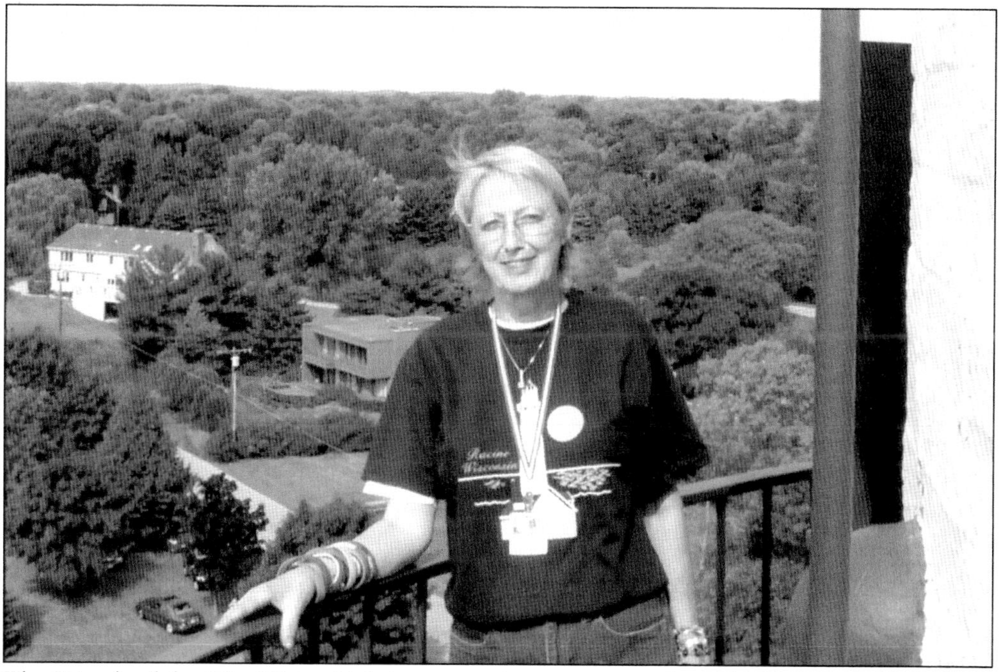

The Friends of the Wind Point Lighthouse receives permission from the U.S. Coast Guard and the Village of Wind Point to open the tower to the public several times per year. People of all ages climb the tower to admire the view. In this 2005 photograph, friends member Barb Rigden, a registered nurse, is stationed at the top of the tower to render assistance if necessary. (Courtesy Barb Rigden.)

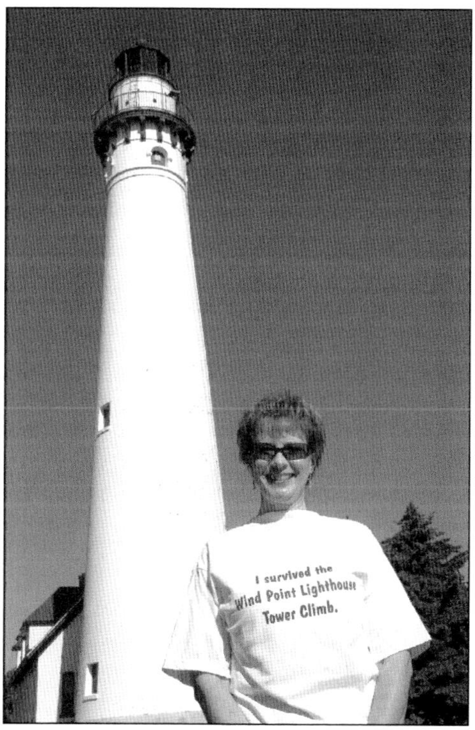

Open tower climbs at the Wind Point Lighthouse draw loads of people and are a lot of fun. If one is not keen on very tall places, a walk around the grounds and buildings is very enjoyable as well. Those who do climb the circular stairway see an incredible view at the top. This lady models her "I survived the Wind Point Lighthouse tower climb" T-shirt after her memorable trek. (Authors' collection.)

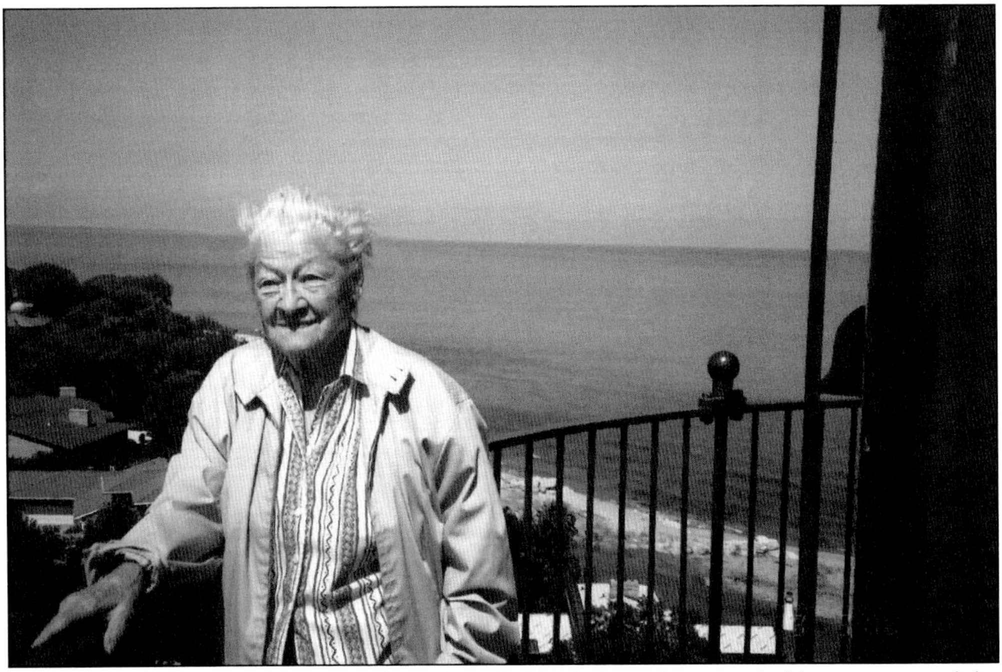

Pictured here is 89-year-old Mae Jacobsen. Legally blind, she is the second-oldest person, and the oldest woman thus far, to climb the tower at Wind Point. This was her second journey to the top of the lighthouse. After a successful ascension on July 3, 2005, she posed outside the lighthouse's watch room, along the railing, for this photograph. (Courtesy Barb Rigden.)

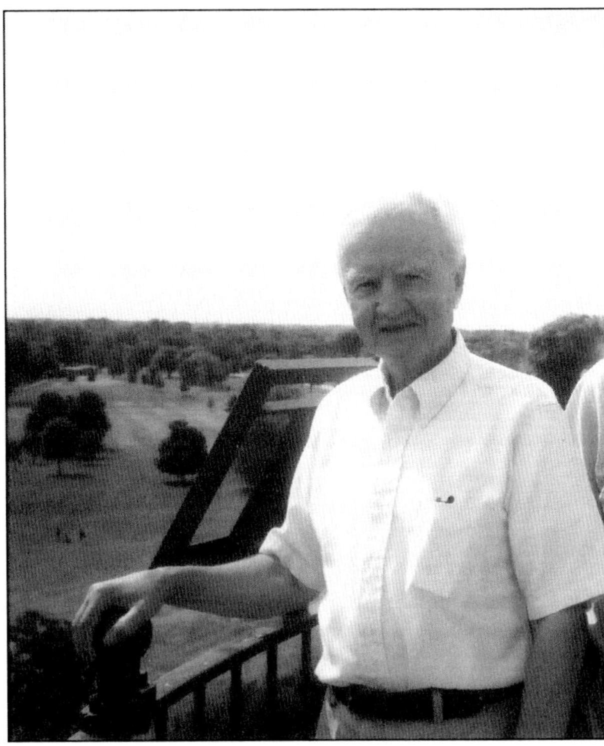

A gentleman celebrating his 90th birthday chose to spend it climbing the Wind Point tower. In September 2005, Milton C. Petersen enjoys the spectacular view from the railing high atop the lighthouse. It was his first open tower hike. As this photograph shows, Petersen is still very active and enjoys Racine's historic landmarks. (Courtesy FOWP.)

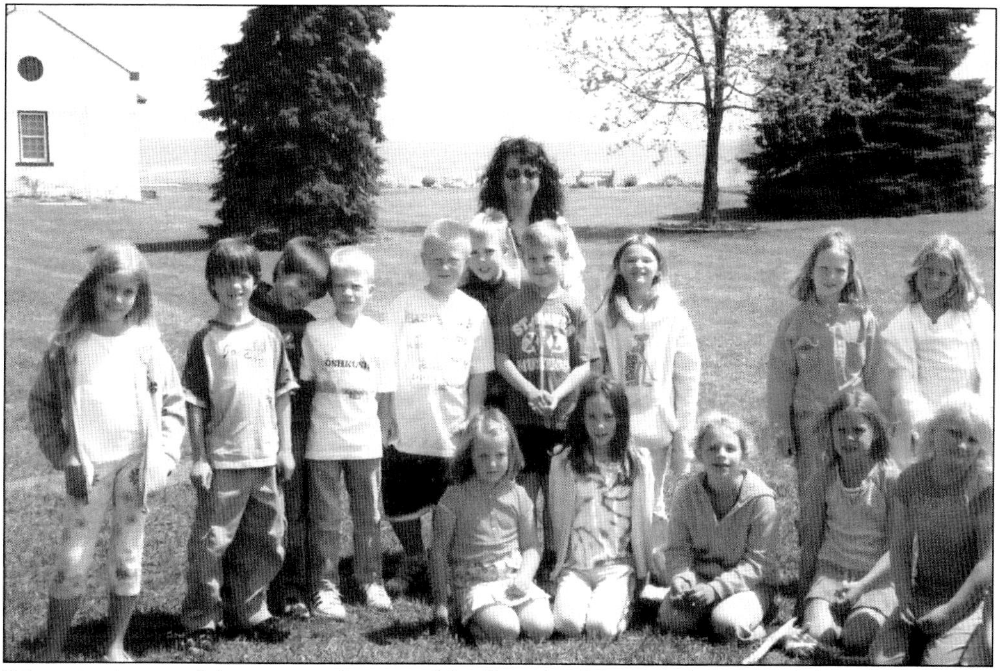

Education is one of the primary focuses of the Friends of the Wind Point Lighthouse group. The history of this maritime treasure is taught to youngsters as well as senior citizens. Here a group of elementary students from the Racine area pose for their picture in the yard at Wind Point. Many different school groups have visited the lighthouse over the years. (Courtesy FOWP.)

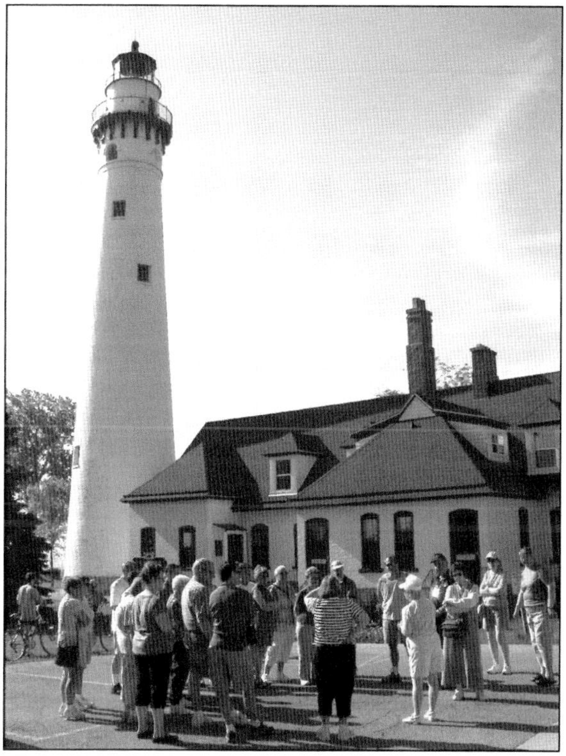

In its lifetime, thousands of people have journeyed to Wind Point. It is one of Racine's most favored tourist destinations. With the lighthouse as a backdrop, a bus tour group is assembled, listening to the history provided by Mary Wackerhagen, one of the Friends of the Wind Point Lighthouse volunteers. Education is a cornerstone of the group's efforts at the light. (Authors' collection.)

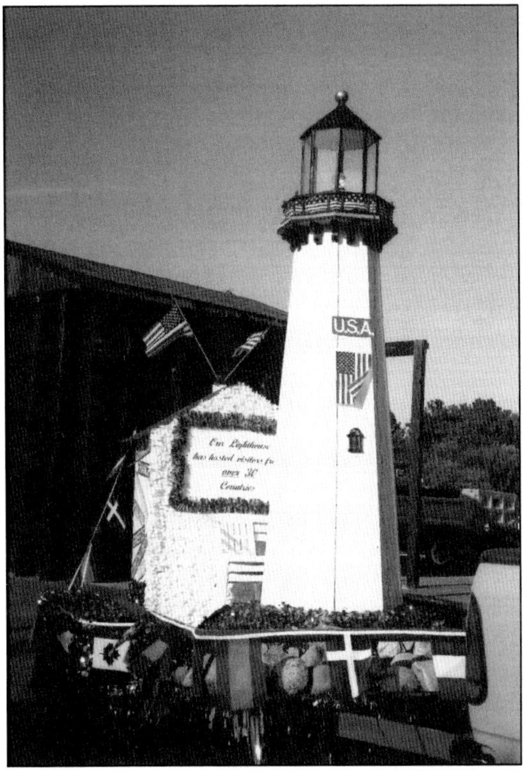

As if there was not enough work to do at the lighthouse, the Friends of the Wind Point Lighthouse are also involved within the Racine community promoting their favorite beacon. The group has entered a float with a replica of the lighthouse in the Independence Day celebrations for several years. On the Fourth of July 2006, the entry, with its international visitor theme, won an award in the nonbusiness category. (Courtesy FOWP.)

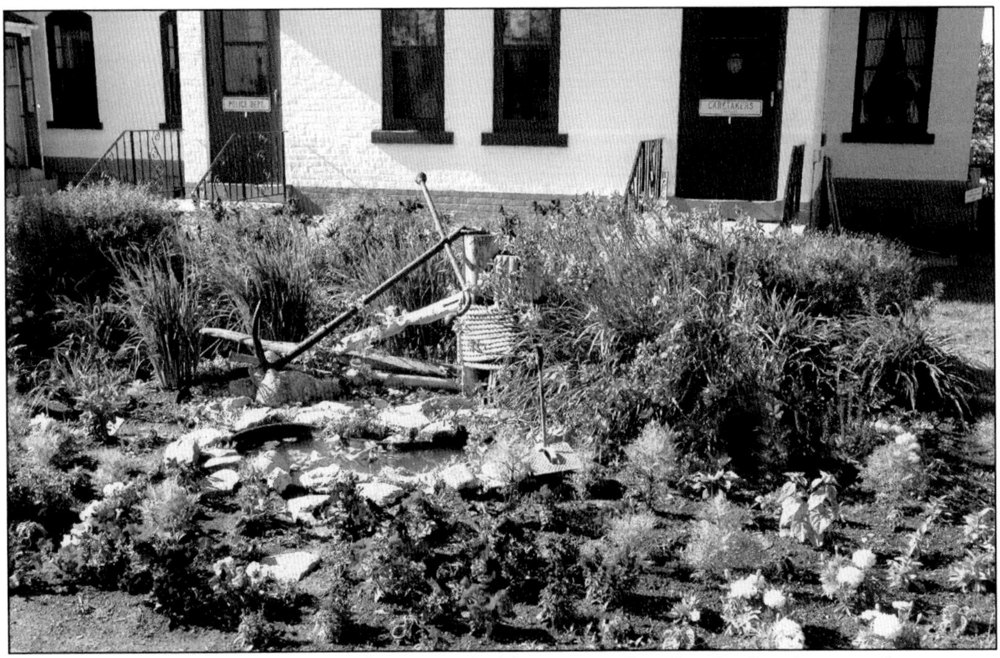

Today the main lighthouse grounds are tended by a caretaker family that lives at the station. This garden, with a nautical design, stands outside their home. History speaks of the keepers planting trees and shrubs. Many of the keepers' wives had flower and vegetable gardens. The modern-day caretaker family carries on this tradition. (Courtesy FOWP.)

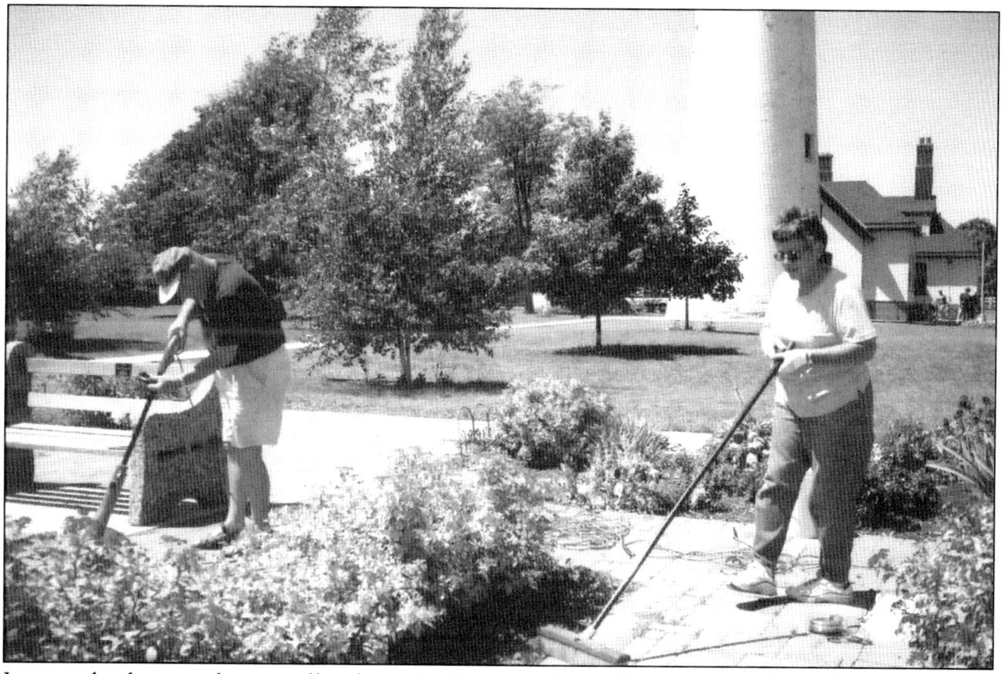

Just as the keepers historically always had seemingly endless work to do to keep the Wind Point Light Station shipshape, the modern-day volunteer members of the Friends of the Wind Point Lighthouse are also always working. The grounds and lakefront memorial garden require weeding, trimming, sweeping, watering, and other landscaping duties. All these efforts keep the grounds ready to "pass inspection." (Courtesy FOWP.)

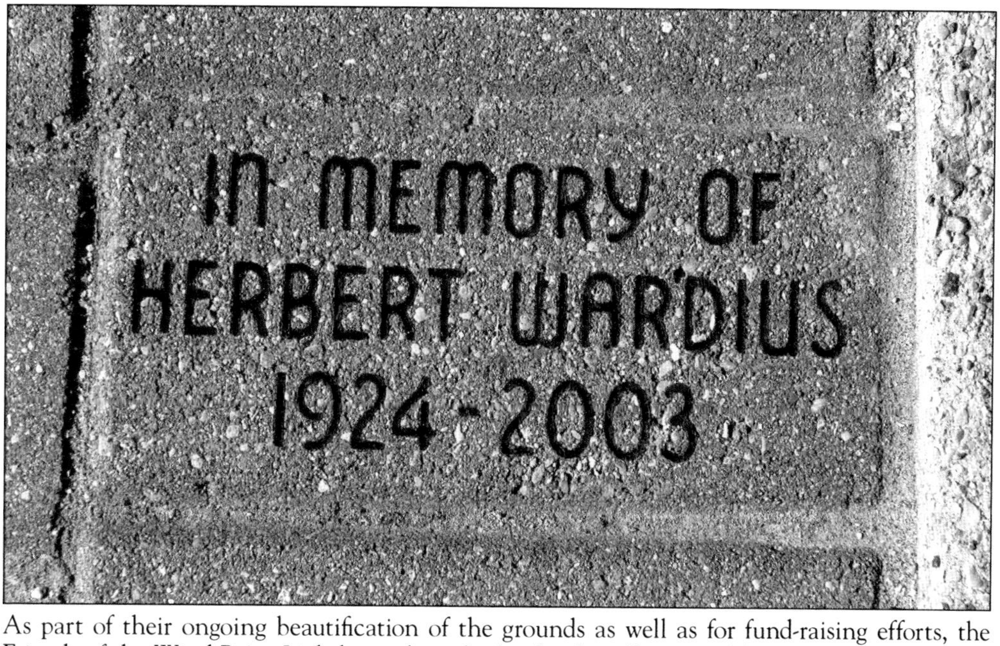

As part of their ongoing beautification of the grounds as well as for fund-raising efforts, the Friends of the Wind Point Lighthouse have built a brick walkway and lakefront garden. In this picturesque place one can sit and enjoy the lake breeze, stop and smell the flowers, or look for the names of loved ones along with those of all the former keepers. (Authors' collection.)

Space shuttle astronaut Laurel Salton Clark had ties to Wind Point and considered Racine her home. She graduated from Horlick High School in 1979 and began to train for space flight in 1996. She and six fellow astronauts died on February 1, 2003, when the space shuttle *Columbia* burned and disintegrated during reentry into the earth's atmosphere. She was honored posthumously with the Space Medal of Honor and is buried at Arlington National Cemetery. (Courtesy NASA.)

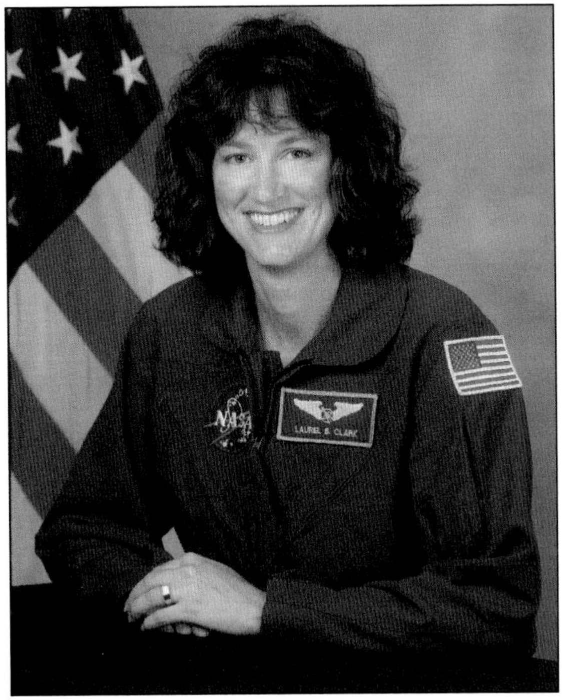

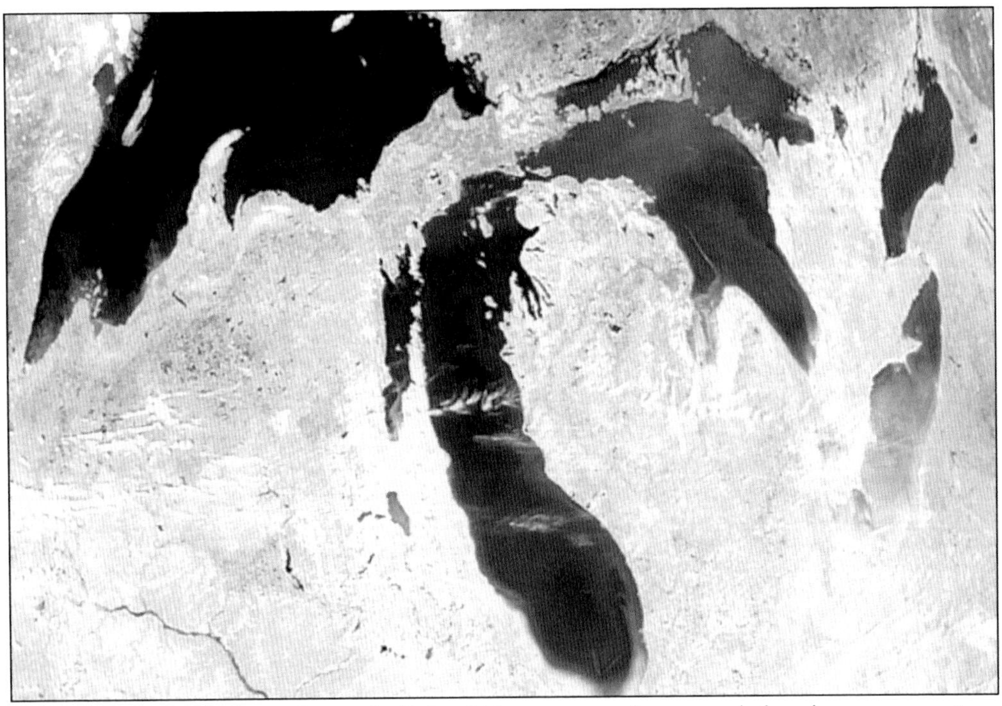

While orbiting high above the earth, *Columbia*'s space travelers marveled at the awesome views of many areas of the earth far below. Poignantly, an e-mail from Laurel Clark aboard *Columbia* specifically mentioned seeing Wind Point from over 100 miles above the planet. It was a view she only mentioned a single time. A memorial brick was laid for Clark in the garden at Wind Point. (Courtesy NASA.)

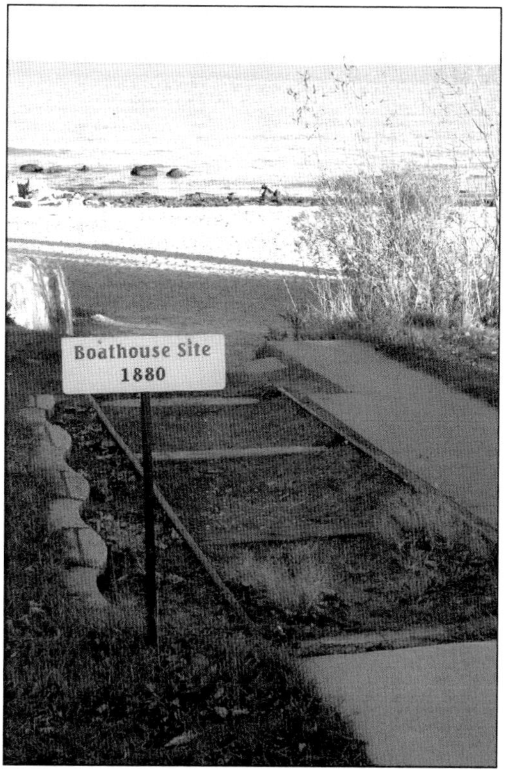

The Friends of the Wind Point Lighthouse are always making improvements to the grounds. Their handiwork is pictured here. This modern sign marks the remnants of the boathouse tracks that were once used as a tramway to move supplies from the pier and helped launch the lighthouse boat. Additional signage at the station is placed by other buildings. (Authors' collection.)

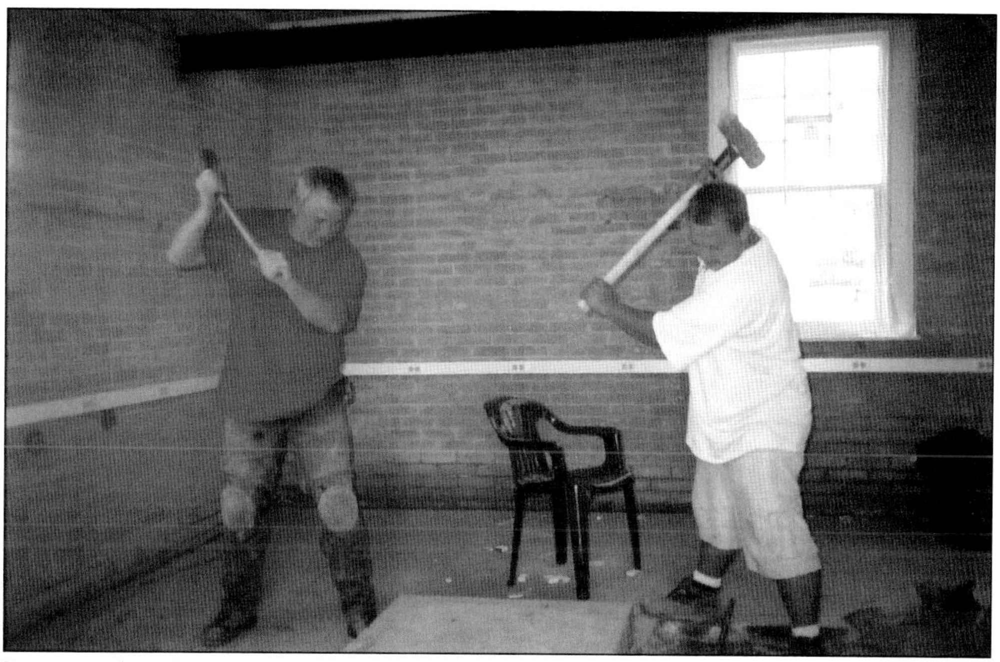

During its long history, Wind Point's fog signal building was an extremely busy place. Day or night, some type of work always seemed to be going on there. When the facility was converted into a nautical museum, much effort and brute force were necessary to transform it. Here two volunteers wield heavy sledgehammers to dismantle a concrete slab. (Courtesy FOWP.)

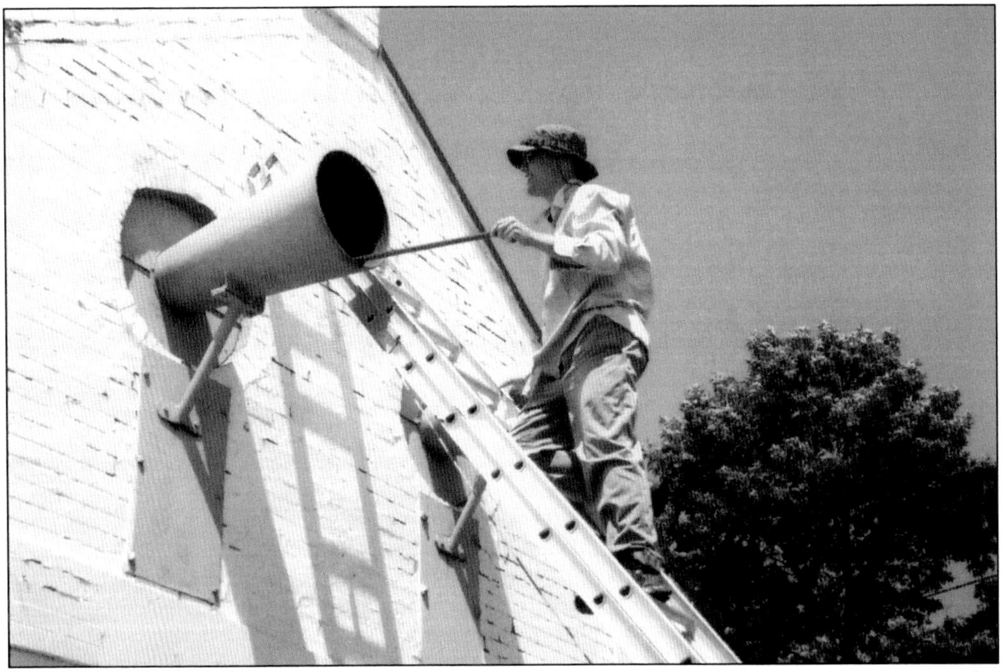

The majority of the conversion and restoration work of the old fog signal building involved the interior. The exterior, however, did command some attention. Here a ladder-climbing volunteer balances and cleans the inside of the metal foghorn resonators. After scraping and priming, the megaphone-shaped horns received their final coats of red paint. (Courtesy FOWP.)

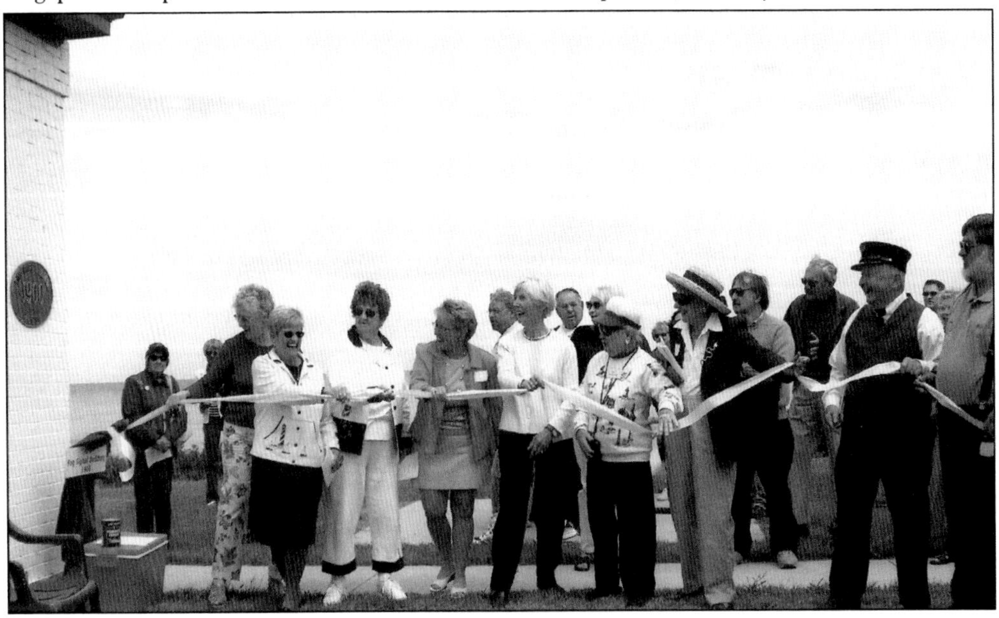

The fog signal building museum was dedicated with a ribbon-cutting ceremony in June 2006. Some of those pictured are members of the Friends of the Wind Point Lighthouse as well as those who did much of the work to beautifully convert the building into a museum. Inside one can enjoy photographs and artifacts from the shipwreck *Kate Kelly* and push a button that plays a much softer version of the sound of the old foghorn. (Courtesy FOWP.)

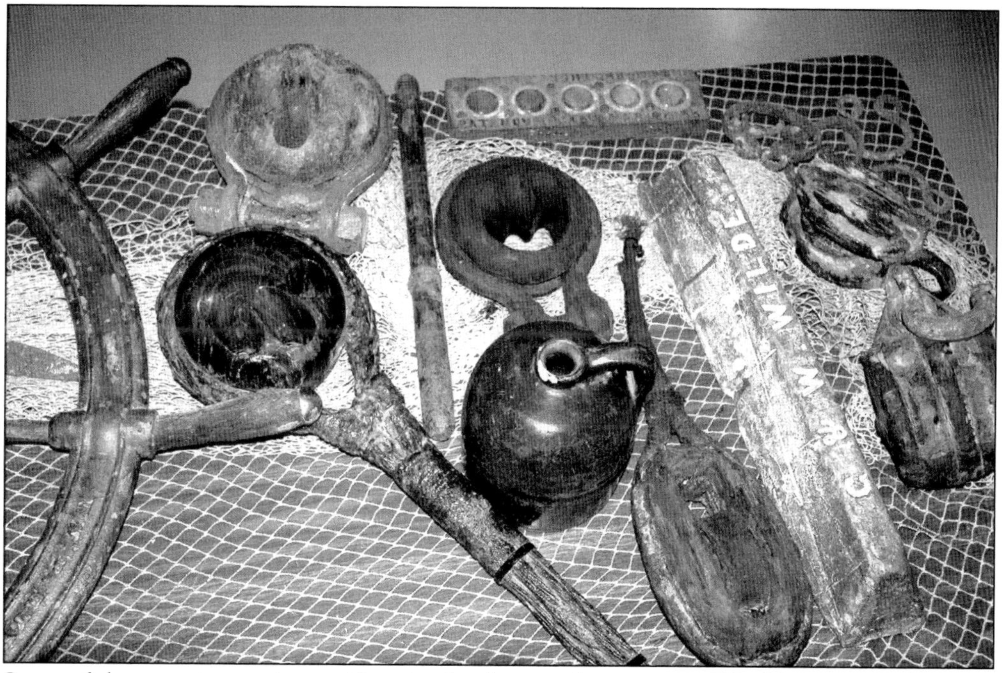

Some of the most interesting artifacts in the fog signal museum at Wind Point come from the wreck of the two-masted schooner *Kate Kelly*, which sank about a mile and three-quarters east of Wind Point in 1895. Pictured here are various remnants, including the ship's wheel, deadeyes, a belaying pin, a block pulley, and a lead ballast weight. (Authors' collection.)

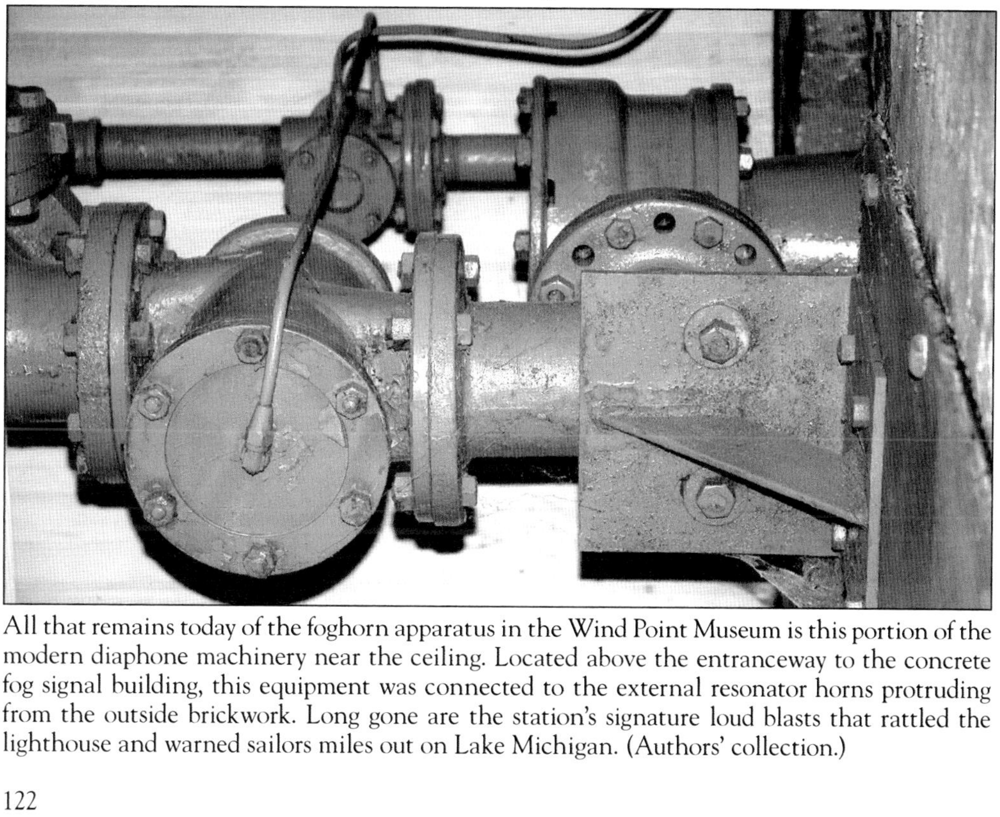

All that remains today of the foghorn apparatus in the Wind Point Museum is this portion of the modern diaphone machinery near the ceiling. Located above the entranceway to the concrete fog signal building, this equipment was connected to the external resonator horns protruding from the outside brickwork. Long gone are the station's signature loud blasts that rattled the lighthouse and warned sailors miles out on Lake Michigan. (Authors' collection.)

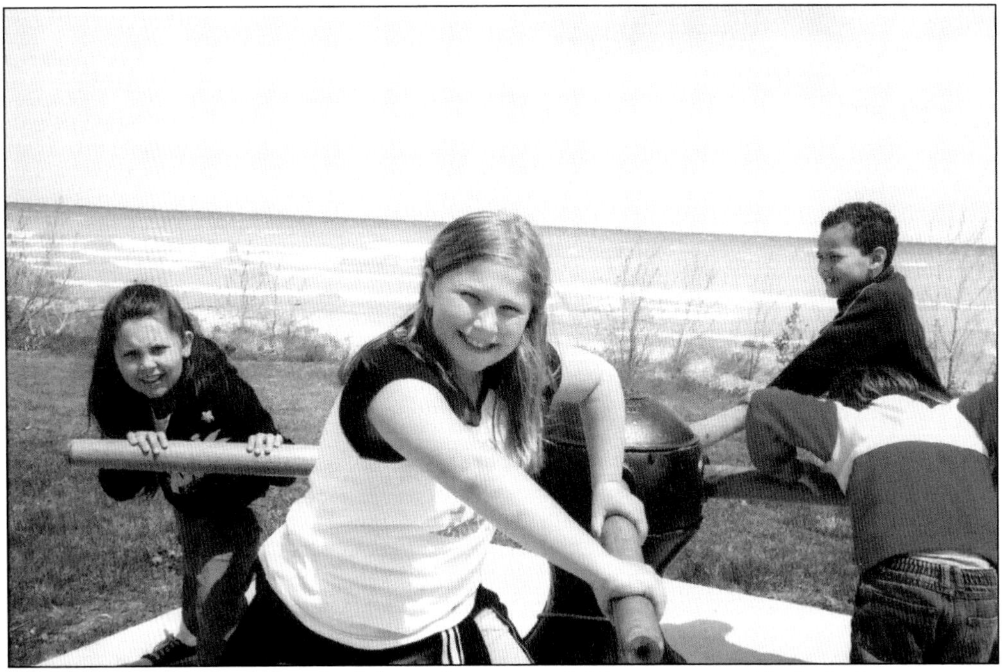

The Friends of the Wind Point Lighthouse have erected this capstan outside the foghorn museum at Wind Point, near the Lake Michigan shoreline. Capstans move or raise heavy weights by using a cable wound around a drum. These children are providing the power to operate this educational display at Wind Point. (Courtesy FOWP.)

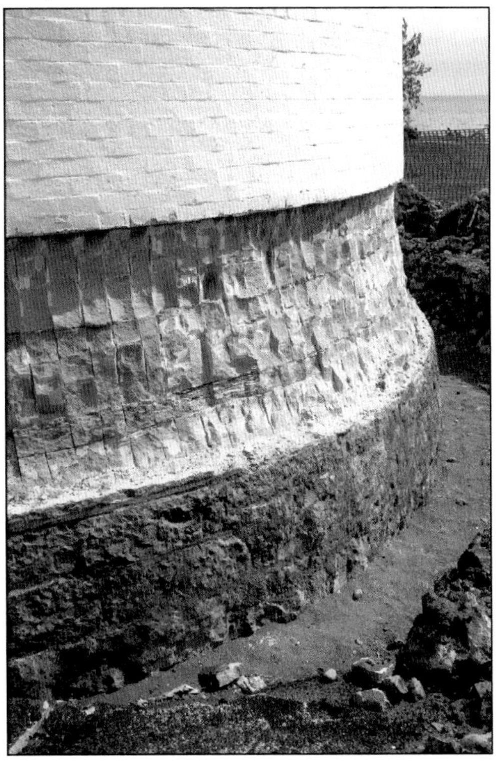

In 2006, the base of the Wind Point tower underwent significant reconstruction. Some of the exterior bricks were deteriorating. Wind Point's foundation extends 10 feet deep to bedrock. It is 22 feet in diameter at the base, and the walls are seven feet thick. Because of Wind Point's preservation status, modern replacement brickwork needed to be historically accurate in both size and shape. (Authors' collection.)

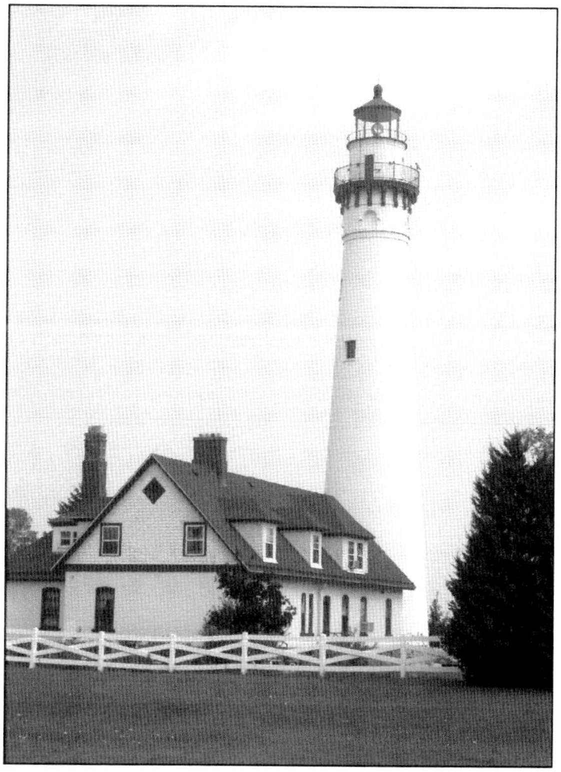

Today the grounds at Wind Point provide an opportunity to view an old historic lighthouse in an especially well-kept and scenic location. All other Great Lakes lights should be as lucky and be so well taken care of. Wind Point's setting is so picturesque, wedding ceremonies and photograph taking are a few of the most common modern activities here. (Authors' collection.)

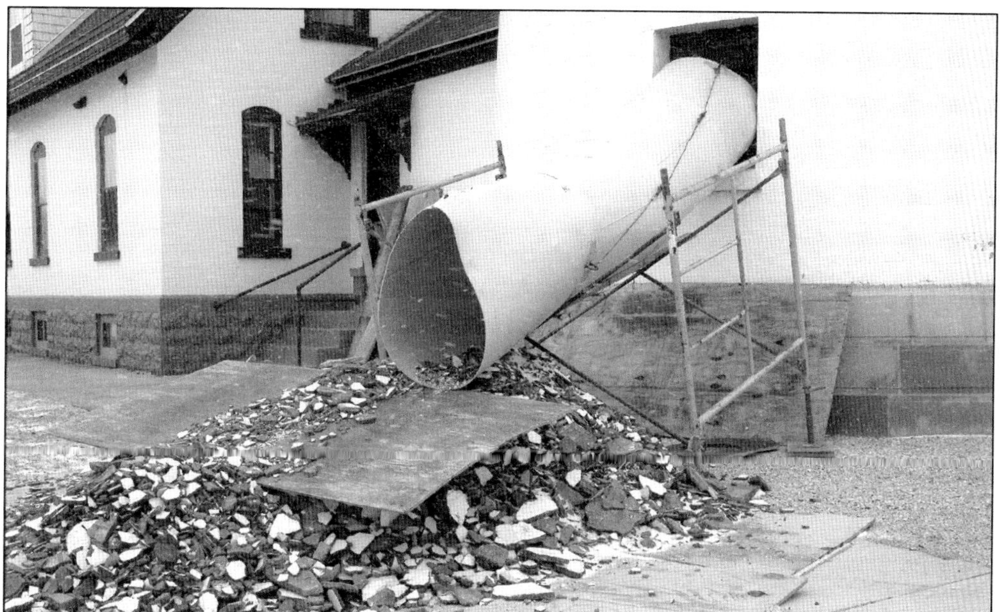

In early 2007, the lighthouse won a national contest for new windows in the tower. Restoration and maintenance work on the interior walls of the tower also began. Moisture had damaged some of the brickwork, plaster, and mortar. Once repaired, the walls will be painted with a breathable paint that does not trap dampness. Upkeep of the lighthouse is a continuing effort, just as it was for keepers of the past. (Authors' collection.)

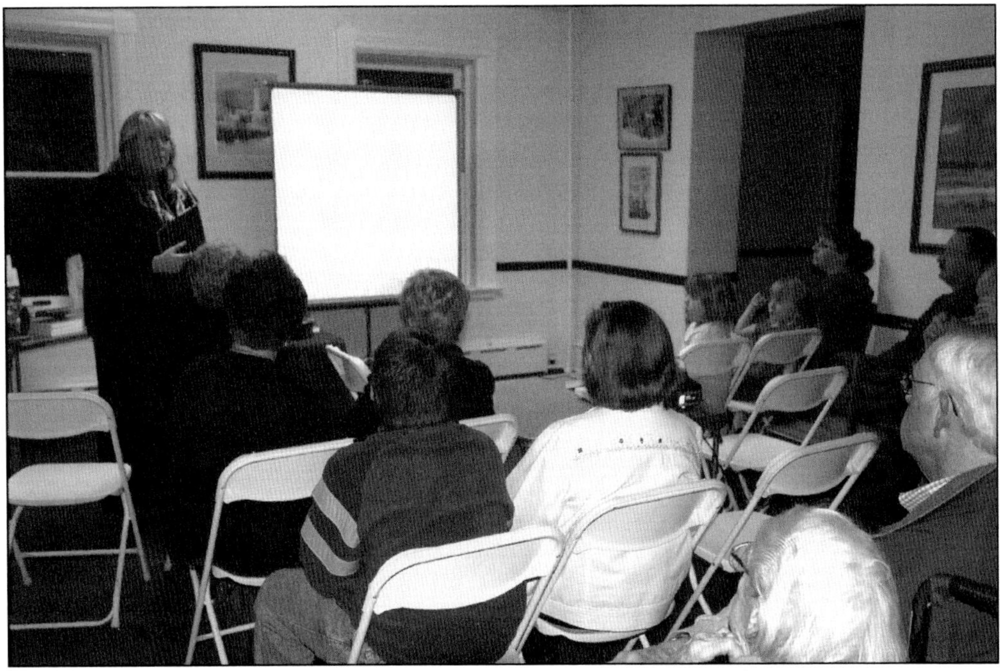

An essential element of the legacy of the Friends of the Wind Point Lighthouse is its continuing efforts with education. This is provided to adults through various programs offered at the lighthouse. Periodically the group hosts evening programs dealing with a variety of maritime subjects. Volunteers also speak to other diverse groups at various locations throughout the community. (Authors' collection.)

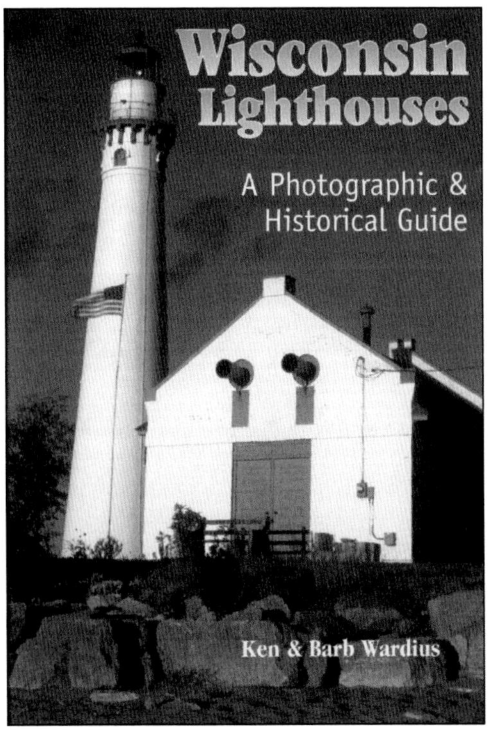

During its long history, the Wind Point Lighthouse has been photographed and painted innumerable times. Featured prominently on the pages of Racine newspapers, the striking tower also graces magazines, calendars, and the covers of books. This Wisconsin lighthouses book cover offers an eye-catching image of the mammoth lighthouse and fog signal building. (Authors' collection.)

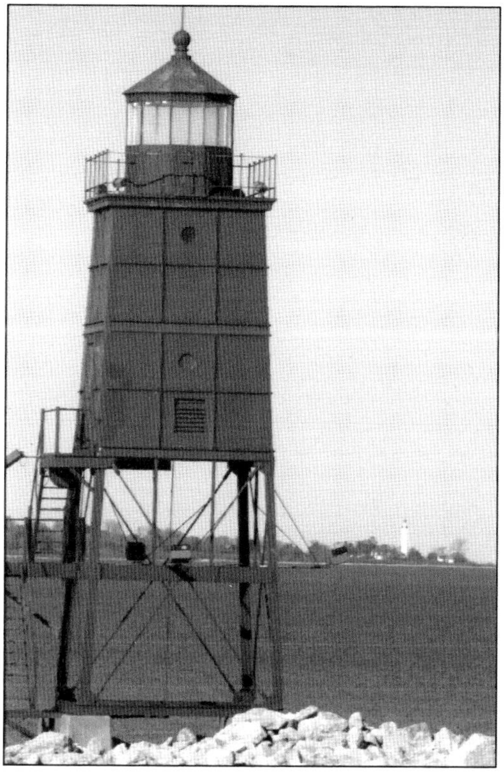

The Racine North Breakwater Lighthouse, in the company of the Wind Point Light a few miles in the background, still marks the entrance into the harbor at Racine. Today the old red light has been replaced by a modern marker, but is illuminated for ornamental purposes where it rests on a concrete breakwater. Locals prevented this lighthouse from being scrap piled. Both beacons are a testament to Racine's nautical heritage. (Authors' collection.)

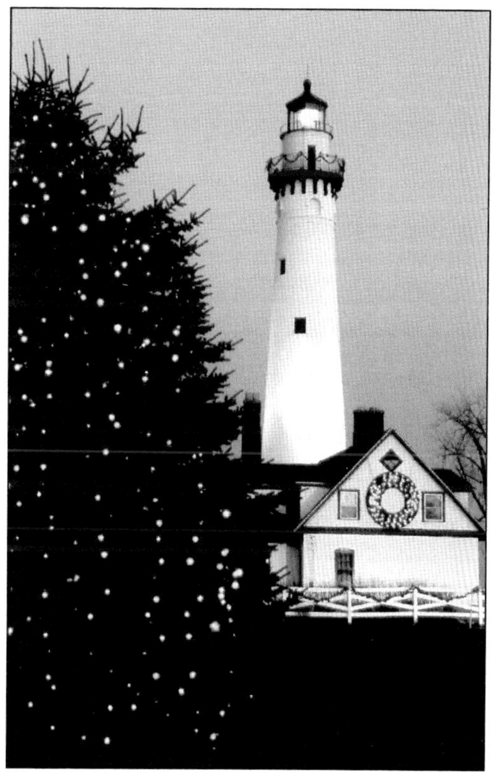

The Wind Point Lighthouse is spectacular in any season and at any time of the day. Sunrise and sunset can be particularly breathtaking. Many a photographer has been rewarded for being patient, waiting for the perfect light at Wind Point. During the holiday season, the caretaker family and other volunteers decorate the keeper's house, the light tower, and the surrounding grounds. This makes for a picture-perfect postcard look. (Authors' collection.)

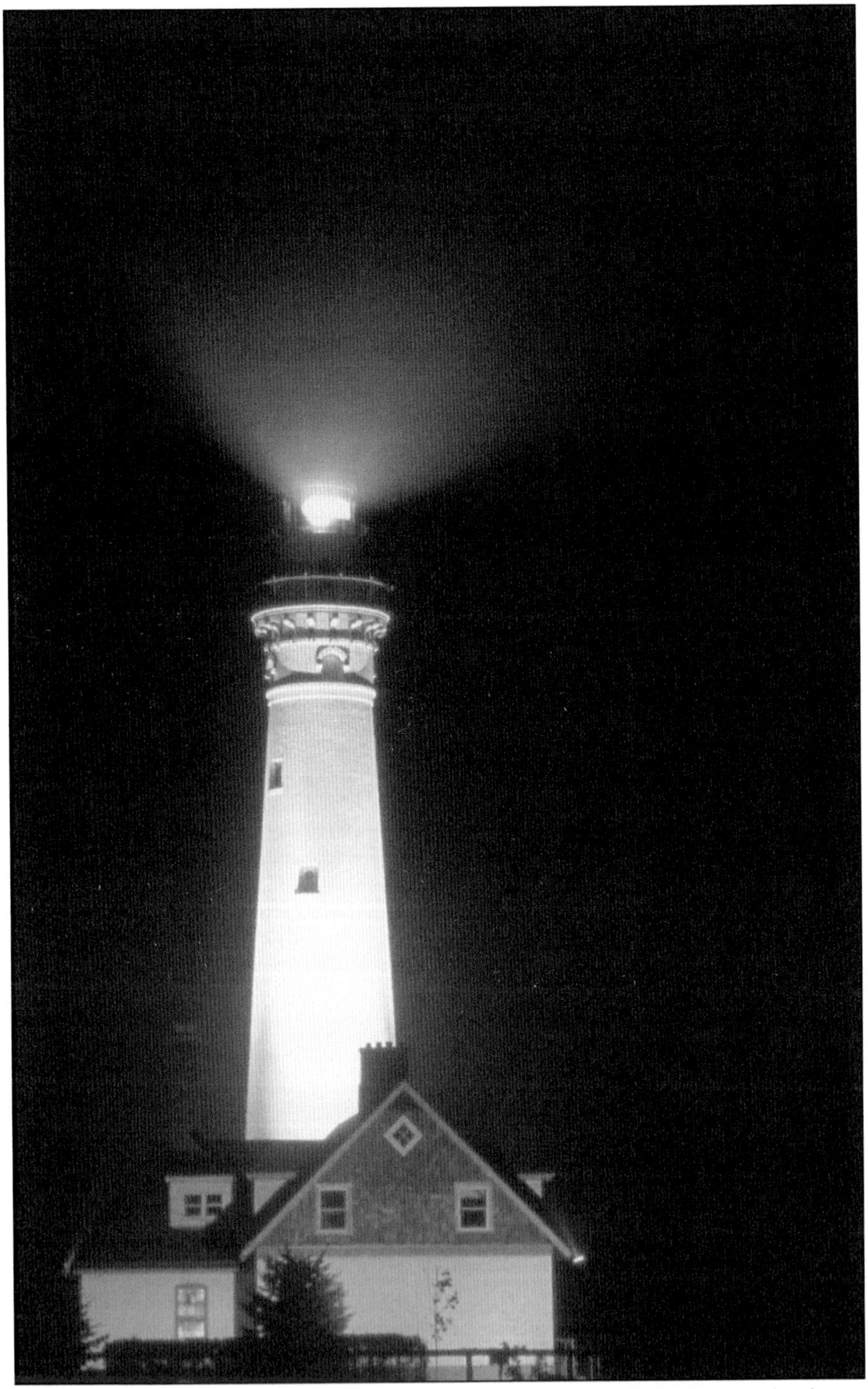

Today the Wind Point Lighthouse proudly stands tall both as a symbol of nautical safety and as a reminder of the dedicated people who toiled here. The towering beacon played a significant role in the early development of Racine as a port and continues to be a modern-day monument to Racine's seafaring history. Hopefully the storied lighthouse will shine on evermore. (Authors' collection.)